혐오와 대화를 시작합니다

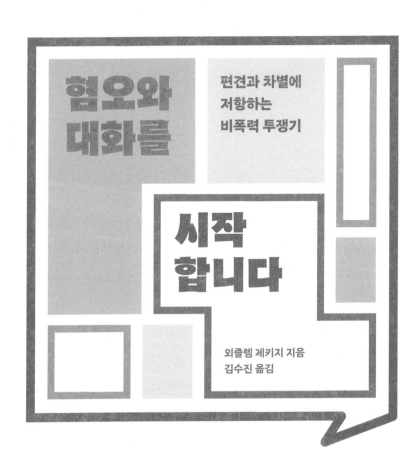

혐오와
대화를

편견과 차별에
저항하는
비폭력 투쟁기

시작
합니다

외즐렘 제키지 지음
김수진 옮김

타인의사유

이 책에 대한 언론의 찬사

"덴마크에서 가장 용감한 여성, 분노로 들끓는 사람들과 커피를 함께 마시며 사람들 사이의 가교 역할을 하는 아름다운 임무를 시작하다."

— 덴마크 뉴스 잡지 〈덴스케 코뮤너Danske Kommuner〉

"이 프로젝트가 너무 감성적이고 감정에 호소한다고 생각하는가? 일단 계속 읽어 보기 바란다. 오래지 않아 저자에게 갈채를 보내고 있는 자신을 발견하게 될 것이다. 나를 혐오하는 사람들과 친숙해지자는 메시지가 이 책의 힘이자 위대한 업적이다. 이를 멋지게 표현한 구절마다 정서적으로 사람에 집중하는 저자의 모습이 명확히 드러난다."

— 덴마크 일간지 〈다그블라데트 인포메이션Dagbladet Information〉

"진정 민주적인 동시에 마음을 끄는 책. 저자는 사람들이 자신과 의견이 다른 사람들, 심지어 그들이 경멸하는 사람들과 대화를 시작하도록 영감을 주는 임무를 수행 중이다."

— 북유럽 최대 주간지 〈비켄다비젠Weekendavisen〉

"충분한 리서치를 거친 이 눈부신 책은 갈등 해결에 관심 있는 사람이라면 반드시 읽어야 할 교과서다. 이 책은 자칫 교착 상태에 빠질 수 있는 토론에서 미묘한 차이를 끌어낸다."

– 덴마크 언론인협회 잡지 〈저널리스텐Journalisten〉

"솔직히 고백한다. 자신에게 위협을 가하는 남성들의 기세를 홀로 제압하는 제키지의 모습에서 영감을 받았다."

– 덴마크 일간지 〈아비젠Avisen〉

"제키지는 혐오, 무기력, 분노를 이루는 부수적 요소들에 관한 보고서를 작성했다. 그 결과, 세상에 둘도 없는 여행안내서가 완성됐다. 이 책은 사회의 어두운 면이 도사리고 있는 깊은 곳, 공감과 연대의 결핍이 인종차별주의와 편견, 분노를 조장하는 곳으로 우리를 안내한다. 가교 역할을 하는 제키지는 참신하다. 작가로서의 그녀는 놀랍도록 눈부시다."

– 덴마크 일간지 〈폴리티켄Politiken〉

이 책을 핀 노르가르와 단 우잔에게 바칩니다.

핀은 2015년 2월 14일, 크루트퇸드 문화센터에서 열린

표현의 자유 기념 행사에 참석 중이었습니다.

같은 날 단은 유대인 소녀의

바트 미츠바(유대교에서 여자아이가 만 12세에 치르는 성인식—옮긴이)가

거행되던 크리스탈가 회당 앞에서

경비원으로 자원봉사 중이었습니다.

그리고 두 사람 모두 이날 코펜하겐에서 발생한 테러로

목숨을 잃었습니다.

민주적 대화가 결핍된 덴마크 상황의 희생자가 된 것입니다.

삼가 고인의 명복을 빕니다.

CONTENTS

1장

그들은
왜
혐오하는가?

"어제를 배우고, 오늘을 살며,

내일을 꿈꾸어라.

중요한 건 질문을 멈추지 않는 것이다."

— 마하트마 간디

나는 쿠르드인 부모 밑에서 태어난 터키 이민자 출신이다. 그리고 2007년 덴마크 의회에 입성한 최초의 소수 민족 여성 의원 중 한 명이다. 내가 혐오 메일을 받기 시작한 것도 바로 그해부터다. 그리고 놀랍게도 나는 혐오로 가득한 메일 수신함에 금세 익숙해졌다.

'너 같은 파키Paki(파키스탄을 비롯한 이슬람권 이민자를 비하하는 혐오 표현—옮긴이)가 우리 의회에서 뭐하는 거야!' '여긴 네가 있을 곳이 아니야!' 주로 이런 글이었다. 아니면 간단하게 '테러리스트년'이라고만 적어 보내기도 했다.

삭제. 삭제. 삭제. 답장은 꿈에도 생각하지 않았다. 그들과 나 사이에 공통분모라고는 조금도 없었다. 그들은 나를 이해하지 못했고 나는 그들을 이해하지 못했다. 자신의 무지 안에 단단히 뿌리내린 사람들과 말을 섞는 건 순전히 시간 낭비이자 노력 허비로 여겨졌다.

그러던 어느 날, 한 동료가 이 메시지들을 저장해 두라는 제안을 했다. "적어도 너한테 무슨 일이 생겼을 때 경찰이 참고할 만한 자료가 될 수 있을 거야." 그녀가 '만약'이라고 가정하지 않고 무슨 일이 생겼을 '때'라고 말한 것이 왠지 마음에 걸렸다.

정말 무슨 일이 생기기야 하겠나 싶었지만 그녀의 조언을 받아들여서 이메일을 다 저장하기 시작했다. 한동안 메일들은 그냥 쌓이기만 하고 뇌리에서 지워지는 듯했다. 그런데 상황은 정말 심각한 방향으로 흘러갔다. 2008년, 여름 휴가에서 돌아왔을 때 우리 집 우편함에 카드가 하나 와 있었다. 봉투는 덴마크 국기로 장식돼 있었다. 덴마크에서는 보통 축하할 일이 있을 때 국기를 사용하기 때문에 당연히 파티 초대장이려니 생각했다.

그런데 내용물은 내 짐작과는 전혀 달랐다. "고향으로 돌아가라. 네 테러리스트 형제들한테나 돌아가라고!" 덴마크 협회Danish Association—덴마크 극우 세력에 뿌리를 둔 단체—에서 보낸 카드였다. 그들이 우리 집 주소를 안다는 사실만으로도 섬뜩했지만, 더 소름 끼쳤던 건 봉투에 우표가 없다는 사실이었다. 이 카드는 우편으로 온 게 아니었다. 누군가 직접 우리 집 우편함에 넣고 간 것이다.

이 사건으로 내 생각은 완전히 바뀌었다. 나와 나를 욕하고 괴롭히는 자들 사이에—우리 아이들과 그들 사이에— 안전거리를 확보하고 있었다고 믿었지만, 일순간 모두 물거품처럼 사라져 버렸다. 그들이 누구건 마냥 안심하기에는 우리 곁에 너무 가까이 와 있던 것이다.

그 즉시 나는 모든 공공기록에서 우리 집 주소를 지우는 절차를 밟았다. 우리 아이들이 다니는 어린이집과 학교 이름도 공개되지 않도록 조처했다. 그리고 내가 의회 토론에 참여하면 할수록 더 주목 받을 거고, 그럼 위협과 괴롭힘 역시 지속될 거란 사실도 알았다.

위협의 내용은 모호한 것('우린 네가 어디 사는지 알아')에서부터 끔찍할 정도로 구체적인 것('네가 장관이라도 되는 날이면 네 목을 떼 주마')까지 다양했다. 협박 메시지가 도착하면 받아서 읽어 본 다음 경찰에 넘기는 일이 나의 새로운 일상이 됐다.

2010년 봄부터는 네오나치 한 명이 나를 괴롭히기 시작했다. 그의 행동은 단순한 위협 정도로 치부할 수 없었다. 그는 과거에 길에서 무슬림 여성들을 공격한 전력이 있는 사람이었다. 8개월 넘게 밤이고 낮이고 할 것 없이 그에게서 전화가 걸려 왔다. 어떨 때는 하루에 40통 이상 온 적도 있다. 그렇게 나는 그의 집착의 대상이 되었다.

그러던 어느 날, 아이들과 동물원 나들이를 하고 있는데 휴대전화 진동벨이 울렸다. 나는 틀림없이 그 사람일 거라는 생각에 그냥 무시해 버리기로 했다. 우리는 이제 막 동물원에 도착해 겨우 사자 우리 정도만 봤을 뿐이었으니까. 나는 우리 가족의 모처럼의 하루를 절대 그 사람이 망치게 둘 수 없었다. 하지만 그가 보낸 문자 메시지를 확인한 순간, 나는 그 자리에서 얼어붙고 말았다.

문자 메시지 내용상 그가 동물원에 있는 것이—그리고 우리를 지켜보고 있는 것이— 확실했다. 우리는 서둘러 그곳을 벗어났다.

집에 도착하자 첫째 아들 푸르칸Furkan이 궁금하다는 듯 물었다. "엄마, 그 사람은 엄마를 잘 알지도 못하면서 왜 그렇게 미워하는 거예요?"

나는 "세상에는 그냥 어리석은 사람들도 있어."라고 대답했다. 당시에는 이 정도면 현명한 대답이라고 생각했다. "우리가 착한 편이고 그 사람들이 나쁜 편이야. 그것만 알고 있으면 된단다."

그렇게 단순한 문제로 끝나길 바라다니! 그 사람 때문에 내 삶은 완전히 엉망이 됐다. 내가 매일 밤 퇴근할 때마다 다른 장소에 주차를 하는 이유도, 길에서 항상 주위를 살피는 이유도, 더는 우리 아이들과 바깥 나들이를 하며 즐거운 시간을 갖지 못하는 이유도 모두 그 사람 때문이었다.

　동물원 사건이 있은 지 몇 주 후, 나는 사진작가로 활동하는 친구 야콥 홀트Jacob Holdt에게 그간의 일을 털어놓았다. 그는 《사진으로 본 미국American Pictures》이라는 사진집으로 미국의 인종차별주의를 기록했던 경력이 있다. 그래서 이번 일 때문에 내가 기대고 울어도 다 이해해 줄 수 있는 사람이라고 확신했다.

　나는 눈물을 흘리며 그에게 내가 느낀 두려움을 설명했다. 그리고 이 멍청한 네오나치 때문에 일상생활에 제약을 받게 된 상황에 대해 울분을 토했다. 나는 그가 위로와 안심이 되는 말을 해 주리라 기대했다. 하지만 그의 대답은 가히 충격적이었다.

　"그 사람들이 너 같은 사람을 함부로 판단하듯, 너도 지금 그런 사람들을 함부로 재단하고 있잖아."

　머릿속이 아득해졌다. 난 절대 인종차별주의자가 아냐! 지금 나보고 인종차별주의자라고 비난하는 건가? 물론 솔직히 말하면 지금껏 살면서 다른 사람들을 미워했던 적은 있다. 어떤 집단 사람들은 되받아서 나를 미워했다는 것도 잘 안다. 그래도 나는 이렇게 열린 마음을 가진 진보적인 사람으로 성장하지 않았는가? 과거의 기억은 전부 묻어 버리고 말이다.

"네 친구나 가족 중에 우익 정당에 투표하는 사람이 몇 명이나 돼?" 야콥이 물었다. "그렇게 하는 사람들과 말을 섞기나 하니?"

이번에는 인정하지 않을 수 없었다. 그런 사람은 한 명도 없고, 그런 사람과는 말도 하지 않는 것이 맞았다.

사실, 오랫동안 이건 내 자부심의 원천이었다. 친구들에게 대안우파(미국을 중심으로 등장한 극우 운동으로, 다문화주의와 이민자들을 배척하고 백인우월주의, 국수주의를 주장한다—옮긴이) 계열의 덴마크 국민당Danish People's Party 소속 국회의원들과는 악수도 하지 않는다고 많이 으스대기도 했다. 나는 그들과 거리를 두고 있다는 것이 자랑스러웠다. 그렇게 하는 것이 옳은 일인지 아닌지에 대해 한 번도 의심하지 않았다. 야콥의 제안이 있기 전까지는. "가서 그들을 만나 봐. 네 아들은 더 나은 대답을 들을 자격이 있어."

"그 사람들을 만나라고?! 아마 날 죽이려 들걸!" 내가 말했다.

"아니, 그 사람들은 국회의원은 죽이지 않아." 야콥이 씁쓸한 미소를 지으며 덧붙였다. "어쨌든 혹시라도 그러면 넌 순교자가 될 테니 윈-윈 아냐?"

그 시점에 순교할 가능성이 있다는 말에 퍽 안심이 되었다고 하면 어불성설이다. 하지만 야콥의 말이 씨앗이 돼 내 머릿속에는 새로운 생각이 싹텄다. 그 결과, 그해 가을 경찰이 추적 끝에 내 뒤를 쫓아다니던 남자를 찾아냈을 때, 나는 심호흡을 한 뒤 화해 조정을 위한 만남을 제안할 수 있었다. 그는 거절했지만 나는 포기하지 않았다.

혐오를 못 본 척 무시한다고 혐오가 사라지는 게 아니라는 확신이 생겼다. 혐오가 무엇인지 더 제대로 파악할 필요가 있었다. 왜 그렇게 많은 사람들이 나 같은 덴마크인 무슬림을 싫어하는지 알아야만 했다. 내 메일 수신함이 분명 그 출발점이 될 수 있을 것이다.

그때까지 내가 받은 혐오 메일은 수백 통에 달했다. 몇 안 되는 같은 발신인이 여러 메일을 보내기도 했다. 대부분 나를 '파키!', '테러리스트', '쥐새끼 같은 무슬림', '창녀'라고 부르며 시작했다. 덴마크어가 이렇게 다양한 욕을 표현할 수 있는 언어라니 놀라웠다. 나는 혐오 메일을 보낸 몇몇 사람들에게 연락해야겠다고 마음먹었다.

야콥의 제안대로 그들이 어떤 사람인지 알게 되는 문제는 내게 중요치 않았다. 내 목표는 그들을 올바른 방향으로 전향시키는 데 있었다. 나를 혐오하는 사람들이 실제로 무슬림과 얼굴을 마주하면 어떻게 될까? 대체 나는 어떤 기적을 상상하는 걸까? 확실치 않지만 자기만의 편견을 지닌 사람들을 직접 대면하면, 우리 같은 사람들을 근거 없이 일반화하는 그들의 잘못을 어쩌면 고칠 수 있으리라 기대했나 보다. 나는 미덕의 전형이 되고 싶었다. 성실히 일하고, 법을 준수하며, 민주주의를 지지하는 무슬림도 있다는 것을 보여 주고 싶었다. 내가 바로 그런 살아 있는 증거가 되고 싶었다.

지금은 이런 생각이 망상임을 잘 안다. 하지만 이 모든 일을 시작하던 당시에는 내게 구원자의 임무가 맡겨졌다고 믿었다. 나는 정의감으로 단단히 무장한 채 자리에 앉아 이메일을 쓰기 시작했다. 그러면서 그들을 찾아가겠다는 제안을 나도 모르게 해 버렸다. '커피 타임'이라는 프로젝트는 이렇게 시작됐다. 2010년 겨울, 가슴속에 나와 나 같은 사람에 대한 혐오를 품은 사람들과 커피 한잔을 앞에 두고 대화하는 여정이 막을 올린 것이다.

그 결과로 수백 건의 만남이 성사됐다. 그 하나하나가 편견―그들의 편견은 물론 나 자신의 편견까지―을 이해하는 길로 가는 디딤돌이 됐다. 시간이 지나면서 나는 구원자가 되겠다는 욕심을 버렸다. 사람들을 설득하려 노력하거나 그들을 '좋은' 사람으로 만들려 해선 안 된다는 것을 깨달았다. 그 대신 그냥 열심히 경청했다. 그러면서 그들이 느끼는 무력감, 두려움, 혐오가 어디서 생겨나는지 찾고자 노력했다.

제아무리 독설적인 사람도 커피와 케이크를 대접하며 나를 맞이했다. 다과상을 앞에 두고 대화를 시작할 때마다 내 마음속에 감춰진 인종차별주의를 직시해야 한다는 야콥의 말이 얼마나 옳았는지 다시금 깨달았다.

　이 대장정의 첫걸음이 된 잉골프Ingolf와의 만남은 결코 잊지 못할 것 같다. 그가 보낸 이메일은 증오로 점철되어 있었다. "당신은 오직 당신 자신과 당신과 같은 족속을 위해서만 전전긍긍하는 인간이야."

　내 머릿속에서 그는 증오의 화신으로 그려졌다. 냉혹하고, 악질적이며, 비뚤어진 사람 말이다. 그를 만나기 전, 나는 손톱이 길고 더러운 그와 악수하고 돼지 우리 같은 그의 집에 들어가는 상상을 했다. 그러니 현관문이 열리고 너무나도 점잖은 신사가 모습을 드러냈을 때 내가 느낀 실망감이 얼마나 컸겠는가? 게다가 우리 부모님도 갖고 있는 커피잔 세트로 다과상을 차려놓다니.

　예상대로 우리 사이에는 많은 부분에서 이견이 있음을 대화로 확인했다. 덴마크인 무슬림을 보는 잉골프의 시각은 극단적이었다. 특히 그는 네오나치 청취자에 친화적인 라디오 방송국인 라디오 홀거Radio Holger 개국에 기여하기도 했다.

　그렇지만 우리에게는 공통점도 많았다. 둘 다 같은 서민층 출신인 데다 심지어 몇 가지 공통된 편견도 가지고 있었다. 잉골프는 '터번쟁이' 버스 기사가 자신이 서 있는 정류장에서 10미터 떨어진 곳에 정차할 때마다 얼마나 분통이 터지는

지 모른다고 이야기했다. 나는 이 말을 듣자마자 어떤 느낌
인지 알 것 같았다. 나도 어렸을 때 버스가 내가 서 있는 정류
장을 지나치면 그 운전기사는 분명 인종차별주의자일 거라
고 생각했다. 그러자 뒤통수를 얻어맞은 기분이 들었다. 악
의적으로 보이는 행동이 그저 악의 없는 실수인 경우가 많다
는 사실을 깨달았기 때문이다.

잉골프도 나처럼 차별당한다고 느낄 수 있다니 충격이었
다. 하지만 그는 분명 그렇게 느꼈다. 나는 그의 말을 들으며
내가 가지고 있던 편견을 직시해야 했다. 그는 악마도 아니
었고 바보도 아니었다. 다만, 화가 나 있었다.

잉골프와의 만남을 기점으로 나는 많은 인종차별주의자
들과 만나기 시작했다. 그 결과, 나의 선입견과 해석, 경솔한
일반화를 재평가하게 됐다. 내가 방문한 사람들과 나 사이에
얼마나 많은 공통점이 있는지—그리고 내가 지닌 인종차별
적 편견이 어느 정도인지— 알게 되자 놀라움을 금할 수 없
었다.

나는 '인종차별주의자'라는 용어를 광범위한 의미로 사용
한다. 나에게 인종차별주의자란, 인종이나 종교, 민족성, 섹
슈얼리티, 젠더, 나이에 따라 특징지어지는, 자신과 다른 인
구 집단에 대해 혐오적 편견을 지닌 사람을 뜻한다. 이런 의
미에서 보면 나도 인종차별주의자였다.

어렸을 때 나는 유대인을 싫어했다. 이런 감정을 말로 표현한 적은 없지만 팔레스타인 어린이들이 살해된 사진을 보고 유대인을—모든 유대인을— 미워했다. 청소년 시절에는 히잡을 쓰고 거리를 걷다가 침 벼락을 맞는 모욕을 당한 일도 있었다. 데인족Danes(아리안계 민족으로 덴마크 전체 인구의 90퍼센트 이상—옮긴이) 덴마크인 한 명이 모든 무슬림을 싸잡아 혐오할 때마다, 혐오의 대상에 포함된 나도 그들과 똑같이 대응했다. 모든 덴마크인이 한결같이 인종차별주의자라 믿으며 그들 모두를 미워하기 시작했다.

터키와 쿠르드족의 갈등이 격화되던 1990년대 말, 나는 쿠르드 출신 이민자로서 쿠르드어도 하지 못하는 처지를 수치스러워하며 터키 민족주의자들에 대한 혐오감으로 부들부들 떨었다. 하지만 그들을 만나고, 그들과 대화하고, 개인적으로 그들을 알게 되자, 이런 증오의 감정이 쉽게 녹아내렸다. 여전히 그들 중 몇몇과는 정치적 견해가 다를 수도 있지만, 내 마음속에 있던 증오는 사라지고 없다.

고백하건대 성인이 되어서도 내가 느끼는 혐오감이 좀처럼 수그러들지 않은 유일한 집단이 하나 있다. 바로 인종차별주의자들이다. 나와 내 가족을 기생충, 범죄자, 근본주의자라 비난했던 자들 말이다. 우리 아이들이 덴마크 국립병원에서 태어나 덴마크에서 성장하더라도 결코 덴마크인이 될 수 없다고 생각하는 자들 말이다. 오랫동안 나는 내가 그들보다 우월하다고 믿었다. 나는 그들을 종교나 민족성, 섹슈얼리티, 젠더, 나이로 판단하지 않았기 때문이다.

　나는 스스로 모든 사람을 동등하게 대하는 열린 마음을 지닌 사람이라 확신했다. 그러나 몇몇 인종차별주의자들에게 다가가서 그들을 이해하려 애쓰기 시작하면서 모든 것이 달라졌다. 그들에 대해, 나 자신에 대해, 그리고 무엇보다도 우리가 공유하는 것들에 대해 더 많이 알게 되고 깨닫게 되었다.

서로를 잇는 다리가 되어 보기로 했다

　일전에 동물원 나들이 후, 우리 아들이 던졌던 질문—왜 사람들은 잘 알지도 못하는 사람들을 싫어하나요?—을 기억할 것이다. 나는 이 책을 통해 이 질문에 대해 더 훌륭한 답을 내놓고자 한다. 여러분도 이 책을 읽는 동안 나와 같은 여정을 걷게 될 것이다. 다른 인구 집단을 혐오하거나 두려워하고 또는 그들로부터 위협을 느끼는 사람들을 나와 함께 만나게 된다는 말이다. 그들은 많은 사람들이 만나기 꺼리고 피하는 사람들이다. 수용하기 어렵고 동의하기 괴로운 주장을 하는 탓에 목소리가 무시되는 사람들이다. 그러면서 이 책은 또 다른 물음을 던진다. 혐오를 넘어 서로를 이어 주는 다리를 세우는 것이 과연 가능할까?

대화 상대가 휴머니스트이건 인종차별주의자이건, '커피 타임'을 이어갈 때마다 빠지지 않고 대화 테이블에 올랐던 주장이 있다. 분열과 불화의 책임을 지고 비난의 대상이 될 사람은 언제나 내가 아닌 다른 누군가이며, 따라서 이를 바로잡을 의무도 그들에게 있다는 주장이다. 즉, 의회에서 무슨 조치든 취해야 하며, 지방정부가 어떻게든 해야 한다는 말이다. 학교도 역할을 해야 하고, 우리 이웃도 무언가를 해야 한다는 이야기다.

반면, 자기 자신이 무언가를 해야 한다고 말하는 사람은 극히 드물다. 하지만 나는 민주주의를 떠받치기 위해 우리 모두 각자 자기 몫을 해야 한다고 본다. 그리고 이를 위한 가장 좋은 방법은 이견이 있을 때 끈질기게 대화하는 것이라고 믿는다. 대화야말로 더 나은 미래를 건설하는 효과적인 수단임을 인류 역사가 증명하고 있지 않은가?

100여 년 전만 해도 여성에게는 투표권이 없었다. 불과 44년 전, 덴마크에서는 낙태가 불법이었다. 많은 덴마크인이 동성애를 질병으로 여겼던 것이 고작 36년 전의 일이다. 아동에 대한 체벌도 겨우 20년 전에서야 불법이 되었다.

이처럼 세상은 변해 왔다. 토론을 통해 사람들의 태도나 사고방식, 법률을 바꿀 수 있다고 주장한 사람들이 있었기 때문이다. 우리 마음에 들지 않는 태도라고 무시해 버리거나 다른 사람들의 관점을 묵살하는 식으로는 서로에 대한 이해에 도달할 수 없다.

그동안 사람들 사이의 거리는 점점 더 멀어진 것처럼 보인다. 극단주의자들—극우건 극좌건—의 영향력이 점차 커지고 있다. 소셜 미디어에서는 욕설이 난무하며, 사람들은 서로에게 인종차별주의자, 배신자 혹은 이보다 심한 꼬리표를 붙이느라 혈안이 되어 있다. 유감스럽게도 정치인들은 좌익이건 우익이건 앞다투어 상대 진영을 악마로 몰면서 이런 상황을 악화일로로만 내몰고 있는 것 같다.

물론 극단주의는 배격해야 한다. 그러나 혐오를 더 심한 혐오로 맞받거나 다른 사람들의 혐오 발언을 모방하는 것은 해법이 될 수 없다. 다른 사람들의 절망감, 좌절감, 때로는 부글부글 끓는 증오심의 원인이 무엇인지 헤아리려면, 서로의 말에 귀를 기울여야 한다.

나는 인구 집단 전체를 극도로 혐오하는 사람들을 찾아가는 여정을 시작했다. 이 책은 그런 내가 여러분에게 동행을 청하는 초대장과 같다. 여러분은 이 책을 읽는 동안 핀 섬에 있는 분구농원allotment garden(국가에서 시민들에게 저렴한 임대료를 받고 할당해 주는 녹지—옮긴이)에 사는 극우주의자 킴을 만나게 된다.

그는 수중에 총만 있다면 그 지역 모스크 사원 앞에서 무슬림들을 쏘아 죽이는 것을 즐거움으로 삼을 인물이다. 이뿐만 아니라, 코펜하겐 뇌레브로의 붉은 광장을 아지트 삼아 총기를 소지한 채 어슬렁거리는 무슬림 청소년들도 만나게 될 것이다. 이들이 덴마크 사회에 대해 느끼는 경멸은 너무도 뿌리가 깊다. 나는 당신을 히스브 우타흐리르Hizb ut-Tahrir(이슬람 해방당, 전 세계를 아우르는 이슬람 칼리프 국가 수립을 목표로 하는 정치 단체로, 스스로 IS, 즉 다에시와는 차별을 주장하나 이슬람 근본주의를 바탕으로 하여 많은 공통점을 지니는 것으로 알려져 있다—옮긴이) 모스크로도 데리고 갈 것이다. 민주주의와 동성애를 반대하는 설교를 하는 이맘imam(이슬람 교단의 지도자—옮긴이)이 소속된 곳이다. 또한, 유대인, 터키인, 덴마크인, 인종차별주의자에 대해 내가 품었던 혐오감에 관한 이야기보따리도 도중에 풀어 갈 예정이다.

마지막으로 작은 부탁이 하나 있다. 이 책에서 여러분은 많은 사람을 만나고 많은 논쟁을 접하게 될 것이다. 그런데 그 가운데 일부는 여러분이 품고 있는 근본적인 가치를 시험에 들게 할 수 있다. 아무리 참기 힘들더라도 부디 여러분이 끝까지 나와 함께해 주길 바란다.

2장

나도
그들을
혐오했다

"그 누구도 태어날 때부터 피부색이나 배경, 종교 때문에 다른 사람을 미워하지 않는다. 미워하는 법을 배워야 미워할 줄 알게 된다. 혐오를 배울 수 있다면 사랑도 배울 수 있다.
사람의 마음에는 혐오보다 사랑이 더 자연스럽게 생겨나는 법이니까."

— 넬슨 만델라

다른 민족에 대한 혐오는 흔히 개인적인 경험에서 촉발된다. 내가 데인족을 혐오하기 시작한 것은 내 나이 열두 살 때다. 어느 여름날, 나는 청바지를 입고 히잡을 두른 채 시내에 나갔다. 많은 비무슬림들은 히잡을 억압의 상징이라고 섣불리 추정한다. 그러나 천만의 말씀. 내게 있어 히잡은 젊음의 반항을 상징했다.

우리 부모님은 독실한 이슬람 신자였다. 하지만 어느 날 갑자기 내가 머리를 히잡으로 가리기 시작하자 어머니는 나의 그런 행동을 이해하지 못했다. 어머니는 히잡을 쓰고 다녔고 순례길에 올랐던 경험도 있다. 누군가 어머니에게 왜 그렇게 하느냐고 질문하면, 어머니는 자신이 그런 문화에 속해 있기 때문이라고 간단히 대답할 것이 뻔하다. 반면, 문화적 측면에서 코펜하겐의 베스테르브로 지역에서 자란 나는 어머니와는 양육 환경이 완전히 달랐다. 내 친구 중에는 히잡을 쓰는 사람이 아무도 없었다. 아마 그래서 어머니는 히잡을 쓰기로 한 내 결정을 도무지 이해하지 못했던 게 아닌가 싶다. 하지만 내게는 다른 사정이 있었다. 내 말투에 쏠리는 사람들의 시선을 다른 쪽으로 돌려야만 했기 때문이다. 터키에서 2년간 거주하다 덴마크로 돌아온 지 얼마 되지 않았던 때라 당시 나는 덴마크어가 서툴렀다. 그래서 반 친구들이 나의 문법이나 발음 실수 외에 제발 다른 데에 집중해 주기를 바랐다. 그런 목적으로 히잡을 활용했을 뿐인데 부수적으로 부모님의 골칫거리가 되는 우스운 결과를 낳은 것이다.

학부모 상담주간에 아버지가 학교를 방문하자, 우리 담임 선생님은 딸에게 히잡을 강요해서는 안 된다며 한참 동안 아버지를 훈계했다. 아버지의 덴마크어가 부족해서 내가 통역을 해야 했지만, 선생님의 말씀을 충분히 알아들을 수 있던 아버지는 강제로 딸에게 히잡을 쓰게 했다는 오해를 받게 했다며 집으로 가는 내내 나를 꾸중했다. 나는 그런 상황이 그저 재미있다고 생각했다. 하지만 다른 여학생들이 히잡을 멋지게 여기기 시작하면서 나는 히잡 쓰기를 그만뒀다. 내가 신비한 히잡 소녀가 아닌 이상에는 흥미가 떨어졌기 때문이다. 그렇지만 히잡을 쓴 2년간 나는 얼마나 많은 사람들이 히잡을 도발로 여기는지 알게 됐다. 그리고 이를 깨닫기까지 톡톡한 대가를 치러야 했다.

열두 살의 어느 날, 나는 혼자 시내를 걷고 있었다. 그때 한 젊은 남자가 나에게 다가왔다. 내 기억에 그는 키가 크고 호리호리한 체격에 검은색 옷을 입고 있었다. 서로 눈이 마주쳤는데 그가 이상한 모양으로 입을 움직이는 게 보였다. 나한테 말을 걸려는 건가 하는 생각이 들었다. 그러나 서로 스쳐 지나가는 순간, 그는 내게 달려들어 침을 뱉었다.

나는 그 자리에 그대로 얼어붙었다. 고개를 돌려 뭐라고 말할 수조차 없었다. 히잡 끄트머리에 들러붙은 거대한 침 덩어리가 흔들리면서 금방이라도 내 얼굴을 덮칠 기세였다.

결국 그렇게 길거리에 서서 머리를 숙인 채 중력의 작용으로 최악의 상황을 면하기만을 바랐다. 닦아 낼 티슈도 없어 하염없이 기다리고 또 기다렸다. 침 덩어리는 점점 길게 늘어졌지만 고집스럽게도 바닥으로 떨어지지는 않았다. 그렇게 서 있는 동안 많은 사람이 내 곁을 지나쳤지만 마치 내가 투명인간이라도 된 듯 아무도 내게 눈길을 주지 않았다.

물론 그냥 히잡을 벗을 수도 있었다. 하지만 그럴 생각은 추호도 없었다. 애초에 그가 내게 침을 뱉은 이유가 히잡 때문이었으니 히잡을 벗는다는 건 항복을 의미하고 패배를 인정하는 꼴이 될 게 분명했다.

다만 침 덩어리가 저절로 떨어질 리가 없음은 인정해야 했다. 그래서 손으로 침을 휙 털어 버렸다. 내 손에 침 덩어리가 닿는 순간, 점심으로 먹은 음식이 위로 올라왔고 입안은 토사물로 가득 찼다. 그렇게 속을 게워 낸 다음에도 길거리에서 몇 분간 헛구역질을 계속했다. 그렇게 다 비우고 나니 신기하게도 어느 정도 마음이 가라앉았다. 가방에서 물병을 꺼내 손과 입을 씻어 낸 다음 남은 물을 히잡 위에 부은 뒤 집으로 돌아갔다. 그 후로 수년간, 나는 그날의 기억을 꾹꾹 억눌렀다. 지금 되돌아보니 그때 내가 느꼈던 굴욕과 수모는 견디기 버거운 것이었다. 하지만 그 당시에는 거의 아무런 느낌이 없었던 것으로 기억된다. 분노도, 상처도, 좌절도 느껴지지 않았다. 그저 끔찍한 메스꺼움뿐이었다.

아마 나는 이런 무덤덤함을 그가 내게 상처 주지 못했음의 증거로 여겼던 모양이다. 나는 아무런 타격도 받지 않았다고 그렇게 믿었다. 그러나 그 후 얼마 지나지 않아 횡단보도를 건너는데 어떤 할아버지가 내 히잡을 벗기려 드는 것이 아닌가. 나는 격분했다. 이전에 공격 받았을 때 느꼈던 진짜 감정을 그동안 꾹꾹 눌러 두고 있었음이 확실했다.

이번에도 나는 혼자였다. 교차로를 건너려는 찰나, 그 할아버지가 뒤에서 히잡을 낚아채며 나를 뒤로 잡아당기는 게 느껴졌다. 그는 그대로 다시 잡아당겼고, 나는 하마터면 뒤로 넘어질 뻔했다. 비명을 지르며 교통섬으로 뛰어갔다—아마 사람들은 내가 히스테리 발작을 일으켰다고 생각했을 것이다—. 그리고 그를 향해 소리치기 시작했다. "인종주의자! 인종주의자! 인종차별주의자! 덴마크 인종차별주의자!"

이런 말이 내 입에서 계속 흘러나왔다. 그때부터 내 눈에 덴마크인이 달리 보이기 시작했다. 그들이 매일 저지르는 작고 미묘한 차별을 인식하기 시작한 것이다. 인종 차별의 경험이 쌓여 갈수록 모든 덴마크인이 인종차별주의자라는 확신이 강하게 들었다.

이제 와 생각해 보면 그 누구보다 나의 편견이 드러났던 사건들도 있다. 한번은 슈퍼마켓에서 일인당 다섯 개 한정으로 버터를 할인해서 팔았는데, 우리 어머니가 스무 개를 계산대에 올려놓자 덴마크인 계산원이 어머니에게 안 된다고 쏘아붙였다. 그 사실만으로도 나는 그 사람을 인종차별주의자라고 확신했다.

물론 내가 인종 차별이라고 오해했던 사건들 사이사이에는 진짜 차별 사례도 있었다. 어느 날, 어머니가 공중전화 부스에서 터키어로 이모와 통화하고 있었다. 그런데 그 뒤로 줄 서서 기다리던 한 남자가 어머니의 얼굴을 똑바로 쳐다보면서 소리를 질러 댔다. "젠장, 덴마크어로 말하라고!" 그는 내 어머니와 일면식도 없는 사람이었지만, 자신에게 내 어머니에게 소리 지를 권리가 있다고, 심지어 어떤 언어를 사용할지 지시할 권리까지 있다고 생각한 모양이다.

그렇게 내 주변에는 인종차별주의자가 늘어만 갔다. 어디서든 인종차별주의자가 눈에 들어오기 시작했다. 그러다 어느 순간이 되자, 덴마크인 가운데 관용적인 사람과 인종차별주의자를 구별하기가 거의 불가능해졌다. 그게 너무 어려웠던 나머지 그 둘을 혼동하게 됐다. 그들은 둘 다 내 적이 되었고, 그렇게 나는 모든 덴마크인을 혐오하기 시작했다.

나는 덴마크인들이 외국인을 혐오하고 함부로 일반화하는 게 싫었다. 내가 그들을 혐오한 이유는 그들이 나와 우리 가족, 무슬림 전체를 혐오했기 때문이다. 하지만 또 다른 이유도 있다. 그들이 우리를 바꾸려 했기 때문이다. 그들의 마음에 들기란 불가능했다. 영원히.

그들은 늘 비판해야 직성이 풀리는 것 같았다. 예를 들면 라마단이 그렇다. 나는 라마단 기간이면 항상 금식을 하고, 금식할 때 느끼는 고요와 사색을 무척이나 좋아한다. 나에게 라마단이란 일 년 중 가장 편안하고 위로가 되는 시기다. 그래서 어린아이가 크리스마스를 기다리듯 라마단을 손꼽아 기다린다.

그러나 라마단은 크리스마스가 아니다. 학교 선생님들은

라마단에 대해 긍정적으로 이야기하는 일이 거의 없다. 그들은 되레 비판적인 질문을 많이 했다. "힘들지 않니?" "건강에 너무 나쁘지 않니?" "부모님이 억지로 단식하게 시키니?" "그걸 어떻게 견뎌 내니?" 단식 후 3일간의 축제로 라마단 기간이 끝났지만, 선생님들은 내게 어떤 선물을 받았는지 좀처럼 묻지 않았고, 내가 새 옷을 입고 와도 아는 체하지 않았다. 학교에서는 몇 시간이고 크리스마스 이야기를 해야 했지만, 이슬람교 축제인 이드 알피트르 Eid al-Fitr(라마단 금식 기간이 끝나는 날을 기념해 성대한 음식을 차려서 그동안의 고행을 위로하는 축제—옮긴이)는 열외로 취급됐다.

"그게 다 선생님들이 인종차별주의자라서 그래." 우리 무슬림 학생들은 쉬는 시간에 모여 입을 모아 말했다. "우리가 그리스도교 신자라면 아마 선생님들은 우리한테 음식과 선물 이야기를 신나게 들려주시겠지."

그래서 아주 어렸을 때부터 내 마음속에는 세상 이치가 다 그렇지, 하는 확신이 뿌리내렸다. 우리는 그들과 다른 사람이었으며 덴마크 사회의 일원이 아니었다. 내가 속한 공동체는 덴마크인들의 눈에 어디까지나 비정상이었고, 내게는 세상에서 가장 자연스러운 것이었다.

마침 그 당시 나는 사회 전반에 만연해 있던 '정상'이라는 개념에 눈을 뜨고 있었다. 그래서 다른 누군가가 정상과 비정상을 결정한다는 생각에 발끈했다. 하지만 내가 선생님들에게 화가 났던 주된 이유는 부러움 때문이었다. 낯설고 다르다는 비난을 받을 염려 없이 기쁜 마음으로 크리스마스 이야기를 마음껏 할 수 있는 다른 아이들이 부러웠다. 크리스마스가 다가올 때면 학교에서 아이들은 몇 주 전부터 카운트다운을 해 가며 크리스마스이브를 손꼽아 기다렸다. 교실에는 대림절 달력이 걸렸고 교과서에는 엘프 이야기가 실렸다. 그 모든 게 다 재미있었다! 그래서 나는 늘 12월이 즐거웠다.

라마단은 매년 열흘씩 앞당겨진다. 그래서 나는 라마단 날짜가 크리스마스와 겹치길 간절히 빌기도 했다. 그러면 우리 무슬림들도 그 모든 축제를 조금이나마 편안하게 즐길 수 있을 테니까. 한번은 학교 운동장에 앉아 달력을 펼쳐 놓고 몇 년이 지나야 크리스마스와 라마단이 겹쳐질지 계산하기도 했는데 당시 무려 14년이 지나야 했다! 가망이 없다는 생각이 들었다.

아, 알게 뭐람! 저들은 저들의 크리스마스를 별도 들지 않는 계절로 딱 정해 두라지. 나는 내 마음대로 금식하면 되니까. 우리에게는 공통점이라고는 하나도 없으며 앞으로도 그럴 것이라는 생각이 들었다. 10대 시절, 나는 내가 덴마크인이 아니라서 자랑스러웠다. 그래서 어른들이 나를 덴마크인이라고 하면 얼른 아니라고 고쳤다. 나는 무슬림이자 쿠르드인이었다. 이렇듯 내가 쿠르드인으로서의 정체성을 강하게 고집하자 민족주의자였던 적이 없는 우리 아버지는 무척 곤혹스러워했다. 그래도 나는 인종차별주의자이자, 자기도취에 빠진 이교도 덴마크인 공동체의 일원은 절대 되고 싶지 않았다.

1990년대 당시 나는 부모님과 함께 코펜하겐의 베스테르브로 지역에서 살았다. 도시 재정비 사업 시행 이전이었다. 그 시절, 베스테르브로 지역의 임대료는 합리적인 수준이어서 학생, 노동자, 빈민, 학자가 함께 이웃을 이루며 살았다. 나도 금세 그 지역 환경에 녹아들었다. 나와 우리 가족은 부적응자들이 사는 지역에 추가된 또 한 무리의 부적응자에 불과했다. 우리 반 친구들의 부모님 중에는 아프거나 실직 상태이거나 기초생활비를 수급하는 경우가 많았다. 몇몇은 장애인 혜택을 받았고, 또 몇몇은 장애인 혜택을 꿈꿨다.

우리 어머니도 그중 한 명이었다. 많은 비숙련직을 거치며 육체적으로 한계에 도달한 어머니는 하루 24시간 통증에 시달렸다. 학교에서 아이들은 부모님들의 조기 퇴직 신청 동향을 예의주시했다. 그러다 덴마크인 부모가 장애인 지원을 받게 되자 금세 논쟁거리가 됐다. 한 남학생은 "와, 진짜, 우리 엄마는 10년째 신청해도 안 되는데."라며 불평했다.

덩달아 나도 "사회복지사들은 인종차별주의자야!"라며 한

마디 거들었다.

학교에서 우리는 서로를 루저의 자식이라 불렀다. 우리 가운데 누구든 이력서에 '변호사'나 '과학자'라고 쓰게 될 가능성은 매우 적었다. '피자 배달원'이나 '미화원'이 될 가능성이 더 컸다. 우리 어머니와 아버지 두 분 모두 청소를 업으로 삼고 있었다.

우리 어머니는 지역 사회 복지 사업 소속 청소 도우미였다. 때때로 어머니에게 배정된 고령자 중에는 어머니를 집에 들이지 않으려는 사람들이 있었다. '이민자' 또는 '검둥이'에게 청소를 맡기고 싶지 않다는 이유에서였다. 어머니는 해고당할까 두려운 마음에 그들의 집 현관 앞에 서서 간간이 벨을 누르며 할당된 시간 동안 기다리곤 했다. 상사에게 돌아가 여러 번 시도했음에도 거절당했다고 보고하려면 그래야 한다고 생각했기 때문이다. 하지만 그럴 필요는 없었다. '검둥이' 불만 신고를 받은 상사가 어머니에게 전화를 걸어 앞으로는 덴마크인 도우미를 보낼 테니 집 앞에서 기다릴 필요 없다고 하는 경우가 많았기 때문이다.

우리 어머니는 정말 훌륭한 청소 도우미였지만 외모와 민족, 피부색 때문에 열외 취급을 당했다. 일부 노인들한테 어머니가 무슨 짓을 당할지 몰라 걱정되기 시작했고 늘 어머니의 안전이 염려됐다. 그러자 어머니는 당신이 무슨 일을 겪는지 더는 내게 이야기해 주지 않았다.

나는 덴마크 사회로부터 배격당한다고 느끼면서 더 과격한 방향으로 이슬람을 해석하게 됐다. 급기야 남자들과의 악수도 거부했다. 이런 나의 태도를 못마땅하게 여긴 아버지와 어머니는 집에 손님이 오면 나의 거실 출입을 금했다. 대신 나를 부엌으로 보내 커피와 차를 준비하게 했다.

내가 베스테르브로가 로에 있는 터키 모스크 사원을 자주 드나들기 시작한 건 바로 이즈음이다. 어느 날, 그곳에서 만난 어떤 젊은 남성이 내게 책을 몇 권 건넸다. 나는 학교 친구도 얼마 없고 딱히 취미도 없어 남보다 책 읽을 시간이 많았고, 며칠 만에 빌려 온 책들을 다 탐독한 뒤, 곧이어 다시 모스크에 가서 책을 더 빌려 왔다. 한 페이지 한 페이지 넘길 때마다 내 마음속에 있는 전등 하나하나에 불이 들어오는 느낌이었다. 그동안 머리 싸매고 설명해 보려 애썼던 생각들이 훨씬 명확하고 단순하게 다가왔다.

그리고 결국 나는 다음과 같은 방식으로 생각을 풀어 가기 시작했다. 덴마크인은 우리가 무슬림이기 때문에 우리를 싫어한다. 덴마크인은 서방 세계에 속하며, 서방 세계는 무슬림을 혐오한다. 진정한 무슬림은 이런 이교도와는 친구가 될 수 없다. 그러므로 진정한 무슬림이라면 그들과 싸워야 한다.

당시에는 깨닫지 못했지만 이건 이슬람 성전聖戰 지하드 가담을 위한 집중 훈련 코스였다.

내가 읽은 책에서는 (아프간인들이 무슬림이라는 이유만으로) 서방 세계가 침략을 반복해 아프가니스탄을 파괴했다고 주장했다. 서방 세계에 맞서 싸운 나의 무슬림 형제자매에 관한 글도 있었다. 그들은 음란한 서양 남성들이 여성을 성적 대상으로 삼는 것에 반기를 들고 일어난 사람들로 묘사됐다. 또한 마약의 유입으로 폭력과 성적 학대가 증가하고, 삶과 가족, 공동체가 파괴되는 데 맞서 싸운 사람들이었다. 이들은 사회적 공정을 파괴하고 부익부 빈익빈을 조장한 금융이익집단에도 대항한 위인들이었다. 내게는 모든 내용이 다 옳은 것처럼 보였다.

나는 더 밝고 새로운 눈으로 나 자신을 돌아보았다. 무슬림이라는 이유로 내 삶은 고달팠으며 나는 희생자였다. 이제 다시 내 삶의 키를 잡아야 할 때가 됐다. 살면서 익숙해진 족쇄를 끊어야 할 때가 된 것이다. 내가 읽은 책들에는 자유로운 공동체가 묘사돼 있었다. 무엇보다 그 안에 소속되고 싶은 마음이 간절해졌다. 덴마크 사회가 나를 배척했지만 그들 말고도 나를 포용할 (더 강하고 힘 있는) 사회가 있었다.

나는 머릿속으로 계획을 세웠다. 아프가니스탄으로 날아가 나의 무슬림 형제자매가 벌이는 서방 세계와의 전쟁에 참여하기 위해서는 돈이 필요했고, 그래서 돈을 모으기 시작했다. 단, 이 계획은 아무에게도 말하지 않았다. 그러다 어느 날 우리 가족이 다니는 모스크의 이맘에게 내 계획을 털어놓기로 했다. 내가 서방 세계와 덴마크인에 대해 적대적인 연설을 장황하게 늘어놓는 동안에도 그는 내 말에 가만히 귀를 기울여 주었다. 그가 중간중간 고개도 끄덕이며 내 말에 동의하는 듯한 반응을 보이자 나는 더 마음 놓고 거리낌 없이 속마음을 다 쏟아냈다.

나를 너무 극단적이라고 여기는 우리 부모님이 지긋지긋하다고 말했다. 손님들이 와도 성별로 분리하지 않는 우리 어머니, 싸구려 터키 TV쇼에 반나체로 등장해 벨리댄스를 추는 무용수를 보는 우리 아버지가 역겹다고 말했다. 그러고 보니 반나체 차림으로 덴마크 길거리를 활보하는 여성들도 역겨웠다. 인종차별주의자들도, 덴마크인들도 다 역겨웠다. 그래서 이곳을 떠나 무슬림 형제자매와 함께 더 나은 세상을 위해 싸우고 싶었다. 나도 성전에서 내 역할을 하고 싶었다. 나도 자유를 주장하고 싶었다!

내가 일장 연설을 마치자 이맘이 숨을 한번 깊이 들이마셨다. 그런 다음, 파키스탄, 터키, 사우디아라비아, 이란 등 다른 이슬람 국가들이 아프가니스탄을 돕지 않는 이유가 뭐라고 생각하느냐고 물었다. 나는 완전히 할 말을 잃었다. 그는 질문을 이어갔다. "왜 사우디아라비아는 미국과 협력하는 걸까? 우리의 유일한 적이 서방 세계라면 왜 이슬람 국가들은 한결같이 서로 전쟁을 벌이는 걸까?"

그 후 며칠간 나는 계속해서 이맘과 대화하고 토론했다. 그는 어떻게 이런 생각을 하게 되었는지 물었고, 나는 내가 받은 책 이야기를 들려주었다. 그러자 그가 새로운 책들을 주었다. 훌륭한 무슬림이 되는 법, 왜 무고한 사람을 죽이면 안 되는지, 우리가 사는 나라에 적응해야 하는 이유를 설명하는 책들이었다. 그리고 그는 "뭐니 뭐니 해도 너를 먹여 살리는 나라에 충성해야 하는 법."이라고 했다.

그리고 얼마 후, 나는 포텍스 슈퍼마켓의 제화 코너에서 일하게 됐다. 일주일간 인턴으로 일한 뒤, 마음을 다잡고 상사인 앤에게 정규직으로 일하고 싶다고 말했다. 이렇게 해서 나는 아프가니스탄에서 순교할 계획을 버리고, 형편없는 덴마크어에도 불구하고 포텍스에서 일하기 시작했다.

나는 지하에서 구두 짝을 맞추거나 진열대에 새 상품을 진열하면서 상사인 앤과 함께 긴 시간 함께 일했다. 앤은 다른 덴마크인과는 달랐다. 친절하고 귀엽고 무척이나 다정했다. 포텍스에서 일하는 다른 상사들도 마찬가지였다. 사실, 다른 직원들도 다 그랬다. 그곳에서는 강한 동료 의식을 느낄 수 있었고, 나도 금세 그 일원이 되었다. 덴마크어도 부쩍 유창해졌고 덴마크 친구들도 생겼다. 무슬림 여성은 키스할 엄두

도 못 내지 않느냐는 남자 직원의 말에 그에게 키스하는 일
까지 벌어졌다.

덴마크인들과 친분을 쌓게 되면서 나는 그들도 쿠르드인
만큼 각양각색임을 알게 됐다. 신을 믿는 사람도 있었고 믿
지 않는 사람도 있었다. 남자친구가 있는 사람이 있는가 하
면 없는 사람도 있었다. 어떤 이들은 할인 기간에 물건을 대
량 구매하는 이민자 고객을 좋아했다. 반면, 구경한 옷을 제
대로 놓고 가는 법이 없는 그들이 나는 짜증스러웠다. 포텍
스에서 일하면서 나는 덴마크인 가운데는 인종차별주의자
가 일부 있긴 하지만 대부분은 그렇지 않다는 사실을 깨달을
수 있었다.

내가 덴마크인에 대한 혐오감에 매몰되지 않을 수 있었던
데는 이유가 있다. 그들이 누구이며 어떤 사람인지에 대한
나의 지리멸렬한 분석을 완전히 뒤엎는 사람들을 만났기 때
문이다. 그들 덕분에 나는 더욱 균형감 있는 관점을 갖고 민
주주의 공동체에 합류할 수 있었다. 내가 만난 포텍스의 앤,
모스크 사원의 이맘, 그리고 그들과 비슷한 다른 많은 이들
이 내 마음속에 있던 인종차별주의를 치료하는 강력한 해독
제로 작용했다.

인종차별주의, 혐오감, 무력감, 좌절감은 어느 민족 집단
에나 어느 사회 계층에나 존재한다. 그런데 이런 감정은 대

체 왜, 어떻게, 그리고 누구로부터 생겨나는 걸까? 이런 감정 앞에서 우리가 손 쓸 방도는 없는 걸까? 민주적인 대화와 우정이 가교 역할을 할 수 있다는 생각은 순진한 믿음에 불과한 것일까?

3장

모두가
남의 탓

"죄는 미워하되, 사람은 미워하지 말라."

— 마하트마 간디

나는 지금 세 남성의 집을 방문하기 위해 퓐 섬으로 가는 길이다. 모두 내게 무슬림 혐오 이메일을 보낸 사람들이다. 킴Kim은 무슬림이 모든 악의 뿌리라고 믿는다. 그래서 그들이 야기한 문제에는 기관총만이 답이라고 생각한다. 앙겔로Angelo는 무슬림이 덴마크를 차지할 것이라 확신한다. 그리고 그들의 병든 종교가 세상의 모든 좋은 것을 파괴할 것이라 믿는다. 지미Jimmy는 무슬림들이 그들의 특별한 규칙들을 고집한다고 생각한다. 그래서 무엇보다 이런 규칙들을 우려의 눈으로 본다.

퓐 섬으로 가는 기차 안 내 맞은편 좌석에는 기술공으로 보이는 남성이 앉아 있었다. 커다란 작업화에는 먼지가 쌓여 있고 얼룩진 셔츠는 온통 구멍투성이다. 아침부터 손에 맥주가 들려 있다. 아니나 다를까 금세 곯아떨어졌다. 대각선으로 보이는 좌석에는 젊은 커플이 앉아 쉼 없이 입을 맞추고 있다. 이렇듯 세상에는 참 많은 유형의 덴마크인이 있다. 모든 사람들이 무슬림도 그들만큼 다양하다고 생각한다면 얼마나 좋을까?

덴마크인 무슬림들은 공통된 신앙을 공유하고 있긴 하지만, 각기 다양한 방식으로 알라를 믿는다. 우리의 뿌리가 되는 문화는 무척 다양하다. 우리 가운데 일부는 중동 출신이고, 일부는 코펜하겐 출신이다. 그러나 내가 오늘 만나러 가는 사람들은 이런 다양성을 인정하지 않는다. 그들은 나를 비롯해 나처럼 생긴 모든 사람이 다 같은 부류에 속한다고 여긴다.

제일 먼저 방문할 사람은 지미다. 그는 나를 만나는 자리에 그의 아내도 동석하는 것을 조건으로 내걸었다. 그러고 보니 첫 번째 '커피 타임'이 떠오른다. 그때 잉골프 역시 내가 방문할 때 그의 아내 벤테Bente도 자리를 함께했으면 했다. 퍽 흥미로운 일이다. 내게 그토록 강경하고 험한 글을 썼던 남성들이 그들의 아내가 동석해야만 나를 만나겠다고 하니 말이다. 그렇게 생각하니 저절로 미소가 지어졌다. 그들이 던진 험한 말에 울적해졌던 만큼, 우리의 대화에 아내도 같이 있었으면 하는 그들의 반전 모습에 마음이 흔들렸다. 이런 모습을 보니 그들이 더 인간적으로 느껴졌다.

우리 아버지도 때때로 심한 말을 한다. 아버지는 자신이 옳다고 확신하는 경우가 많아서 그런 아버지의 시각을 바꾸는 일은 매우 어렵다. 하지만 낯선 사람을 만나거나 친구나 지인을 방문할 때면, 대개 아버지는 자신감을 잃고 어머니가 옆에 함께 있기를 바란다. 아마 그러면 안도감이 생기는 모양이다. 아내와 함께하고 싶은 이런 남성들의 모습을 나는 익히 잘 알고 있다. 겉으론 강하지만 속은 여린 모습. 나와 첨예하게 의견이 대립하지만, 우리 아버지와 그리 다르지 않은 그런 모습 말이다.

그때 내 휴대전화 진동벨이 울렸다. 앙겔로가 또 문자 메시지를 보낸 모양이다. 그는 내가 약속을 취소하기라도 할까 봐 노심초사하고 있었다.

'다시 연락할게요.' 나는 이렇게 답을 보냈다.

앙겔로는 확인 문자 메시지를 꽤 많이 보냈다. 사실, 약속을 취소할까 하는 생각이 몇 번 스쳤던 건 맞다. 내가 그를 만나는 걸 경계하는 이유가 뭔지는 확실히 모르겠다. 그가 과도한 성적 표현을 사용하고 거들먹거리는 데다 인종 차별하는 것 같아서 그런 것일 수도 있다. 아니면 그가 보낸 메시지들에서 나를 신뢰하지 않는 듯한 인상이 느껴져서일지도 모른다. 어쩌면 두 가지 이유가 조금씩 다 해당되는 것 같다. 이런 생각을 하며 열차 창문 너머 밖을 내다보았다. 창밖에는 목가적인 풍경이 펼쳐져 있었다. 높은 하늘 아래 초록빛 들판 위로 자그마한 집들이 보였다. 이런 풍경을 보고 있노라면 왜 많은 외국인들이 덴마크를 동화의 나라라고 생각하는지 쉽게 이해가 간다.

터키에 사는 친척들이 덴마크를 방문하면 무엇이든 제대로 작동하는 모습에 놀라곤 한다. 질서정연한 교통 상황과 줄서기에서부터 근본적으로 서로 존중하는 사람들의 모습에 이르기까지 마치 다른 세상을 만난 듯 신기해한다. 정치인이라는 직업상, 나는 덴마크를 방문한 중동이나 동유럽, 아프리카 동료 정치인들을 만날 기회가 많았다. 물리력은 지양하고 구두 토론을 벌이는 우리의 협력적 의회 시스템과 우리의 민주주의 이야기를 들려주면 그들의 눈은 희망으로 반짝였다. 그러면서도 그들 중 일부는 "우리나라가 이런 동화에나 나올 법한 멋진 나라가 될 수 있다고 생각하는 건 너무 순진한 유토피아적 생각이겠지?" 하며 절망하기도 했다.

여러 면에서 덴마크는 동화 속 멋진 나라가 맞다. 우리 덴마크인들은 서로를 신뢰한다. 아마 그래서 자신 있게―그리고 외국인 눈에는 너무나 놀랍게도― 감히 상점 앞에 아기가 타고 있는 유모차를 세워 둔 채 안으로 들어가는 모양이다.

농부의 아내로 산 우리 할머니는 평생 처음으로 터키 고향 마을을 떠나 덴마크에 사는 우리를 만나러 오셨다. 그때 할머니는 덴마크에 많은 비가 내리는 것을 보고 몹시 흥분하며 말씀하셨다. "이렇게 비가 많이 오다니 신이 너희를 정말로 많이 사랑하나 보다."

나는 덴마크에서 태어나지는 않았지만 이곳 땅에 뼈를 묻을 생각이다. 우리 아이 셋은 모두 덴마크 국립 병원에서 태어났고 덴마크어가 모국어다. 때때로 아이들에게 터키어로 말해야겠다고 생각하지만, 아이들이 서로 덴마크어로 이야기하는 데다 남편 역시 덴마크어를 더 좋아해서 쉽지 않다. 나는 우리 아이들이 할머니, 할아버지와 대화할 수 있게 터키어를 하면 참 좋겠다고 생각한다. 하지만 동시에 지금의 아이들이 자랑스럽기도 하다. 아이들이 코펜하겐 말씨로 전형적인 덴마크 표현을 사용할 때면 내 마음속 무언가가 제자리를 잡는 느낌이 든다.

나는 덴마크를 사랑한다.

나는 자연을 사랑한다.

나는 바다를 사랑하며 민주주의를 사랑한다.

하지만 나는 이런 조화로움에도 불구하고 우리 덴마크인들이 서로를 그토록 혐오하는 이유가 무엇인지 고민하지 않을 수 없다. 아니, 서로를 두려워한다고 말하는 편이 더 온화하고 적절한 표현인 듯하다. 나는 우리가 만나서 서로가 다름을 논해야만 변화가 생긴다고 믿는다. 덴마크 무슬림들에게 가해지는 모든 분노와 혐오, 절망의 소리에 귀를 기울이는 것 역시 상상할 수 없으리만치 힘든 일일지라도 말이다.

처음 '커피 타임'을 시작했을 때만 해도, 무슬림을 싫어하는 사람들을 만나 그들을 '다시 좋은' 사람으로 만드는 것이 나의 주된 계획이었다. 나는 그들이 인종차별주의자가 된 이유는 한 번도 무슬림을 만난 적이 없어서라고 진심으로 믿었다. 그래서 그들이 나를 만나 내가 하는 모든 옳은 주장을 들어 볼 기회만 생긴다면 반드시 개과천선할 것이라 믿었다. 나는 구원자였으며, 그런 사람들을 만나는 나 자신이 무척이나 대견스러웠다.

그러나 이 글을 쓰고 있는 지금은 그런 생각을 했던 나 자신에게 실소를 금할 수 없다. 내가 너무나 순진했음을 인정하지 않을 수 없다. 지금은 무슬림에 대해 그토록 완고한 시각을 가졌던 사람들이 시간을 쪼개 나와 만나고 대화하려는 모습에 감사할 따름이다. 이제 내가 그들의 말에 귀를 기울이는 이유는 그들을 설득하기 위해서가 아니다. 그보다는 그들이 느끼는 무기력, 좌절, 분노의 근원이 무엇인지 찾아보고 이해하고 싶어서다.

부동층 유권자

지미와 로네의 집은 동네에서 살짝 떨어진 곳에 위치한 빨간 벽돌집이었다. 현관 옆에는 튤립이 있고 넓은 잔디밭은 얼마 전에 깎은 듯 가지런했다. 그리고 집 왼편에는 캠핑카가 세워져 있었다.

초인종을 눌렀다.

현관문이 열리고 작은 강아지가 나를 향해 달려들었다. 그러자 로네가 강아지를 꾸짖으며 내게 안으로 들어오라고 했다. 지미는 거실에 앉아 있었다. 그는 상당히 체구가 컸다. 애써 자리에서 일어나 악수는 했지만, 다쳐서 걷기가 불편하다고 했다. 커피 테이블에는 흰 빵과 치즈, 페이스트리가 다양하게 차려져 있었다.

지미와 마찬가지로 로네도 넘어져 어깨가 부러진 후 병가를 내고 집에 있었다. 지미는 허리를 다친 모양이다. 의사가 정밀검사를 받으라고 했다는데 검사는 두 달 후로 잡혔다고 한다. 우리는 의료 서비스에 대해 한참 동안 이야기를 나눴다. 덴마크 남부 지방의 응급 의료 서비스 부족 문제와 일부 사설 의료 보험 가입자들이 우선적으로 치료받는 부당한 현실이 도마 위에 올랐다. 이야기하는 동안 지미는 화가 치밀어 올랐다. 그의 표정은 진지했다. 지미의 커다란 손을 보며 새삼 내가 평생 고된 일을 하며 산 사람을 앞에 두고 앉아 있음을 실감했다.

지미의 말을 들으니 내 짐작이 맞았다. 안 해 본 육체노동이 없는 그는 환갑이 되자 완전히 지쳐 버렸다고 한다. "쓰레기 수거 일도 해 봤고 목수와 미장이 일도 했어요. 농지를 대여해 농사도 지었지. 하지만 한 곳에서 장기간 일해 본 적은 없어. 로네는 반대죠. 한 직장에서 25년간 일하고 있으니까." 그러면서 지미가 말을 이었다. "나와 로네는 정말 소처럼 일했다고." 그의 목소리에는 자긍심이 배어 있었다. 집을 소유한 두 사람은 사실상 저축한 전부를 이 작은 빨간 벽돌집의 대출금을 갚는 데 썼다.

물론 그들도 때때로 일상이 버거웠다. 하지만 그들은 자신의 힘으로 어려움을 헤쳐 나갔고, 그에 대해 자부심이 있었다. 사고 싶은 것이 있을 땐 돈을 빌리기보다 저축이 중요하다는 사실을 두 자녀에게 가르쳤다며 뿌듯해하기도 했다. 악화된 복지제도, 정치인, 조세 회피, 신형 전투기 도입에 300억 크로네(한화 약 4조 원)를 지출하는 어처구니없는 결정에 대해 논할 때는 정말이지 우리 세 사람 모두 한목소리를 냈다. 불현듯 지미가 나를 보며 이런 말을 했다. "난 당신을 존경해요. 저들이 아무리 흔들어 대도 당신은 소신을 지켰잖아!"

조세 개혁 이야기였다. 이 개혁안은 조기 퇴직자와 현금 지원 대상자에게 지급되던 돈을 끌어와 부자들에게 막대한 감세 혜택을 주는 것이었다. 당시 내가 소속된 정당도 동참하고 있던 동거정부에서 이 개혁안을 발의했을 때, 그리고 그 뒤 의회 표결에 부쳐졌을 때, 나는 개인적으로나 정치적으로 엄청난 부담을 각오하고 반대했다. 그러자 정당 지도부는 나를 대변인 직에서 해임했다. 정당의 방침과 정부에 도전한 이 행위를 용감하다고 평가한 이들도 있었지만, 나는 결과에 실망했다. 조세 개혁안 채택을 막는 데 실패했기 때문이다.

그 결과 나는 엄청난 스트레스에 시달려야 했다.

지미는 이 이슈에 대해 잘 알고 있었다. 아마 그는 내 기분이 상할 수도 있다고 짐작한 것 같았다. 그래서 정확히 우리 아버지가 할 법한 행동을 했다. 화를 내는 것으로 공감을 표하는 것 말이다. 그는 더는 정치인들을 믿지 않는다고 했다. "선거 공약으로는 전부 다 개선하겠다고 떠들면서 허황된 꿈을 세뇌하는 인간들! 그러다 당선되면 의회로 직행해서는 약속과는 정반대로 행동하지. 유세 때 했던 공약을 지키지 못한 국회의원은 파면되어야 해요. 소속 정당을 바꾸는 철새 정치인들도 마찬가지고."

그의 말을 들으니 내가 정치적으로 정착할 곳을 잃은 사람을 마주하고 있다는 걸 깨달았다. 그의 거실 가죽 소파에 앉아 있는 내 왼편에는 강아지가 있고 맞은편에는 그의 아내 로네가 앉아 있었다. 그리고 나도 그와 똑같은 감정을 느끼고 있었다. 나도 딱 지미처럼 정착할 곳 없는 정치적 부랑자인 것만 같았다. 나는 8년간 의회에서 고군분투했지만 불평등을 심화하고 민주주의를 약화할 것을 알고도 우리 당이 일련의 개혁안에 동의하는 모습을 보고는 시스템에 대한 신뢰를 잃고 말았다. 내가 공개적으로 반대 의견을 내자 그들은 나를 괴롭히고 쫓아냈다. 나를 실망시킨 것은 과거 소속 정당만이 아니었다. 나는 많은 정치인이 스스럼없이 자신의 이득을 위해 움직이는 것을 보고 큰 실망을 느꼈다. 이제 나도 지미처럼 다음 선거에서 누구를 뽑아야 할지 모르겠다.

우리는 대화 주제로 오른 대부분의 사안에 공감했다. 하지만 내가 이곳에 온 분명한 이유는 우리가 뜻을 같이하기 때문이 아니었다. 지금 상황에서 서로 견해가 다를 게 뻔한 화두를 꺼내기란 쉽지 않아 보였다. 나로서는 지미와 나 사이의 공감대를 유지하고 싶은 마음이 컸다. 그러나 내가 '무슬림'이라는 말을 하는 순간, 우리의 공감대가 흩어지듯 사라져 버리리라는 것을 나는 잘 알고 있었다. 거의 두 시간가량 이야기가 빙빙 겉돌기만 한 끝에, 나는 용기를 끌어모아 입을 열었다.

"그런데 제가 지금 여러분 집 거실에 앉아 있는 이유가 부자 감세 때문은 아니잖아요. 무슬림을 대하는 여러분의 태도 때문이죠."

그러자 지미가 대답했다. "나는 우리가 덴마크다운 것과 덴마크를 지켜야 한다고 생각해요. 덴마크는 위대한 나라니까."

나는 고개를 끄덕였다. 거기까지는 나도 동의했다.

"대체 사람들이 왜 우리나라에 오면서 자기 나라의 나쁜 것을 가져오는지 모르겠다는 생각이 자주 들어. 그들이 변하고 싶지 않다면 우리나라 말고 다른 나라를 선택하면 되지 않나?" 지미가 질문을 던졌다.

자주 받는 질문이지만 그가 과연 내가 답할 수 있으리라 기대하고 던진 질문인지는 모르겠다. 내가 반문했다. "'그들'은 누구를 말하는 건가요? 말씀하신 나쁜 것이란 무엇이죠?"

이번에는 로네가 말했다. "우리 덴마크인들은 너무 어리석어요. 그들이 왜 그러는지 난 너무도 잘 알아요. 우리가 워낙 잘 받아 주고 선뜻 수용해 주니까 우리를 이용하는 거예요."

그들에게 무슬림이 덴마크를 장악했다고 느끼느냐고 묻자 지미와 로네 모두 그렇다고 대답했다.

휴, 한숨이 나왔다. 무슬림에 대한 그들의 시각을 조금 더 보충해서 설명하고 싶었다. 그들이 실제로 겪었던 무슬림과의 경험을 바탕으로 논의를 이어가고 싶었다. 구체적인 사례가 있었으면 좋겠다. 물론 힘겨운 일이 되리란 것도 알고, 과연 성공할지도 미지수다. 그래도 해 볼 만한 가치가 있는 일이다. 그래서 그들에게 무슬림의 정복을 뒷받침하는 사례를 들어 달라고 요청했다. 그러면서 나는 지난 6개월간 미디어를 장식했던 개별 사건들을 논할 태세에 들어갔다.

첫 번째 이슈는 주택 공급 대기자 명단에 관한 것이었다. 로네가 주장을 펼치기 시작했다. "제가 아는 사람들 중에 주택 공급 대기자 명단에 있는 사람들이 여럿 있어요. 그런데 무슬림이 나타나서는 먼저 가로채 버리죠. 뭐 항상 무슬림이 그러는 건 아닐 거예요. 하지만 가장 잡음을 많이 내는 것이 그들이니까 우리 귀에 들리는 거죠." 그들은 그게 불공평하다고 말했다.

"네, 저도 그 문제는 여러분과 같은 생각이에요." 내 차례다. "하지만 모든 무슬림이 대기자 명단에 올라와 있다고 집을 얻는 건 아니에요. 소수 민족 출신 가운데 많은 이들이 데인족 출신보다 훨씬 오래 대기하죠. 최근 일간지 〈폴리티켄 Politiken〉에서 실시한 조사 결과를 보면 알 수 있어요. 저희 어머니도 이런저런 공공주택 대기자 명단에 올라 무려 30년을 기다린 사람들 가운데 하나예요."

지미와 로네에게 1980년대에 덴마크로 이주한 우리 가족 이야기를 들려주었다. "제가 여섯 살 때 우리 가족은 뇌레브로 피터 페이버 로에 있는 아파트 꼭대기 층에서 살았어요. 그때 저희 어머니의 꿈은 블로가르덴에 있는 아파트에서 사는 것이었죠. 그런데 5년간 대기만 하다가 포기했어요. 우리는 시게르스테즈 로에 있는 좀 더 큰 아파트로 이사해서 살았지만, 욕조도 없고 더운물도 나오지 않고 중앙난방도 되지 않았죠. 그래서 어머니는 침실에 큰 통을 두고 그 안에 들어가 있는 우리 머리 위로 난롯불로 데운 따뜻한 물을 부어 줬어요." 말하다 보니 옛날 생각이 떠올라 웃음이 났다.

로네도 미소로 화답하면서 그녀의 어머니도 그랬다고 말했다.

"우리 어머니는 계속해서 당신 자신의 운을 시험했어요. 다시 푈너 파크 아파트 대기자로 신청한 거예요." 나는 말을 이어갔다. "하지만 아무 소득도 없었어요. 우리 가족이 다음으로 이사한 집은 베스테르브로의 사우스 대로에 있는 오래된 조합 아파트였어요. 천장은 회벽으로 되어 있고 세탁기와 식기세척기를 둘 공간도 있었죠. 그래도 우리 어머니는 공공주택에서 사는 꿈을 절대 포기하지 않았어요. 그래서 비용을 지불해 가며 계속해서 대기 신청을 했죠. 그러다 마침내 코펜하겐 근교의 공공주택 지구 아파트를 공급받게 됐고, 그 즉시 조합 아파트를 팔았어요. 지금 어머니는 정치인들이 소위 '게토(소수 인종이 모여 사는 빈민 지역)'라고 부르는 지역에서 아버지와 함께 살고 있죠. 그래도 어머니 눈에는 그곳이 좋은 이웃과 풍부한 녹지, 크고 아름다운 아파트가 있는 동네로만 보인대요."

그러자 시미가 말했다. "그게 다 우리가 저들에게 무릎을 꿇고 있는 거요."

"우리가 어떻게 굴복한다는 말이죠?" 내가 물었다.

다시 로네가 예를 들어 설명했다. "저는 우리 사회가 무슬림의 요구에 따라 조직되고 있다고 생각해요. 성별로 구분해서 수영팀을 운영하는 게 그 좋은 예죠."

내가 로네에게 혹시 여성 전용팀 활동을 대체로 모두 반대하냐고 묻자 지미가 대답했다. "무슬림 여성만을 위한 전용 수영팀에 반대한다는 말이에요." 나는 언론에 소개된 성별 수영팀은 무슬림이든 비무슬림이든 상관없이 모든 여성을 위한 것이라고 설명했다. 그러나 지미는 "베일을 쓴 이민자들만 가입이 허용"된다는 보도를 분명히 읽었다고 우겼다.

나는 천천히 숨을 고르며 마음을 가다듬고 반격을 준비했다. 이 사안에 대해 내가 아는 팩트는 이랬다. 회원 수가 5,000명이 넘는 코펜하겐 수영클럽이 상대적으로 여성 회원

수가 너무 적은 것을 발견했다. 그래서 더 많은 여성이 수영장을 이용할 방법을 찾기 위해 지방정부와 주택조합에 컨설팅을 의뢰했다. "두 기관 모두 성별 수영팀 운영이 좋은 출발점이 될 거라고 지적했어요. 그리고 그 예상은 적중했죠. 무슬림, 비무슬림을 막론하고 200명이 넘는 여학생이 새로운 팀에서 수영을 시작했으니까요. 그중 일부는 수영 실력이 뛰어나서 나중에 혼성팀에서 조교까지 맡았고요."

여학생 200명 모두 수영을 배웠다는 점을 강조하면서 그들에게 반문했다. "참 멋진 일 아닌가요?"

내 말에 동의한다는 로네의 말에 우리 사이를 이어 줄 다리가 놓였다고 좋아하려는 찰나, 지미가 한마디 했다. "무슬림은 공용 샤워실에 샤워 커튼이 있어야 한다고 생각하잖아요."

그에게 사람들이 샤워할 때 다른 사람의 시선을 피하는 데에는 여러 이유가 있을 수 있는 것 아니냐고 했다. 그냥 평범하게 조심하느라 그럴 수도 있고 신체적으로나 정신적으로 건강에 문제가 있어서 그럴 수도 있다. 간호사로 일하던 시절, 특히 암 환자와 거식증을 앓는 젊은 여성들이 이런 성향을 보이는 것을 보아 왔다. 그래도 지미는 생각을 바꾸지 않았다. 옛날 옛적, 그가 젊었을 때 수영장 안전요원으로 일했을 때만 해도 여성 탈의실과 남성 탈의실로만 나누면 되었단다.

아무래도 내 경험을 들려줘야 할 것 같았다. 나는 어렸을 때 우리 아버지 때문에 시니어팀에서 수영을 배워야 했다. 아버지는 성평등 문제에 대단히 보수적이라 혼성 수영팀을 싫어했다. 그래서 여성 전용 시니어팀에서 수영을 배우기로 하고 겨우 허락을 받을 수 있었다. 몇 년 후, 터키로 휴가를 갔을 때 아버지는 내가 남자들도 있는 수영장에 들어가는 것을 허락했다. 또 몇 년 후, 내 여동생은 수영복을 입어도 된다는 허락을 받았다. 학교 수영 수업 시간에 여동생은 다른 여학생들과 똑같이 수업에 참여했고 여름에는 덴마크 해변에도 갔다.

"우리 아버지가 바로 살아 있는 증거예요. 아버지를 보면 부모의 태도가 바뀔 수 있다는 것도, 여학생들의 부모와 의견이 다르다고 해서 그 여학생들을 벌해서는 안 된다는 것도 알 수 있죠."

로네가 고개를 끄덕였다. "여학생들도 수영을 배우는 것이 중요해요."

하지만 지미는 여전히 회의적이었다. "좋아요. 그렇지만 당신 가족은 드문 경우지. 당신들처럼 생각하는 사람은 많지 않아." 소수 민족 그룹 안에 얼마나 많은 게임체인저가 생겨나는지 그는 아마 모르는 모양이었다.

그에게 소수 민족 출신 청년 대부분은 교육을 받고 직업을 가지면서 경제적 안정을 누린다고 설명했다. "문제는 우리가 제대로 잘 돌아가는 일에 대해서는 거의 이야기하지 않는다는 거죠." 비난하는 듯한 말로 들렸는지 지미의 자세가 경직되는 것이 보였다. 그래서 재빨리 더 긍정적인 말투로 바꿨다. "세상은 변하고 있어요. 우리 여덟 살짜리 딸은 아빠와 수영장에 가고 같이 수영복으로 갈아입으니까요."

나는 이쯤 해서 내가 이길 것이라 기대했던 것 같다. 하지만 로네의 대답은 썩 희망적이지 않았다. "그래도 여전히 설명이 안 되네요. 무슬림 여학생들을 위해 대체 왜 우리가 변해야 하는 거죠?"

아, 지친다. "생각해 보세요. 체조나 승마, 축구에서 남녀따로 훈련하고 경기하는 것에는 별다른 불만이 없잖아요. 혹시 모든 여성 스포츠팀을 없앴으면 하는 건 아니죠?"

그건 아니란다. 지미의 말에 따르면 그런 식으로 구분할 때는 종교적 색채가 깔려 있지 않기 때문에 다른 경우라고 했다.

소파에 등을 대고 앉아 있다가 이 말을 듣자 몸이 절로 앞으로 나갔다. "예전에는 이런 스포츠 클럽에 여성들의 참여를 독려하려고 어떻게 했죠? 여성들이 안심하고 환대받는 편안한 분위기에서 운동할 수 있도록 여성들을 위한 특별팀을 만들지 않았던가요?" 이렇게 질문한 뒤 대답을 기다리지 않고 곧이어 덧붙였다. "저도 어느 정도는 여러분의 의견에 동의해요. 제가 바라는 건 그저 이 무슬림 여학생들도 덴마크에서 자라는 다른 여학생들처럼 강하고 독립적으로 성장했으면 하는 거예요. 만약 이들이 수영을 배우는 것으로 그 여정을 시작하게 된다면, 아마 다음 해에는 해변에 가겠다고 주장할 수도 있을 거예요." 합리적인 태도를 잃지 않으려 안간힘을 써 보았지만 나는 이미 녹초가 된 상태였다.

나의 지적에 지미도 수긍했다. "하지만 그렇게 수영하러 오면서 히잡인지 뭔지를 두르고 올 것 아니에요. 그런 게 도발적이란 말이야. 그런 식으로 저들이 하는 모든 일에는 종교가 스며들어 있고, 난 그걸 참을 수 없다는 거죠."

지미에게 물었다. 평등은 한 번에 한 걸음씩 달성되는 것이라는 내 의견에 동의하냐고.

동의한단다. "하지만 우리가 왜 이민자 자녀들만 적응할 수 있고 그들의 부모는 그럴 수 없다고 받아들여야 하는 거요?"

다시 우리 아버지 이야기를 꺼냈다. 아버지는 잘 적응했고 내가 아는 사람 중에는 아버지처럼 적응을 잘한 사람이 많다. 그래서 그들과의 대화를 포기해서는 안 되는 것이다. 나는 힘주어 말했다. "그렇게 하지 않으면 우리는 여학생들을 저버리게 되는 겁니다."

"그런다고 늘 효과가 있는 건 아니죠." 지미가 반박했다. "자기 손으로 딸을 죽인 자들이 여럿 있잖아요. 그런 짓을 저지른 이유란 게……."

얼른 그의 말을 가로막았다. "아뇨, 그런 경우는 거의 없어요!" 정당화하려고 하는 말이 아니라 실제 사건 발생 빈도를 따져 이슈를 균형감 있게 논하자는 얘기였다.

그러나 지미는 동의하지 않았다. "천만에. 아주 여러 번 일어났어요." 나는 통계적으로 따졌을 때 덴마크에서 아버지가 자녀와 아내를 살해하는 비극적인 가족 참사는 데인족 덴마크인 가정에서 더 많이 일어난다며 반론을 펼쳤다. 왠지 모르지만 "당신네라고 우리보다 더 나은 건 없어요."라는 말이 턱 밑까지 올라왔다. 그러자 지미가 다시 반격을 가했다. "이민자보다 데인족 수가 훨씬 많잖소."

이런 식으로 논쟁하다 보니 내가 익히 잘 아는 막다른 골목에 다시 부딪혔다. 퍼센티지와 통계를 들먹거리면서 자신의 논거를 뒷받침해 줄 자료만 골라서 내세울 뿐, 궁극적으로 자신의 관점을 상대에게 설득할 노력은 거의 하지 않는 상황에 이르렀다는 말이다.

일부 덴마크 무슬림 가정에 성평등 문제가 있고 이것이 끔찍하게도 범죄로 이어진다는 지미의 주장에는 동의한다. 하지만 비무슬림 간에 발생하는 강간, 성희롱, 질투에 의한 살

해 사건에는 이와 같은 방식으로 반응하지 않는 이유는 납득
하기 어렵다.

"이게 다 무슬림들이 같잖은 요구를 하면서 스스로 이목
을 끌어서 그런 거야." 지미가 말했다. "저들이야말로 관종이
지. 저들이 아무리 소란을 피워 대도, 안됐지만 덴마크 사람
들은 이래라 저래라 하는 소리를 싫어해요. 그래서 사람들이
점점 공격적으로 되는 거라고."

현재 상황을 풀이하는 지미의 설명을 듣자니 좌절감이 몰
려왔다. 수영을 배우려는 여학생들이 사람들의 관심을 받으
려고 그러는 것이란 말인가? 지역 스포츠 클럽이 실용적인
관점에서 좋은 의도로 기획한 일을 정치적으로 유리한 점수
를 따는 데 이용하는 정치인들이야말로 관종 아닌가? 이런
질문을 입 밖으로 내기보다는 치즈 샌드위치를 하나 더 먹는
편이 나을 것 같았다. 이렇게 마음먹은 순간, 강아지가 내 쪽
으로 다가왔다. 미소를 지으려 노력해 보았지만 불안해하는
내 모습을 로네가 즉시 간파한 듯하다. 강아지가 소파 근처
로 오지 못하게 쫓아내는 것을 보니 말이다.

이 강아지는 원래 지미와 로네의 딸이 키웠는데 지금은 두
사람이 돌보고 있었다. 강아지는 이 빨간 벽돌집의 활력소
역할을 톡톡히 한다고 했다. 지미와 로네는 슬하에 아들 하
나, 딸 하나를 두고 있다. 두 자녀는 비록 재산은 적지만 탄탄

한 가치관을 지닌 가정에서 성장했다. 지미와 로네의 양육방식은 우리 부모님의 양육방식과 많이 닮았다. 네 것이 아닌 돈은 쓰지 말아라. 열심히 일하고 법을 지켜라. 그리고 복지제도를 지지하고 지원을 아끼지 말라.

지미와 로네, 그리고 나는 우리 사이를 이어 줄 다리를 다시 놓기 시작했다. 그러나 무슬림에 관한 뉴미디어 이야기를 논하는 순간 간극은 다시 벌어졌고, 우리는 또 처음부터 다시 다리를 놓아야 했다. 한 걸음 전진하고 두 걸음 후퇴하는 식이었다.

"저들을 위해 우린 계속해서 양보해야 하잖아요. 대체 우리가 왜 그래야 하죠?" 로네가 다시 물었다.

이번에는 지미가 예를 들었다. "왜 어린이집에서 무슬림 아이들에게 특식을 제공해야 하는 거예요?"

이 질문에 나는 다시 열심히 설명했다. 지미와 로네는 내 설명에 귀를 기울였다. 어린이집에 아이를 보내는 어머니의 한 사람으로서 나는 돼지고기 미트볼을 금지하고 싶은 생각은 추호도 없다. 나만 그런 것도 아니다. 돼지고기 미트볼 식단을 금하자는 캠페인을 벌인 가정은 하나도 없다. 그들은 다만 그들의 자녀가 선택할 수 있게 대안 식단을 마련해 달라고 요청했을 뿐이다. 나는 어린이집 아이들이 그들이 원하는 음식은 무엇이든 먹을 수 있어야 한다고 생각한다. 그

저 우리 아이들이 샌드위치나 당근도 먹을 수 있었으면 하는
것뿐이다. 나도 다른 사람들처럼 어린이집 보육료를 내니까.
게다가 메뉴 가이드라인 작성은 무슬림이 아니라 누구든 참
여할 수 있는 학부모회에서 한다. 이 밖에도 나는 구구절절
설명을 이어갔다.

이쯤 해서 두 부부가 무슨 생각을 하는지 궁금해졌다. 그
들 눈에는 나도 한결같이 무슬림을 옹호하는 사람처럼 보일
까? 나는 그런 역할은 딱 질색이다. 무슬림이라고 다 같은 무
슬림이 아닐뿐더러 그들 중에도 어리석은 자들이 있기 때문
이다. 하지만 많은 미디어가 균형을 잃은 보도를 한다. 만약
무슬림이 연루되지 않았다면 관심의 대상이 되지 않았을 보
도가 훨씬 더 많다. 채식하는 어린이들에게 채식 식단을 제
공하는 어린이집을 두고 얼마나 많은 장관과 국회의원, 지방
정부 소속 정치인들이 열을 올리고 있는 걸까? 물론, 여기에
는 문제점도 있고 그중 일부는 덴마크인 무슬림 때문에 생긴
것도 있다. 하지만 이게 정말로 그렇게 큰 문젯거리일까?

그때 로네가 TV 다큐멘터리 프로그램 〈막후에서Behind the
Veil〉를 언급했다. 이 방송에서는 무슬림 이맘들이 편법으로
복지 혜택을 누리는 복지 사기와, 여성과 아동에 대한 폭행
을 부추기는 모습을 몰래카메라로 촬영해 방영했다. 나는 속
으로 생각했다. '이런, 우리 그 이야기는 꺼내지 말죠.' 이제

기운도 다 떨어졌고 무력감이 몰려왔지만 그래도 열심히 설명했다. 내가 이곳에 온 이유는 변명의 여지가 없는 짓을 변호하기 위해서가 아니며, 모든 무슬림이 다 그런 건 아니라고.

　로네가 말했다. "제가 보기엔 실제로 거의 모두가 그런 것 같아요. 우리 동네에도 모스크가 있는데 금요일 예배가 있을 때면 무슬림들이 몰려와서 아무 데나 주차를 한다고요. 그러니 그 모스크 안에서 대체 무슨 말을 하는지 의구심이 들 수밖에요."

　나도 이 말에 충분히 공감했다. 때때로 나도 같은 의구심이 들 때가 있으니까. "모든 무슬림에게 의혹을 제기하는 그 다큐멘터리 방송을 보고 너무 답답했어요. 팩트는 모스크 안팎으로 투명성이 보장되지 않으면 의혹이 있을 수밖에 없다는 거예요. 그래서 우리 모두를 위해 투명성이 보장되어야 하는 거죠."

　로네는 이런 내 답변이 확실히 마음에 드는 모양이었다. 우리는 덴마크 국내에서 이맘을 양성할 수 있는 종교 교육이 필요하다는 이야기를 한참 동안 나누었다. 굳이 민주주의와 복지사회, 자유권에 익숙하지 않은 나라에서 이맘을 수입할 필요가 없게 말이다.

　"그런 이맘은 기차역에 혼자 남겨졌을 때 모스크로 돌아가려면 어떻게 해야 하는지도 모를 거예요. 그들은 여기 사는 사람이 아니니까요. 그저 외국에서 들어온 사람들이니까요. 게다가 덴마크어도 할 줄 모르죠. 덴마크에서 지켜야 하는 규칙도 몰라요." 이렇게 말하다 보니 밑에서부터 화가 끓어오르는 느낌이 들었다. "무슬림의 이름을 더럽히는 이맘들, 정말 지긋지긋해요. 그런데 거리로 뛰쳐나와 그런 자들의 퇴출을 요구하지 않는 무슬림들이 더 실망스러워요. 그런 이맘들은 모든 지식을 인터넷에서 배웠다고 주장하지 않나요? 그런 자들은 구글-이맘인 거죠!"

내 말에 우리 모두 함께 웃었다. 지미가 고개를 끄덕이며 말했다. "무슬림만 그런 건 아니에요. 덴마크인들도 마찬가지지. 우린 변했어. 옛날에는 다 함께 모여 어떤 명분을 위해 같이 싸웠어요. 지금은 둘러앉아 한탄만 하지, 밖으로 나가서 시위하고 하는 일은…… 이제 아무도 안 해."

로네도 거들었다. "요즘 사람들이 자기중심적이라 그런 것 같아요. 자기만 챙길 수 있으면 옆 사람이 어떻게 지내든 상관 안 하니까요."

대화의 주제는 이슬람을 개혁할 수 있는가 하는 문제로 넘어갔다. 이슬람교도를 비판한다는 이유로 나를 맹렬히 비난하는 이슬람교도도 있고, 그냥 내가 '망할 놈의 무슬림'이라는 이유로 나를 맹렬히 비난하는 인종차별주의자도 있다는 이야기를 그들에게 들려주었다.

내 말에 지미는 잠시 잠자코 있더니 마침내 입을 열었다. "말하자면 당신은 진퇴양난에 처한 셈이네요. 헤쳐 나가려면 마음을 단단히 먹어야겠어요."

그가 이렇게 인정하는 말을 해 줘서 고마웠다. 덕분에 우리 대화에 희망이 보이고 내 몸에 새로운 기운이 솟았다.

"만약 뉴스 헤드라인이 '무슬림 여학생 200명, 부모에 반항하고 수영을 배우다'였다면 두 분은 과연 어떤 기분이 들었을까요? 그런 보도를 접한 우리 모두 '와, 굉장한데!'라고 하지 않았을까요? 실제로 그게 사실이에요. 여학생들은 수영을 배웠고, 여성 수영팀이라는 기회가 주어지지 않았다면 결코 불가능했을 일이죠. 그러니 우리 모두 이런 식으로 바라보는 시각을 가지면 어떨까요? 저는 우리가 뉴스 헤드라인에만 매달리지 말고 꾸준히 대화한다면 우리 여론이 다른 관점도 수용하는 방향으로 진화할 것이라 확신합니다."

"전적으로 옳은 말씀이에요. 우리 모두 서로서로 대화만 해도 좋을 텐데요." 로네가 말했다.

"제 생각에는 우리의 대화가 방해받는 이유는 몇몇 사람들의 이익 때문인 것 같아요." 그러면서 나 역시 무슬림 가정에서 인종차별주의자들을 종종 만난다고 말했다.

지미가 고개를 끄덕였다. "한마디로 말하면 무슬림 가운데에는 온건파보다 극단주의자, '하드코어'가 더 많고, 그중 일부는 정말로 나쁜 사람들이에요."

그의 말에 미소 짓지 않을 수 없었다. "저들이 우리보다 훨씬 심한 인종차별주의자"라는 고리타분한 말은 인종차별주의자들이 좋아하는 주장인 듯하다. 하지만 공정하게 말하자면 우리는 모두 상대에 대한 편견을 지니고 있다. 일반화는 쉽사리 낙인을 찍어 버릴 수 있는데 우리는 모두 이런 일반화를 바탕으로 자기 입장을 취한다.

"저는 무슬림이라는 이유로 혐오 메일을 받아요. 하지만 그런 메일을 보낸 사람들을 막상 만나 보면, 거의 하나같이 친절하고 우호적이고 개방적인 사람들이에요. 제가 직접 만났을 때 거북했던 사람은 거의 없어요."

"원래 모르는 것이 무서운 법이니까요." 로네가 말했다. "하지만 직접 대면해 보면 예상처럼 나쁜 경우는 거의 없어요." 그러면서 언론에 소개되었던 사례를 예로 들었다. 그런데 그 사례에서는 어려운 처지의 무슬림 청년들이 데인족 청년들보다 많은 도움을 받는 것처럼 묘사되어 있었다. 야속하게도 로네는 두 취약계층 청년들을 대립 관계로 설정했다. "하지만 저들이 서로 다른 대우를 받고 있다면, 한쪽이 무슬림이고 다른 쪽이 데인족이라서 그런 것이란 생각을 하지 않을 수 없죠. 그게 논리적으로 내릴 수 있는 결론인걸요." 로네가 말했다.

그녀의 마음속에 자리 잡은 의혹을 지우기란 불가능해 보였다. 너무 깊이 새겨져 있기 때문이다. 계속해서 인턴직에 지원하던 1세대 혹은 2세대 무슬림계 덴마크 청년들과 대화할 때도 이와 똑같은 의혹을 듣게 된다. "다 우리가 '파키'라서 그래요. 사실이 그렇다는 건 외즐렘 의원님도 잘 아시잖아요." 이렇게 말하는 그들의 눈망울에는 절망이 가득하다. 많은 기업이 그들의 사회적 책임을 다하지 않기 때문에, 많은 데인족 청년도 인턴 자리를 얻지 못하고 있다고 아무리 설명해도 그들의 의혹을 불식시키기란 어렵다. 그들을 보면 로네가 지니고 있던 의혹이 떠오른다. 양쪽 모두 불공정하다고 느끼고 있다. 그러나 그들의 분노는 그런 불공정을 만들어 낸 자들에게 초점이 맞춰져 있지 않다. 평등하게 법을 해석하지 않는 지방정부나, 인턴 자리를 만들지 않는 기업들을 향하지 않는다는 말이다. 그 대신 그들은 분노의 화살을 서로에게 겨냥하며 상대를 비난한다.

지미와 로네와 한자리에 앉아 있는 동안 나의 신념은 더 확고해졌다. 서로 다른 민족 집단을 잇는 다리를 놓으려면, 생활 여건이 나빠지지 않게 만드는 것이 가장 먼저 해야 할 일이다. 복지, 교육, 직업 기회 같은 안전망을 제거하면, 같은 빵을 두고 싸우는 사람들 사이의 골을 더 깊이 파게 될 뿐이다.

지미와 로네, 두 사람 모두 사회적 약자를 돕고 싶은 마음이 컸다. 그들은 취약계층 아동과 청년의 생활 여건이 향상되기를 바랐다. 그러나 그들이 보기에 복지제도는 축소되고만 있다. 다시 한번 우리는 공감대가 형성된 영역으로 대화의 방향을 틀었다. 복지 사기는 처벌되어야 마땅하다. 병들고 취약한 시민들을 위한 안전망이 악화해서는 안 된다. 조세 회피는 공동체를 상대로 강도질을 하는 것과 같다. 수택 임대 업체가 집을 수리한 뒤 임대료를 올리지 못 하게 해야 한다. 게다가 덴마크가 전쟁에 참전할 때마다 덴마크인의 안전은 위험에 처하게 된다. 이처럼 지미가 걱정하는 문제들은 한두 가지가 아니었다. 이런 문제들 때문에 그의 눈에 무용지물로 보이는 복지제도에 대한 분노와 무기력감이 배가됐다.

"그런데 복지제도가 나빠지는 게 정말 이민자들 때문이라고 생각하세요?"

내 질문에 지미가 대답했다. "물론이죠. 이민자 통합에 비용이 무척 많이 드는데 효과는 하나도 없잖아요!"

"하나도 없다고요?" 나는 미소를 지으며 말했다. "여기 제가 있잖아요."

"그래, 통합을 원하는 이민자들도 몇몇 있긴 하지." 그가 한발 물러섰다.

"그냥 몇몇이 아니죠. 아주 많답니다!" 내 입에서 이런 말이 나왔다.

　이제는 마치 유체이탈 체험을 하는 듯한 느낌이 들기 시작했다. 제3자의 눈으로 보니, 숨을 헐떡이며 지친 상태로 소파에 앉아 최선을 다해 논쟁할수록 부진에 빠지는 나 자신을 발견할 수 있었다. 전부 다 그만두고 싶은 충동이 일었다. 내가 이렇게 주장한들 별 효과가 있을까? 무슬림만 언급하지 않는다면 지미와 로네는 내 말에 동의하지 않을까? 내가 그들과 헤어지고 택시에 오른 뒤에도 내 주장이 어느 정도 여운을 남기게 될까? 지미나 로네, 두 사람 모두 아는 무슬림이 있다. 그 가운데 몇 사람들과는 긍정적인 경험도 꽤 많이 했다. 로네는 직장에서 무슬림 동료 한 명과 함께 일한다. 두 사람은 함께 웃기도 하고 서로 필요할 때 도움도 준다. 그 동료는 심지어 돼지고기도 먹는다. 지미 역시 오랫동안 알고 지낸 무슬림 친구에 대해 똑같이 느낀다. "그 친구는 우리와 똑같아요. 돼지고기도 먹지." 반면 지미가 모르는 모든 무슬림은 그의 무슬림 친구 같지 않다. 그렇다면 혹시 돼지고기를 먹지 않는 사람들이 문제인 걸까?

　지미와 로네는 모든 무슬림이라고 다 같지 않다는 사실을 잘 알고 있었다. 지미는 유럽에 테러가 일어나는 건 덴마크와 다른 서방 국가들이 무슬림 세계에 취한 적대적 행동에 대한 보복 차원이라고 아주 자연스럽게 말하기도 했다. "우리가 저들을 폭격하면 저들도 우리를 폭격하려 하겠지. 그럼 전쟁이 벌어지는 거라고." 다시 한번 의견 일치!

　지미와 로네와 함께 논한 이슈 대부분이 다 이런 식이었다. 서로 공감하다가도 대화 주제가 무슬림으로 흘러가기만 하면 의견이 갈렸다. 미디어를 통해 소개되는 이주민들의 모습이 좀 더 균형 잡히기만 해도 좋겠다는 생각이 들었다. 미디어에서는 여러 인구 집단 간 차이에 초점을 맞추는 경우가 너무 많다. 그러나 우리는 미디어에서 묘사하는 것만큼 다른 존재가 아니다. 그렇다고 미디어에서 다루는 개별 이야기가 잘못됐다는 말은 아니다. 다만 맥락을 빼고 다루는 것이 문제다. 문화적 차이에 초점을 맞춘 이야기가 만연하면서 결과적으로 1세대 및 2세대 덴마크인 이민자들에 대한 왜곡된 서사가 만들어졌다.

　국민통합부에서 공무원으로 일한 경력이 있는 경제학자 한 V. 제르니코 보르비에르Hjarn V. Zernichow Borbjerg는 그의 저서 《새로운 덴마크인Nydansk》에서 이민자들을 게토에 자발적으로 모여 사는 집단으로 묘사하는 것은 오해의 소지가 있다고 주장했다. 이민자 열 명 가운데 아홉 명은 그런 빈곤 지역 밖에서 사는 길을 선택한다는 것이 팩트이기 때문이다.

　이민자 범죄율을 다루는 언론 보도 또한 오해를 불러일으키기 쉽다. 데인족보다 이민자 집단의 범죄율이 높은 것이 사실일 수 있으나 여기서 간과하고 있는 부분이 있다. 사회경제적으로 낮은 지위에 속하는 이민자의 비율이 더 높다는 사실 말이다. 따라서 바로 이런 요인이—이민자라는 신분보다는— 그들을 범죄로 더 많이 내몰고 있다고 봐야 한다. 2013년 통계 자료에 따르면 이민자의 97퍼센트가 준법 모범 시민이라고 한다.

물론, 더 많은 이민자가 일자리를 얻으면 좋겠다. 하지만 덴마크 사회에 잘 통합돼 소중한 기여를 하는 이민자가 대다수라는 사실도 잊지 말아야 한다. 왜 언론에서는 이런 이야기를 잘 다루지 않는 걸까?

고개를 들어 거실에 걸려 있는 커다란 평면 TV를 보니 부숴 버리고 싶은 충동에 휩싸였다. 어떻게든 지미와 로네가 그들이 매일 소비하는 뉴스와 거리를 두게 만들어야 한다. 그러고 보니 이들은 스마트폰도 가지고 있다. 잠깐 내 머릿속에서 그들에게 페이스북을 비롯한 모든 인터넷 접속을 금지하는 상상을 한다. 이뿐만 아니라 라디오도 들을 수 없게 해야 한다.

이렇게 내가 머릿속으로 한창 덴마크를 경찰국가로 바꾸는 상상의 나래를 펼치고 있을 때 로네가 말했다. "옛날이 훨씬 좋았어요."

로네가 말하는 '옛날'이 언제인지는 모르겠다. 하지만 코펜하겐 베스테르브로에서 자랐던 시절을 기억하는 나는 순수했던 유년기의 눈으로 로네의 말에 공감하고 싶다. 내 기억 속에서도 옛날이 더 좋았다.

내 시아버지의 이야기에 따르면, 1970년대에는 터키인들이 오르후스 항구에 도착하면 오케스트라가 나와 연주를 하며 환영했다고 한다. 그 시절에는 기꺼이 도와주고 지원해 주는 덴마크인들과 더불어 얼마나 행복하게 살았는지 모른다고도 했다. "우리 이민자들이 제 손으로 모든 걸 망친 거란다." 시아버지가 늘 하는 이야기다. "덴마크인들이 우리에게 보여 준 신뢰를 우리가 무너뜨린 거야. 우리가 올바르게 행동하지 않았어. 범죄를 저지르고 사회보장제도를 악용하고 덴마크인들을 제대로 대하지 않았지. 그러니 지금 이런 엄정한 조치를 받을 만도 해. 우린 쫓겨나도 싸!" 물론 시아버지는 어떤 범죄도 저지른 적이 없다. 많은 덴마크인이 그렇듯 시아버지도 이민자들, 데인족 외의 민족, 즉 일반적인 용어로 소수 민족 이야기를 하는 것이다.

나는 시아버지와 열띤 토론을 많이 했다. 물론, 시아버지가 느끼는 좌절감은 이해가 간다. 그러나 모든 사람이 올바로 행동한다면 그건 유토피아가 아닌가. 전쟁도, 부패도, 가난도 없는 그런 세상 말이다. 그러니 현실적으로 세상을 보도록 하자! 나는 간호사로 일하면서 소수 민족 출신이 정신질환과 방치, 학대에 특히 얼마나 취약할 수 있는지 목도했다. 그들 중 일부 난민은 외상후스트레스장애PTSD로 고통 받기도 한다. 나는 모든 어린이가 훌륭한 민주 시민으로 성장하지는 않는다는 사실도, 모든 무슬림 시민이 흠잡을 데 없는 건 아니라는 사실도 잘 안다. 하지만 무슬림 가정이 저지르는 실수는 덴마크인 가정도 저지른다고 믿는다. 그리고 소수자들이 저지른 모든 비행에 대한 책임을 대부분의 무슬림에게 물어서는 안 된다고 생각한다.

내가 자리에서 일어나자 로네와 지미, 두 사람 모두 나에게 포옹하며 인사를 나눴다. 나는 지미에게 그가 다리를 저는 모습이 눈에 띈다고 했다. 나의 내면에 있는 간호사 본능이 발동된 탓인지 그의 건강이 염려됐다. 지미가 나중에 스캔 결과가 나오면 보내 주겠다고 약속했다. 그러면서 걱정해 줘서 고맙다고 말했다. 우리가 나눈 포옹에 내 마음이 행복해졌다.

마지막으로 두 사람에게 손을 흔든 뒤 택시에 올라탔다. 택시 운전사는 내 말투를 듣고 내가 코펜하겐 출신임을 눈치챈 모양이다. 오덴세 분구농원 지구로 가자고 하자 어리둥절한 표정으로 나를 쳐다봤다. 그에게 내가 그쪽으로 가는 용건을 설명했다. 나는 킴의 집을 방문하러 가는 길이었다. 운전사는 무슬림을 싫어하는 사람들을 찾아 나서는 내가 제정신이 아니라고 생각하는 모양이었다.

그의 눈에서 감탄과 궁금함이 동시에 느껴졌다. "왜죠?" 그가 물었다. "대체 왜 그들을 만나려는 거예요?"

남편 데브림Devrim도 똑같은 질문을 했다. 쿠르드계 덴마크 인인 그는 은행에서 고객 상담 업무를 한다. 그는 여러 인구 집단 사이의 간극을 극복하기 위해 다리를 이어야 한다는 내 주장에는 동의하지만, 왜 하필 내가 호랑이 굴에 뛰어들어야 하는지는 납득하지 못했다. 내 안전이 걱정되는 모양인데 충분히 그럴 만도 하다.

우리 가족은 네오나치가 나를 괴롭히기 시작하면서부터 우리 집 주소를 비공개로 전환했다. 경찰에서는 상당히 많은 사람에게 접근금지 명령을 내려서 이들이 내게 접촉하지 못하게 하고 있다. 나는 날마다 혐오 메일과 함께 슬프게도 살해 위협까지 받는다. 그리고 이 사실을 매일 경찰에 신고한다. 절대 다수의 메일은 덴마크 극우파 아니면 터키 에르도안 대통령 지지 세력 같은 우익 민족주의자들이 보낸 것이다. 민주주의에 대한 이들의 인식은 나와는 너무도 다르다. 이들은 나와 의견이 다르다는 이유로 나의 자유와 권리를 제한하려고 극단적으로 애쓰고 있다.

어머니나 아버지에게는 내가 혐오 메일과 살해 위협을 받는다는 이야기는 거의 하지 않는다. 어머니가 도저히 견디지 못하리라는 것을 잘 알기 때문이다. 내가 국회의원이었을 때 혐오 메일을 받는다고 말할 때마다 어머니는 내가 사퇴하기를 원했다. 어머니는 '인종차별주의자'를 두려워한다.

어머니는 "저들이 언젠가 널 죽일 거야."라고 말한다. 그래서 의회에서 내가 고개를 숙이고 토론에 나서지 않기를 바랐다. 어머니가 말하는 '인종차별주의자'에는 극단적 입장으로 악명 높은 그림호이 모스크 사원 계열 사람들도 포함된다. 내가 이슬람교도와 논쟁을 벌이면 가장 먼저 전화하는 사람도 어머니다. "얘야, 조심해라." 어머니가 말한다. "애들 생각해야지. 그리고 네 생각도 좀 하고!"

나는 혐오 메일 이야기는 우리 아이들에게도 하지 않는다. 아이들이 모르면 상처도 받지 않을 것이라고 나름대로 판단하기 때문이다. 하지만 간혹 너무 심각한 협박을 받아서 경찰을 불러야 할 때면 아이들에게 알리지 않을 수가 없다. 단단히 현관문을 걸어 잠가야 하고, 낯선 사람과 말하지 말아야 하며, 커튼을 계속 닫아야 한다고 이야기해야 하기 때문이다. 나는 내가 아무리 용감한 척해도 아이들이 내 행동만으로도 금방 상황을 알아차린다는 것을 잘 안다.

그렇다. 그 네오나치가 나는 유난히 무서웠다. 경찰 수사관들에 따르면, 그는 온라인에서 소아성애적 성향을 보인 적이 있다고 했다. 그 사실을 알고 나니, 그 사람이 우리 아이들에게 손을 뻗는 날에는 무슨 일이 벌어질지 모른다는 걱정에 사로잡히고 말았다. 그러던 중 그의 괴롭힘이 극에 달했던 시점에 일어났던 일은 지금도 기억이 생생하다. 그때 나는 의회 우편실에서 내게 도착한 우편물들을 확인하고 있었다. 그러다 여느 것보다 조금 두꺼운 봉투가 손에 잡혔다. 조심스럽게 손가락으로 만져 보았다. 안에 뭔가 부드러운 것이 들어 있다고 느끼는 순간 불안감이 급습했다. 그자가 우리 딸을 납치해서 아이의 머리카락을 잘라 우편으로 보낸 게 아닐까? 생각이 여기에 미치자 숨이 턱 막혔다. 나는 우편실 한가운데 서서 울음을 터뜨리고 말았다. 감히 봉투는 열어 볼 엄두도 내지 못한 채, 어린이집으로 전화부터 했다. 우리 아이 거기 있나요? 무사히 잘 있나요? 확실해요? 확실했다. 아이는 무사히 잘 있었다. 그 편지는 그냥 평범한 편지에 불과했다.

나는 실제로 살해 협박 메시지를 보내는 사람들이 누구인지 알아보려 하지는 않는다. 그 사람들은 곧장 경찰로 넘어간다. 하지만 '커피 타임'을 하러 가기 전, 때때로 걱정이 스멀스멀 올라오기 시작할 때가 있다. 사실 이런 식의 대화 자리에 처음 나섰을 때만 해도 만나기로 한 사람들에 대해 사전 조사를 했다. 그래 봐야 잘못된 안도감만 얻을 뿐이다. 범죄 이력 하나 없이 반듯하고 가정적인 남성이라 해도, 내가 하는 말에 너무 화가 나서 나를 공격하고 싶어질 수도 있는 일이다. 그래서 더는 만나기 전에 사전 조사 같은 것은 하지 않는다. 구글로 검색 한번 해 보지 않는다.

때때로 나의 안전이 걱정되기도 한다. 하지만 2010년부터 그동안 '커피 타임'을 통해 만났던 모든 사람들을 돌이켜 생각해 보면 함께 있는 동안 위험하다고 느꼈던 사람은 한 명도 없다. 그들은 이메일에서는 나를 '파키 년!' 또는 '테러리스트 년!'이라 부를지 모르지만, 그래도 직접 만나면 꽃무늬 접시에 케이크를 담아 대접해 준다. 내가 느끼기에 나를 다치게 할 것 같은 사람은 그들 가운데 아무도 없었다. 그들이 싫어했던 대상은 나 말고 다른 무슬림들이었다. 그러므로 쿠르드족 속담처럼 "죽음에의 두려움이 삶을 방해해서는 안 된다."

"좋아요." 내가 분구농원 지구에 가는 이유를 설명하자 택시 운전사가 말했다. "목적지에 도착하면 내가 잠시 주변에서 돌다 갈게요."

잘못된 안도감이라는 생각이 들었지만 그래도 기분은 좋았다.

진짜 바이킹

킴은 꽤 오랫동안 이메일을 보내 왔다. 무슬림은 덴마크에서 문젯거리이니 강제 추방되어야 한다고 주장하면서 그의 입장을 뒷받침하는 기사들을 주로 첨부했다. 혹시 그의 집을 방문해도 되겠느냐고 묻자 그는 망설임 없이 그러라고 했다. 그러면서 자기 집 정원이 엉망이니 너무 놀라지 말라는 경고 아닌 경고를 했다. 하지만 그의 집에 도착하니 놀랍게도 깔끔하게 깎은 잔디와 새로 손질한 관목 울타리가 나를 반겼다. 잔디밭에는 쓰레기나 잡동사니 하나 보이지 않았다. 정원 입구에 난 좁은 자갈길을 따라가니 흰색 페인트로 칠한 집이 나왔다. 현관 위에는 'FLA-U'라고 적혀 있었다. 나를 맞이하러 밖으로 나온 킴은 이 글귀가 퓐 섬 사투리로 '마음을 편히 가져라'라는 뜻이라고 설명했다. 그렇다면 이것은 신의 계시가 아닐까 싶어 택시 운전사를 향해 손을 흔들며 그만 가도 좋다는 신호를 보냈다.

킴을 따라 집 안으로 들어서자 부엌 싱크대 벽의 자석 거치대에 붙어 있는 많은 식칼들이 눈에 확 들어왔다. 몇 개나 되는지 세다가 여덟까지 센 다음부터는 일부러 외면하고 다른 쪽으로 눈을 돌렸다. 꽃무늬 접시에 놓여 있는 케이크만 생각하며 주위를 둘러봤다. 개방형 주방이 있는 넓은 거실에

서면 두 개의 문이 보였다. 하나는 욕실, 또 하나는 침실 문이었다.

천장과 벽에는 덴마크 국기가 여기저기 걸려 있었다. 킴이 생일을 자축하고 있는 건가? 아니면 나를 환영하기 위한 민족주의 스타일의 장식인가? 그다음으로 눈에 띈 것은 엘비스 프레슬리의 이름이 수놓인 작은 쿠션이었다. 엘비스 프레슬리로 말할 것 같으면 우리 어머니의 우상이다. 어머니는 영어를 몰라서 노래 가사는 이해하지 못했지만 언제나 그가 잘생기고 목소리가 좋다고 했다. 우리 어머니 이야기를 꺼낼까 잠시 고민하다가 그러지 말기로 했다. 나만큼 킴도 이런 우연을 반가워할지 확신이 서지 않았기 때문이다.

커피 테이블 위에는 커다란 파란색 도자기 찻주전자와 함께 수제 케이크가 놓여 있었다. 그 아래에는 흰색 벨벳 테이블보가 깔려 있었다. 벨벳은 우리 어머니가 제일 좋아하는 천이다. 케이크는 방금 오븐에서 꺼낸 것이 분명했다. 테이블을 보호하려고 도마 위에 케이크를 올려둔 것을 보니 말이다. 테이블 귀퉁이에는 신문 기사 스크랩이 한 뭉치 놓여 있었다.

킴이 이 집을 산 지는 12년이 조금 넘었다. 어느 날, '틴 솔저'라는 동네 허름한 술집에서 밤늦게까지 술잔을 기울이다, 스페인으로 떠나면서 분구농원을 팔려고 내놓은 한 남자와 우연히 이야기를 나누게 되었다고 한다. "내가 살게요." 킴은 그 자리에서 약속했다. 물론 술김에 한 말이었다.

다음 날, 그 남자에게서 집 보러 오라는 연락이 왔다. 집 상태가 너무 나빠 거의 무너지기 일보직전이었다. 그러나 '한번 내뱉은 말은 책임지는 사람인' 킴은 결국 5,000크로네(한화 약 88만 원)를 지불하고 집을 샀다. "저는 사람들의 기대를 저버리는 걸 못 견뎌요." 그가 말했다. "제 기대가 무너지는 걸 너무 싫어하는 만큼, 다른 사람들도 실망시키고 싶지 않답니다."

킴은 우리가 지금 발을 딛고 있는 이 집은 낡은 농원 집을 깨끗이 태워 버린 뒤 그가 직접 디자인한 것이라며 자랑스럽게 이야기했다. 그건 내가 익히 잘 아는 우리 부모님의 꿈이었다. 우리 아버지는 집 한 채와 양 40마리를 장만하겠다는 꿈을 안고 일자리를 찾아 터키 고향 마을을 떠났다. 그리고 그냥 '유럽'이라는 것만 알고 있던 이 나라로 이주했다. 그 후 부모님은 집을 살 만한 돈을 벌었지만 다시 고향으로 돌아가지 않았다. 덴마크 사람이 다 된 자녀들이 고향으로 돌아간다는 꿈을 함께 공유해 주지 않았기 때문이다. 그 대신 두 분은 돈을 모아 태국이나 터키에서 휴가를 보내는 쪽을 선택했다.

킴에게 그와 처음 만나기로 약속하면서 내가 무엇을 상상했는지 솔직히 털어놓았다. 나는 그가 제대로 된 집 없이 여

기저기 파헤쳐진 잔디밭 위에 놓인 밴에서 살 것으로 생각
했다. 심지어 밴의 문은 일부만 닫히는 데다 잠금장치도 없
을 것이고 잔디밭에는 쓰레기와 오래된 깨진 콜라병이 흩어
져 있으리라. 이렇듯 나는 무슬림을 싫어하는 사람들은 으레
이럴 것이라 지레짐작하고 있었다. 그런 생각을 떨쳐 버리려
고 고개를 크게 내저어 보지만, 내 머릿속에서 그들은 주로
돼지우리나 진창 같은 곳에서 사는 것으로 그려진다. 하지만
이런 내 선입견은 번번이 틀린 것으로 밝혀진다. 내가 상상
했던 집의 모습을 설명하자 킴이 껄껄 웃으며 말했다. "이 집
을 새로 짓기 전이 꼭 그랬죠."

킴은 마흔네 살로, 5년 전 결혼했다. 그와 아내는 11년간
함께 살았는데 슬하에 자녀는 없다. 킴은 사회복지사였던 어
머니 밑에서 자랐다. 아버지는 한 번도 본 적 없는데 '평생 술
에 절어 있던' 사람이라고 믿고 있었다. 킴은 자신이 외아들
이라 생각하면서 컸다. 하지만 20대가 되었을 때 경찰로부
터 아버지의 사망 소식과 함께 자신에게 여섯 형제가 있다는
이야기를 듣게 됐다. 그는 가족들로부터 장례식 때 만나자는
초대를 받았으나 거절했다.

1996년, 킴은 산업용 파쇄기에 빨려 들어가는 바람에 산
업재해를 입었다. 얼굴이 크게 손상됐고 오른쪽 어깨와 갈비
뼈 여러 개, 엉덩이 윗부분이 으스러졌다. 8년간의 재활과 서

른일곱 번의 수술을 받은 지금은 얼굴에 눈에 띄는 사고의 흔적은 남아 있지 않았다. 지난 20년간 보조금을 받아 왔고 주당 5~7시간 일하는 것도 가능한 것으로 평가 받았다.

지난 10년간은 동네 교회에서 자원봉사 활동을 해 왔고 지역 요양원에서 노인들을 위한 작은 활동도 하고 있다. 그는 두통 때문에 반나절은 낮잠을 자야지 안 그러면 "몸이 제대로 기능하지 못한다."라고 했다. 그의 턱이 절반은 보철이라는 말에 나는 깜짝 놀랐다. 문득 그의 얼굴을 손으로 만져 보고 싶은 충동이 일었다. 그는 턱수염을 길렀고 체형은 살짝 통통했다. 친절하고 호감 가는 인상이었다. 나는 내 안의 간호사 본능을 꾹꾹 누르고 방문 목적에 초점을 맞추기로 마음을 다잡았다.

지미가 그랬듯 킴도 나를 무척 존경한다고 했다. 그는 내가 찾아온 것을 큰 영광으로 여겼다. "우리 의견이 일치하건 일치하지 않건 상관없습니다. 저는 자신의 명분을 믿고 변함없이 소신을 지키는 사람들을 존경합니다."

내가 놀리듯 한마디 던졌다. "그럼 히스브 우타흐리르에 대한 존경심이 아주 높겠네요."

그러자 킴은 쓸쓸한 미소와 함께 머리를 가로저으며 아니라고, 존경하지 않는다고 했다. 하지만 나에 대한 칭찬은 계속 이어갔다. "오해는 마세요. 당신의 선의가 진심이라는 것 잘 압니다. 게다가 당신은 한결같아요! 그 때문에 많은 공격을 받았고요. 당신은 자신이 하는 말을 믿고 자신의 입장을 사수하는 사람입니다."

킴이 하고 싶은 말이 무엇인지 파악하기가 쉽지 않았다.

"당신의 열정, 열광, 불굴의 의지가 터키의 인권 향상에 얼마나 크게 기여할 수 있을지 생각해 보세요. 당신 조국으로 돌아가 그곳에서 이 모든 걸 위해 싸운다면 참 멋지지 않을까요?" 만면에 흡족한 미소를 띠며 그가 말을 맺었다.

그에게 나는 터키인이 아니라고 말해도 그는 자신에게 나는 언제까지나 터키인이라고 우겼다. 나는 고개를 가로저으며 다시 한번 이야기했다. "제 뿌리는 쿠르드족이지만 뭐니 뭐니 해도 저는 덴마크인입니다."

그러나 킴은 내 말을 들으려 하지도 않았다. "당신이 투쟁을 벌여야 하는 곳은 바로 그곳입니다. 그렇게 할 수……" 그가 말을 시작하기 무섭게 내가 끼어들었다.

그리고 침착하게 말했다. "터키는 제 조국이 아닐뿐더러 저는 터키 시민권조차 없어요."

킴의 눈빛이 어두워지더니 조용히 말했다. "난감하네요."

그는 아내와 어머니를 모시고 터키에 간 적이 있다고 했다. 어느 날 저녁, 호텔 객실로 맥주 세 잔을 주문했다고 한다. 다음 날, 외출 후 돌아왔을 때 객실은 청소가 되어 있었고 침대도 정리돼 있었으며 바닥에는 꽃을 뿌려 장식까지 해 둔 상태였다. 하지만 맥주잔은 그대로였다. 청소 담당 여성이 술을 건드리려 하지 않았기 때문이다. "터키에 머무는 일주일 동안 우리나라에서는 겪고 싶지 않은 일을 경험했어요."

그에게 터키 인구가 7,000만이라는 사실을 상기시키면서 경험을 너무 일반화한 주장이 아니냐고 지적했다. 그는 단연코 그렇지 않다고 주장했다. 그 한 번의 일 때문이 아니라 그는 수차례 작은 경험들을 통해 확고한 입장을 갖게 된 것이라고 했다.

우리는 케이크를 조금 더 먹었다. 지미와 로네를 만났을 때와 달리, 킴과 나는 오로지 무슬림 이야기만 했다. 그는 자신이야말로 진짜 덴마크인, '순수 바이킹'이라고 했다. 돼지고기도 먹고 술도 마시기 때문이다. 그가 보기에 나는 절대 덴마크인이 될 수 없다. 무슬림인 데다 술도 마시지 않고 할랄 식품만 먹으니까. 그는 덴마크인 대부분이 자신과 같은 생각을 한다고 확신했다. 그래서 다양한 덴마크인들이 덴마크인으로 산다는 것이 무슨 의미인지 각자 다양하게 인식할 수 있다는 사실을 받아들이지 않았다.

킴은 준비가 단단히 되어 있었다. 스크랩한 신문 기사 뭉치를 들고 계속해서 '교육과 계몽의 중요성'을 강변했다. 나 같은 무슬림과 그의 차이점은 그는 교육을 받아 계몽되었지만 우리는 그렇지 않았다는 점이라고 했다. 그는 자신의 주장이 맞다는 걸 보여 주기 위해 전前 아내 이야기를 들려주었다. 그녀는 돼지고기를 오븐에 굽기 전에 언제나 고깃덩이 양쪽 끝을 잘라내고 넣었다고 한다. 어느 날 킴이 그 이유를 물었더니, 어머니가 늘 하던 대로 따라 하는 것이라고 했다. 그래서 킴은 장모님에게 이유를 물었지만, 이번에도 마찬가지 대답을 들었다. 장모님 역시 어머니가 하던 대로 했다는 것이다. 결국, 아내의 할머니에게 질문한 끝에 킴은 그 답을 얻을 수 있었다. "고깃덩이 전체를 다 넣기에는 오븐이 작아서 그랬다네."

"아무도 한 번도 물어보지 않았던 겁니다." 킴이 지적했다. "보고 배운 것을 그다음 사람이 따라 한 것이죠. 무슬림의 경우도 마찬가집니다. 그들은 자신의 행동이 잘못됐다는 것을 알 정도의 지식이 없습니다."

미소가 절로 나왔다. 그의 사고방식은 시아버지를 떠올리게 했다. 시아버지는 공산주의자이며 종교에 대해 매우 비판적이다. 그래서 사람들이 계몽되면 더는 초자연적인 것을 믿지 않으리라고 생각한다. "제 말이 그 말입니다." 킴이 맞장구를 쳤다.

나는 반대 의견을 지성이 결핍된 것이라고 얕잡아 보는 사람들과의 논쟁은 환영하지 않는다. 그것은 마치 내가 극우 민족주의 정당에 투표하는 사람은 모두 책 한번 펼쳐 본 적 없는 멍청한 촌놈이며 교육만 받았더라면 그런 정당에 등을 돌렸을 텐데 다 배우지 못한 탓이라고 말하는 것과 같다. 나는 이런 오만하고 가르치려 드는 듯한 주장을 싫어한다. 하지만 이런 생각을 킴에게 말하지는 않았다.

이웃한 분구농원 가운데 무슬림이 거주하는 곳이 여럿 있는데 보아하니 그들 가운데 한 명에게는 킴이 호감이 있는 것 같았다. "정원에 자갈길을 깔 때 있었던 일입니다. 아침 일곱 시에 작업을 시작했는데 밤 열 시가 되도록 끝나지 않았죠. 그런데 오후 다섯 시에 그 이웃이 우리 집 뒷마당으로 양파와 토마토가 든 맛있는 케밥을 가지고 왔어요. 물론 할랄 음식이었지만 저는 맛있는 음식이라면 사족을 못 쓰는 사람이라 거절할 수 없었죠. 그는 음료수 등등 다 가져다주었어요. 이 이야기는 정말 최대한의 존경심을 담아 들려드리는 겁니다." 그가 행복한 모습으로 이야기했다.

반면 분구농원에 사는 나머지 무슬림들은 농원협회에서 정한 규칙과 규정을 지키지 않았다. 킴은 그들을 덴마크 밖으로 쫓아내고 싶은 마음이라고 했다.

그래서 물었다. "덴마크가 아니라 분구농원협회에서 쫓아내는 것으로 해결을 보면 안 될까요?"

그러려면 상상할 수 없을 만큼 오랜 시간이 걸린다고 했다.

"아, 그럼요." 나는 미소 짓지 않으려 애쓰며 말했다. "그게 민주주의잖아요."

물론 나도 규칙을 지키지 않는 사람들에게 화가 나는 그의 마음은 이해한다고 말했다. 그러자 그가 문제가 있는 자들은 협회에 있는 무슬림만이 아니라고 했다. 동네 모스크에 다니는 자들도 문젯거리란다. "아무 데나 주차하니까요." 그러면서 무심코 덧붙였다. "기관총 하나만 있으면 다 고칠 수 있을 텐데 말이죠."

충격이었다. "정말로 폭력이 정답이라고 생각하세요?" 그에게 조심스럽게 물었다.

"나더러 민주적이지 않다고 할 수도 있겠죠. 왜냐면 저들이……." 킴이 숨을 가다듬었다. 무슬림을 향한 그의 분노가 명백히 느껴졌다. "저도 그들을 존중하고 싶습니다. 하지만 그들도 저를 존중해야죠. 안 그러면 그들은 우리나라에서 살 수 없습니다. 내 말뜻 모르겠어요?"

나는 잠시 쉬었다가 다시 그에게 물었다. "지난번에 음식을 가져왔던 좋은 이웃과 당신이 친구 사이가 되려면 어떻게 해야 할까요?"

"그런 일은 결코 없을 겁니다. 우리 집에서 파티를 연다면 그 사람도 초대하고 싶죠. 그를 존경하니까요. 우리는 사이가 좋아요. 때때로 서로 도와주기도 하고요. 하지만 그렇게 그 사람이 우리 집 파티에 참석하면 제가 대접하는 음식도 먹지 않고 맥주도 안 마시지 않겠어요? 결국 그런 그를 제가 양해해 주어야 하나요? 그건 아니죠."

"맥주 대신 콜라를 마시면 되잖아요. 게다가 파티하는 동안 전채요리부터 주요리, 디저트까지 모든 음식을 돼지고기 요리로 채우지는 않을 것 아닌가요?" 나는 이렇게 말하며 웃었다.

하지만 킴은 그럴 수도 있다며 고집을 굽히지 않았다. 자신이 원한다면 그렇게 할 권리가 있다면서 말이다. 킴에게는 그 이웃이 자신이 대접하는 빵과 샐러드를 먹는 것이 중요한 문제가 아니었다. 손님을 잘 대접하는 훌륭한 파티 주최자가 되는 것도 중요치 않았다. 다만 자신이 이웃의 식단을 고려해야 한다는 것이 문제였다. 무슬림에게 양보를 하는 것이 문제인 것이다.

나는 계속해서 그에게 이의를 제기했다. "당신의 이웃은 자신의 집에서 바비큐를 할 때 당신에게 음식을 나눠 줘야 할 의무가 없습니다. 그러나 그는 좋은 이웃이기 때문에 그렇게 한 거예요. 그 사람이 집에서 뭔가 고칠 때 당신이 도와주는 것처럼 말이죠. 당신이 진짜 덴마크인이라는 걸 보여주려고 그에게 돼지 바비큐만 대접하겠다는 생각은 조금 터무니없네요. 그 사람이 파티를 열면 아마 다양한 음식을 많이 준비할 거예요. 당신도 파티를 준비할 때 다양한 음식을 많이 준비할 거잖아요?"

"그렇더라도 그가 제게 과연 돼지고기를 대접할까요?" 킴이 물었다.

그가 너무 완고하게 나오는 탓에 순간 나도 질세라 완강하게 버티고 싶은 마음이 들었지만, 애써 자제하며 이렇게 대답했다. "아뇨, 그가 돼지고기를 먹지 않는 것은 종교 때문이에요. 그런데 당신도 돼지고기 말고 다른 것을 먹으면 안 되나요? 파티를 위해 돼지고기 구이를 준비하면서 그 이웃을 위해 빵 한 조각과 샐러드를 준비해서 대접하는 거죠." 그러면서 만약 킴이 할랄 음식이 아닌 일반 고기를 내게 대접한다면 나는 좋은 손님이 되기 위해 기꺼이 그 고기를 먹을 것이라고 말했다.

이 말에 기쁜 듯 그가 미소 지었다. "그렇다면 당신은 돼지고기는 제외하고 그 대신 빵과 샐러드를 먹어도 좋습니다."

킴은 호감을 주는 태도를 유지하는 것이 몸에 밴 듯했다. 그런 모습이 인상적이라는 생각이 다시 한번 든다. 그는 눈으로 항상 미소를 짓는 것처럼 보였다. 만약 길에서 그를 만났다면 그가 사형제도에 찬성하고, 동성애는 비정상이며, 성폭행은 피해자 잘못이라고 생각하는 사람이리라고는 상상도 하지 못했을 것이다.

"미니스커트에 가슴이 훤히 드러나는 짧은 상의만 걸치고 활보하는 게 잘못입니다. 저는 수컷 사자와 다를 바 없어요. 그래서 그런 어린 송아지를 보면 사냥하고 싶은 마음이 들게 뻔합니다. 무엇보다도 그게 수컷들의 본능이죠. 이란인이건, 쿠르드인이건, 에스키모인이건, 남자는 매력적인 여자를 보면 욕정을 느낍니다. 그렇지 않다면 그 남자가 정상이 아닌 겁니다. 이 점에 동의하나요?" 그가 물었다.

"아뇨, 당신 말에 동의하지 않아요. 여성이 입은 치마 길이에 따라 성폭행당할 만한지 아닌지 결정된다고 믿지 않으니까요."

킴은 무슬림 남성들이 무슬림 여성들의 몸을 다 가리고 싶어 하는 이유를 알겠다고 했다. 그래야 남성들의 시선을 끌지 않기 때문이라는 것이다.

"그럼 여성들의 몸을 가리는 것에 찬성하는 겁니까?" 분한 목소리로 물었다.

"단지 나름대로 일리가 있다는 얘깁니다. 남자들의 사고방식을 당신이 이해한다면 말이죠."

문득, 내가 늘 추위를 타는 탓에 항상 옷을 여러 겹 껴입고 다녀서 다행이라는 생각이 들었다.

킴은 자신이 주장하는 핵심을 강조하려는 듯 이렇게 말했다. "만약 우리 둘이 여기 알몸으로 앉아 있다면 아마도 시각이 달라질 겁니다."

이런 대화는 딱 질색이다. 부엌 싱크대 위 벽에 붙어 있는 수많은 식칼에 시선이 꽂히면서 대화 주제를 바꿔야겠다는 생각이 들었다. 킴과 같은 관점은 전에도 들은 적이 있다. 이맘들과 강성 보수 과격파들의 주장이 바로 그랬다. 킴에게 그의 견해가 그가 반대한다고 주장하는 바로 그 사람들의 견해와 같다며 반박을 가했다. "성폭행은 자업자득이라는 당신의 말은 마치 보수적인 터키인이 하는 말처럼 들리네요. 동성애는 비정상이라는 말도 이맘이 하는 말 같고요!"

킴은 내가 한 비교가 거슬리는 눈치였다. 그가 이를 악물며 썩은 미소를 짓는 것을 보며 나는 전의를 가다듬었다. 이 침묵이 태풍 전의 고요인지, 아니면 그가 내 말을 진심으로 곱씹어 생각하고 있는 것인지 잘 모르겠다. "당신 말이 맞을 수도 있지만……." 그가 다시 말을 멈췄다. 그러더니 강간, 동성애, 무슬림에 대한 자신의 관점을 재차 주장하기 시작했다.

나는 대응 수위를 더 높였다. "당신보다 제가 더 덴마크 사람 같죠. 아니, 최소한 더 민주적인 사람이죠."

팽팽하게 맞선 분위기를 조금 누그러뜨리고자, 우리 남편과 아들이 동성애에 대해 나눈 대화를 그에게 들려주었다. "우리 아들 유수프Yusuf는 일곱 살인데요, 어느 날 우리 남편 데브림에게 게이가 어떤 사람이냐고 묻더라고요. 남편은 두 남자가 서로 사랑하면 그들이 게이라고 설명했죠. 그러자 유수프가 이러더라고요. '그럼 아빠하고 난 게이겠네요? 우리 둘 다 서로 사랑하니까요.'"

우리는 웃으면서 케이크 한 조각을 더 먹었다. 서로 의견은 다르지만 적어도 서로 의견이 다르다는 이야기는 함께할 수 있었다. 여기 앉아 킴과 대화하다 보니 앞으로도 긴 과정을 거쳐야겠구나 하는 생각이 들었다. 어쩌면 타협점을 찾아야 할지도 모르지만 그래도 희망은 있다. 내가 공통점을 찾으려는 노력을 멈추지 않는 이유가 바로 이것이다. 킴 역시 대화를 계속해야 한다고 역설했다. 하지만 그가 대화하는 목적은 자신이 혐오하는 대상을 이해하기보다는 무지한 사람들을 계몽하기 위해서다.

킴은 자신은 원래 '뼛속부터 빨갱이'였지만, 그동안 우파인 덴마크 국민당을 지지했는데 이제부터는 초강경 극우 정당인 단스커네스 정당Danskernes Parti(덴마크 내 네오나치 정당으로 분류되는 극우 정당—옮긴이)을 지지할까 생각 중이라고 했다. 왜냐하면 덴마크 국민당이 무슬림에게 더는 강경하게 대하지 않기 때문이란다. 나는 단스커네스 정당 당수가 과거에 나치였다는 사실을 지적했다. 그는 덴마크에 동화되지 않은 모든 비유럽 출신 거주자들을 강제 추방하기를 원하는 사람이다. 이런 식으로 우리의 논쟁은 계속해서 오락가락했다. 그러다

결국 킴에게 덴마크 국민당에 계속 투표해야 한다고 온 힘을
다해 주장하는 내 모습에 웃지 않을 수 없었다. 다행스럽게
도 킴은 단스커네스 정당이 자신에게는 너무 과한 극우라서
앞으로도 덴마크 국민당을 지지하겠다고 했다. 이 말을 듣자
처음에는 의기양양하게 내 임무를 성공적으로 수행했다는
생각이 들었다. 하지만 생각해 보니 덴마크 국민당에 대한
지지를 이끌어 내는 것은 내가 보통 생각하는 성과와는 거리
가 먼 것이다.

그렇다면 내 임무는 정확히 무엇일까? 킴이나 킴과 같은
사람들에게 덴마크 국민당이 단스커네스 정당보다 낫다고
설득하는 것일까? 아니면 그들이 자신의 신념 체계를 다시
생각하고 휴머니스트가 되어 무슬림을 포용하는 정당에 표
를 던지도록 찬찬히 도와주는 것일까? 내 목표는 모든 유권
자를 특정한 한 정당의 지지자로 만드는 것이 아니다. 그런
것은 민주주의가 아니다. 이름, 종교, 피부색과 상관없이 모
두가 평등하게 자유권을 누리는 민주적 공동체 안에서 모두
환영받는다고 느끼게 만드는 것. 이것이 바로 내 임무다. 이
것은 매우 중요한 문제다. 폭력은 대화를 대신해서 변화를
창출하는 수단이 될 수 없기 때문이다. 모스크 사원 앞에서
일어나는 문제를 기관총이 해결할 수 있다고 하는 킴의 말
을 들으면서 나는 대화의 문을 계속 열어놓아야겠다는 결의

를 단단히 다졌다. 몇몇 입장이 아무리 극단적인 것처럼 보이더라도, 그런 입장을 지닌 사람들을 악마처럼 여겨서는 안 된다. 우리가 인종차별주의자들에게 소리친다고 해서 그들의 인종 차별 성향이 약해지는 건 아니다. 하지만 우리가 그들이 듣고 싶은 말만 한다고 해서 그들이 더 민주적인 사람이 되는 것도 아니다. 킴과 같은 사람들은 비판적인 논쟁을 하면서 동등한 조건으로 대해야 한다. 킴과 대화하면서 약도 오르고 인내심도 큰 시험에 들었던 게 사실이다. 킴도 나와 같은 느낌이라는 것을 직감할 수 있었다. 하지만 내가 보기에 민주주의는 더 많은 인내를 쏟아부을 만한 가치가 있는 것이다.

킴의 집을 나서려는데 그가 같이 '셀카'를 찍자고 했다. 나도 그의 사진을 찍었다. 그가 택시를 호출해 줬고, 우리는 같이 정원으로 나갔다. 이제 내가 가니 집에 걸어 둔 국기는 다 치워도 된다고 농담하자 그가 웃었다.

앙겔로를 만나러 뉘보르까지 타고 갈 택시를 기다리는 동안 킴은 자갈길 맞은편 이웃집에 사는 짜증나는 무슬림 이야기를 들려주었다. 그 사람은 집에 전기가 없어서 킴의 집 전기를 자주 쓰는데 그래도 킴은 개의치 않는다고 했다. "이웃끼리 돕고 살아야죠." 자신의 호의에 보답하기를 바라는 건 아니라면서도 "그래도 물이나 커피 한잔 하러 오라는 말도 안 하는 건 뭐죠? 만약 우리 사이에 공동체 의식이 있다면, 제가 그들이 들여다보지 못하도록 우리 집 울타리를 높이 세우려 하지는 않았겠죠."

무슬림에 대한 생각과는 무관하게 킴은 그래도 이웃과 공동체 의식을 공유하고 싶어 했다. 그리고 다른 사람들로부터 사랑과 존경을 받고 싶어 했다.

킴에게는 한편으로 구이 요리를 나눠 먹을 줄 아는 상냥한 무슬림 이웃이 있다. 하지만 킴은 그와 친구가 될 수 없다고 생각한다. 다른 한편으로는 공동체 의식을 공유하고 싶은 짜증나는 무슬림 친구도 있다. 자신이 원하는 대로 이웃과 자신을 이어 줄 다리를 세우는 일은 킴의 몫이지만, 더는 킴에게만 화가 나지 않았다. 이제는 동료 덴마크 시민들에게 먼저 다가가 초대할 줄 모르는 무슬림에게도 짜증이 난다.

당장 울타리를 뛰어넘어 킴의 이웃과 얘기를 좀 하고 싶은 충동이 일었지만 어느새 택시가 도착해 있었다.

인종차별주의자는 아닙니다만

택시에 올라타서 휴대전화 전원을 다시 켜자 앙겔로가 보낸 문자 메시지 알림음이 미친 듯이 울려 댔다. 그의 메시지

는 늘 이랬다저랬다 하는데, 그런 문자 메시지를 읽을 기운
이 내게 남아 있는지 모르겠다. 그래도 메시지를 읽었다. 그
리고 이내 불안해졌다.

땡. '자기야, 오고 있지?' 땡. '내가 엄청 많은 이주민 아가
씨랑 키스하고 안아 본 사람이란 거 꼭 명심해.' 땡. '피비린
내 나는 망할 놈의 무슬림들. 너흰 당장 쫓겨나야 해. 나한테
너흰 모두 테러리스트야.' 기타 등등.

원래 앙겔로는 자신의 아파트에서 만나자고 제안했다. 그
러나 이번에는 공공장소에서 만나야 마음이 더 놓일 것 같았
다. 보통 나는 팽팽한 긴장이 흐를 수 있는 만남이라도 집에
서 만나면 편안하고 부드러운 분위기가 조성될 수 있어서 좋
다고 생각한다. 진솔함을 끌어내는 데도 도움이 된다. 하지
만 앙겔로에게는 조금 경계심이 들어서 위험을 감수하고 싶
지 않았다.

'그럼 호텔에서 볼까요?' 집 말고 다른 데서 보자니 그가
호텔을 제안했다. 그는 내가 기차역에 도착하는 시간도 알고
싶어 했다. 하지만 혹여나 그가 역으로 데리러 올지도 몰라
서 대답하지 않았다. 대신 카페나 레스토랑에서 만나고 싶은
데, 그가 원하는 곳으로 정해 달라고 했다.

'뉘보르에 터키 카페가 한 군데 있어요. 하지만 거긴 안 돼
요. 그곳 사람들은 나쁘거든요. 멕시코 식당도 별로예요. 좌

석 간격이 너무 좁아요. 사람들한테 우리 대화 내용을 훤히 들려주고 싶진 않잖아요?'

'뉘보르 스트랜드 호텔이 괜찮겠네요.' 마침내 그가 이렇게 문자 메시지를 보냈다. 좋다고 했다. 전에도 여러 번 가 본 적 있는 곳이라, 주변에 사람들이 많아서 필요한 경우 도와 달라고 소리치면 되겠다 싶었다.

앙겔로는 흥미로운 사람이다. 극단주의자라서 그런 것만은 아니다. 덴마크 '이주민 문제' 해결을 위해 폭력을 주장하는 사람인 것 같아서 그렇다. 어떤 공동체든 앙겔로 같은 사람이 꼭 있다. 그들은 결국에는 공동체를 망쳐 버리는 경우가 많다. 자기 자신은 물론 다른 사람들까지.

약속 장소인 호텔에는 내가 먼저 도착했다. 저녁 6시 30분. 나는 완전히 지쳐 있었다. 그토록 많은 분노와 무기력, 선입견, 증오를 감당하기란 힘든 일이다. 앙겔로와 긍정적인 대화를 유지할 수 있으면 좋겠지만, 나의 인내심이 얼마 남지 않았다. 하지만 레스토랑 앞에 펼쳐진 전망을 보는 순간 일이 잘될 것 같은 확신이 생겼다. 빛나는 태양과 너무도 아름다운 하늘 아래로 해변이 보였다.

음식 주문은 앙겔로가 올 때까지 기다렸다가 하기로 했다. 그래야 같이 먹을 수 있을 테니까. 음식이 있는 곳에는 대개 평화가 있다는 것이 나의 생각이다.

그에게 문자 메시지를 보냈다. 일곱 시가 지났는데 왜 아직 오지 않는 걸까? 바람맞는 건가?

'입구에서 기다리고 있어요.' 문자 메시지와 함께 레스토랑으로 들어오는 그를 보고 미소 짓지 않을 수 없었다. 그는 내 상상과는 완전히 다른 모습이었다. 보란 듯 후드 티셔츠나 큼직한 캐나다 구스 패딩 차림일 줄 알았는데, 아니었다. 스킨헤드처럼 머리를 삭발하지도 않았다. 그 대신 감청색 휴고 보스 슈트에 흰색 셔츠를 입고 커프스단추까지 하고 있었다. 셔츠는 재킷 안으로 깃을 단정히 접어 세웠고 단추 색은 파란색 재킷과 맞췄다. 목에는 작은 펜던트가 달린 얇은 금목걸이를 했다.

"이탈리아인의 피가 흐르시는 것 같은데요." 그와 악수하며 말했다. 그는 확실히 이 말을 칭찬으로 받아들였다. 그의 아버지가 이탈리아인, 어머니가 덴마크인이었다. 앙겔로는 덴마크에서 나고 자랐고 형제는 없었다. 그는 이탈리아어도 할 줄 알고 가끔 이탈리아를 방문한다고 했다. 종교는 가톨릭인데 목에는 작은 부처 펜던트가 달려 있었다. "몸과 마음에 좋아서" 명상 수행을 한다고 했다. "명상은 요가와 같아요. 하고 나면 다른 사람이 되죠." 열 살 때부터 무술도 배워서 유럽과 세계 챔피언십에도 출전했다고 한다. 태권도는 검은 띠라고 했다. 이혼한 전처와의 사이에 열다섯 살짜리 아들이 있는데, 학교에서 공부도 잘한다고 자랑을 늘어놓았다.
"우리 아들은 스페인어도 잘하고, 무술에 푹 빠져 있답니다."

앙겔로는 전처가 필리핀 출신이라면서 곧장 덴마크의 양
육권 관련 법률인 '부모의 책임에 관한 법'을 비판하기 시작
했다. 그는 전처가 아들을 때린 것으로 보이지만 입증할 수
없었다며 관련 제도에 무척 화가 나 있었다. 나는 어떻게 반
응하면 좋을지 열심히 생각해 가며 대답했다. "갈등이 폭발
하기 전 초기에 양측 부모를 중재할 수 있다면 참 좋을 텐데
말이죠." 우리는 둘 다 이것이 좋은 생각이라고 입을 모았다.
벌써 의견 일치를 보이는 주제를 찾다니 기뻤다. 과연 대화가
정답임을 다시금 깨달았다. 하지만 겨우 음식 주문을 마쳤을
뿐인데 앙겔로가 무슬림 문제에 대해 운을 떼기 시작했다.

"물론 이곳으로 온 난민들 가운데에는 트라우마와 고문을
겪은 사람들도 있다는 건 저도 잘 압니다. 하지만 많은 난민
이 안락한 삶을 찾아온 사람들이죠…… 난 그들이 어떤 사람
들인지 잘 압니다. 여기 뉘보르에도 500명쯤 있거든요. 그들
은 예전에 장애인들이 살던 곳에서 살고 있습니다. 그곳에는
문제가 끊이지 않고 생겨요. 싸움이나 칼부림 사건이 많이
일어나 경찰이 출동해야 하는 경우도 부지기수죠. 정말 지긋
지긋해요. 거기다 갱단도 있어요. 또…….

나는 그의 말을 가까스로 따라잡을 수 있었다. 아니, 지금

우리가 난민이나 갱단 문제를 얘기하려고 만난 건가? "그러니까 문제가 되는 건 갱단이란 말씀이죠?"

"네, 그 사람들은 다 쫓아내야 해요."

물론, 이런 이주민 갱단은 덴마크의 지옥의 천사들 같은 조폭과는 비교 상대가 되지 않는다. 아무렴.

"자, 왜 안데르스Anders(데인족을 대표하는 이름으로 사용—옮긴이)는 덴마크에 남아야 하고 아흐메트Ahmet(무슬림을 대표하는 이름으로 사용—옮긴이)는 쫓겨나야 하는지 설명할게요. 아흐메트는 자기 고국에 가족이 있어서 쫓겨나도 돌아갈 곳이 있기 때문이에요. 그는 이주민이지 덴마크인이 아닙니다. 아흐메트 같은 자들을 계속 머물게 한다면 덴마크 상황은 나빠질 뿐이에요." 앙겔로가 말했다.

나는 현재 덴마크 상황이 꽤 좋다고 말했다. 범죄율이 떨어지고 있고, 더 많은 청년이 교육받고 있으며, 점점 많은 사람이 투표권을 행사한다고 설명했다. 하지만 앙겔로는 더는 나와 같은 의견이 아닌 게 분명해 보였다. 우리 사이를 연결하는 다리가 무너지고 있었다. 내가 미처 제대로 다리를 세우기도 전에 말이다.

"정말 덴마크 상황이 좋다고 생각해요? 인종차별주의가 만연하고 있는데도요!"

이 말이 무슨 뜻인지 파악할 시간이 필요했다.

앙겔로는 쉬지 않고 무슬림, 난민, 샤리아, 배타적인 공동체, 전쟁 이야기를 쏟아냈다. 그는 자신이 사람을 볼 줄 안다는 말을 계속했다. 이 말인즉, 그가 만난 무슬림에 대한 이야기가 공고한 진리라는 뜻이었다. 그는 무슬림과 관련된 안 좋은 경험담을 잇따라 들려주었다. "오늘도 난민 열댓 명이 길을 건너면서 절 노려봤다니까요." 이런 경험이 참 많다고 했다. 그들은 매번 자신을 노려보고, 자신에게 무례하게 굴고, 자신을 멸시했다. 예전에는 그도 소수 민족 공동체 사람들과 잘 어울렸다고 한다. 이란 친구들이 초대한 파티에도 갔지만 여성들과는 말도 할 수 없었고, 왜 종교가 모든 것의 중심이 되어야 하는지 이해하기 위해 무던히 애써야 했다. 그 결과 이제는 소수 민족 친구가 남아 있지 않다고 했다. 옛 친구들이 덴마크 전역으로 흩어지기도 했지만, 그들과 앙겔로 사이에는 이제 물리적 거리 그 이상의 거리감이 자리 잡고 있었다. "덴마크 국내 상황이 얼마나 심각한지에 관한 글을 읽기 시작하면서 저는 이주민과 무슬림에 더 비판적이게 됐어요."

앙겔로는 거의 숨도 안 쉬고 속사포처럼 말을 이었다. 그는 무슬림에게 아주 단단히 화가 나 있었다. 그들이 벌이는 호들갑, 불평불만, 무슬림 여성들이 공공 수영장에서 수영할 수 없다는 사실, 계속해서 특별대우를 요구하고 덴마크를 바꾸려는 행태에 분노했다.

나는 점점 지쳐 갔다. 지긋지긋하게 똑같은 선입견이나 낡아빠진 반론이 반복되는 토론을 한 번 더 감당할 에너지가 내게 남아 있는지 확실치 않았다. 하지만 이번이야말로 앙겔로에게 긍정적인 영향을 줄 좋은 기회라는 것도 알고 있었다. 게다가 이게 다 내가 자초한 일 아닌가. 화가 났지만 얼굴에 드러나지 않도록 애썼다. 내가 이런 생각을 하는 동안 앙겔로는 차분히 침착하게 앉아 있었다. 옆에 있는 의자에 팔을 걸치고 뒤로 기댄 채, 목소리와 몸짓은 눈에 띄게 절제했다. 나는 그가 신중하게 선택한 어휘를 통해서만 그의 분노를 또렷이 느낄 수 있었다.

"오늘 여기 오기 전에 이웃에 사는 어르신 한 분과 이야기를 나눴습니다. 그분은 10~20년 안에 무슬림이 유럽을 차지하게 될까 봐 걱정이셨는데, 충분히 가능한 일이라고 봅니다. 저들은 덴마크 정계에 침투하려 애쓰고 있어요. 저들은 우리에게 무슬림 법을 집행해야 한다, 여성들에게 돌을 던지기 시작해야 한다고 말하고 있죠…… 저들은 별의별 걸 다 요구해요."

"당신이 얘기하는 이 모든 악행을 막으려면 어떻게 하면 될까요?" 그에게 질문을 던졌다.

앙겔로는 자신에게는 뾰족한 수가 없다고 생각했다. "의회만이 그럴 힘이 있죠."

나는 "하지만 혐오는 보통 사람들 사이에서 생겨나는 거잖아요."라고 반박했다. "우리가 서로 대화를 잘한다면 어쩌면 서로 미워하지 않을지도 모르는 일입니다. 서로를 이해하고 더 나아가 차별과 인종 차별도 예방할 수 있을 거예요." 오늘 말을 너무 많이 한 탓인지 목소리가 간신히 나왔다. 내 말이 공허하게 들렸다. 오늘 하루가 퍽 길게 느껴졌다.

앙겔로는 내 말을 그냥 무시해 버렸다. "종국에는 무슬림이 의회에서 다수를 차지할 테고, 다수가 되면 법을 바꿀 수 있게 되죠. 그러면 부지불식간에 덴마크인들은 샤리아 법 아래 놓이게 되는 겁니다."

이런 식의 예측은 수차례 들은 바 있다. 앙겔로가 생각하는 유일한 해법은 모스크 사원을 폐쇄하고 국경을 봉쇄하는 것이었다. 그는 무슬림들의 시민권을 박탈해 나라 밖으로 쫓아내고, 그들의 표현의 자유를 제한해야 한다고 주장했다. 이 모든 게 덴마크와 민주주의를 수호하기 위한 것이란다. 이 상황은 마치 내가 헬스장에서 벤치프레스에 누워 양팔로 바벨을 들고 있고, 앙겔로가 계속해서 바벨 무게를 늘리고 있는 것 같았다. 제대로 자세를 유지하지 않으면 바벨이 가슴에 떨어진다는 것을 알기에 가능한 한 힘을 꽉 쥐고 있었지만 어느 시점이 되면 더는 버틸 수 없게 돼 팔의 힘이 풀려

버리고 말 것이었다.

나는 앙겔로에게 "진심으로 무슬림이 총선에서 51퍼센트 이상 득표할 수 있다고 생각하세요? 그냥 무슬림 말고, 덴마크에 샤리아 법을 도입하려는 무슬림 근본주의자들 말입니다."라고 물었다.

그는 "네, 그런 생각이 제 뇌리를 스쳐 지나갔습니다."라고 답했다.

나는 테이블 쪽으로 몸을 내밀며 말했다. "그렇게 생각하지 않는군요!"

"그렇게 될까 걱정스럽습니다."

나는 나치와 마찬가지로 이슬람주의자가 의석을 차지하는 것은 불가능한 일이라고 열심히 설명했다. 의회에서 표결할 때마다 나는 코란^{Koran}이 아닌 덴마크 법을 윤리적 잣대로 삼았다고도 했다. 그러나 내가 어떤 주장을 펴더라도 그는 반박하고 나섰다. 그는 진심으로 걱정하고 있지만, 내가 보기에는 너무도 비현실적이고 정당화할 수 없는 두려움이라 심각하게 받아들이기가 어려웠다. "이슬람주의자들이 덴마크 의회를 차지할 수 있다는 이런 걱정은 대체 어떻게 생겨난 겁니까?"

앙겔로가 대답했다. "덴마크 항구에서 일하는 많은 사람들이 우려하고 있다고 생각해요. 많은 정치인들도 저와 같은 의견이라고 봅니다."

나는 곧 폭발해 버릴 것만 같았다. 킴과 대화할 때까지도 남아 있던 에너지가 이제는 완전히 바닥을 드러냈다. 이제 너무 쉽게 발끈해 버리고 만다. 앙겔로나 킴의 생각은 크게 다르지 않았지만 앙겔로는 킴과는 확연히 다른 방식으로 나를 자극했다.

그래, 음식. 음식은 어디 있는 거지? 앙겔로는 내가 좌불안석인 걸 눈치채지 못했다.

"친애하는 외즐렘 씨." 그가 운을 떼기 무섭게 그의 말을 가로막았다.

"그렇게 가르치려 들지 마세요." 나의 무례함에 나도 스스로 놀랐다.

그래도 그는 질문을 던졌다. "덴마크에 사는 무슬림 가운데 덴마크 시민과 결혼하거나 덴마크인 남자친구가 있는 사람이 과연 얼마나 될 것 같습니까? 우리 솔직해집시다."

더는 그를 참아 줄 수가 없었다. 나는 누가 봐도 비꼬는 듯한 말투로 그런 무슬림은 한 명도 없다고 대답했다. 앙겔로는 이 말에 별로 동의하지는 않았지만 그런 무슬림은 손에 꼽을 정도밖에 되지 않는다고 믿었다.

심호흡을 한 뒤 차가운 목소리로 그에게 물었다. "방금 그 질문을 거꾸로 뒤집어 보면 어때요? 데인족 가운데 소수 민족 혈통과 결혼한 사람은 과연 얼마나 될까요?" 그리고 이어서 통합은 모두의 책임이라고, 양방향 통행로와 같다고 주장했다. 하지만 나는 누가 누구와 결혼하는지 따위는 전혀 관심도 없다. 지금 이 순간 내 머릿속을 차지하고 있는 질문은 단 하나. 앙겔로와 만나는 의미가 대체 무엇이란 말인가?

그는 계속 말을 이어갔다. 무슬림 공동체 안에서는 모든 것이 폭력으로 요약된다고 했다. "만약 어떤 여성이 비무슬림과 결혼하면 살인이 일어날 겁니다!"

나는 고개를 가로저으며 말했다. "종교적 영예보다는 세속적 질투심 때문에 살해당하는 사람의 수가 더 많아요. 게다가 매년 수많은 사람이 계속해서 결혼하고 있고요."

"저는 인종차별주의자도 뭐도 아닙니다. 하지만 모두 만나 보니……."

그만. 나는 앙겔로의 말을 끝까지 듣지 않았다. 더는 이 논쟁의 무게를 견딜 수 없었다. 고통과 좌절감, 분노가 치밀어 올라 그에게 감정을 터뜨렸다. 앞으로 몸을 내밀자 그의 얼굴과 내 얼굴 사이의 거리가 불과 1피트도 되지 않았다. 지금 이 기회라는 생각이 들었다. 공격 개시!

"모두라고요? 28만 덴마크 무슬림을 모두 만났다는 말입니까? 그래, 오늘은 얼마나 만났나요? 열 명, 스무 명, 서른 명쯤 되나요?" 나는 화난 목소리로 물었다.

앙겔로는 모르겠다고 했다. 길을 가면서 사람 수를 세지는 않는다고 했다.

나는 계속해서 말을 이어갔다. "저를 힘들게 하는 게 뭔지 아세요? 한결같이 혐오를 조장하고 절대로 좋은 면은 보지 않으려 하는 당신 같은 사람들이에요. 무슬림을 혐오하는 사람들. 대화할 생각은 없고 다른 사람들에게만 똑바로 살라고 요구하는 그런 사람들. 그런 사람들이 혐오스러운 사람들이죠!"

그러자 앙겔로가 "전 무슬림과 대화하고 싶어요. 제가 무슬림을 싫어해서 이러는 게 아닙니다."라고 말했다.

나는 거의 소리 지르듯 대꾸했다. "하지만 당신은 무슬림을 싫어하잖아요. 숨기려고 애쓰지 마세요." 내가 이 논쟁을 시작할 때 지니고 있던 평정심이 이제 완전히 사라졌다는 걸 깨달았다.

앙겔로는 그저 물끄러미 쳐다보고만 있었다. 내가 길게 열변을 토하는 동안 묵묵히 듣고만 있었다. 그가 반응을 보이지 않자 짜증이 났다. 나를 심하게 모욕한 그에게 그게 얼마나 큰 상처가 되는지 느끼게 해 주고 싶었다.

"계속해서 억압받는 무슬림 여성 문제를 언급하시는데요, 학대받는 여성들을 보호하는 여성의 쉼터는 주로 어떤 여성들이 찾는지 아십니까? 덴마크인 남편을 따라 덴마크로 건

너온 여성들이에요. 그들 대부분은 태국에서 왔죠.”

내 말이 100퍼센트 사실은 아니라는 걸 나도 잘 안다. 쉼터에 있는 소수 민족 여성들 대부분이 동아시아 출신인지 아닌지도 모르겠다. 그 순간 팩트는 중요치 않았다. 앙겔로가 했던 방식 그대로 그에게 되돌려 주는 것으로 만족이었다. 이 방법은 확실히 효과가 있었다. 침착하고 자신만만하던 그의 모습이 사라졌다. 그를 약 올리는 데 성공했다. 이제 내가 어떤 느낌인지 그도 잘 알 것이다. 하지만 동시에 고민이 밀려왔다. “그만해!”라는 내면의 목소리가 들렸다. 그러나 멈출 수가 없었다.

계속해서 그에게 공격을 퍼부었다. “수요일 저녁에 당신을 만나러 여기 뉘보르까지 왔는데, 제가 들은 말은 고작 ‘저는 인종차별주의자가 아니지만……’이군요. 어딜 가든 마찬가지죠. 그렇게 운을 떼고는 쓰레기 같은 인종 차별 발언을 저한테 쏟아부으니까요. 지금 우리가 하는 것과 같은 이런 대화가 생산적인 결과를 낳으려면, 모든 계층의 국민이 다 대화에 참여해야 합니다. 모두가 정신을 차리고 자세를 올바로 가다듬어야 해요. 물론 당신도 포함해서요! 지금 당신은 한 시간 넘게 무슬림 험담을 하고 있지만, 무슬림 중 한 명인 제가 사비를 들여 당신을 만나러 여기까지 온 데 대해 고맙다는 말은 한마디도 하지 않네요.” 나는 계속 말을 이어갔다.

"당신이 한 일은 저 같은 사람에게 맹렬히 비난을 퍼부은 것 밖에 없어요! 제가 여기 앉아서 당신 말을 그냥 곧이곧대로 받아들일 거라고 생각했어요? 난민들이 분노가 가득한 시선으로 당신을 쳐다본다고 하셨죠? 만약 길에서 당신을 만난다면 저도 그렇게 할 겁니다! 당신 자신이 문제라는 생각은 한 번도 해 본 적 없죠?"

"저는 무슬림을 혐오하지 않습니다." 앙겔로가 조용히 말했다. 아마 살짝 당황한 듯했다.

마치 요란한 싸움을 막 마친 것 같은 느낌이 들었다. 심장이 두근거렸다. 멘털이 붕괴되는 느낌이다. 지친 것도 있었지만 평정심을 잃었다는 사실이 조금 당황스러웠다. 앙겔로의 눈에 나는 무슬림에 대한 그의 나쁜 편견을 확인시켜 주는 산증인으로 보일 게 분명했다.

웨이터가 내가 주문한 감자와 파슬리 소스를 곁들인 생선 요리를 가져왔다. 우리는 둘 다 웨이터에게 미소를 지어 보이며 마치 아무 일도 없는 듯 행동했다. 나는 식사를 시작했다. 서둘렀다. 빨리 집에 가고 싶었기 때문이다. 앙겔로는 이제 슬슬 자신의 감정을 드러내기 시작했다. 정상적인 생활을 하려는 노력조차 하지 않는 무책임한 무슬림에 대한 뉴스를 매일 접하는 것에 신물이 난다고 했다. "무슬림을 싫어한다고는 말하지 않을 겁니다. 눈에 보이는 현실이 지긋지긋할 뿐입니다. 당신이 뭐라고 하건, 전체 범죄 가운데 80~90퍼센트가 덴마크 출신이 아닌 사람들에 의해 자행된다는 것을 제 두 눈으로 똑똑히 보고 있으니까요."

이주민의 범죄율이 높다는 것은 부인할 수 없는 사실이다. 데인족 가운데 범죄 기록이 있는 사람의 비율은 1퍼센트에 불과한 반면, 덴마크 내 소수 민족의 범죄율은 3퍼센트에 이른다. 하지만 이런 수치상의 차이는—특히 사회경제적 요인을 고려하면— 실제로 그다지 크지 않다.

'소수 민족'을 어떻게 정의하느냐에 따라 통계 결과는 모호해질 수 있다. 영주권이 없는 사람들을 말하는 것인가? 아니면 1세대 합법 이주민 또는 그들의 자녀를 가리키는 것인가? 통계는 어떤 방향으로든 해석할 수 있다. 그러나 나는 이걸 따질 기운이 없었다.

그러는 동안 앙겔로는 무슬림 빈민가 이야기로 넘어갔다. 그리고 볼스모제 같은 외곽지역이 어쩌다 경찰의 접근금지 지역이 되었는지 설명했다. 그는 일할 생각이 없는 무슬림과 악수를 거부하는 무슬림에 대한 불만을 늘어놓았다. "이런 문제를 신문 기사로 읽고 TV에서 보는 게 지겨울 뿐입니다. 정치인들은 이런 문제를 고치려는 노력을 전혀 하지 않아요."

가짜 뉴스라든가 불난 곳에 기름을 붓듯 문제를 더 악화시키는 정치인들에 대해서는 나도 할 말이 많았다. 그러나 그 대신 "신물 나는 그 마음 잘 압니다. 저도 마찬가지니까요." 라고 말했다.

그러자 앙겔로가 나를 응시하며 말했다. "저는 정말로 덴마크를 지키고 싶습니다."

"저도요!" 이렇게 마음속으로 생각만 하고 소리 내어 말하지는 않았다. 그의 입장은 이해한다. 그도 나만큼 이런 불화가 심히 우려되는 것이다. 우리는 둘 다 안전한 덴마크가 유지되기를 바란다. 하지만 전략적인 측면에서는 양측 간 의견의 골이 깊다. 일례로, 앙겔로는 킴과 마찬가지로 사형제도를 지지한다. 우리는 문제의 범위에 대한 인식뿐만 아니라 선호하는 해법, 민주주의에 대한 접근방식이 워낙 근본적으로 달라서 결코 의견의 일치를 이룰 수 없다.

나는 앙겔로를 바라봤다. 그는 나보다 겨우 한 살 위다. 한 번 결혼하고 이혼한 것이 꼭 나와 닮았다. 또 내가 그렇듯 앙겔로 역시 여러 민족적 뿌리를 갖고 있다. 그는 이탈리아 혈통이고 나는 터키 혈통이다. 우리는 둘 다 유창한 덴마크어를 포함해서 다중언어를 구사할 줄 안다. 그러나 이런 문제들 앞에서는 서로 다른 언어를 사용하기라도 하는 듯 말이 통하지 않는다. 앙겔로는 창밖으로 지평선을 가득 채우고 있는 바다를 바라보고 있었다. 문득 이 모두가 너무도 슬퍼 보여 금방이라도 울음이 터질 것 같았다. 분명 나는 조국에 있는데 마치 이방인이 된 느낌이다. 그러자 킴과 앙겔로에게 나는 영원히 '그 무슬림 여자'일 뿐이라는 생각이 대뜸 밀려왔다. 만약 그럴 힘이 있다면 그들은 나를 내 조국에서 쫓아버리리라. 이런 분노는 내가 짊어지기에 너무도 무거운 짐이다. 그래서 그 무게에 짓눌리게 된다. 나는 어떤 문제에 봉착할 때면 대개는 내가 가진 에너지와 유머 감각이 완충장치가 되어 그 문제를 개인적인 것으로 받아들이지 않는다. 그런데 이런 에너지와 유머가 지금은 산산이 흩어지고 있다. 나는 일개 '빌어먹을 무슬림'일 뿐이다. 야콥 홀트가 '인종 차별은 고통'이라고 한 말이 기억난다. 거기에 노출되면 상대방의 아픔이 느껴진다. 과연 앙겔로도 나만큼 고통스러울까?

"우린 이렇게 가까이 앉아 있는데 어떻게 우리 사이가 이토록 멀게 느껴질까요? 어쩌다 우리가 이렇게 된 거죠?" 그에게 물었다.

"저도 모르겠네요." 그가 대답했다.

"슬프군요. 정말 슬픈 일이에요."

그는 "동감입니다."라고 했다.

그런 다음 우리는 말을 멈췄다. 언쟁을 벌일 때보다 침묵이 더 많은 것을 이야기하는 것처럼 느껴졌다.

우리는 창밖을 내다보았다. 파도가 잠잠해진 가운데 바다가 믿을 수 없으리만치 넓어 보였다. 하늘을 물들인 멋진 붉은빛 뒤로 천천히 땅거미가 지고 있었다. 불현듯 우리 아이들 생각이 났다. 요즘 아이들에게 북유럽 신화를 읽어 주고 있는데 하늘에 붉은 노을이 질 때마다 아이들이 이렇게 묻는다. "엄마, 어떤 신이 이긴 거예요?"

누가 이겼는지는 모르겠다. 다만, 한 가지는 확실하다. 앙겔로와 나, 우리 둘 다 졌다는 사실.

마침내 앙겔로가 침묵을 깼다. 어떤 무슬림 가족의 집에 초대 받았던 일을 이야기하기 시작했다. 자신이 초대 받아 얼마나 기뻤는지 모른다고 했다. 또 그의 삼촌이 은행에 줄서 있는 무슬림을 쓰레기라고 하는 것을 보고 많이 나무랐다고도 했다. 그가 다니는 무슬림 치과의사와 그가 아는 덴마크 사회에 잘 동화된 다른 무슬림 이야기도 했다. 그는 "그들 중 일부는 잘하고 있어요. 거기까진 인정합니다."라고 했다.

나는 "기운 빠지네요."라고 말했다.

"기운 빠진다고요?"

"이걸 우리가 어떻게 해결할 수 있을지 모르겠군요." 이렇게 말하고 나는 한참 동안 말을 멈췄다. 간신히 숨이 쉬어졌다. 모든 것이 느린 화면처럼 움직이고 있었다. 오랜 코마에서 깨어나는 환자라도 된 듯한 느낌이었다. 나는 한숨을 내쉬었다. 무슨 말이든 해서 잘못을 바로잡고 싶었다. "궁금하네요…… 미디어가 이 모든 문제에 그렇게 집착하지 않고 좀 더 긍정적으로 다룬다면 도움이 될까요?"

내 질문에 앙겔로가 고개를 끄덕였다.

나는 "하지만 그럴 일은 없을 겁니다. 지금의 상황은 비극으로 끝날 거예요. 전쟁으로 변하겠죠. 무슬림은 새로운 유대인이 되는 거고요."라고 말했다. 앙겔로의 비관적인 태도에 나도 전염되고 말았다. 희망은 사라졌다.

"많은 덴마크인이 무슬림을 피해 떠나겠죠." 앙겔로가 말했다. 우리는 모두 서로에게 겁을 먹고 있었다. 너무도 비현실적이라 뭐라 대답할지 모르겠다.

그래서 화제를 가라테로 돌렸다. 나는 초보자에 불과하지만 앙겔로는 오랫동안 무술을 수련한 사람이었다. 그가 명상도 한다기에, 나는 명상할 때마다 잠이 든다는 이야기도 했다.

"다음에 요령을 가르쳐 드리죠." 그가 이렇게 말했지만, 과연 우리에게 다음이 있을지 모르겠다.

나중에 앙겔로가 코펜하겐에 오면 내게 연락을 하겠지. 그는 "아주 흥미로운 대화였습니다."라고 할 거다. 나는 그에게 너무 심하게 대한 걸 사과할 테지만, 앙겔로는 내가 과했다고 느끼지 않을 것이다. 그는 "훨씬 더 거친 사람들과도 논쟁해 봤는걸요."라고 할 것이다.

문득 앙겔로가 살면서 어떤 경험을 했을지 궁금했다. 무엇이 지금의 그를 만들었을까? 내가 계산하는 동안 그는 아무 말이 없었다. 왜 내게 고맙다는 인사를 하지 않는 걸까?

나오는 길에 그가 자기 몫의 계산을 하려 하기에, 계산은 내가 다 마쳤다고 알려 줬다.

"아이고, 그러지 않아도 되는데. 정말 고마워요." 그가 말했다.

그는 단지 내가 계산하는 것을 몰랐을 뿐인데, 너무도 쉽게 그를 무례하다고 단정 지은 내 경솔함이 당황스러웠다. 아무래도 불신은 상호작용인 것 같다.

코펜하겐으로 돌아가는 열차에 올라 좌석에 앉으니 온몸의 힘이 쭉 빠졌다. 이런 논쟁을 벌이고 나면 결과가 좋건 나쁘건 언제나 이런 느낌이 몰려온다. 대화는 나를 변화시킨다. 다만, 대화하는 동안 경험한 것이 혐오인지 아니면 사랑인지에 따라 결과는 달라진다.

땡 하고 휴대전화 알림음이 울렸다. 앙겔로가 문자 메시지를 보냈다. 명상하려면 내면의 고요를 느껴야 한다고 적혀 있었다. '부디 마음을 편히 가지세요.'

문자 메시지를 계속 읽다 보니 웃음이 절로 나왔다. 그가 나를 생일파티에 초대한단다. 안타깝게도 초대에 응할 수 없었지만 그는 며칠 후로 다가온 내 생일에 선물을 보내겠다고 했다. 그리고 내게 명상도 가르쳐 주고 저녁도 사 주고 무술

도 같이 단련하고 싶다고 했다. 계속 연락을 이어가고 싶은
마음이 큰 모양이었다.

나는 한편으로는 그와 만나고 싶기도 하지만 다른 한편으
로는 마음이 썩 내키지 않았다. 그는 무슬림에 대한 자신의
혐오와 편견이 문제의 한 부분을 차지한다는 사실을 인정해
야 한다. 이런 생각을 하면서도 한편으로는 이렇게 내게 손
을 내미는 방식으로 그가 노력하고 있다는 것도 알 것 같았
다. 그는 지금 내게 다가오려 하고 있다. 하지만 나 말고 다른
무슬림이 중간에서 그를 만나면 딱 좋겠다. 이런 내 모습이
참 위선적이라는 생각이 들었다. 그런데 내가 그를 비난했던
부분도 바로 이런 위선 아니었던가?

그래서 이렇게 답장을 보냈다. "언제 우리 동네로 와서 연
락 주세요. 저녁 식사 같이해요."

그러나 앙겔로는 내가 사는 곳으로 오려 하지 않았다. "당
신이 이쪽으로 와요."

지미와 로네, 킴, 앙겔로와 대화를 나누면서 한 가지 배운
사실이 있다. 내가 정형화된 틀 안에 갇히기 싫은 만큼, 나도
다른 사람들을 틀 안에 가두면 안 된다. 그들을 함부로 극단
적 민족주의자 내지는 인종차별주의자로 판단해서는 안 된
다는 말이다. 몰려오는 난민과 이주민 문제, 덴마크가 직면

한 통합이라는 과제에 대해 우려한다고 해서 무조건 다 인종차별주의자 또는 우익 민족주의자가 되는 것이 아니다. 그런 면에서 나는 지미와 로네를 딱히 인종차별주의자라고 칭하지 못하겠다. 하지만 킴과 앙겔로는 얘기가 다르다. 그들의 관점은 지극히 명백하게 인종차별주의적이고 비민주주의적이며 폭력적이다.

이들 네 사람은 서로 관점만 다른 것이 아니라 그들이 생각하는 해결책도 다르다. 반면, 이들은 무슬림에 대한 무력감과 분노라는 공통분모를 지닌다. 이제 나는 사람들의 마음속에 있는 이런 감정들을 예전보다 잘 인정할 수 있게 됐다. 때때로 사람들이 비이성적이고 연역적인 태도를 보이더라도 말이다. 사회 혹은 문화적 차이를 인용하면서 그들의 우려를 합리화하려고 애쓰는 대신, 그들의 시점으로 세상을 보면서 우리가 공유하는 공통점을 발견하는 데 능해졌다. 이제 나는 "맞아요. 무슬림 소녀들이 소년들과 다르게 대우받는 것은 공정하지 않아요."라고 말할 수 있다.

어떤 사람들은 특정한 사례 때문에 이주민에 대해 비판적인 입장에 선다. 로네의 경우가 그렇다. 그녀는 위탁 보호를 받던 한 무슬림 소녀가 지방정부로부터 병상을 제공받은 반면, 다른 지방에서는 비무슬림 덴마크 소년의 병상 요청이 거부당했다는 이야기를 들었다고 한다. 나는 많은 사람이 한

가지 사례만으로 결론—이 경우, 무슬림 우대라는 결론—을 내린다는 것을 알게 됐다. 하지만 앙겔로나 킴과 같은 사람들은 한두 가지 사례만 문제로 삼지 않는다. 그들이 접한 모든 불공정, 차별 혹은 그들에게 소중한 문화와 윤리의 붕괴 사례가 융합돼 모든 것을 망라하는 정체불명의 분노와 혐오 덩어리가 된다. 이런 상황에서는 그들의 세계관과 인간 본성에 대한 이해를 교정해 주는 노력이 필요한 것 같다.

이런 종류의 대화를 하는 것이 아무리 힘들고 지치고 고통스럽더라도 우리는 대화의 의무를 저버려서는 안 된다. 어떨 때는 내가 열 받지만, 또 어떨 때는 고스란히 되돌려 주어 내가 그들을 열 받게 하기도 한다. 어떨 때는 그들이 화를 내도 전혀 개인적인 인신공격으로 받아들이지 않고 그냥 화를 받아줄 수 있지만, 어떤 경우에는 내가 너무 예민할 때도 있다. 나도 인간이니까. 때에 따라서는 대화를 통해 깨달음을 얻거나 더 나아가 해방을 만끽하기도 한다. 결과가 어떻든 나는 우리가 대화해야 한다고 굳게 믿는다. 그것 말고 우리에게 다른 선택권이 있을까?

우리가 몽유병 환자처럼 잠결에 무슬림에게 침략당하는 길로 가고 있다는 수사적 표현은 이제 덴마크 정계에서는 너무도 흔한 것이 되어 버렸다. 정치인들과 언론은 덴마크 무슬림을 으레 테러리스트, 기생충, 범죄자로 묘사한다. 여론

주도층과 집권층에서는 무슬림 이주 금지를 요청하는 목소리가 현재 주류를 이룬다. 지미, 킴, 앙겔로와 마찬가지로 나도 시청률을 올리기 위해 광적인 무슬림의 혐오스러운 수사가 방송을 타는 것을 보면 극도로 화가 난다. 무엇보다도 그들의 목소리가 평균적인 무슬림을 대변하는 것처럼 여겨지는 것이 분하다. 이런 방송을 보면 지미, 킴, 앙겔로처럼 열심히 일하고 법을 지키고 세금을 납부하는 덴마크 무슬림을 꾸준히 접할 기회가 없는 사람들이 어떻게 두려움과 분노, 불안감을 느끼지 않을 수 있겠는가? 나라도 같은 감정을 느낄 것 같다. 아니, 실제로 그렇게 느꼈다. 슈퍼마켓에서 일하면서 평범한 덴마크인 친구와 동료가 생기기 전까지만 해도 나역시 모든 덴마크인이 인종차별주의자라 믿었다.

그렇기에 자신의 편견을 직시하는 것이 무척이나 중요하다. 그러면 우리가 서로를 이해하는 데 기적적인 변화가 생길 수 있기 때문이다. 나는 표현의 자유를 제한하기보다는 민주적 방식으로 접근하는 것이 더 좋다고 믿는다. 사람들의 입에 재갈을 물릴 수는 없는 법이다. 나에게 의견을 표현할 권리가 있듯, 지미와 킴, 앙겔로에게도 그들의 의사를 표현할 권리가 있다.

이슬람교를 포함한 모든 종교는 민주주의라는 제도 안에서 비판의 대상이 되어야 한다. 이는 내가 신성 모독 조항의 폐지를 열렬히 주장하고 있는 이유다. 그러나 비판이 종교의 경계를 넘어 그 종교를 믿는 신자들에 대한 인종 차별적 고정관념을 생산하는 것으로 변질된다면, 그것은 도저히 받아들일 수도, 묵과할 수도 없는 일이다. 불평등은 좌절감과 적대감을 낳는다. 사람들은 견딜 수 없는 압력을 받으면, 책임을 져야 하는 정치인들이 아니라 서로에게 달려들게 된다. 전 세계적으로 존재하는 인종 혐오의 대부분은 불평등이 그 씨앗이 되고 있다.

문득 "이주민들이 똑바로 처신만 했더라면."이라며 늘 한탄하는 시아버지가 떠올랐다. 이처럼 원한에 사무친 인종 혐오의 근원이 무엇인지 정확히 파악하려면, 킴과 앙겔로 같은 덴마크인들이 무슬림을 멸시하는 식으로, 모든 덴마크인을 혐오하는 무슬림도 만나 봐야겠다는 생각이 들었다.

4장

당한 만큼 되갚아 준다

"명심하라. 누가 당신을 미워하더라도 당
신이 그를 미워하지 않는 한 그는 당신을
절대 이길 수 없다. 만약 당신이 그를 미
워한다면 그것은 자멸로 가는 길이다."

— 리처드 닉슨

최근 내가 페이스북에 올린 글이다. "모든 덴마크인이 인종차별주의자 또는 알코올중독자이거나 현학적일까? 아니다! 종종 이 같은 혐오스러운 일반화를 일삼는 사람들을 접하게 되는데, 때때로 그 가운데에는 소수 민족 뿌리를 가진 사람들도 있다. 그들 중에는 덴마크에서 나고 자랐어도 덴마크인에 대한 인종 차별적 의식에 깊이 젖어 있는 사람들이 있다. 자, 이제 덴마크인을 혐오하는 사람들과 '커피 타임#dialoguecoffee'을 가질 때가 된 모양이다."

이 글이 업로드되고 얼마 지나지 않아 미Mee라는 사람으로부터 이메일이 도착했다.

친애하는 외즐렘 씨,

당신이 페이스북에 올린 덴마크인을 향한 인종 차별 관련 글이
민감한 곳을 건드렸네요. 보통 때 같았으면 저도 당신의 의견에
동의하는데 이번만큼은 아니에요. 납득할 수 있도록 설명을 좀
해 주셔야겠습니다.

저는 한국에서 입양된 사람입니다. 저는 덴마크인들이 당신의
포스팅 글 앞부분에 묘사된 그대로라고 생각해요.

미 드림

그렇게 우리는 만나기로 했다.

욱하는 동양인

때는 초여름, 기온이 32도에 육박하던 어느 날이었다. 미
가 자신이 사는 노란색 타운하우스 앞뜰에 나와 나를 맞
아 주었다. 그다지 키가 크지 않은 그녀를 마주하니 갑자기
158센티미터 정도 되는 내 키가 평균 신장처럼 느껴졌다. 내
머리 위에서 나를 내려다보는 사람들이 대부분인 덴마크에
서는 좀처럼 느끼기 힘든 기분이다. 우리는 악수를 나눈 다

음 차고를 통과해 집 뒤편에 있는 테라스로 갔다. 차고 한쪽 벽에는 덴마크 일러스트 작가 스톰 P.Storm P.가 그린 방랑자 그림이 다채로운 색상을 뿜내며 걸려 있었다.

집은 편안한 분위기의 노란색 중정을 사이에 두고 양쪽 끝에서 서로 마주 보고 있는 작은 건물 두 채로 이루어져 있었다. 미가 한쪽 건물에서 살고, 맞은편 건물에는 집주인이 거주한다. 정원에 있는 흰색 야외용 의자에는 흰 바탕에 노란색 줄무늬가 있는 쿠션이 놓여 있었다. 테이블은 원목 테이블인데, 페인트칠이 이제 막 벗겨지기 시작한 상태였다. 이웃집 정원의 초록빛 관목 울타리는 중정에 있는 커다란 화분들과 잘 어울렸다.

집주인은 자주 집을 비우고 시골 오두막에서 지내는 모양인데, 미는 이 점이 좋다고 했다. 조용한 것을 좋아하기 때문이란다. 그래서 같은 이유로 그녀는 몇 주 전에 결혼한 아내와 같이 살지 않는다. 그녀의 아내는 유틀란트Jutland반도에 사는데, 그녀나 아내나 이사할 생각은 없다고 했다. 미의 아내에게는 아이가 하나 있고, 이들은 휴가나 주말에만 서로 만난다.

"다른 사람과 너무 가까이 사는 것도 싫어요." 미가 말했다.

"그렇군요." 나는 이어서 질문을 던지지 않고 그냥 동의했다. 이유야 궁금했지만 어떤 대답이 돌아올지 두려웠기 때문이다. 내가 하는 질문에 미가 어떻게 대답할지, 아마도 몇몇 예상 답변이 짐작되는 탓에 마음이 불편했다.

나는 미가 어떤 사람일지 이미 어느 정도 선입견이 있었다. 이제 관건은 내가 생각한 틀 안에 그녀가 맞아떨어지느냐 하는 것이었다. 아마도 그녀는 성적 학대를 당하고 힘든 어린 시절을 보내면서 정신적인 문제로 고통스러운 시간을 보냈으리라. 어쩌면 이른 나이에 은퇴할 수밖에 없었을지도 모른다. 어쨌든 주민의 소득 수준이 평균 이상인 도시에 거주하고 있는 것으로 보아 현금 지원 대상자는 아닌 듯하다. 나는 나의 이런 편향된 태도가 전혀 자랑스럽지 않다. 사실 나 자신도 이런 편견이 조금 당황스럽다. 미가 내 생각을 읽을 수 없다는 것이 그저 다행스러웠다.

미는 더도 말고 덜도 말고 전형적인 덴마크 사람이었다. 고등교육을 받았고, 질란드 섬 북부에 거주하며, 유기농 슈퍼마켓 이야마에서 장을 보고, 싸구려 브래지어는 사지 않는다.

우리는 각자 알거나 들은 적 있는 주변부의 삶을 사는 커플들 이야기를 잠시 나누었다. 그러면서 금세 흔히들 이야기하는 '정상'이라는 것은 존재하지 않는다고 입을 모았다. 확실히 미의 삶은 '정상'이라는 말로 설명되지 않는다. 생후 6개월에 입양된 그녀는 자신을 '종이박스 아이'라 불렀다.

"이런 표현 아세요?" 매력적인 미소를 지으며 그녀가 물었다.

물론, 잘 안다. 그녀에게 국회의원 시절 사회분과위원회 소속 의원들과 에티오피아를 방문했던 이야기를 들려주었다. 그곳에서 한 여성 경찰서장으로부터 아침마다 '종이박스 아이들'을 모은다는 이야기를 들었다. 원치 않는데 낳은 아이들, 주로 어린 아기들이 비닐봉지나 종이박스 안에 담겨서 경찰서 앞에 버려진다고 했다. 매일 한 명에서 세 명의 아이들이 발견되기 때문에 그녀의 사무실에는 아기용 침대가 여러 개 준비돼 있다고 했다.

그런 다음, 우리는 버려진 아이들 이야기는 그만했다. 처음에는 이것이 미에게 너무 괴로운 일이라서 그렇다고 생각했다. 하지만 뒤이어 미가 들려준 이야기는 그보다 더 고통스러운 것이었다. 그녀는 스무 살이 될 때까지 양아버지에게 성적 학대를 당했다. 양아버지의 만행은 그녀가 집을 떠난 뒤에야 멈췄다. 성인이 된 그녀는 양아버지가 그녀의 새 보금자리를 찾아왔을 때 당장 쫓아 버렸다고 한다. 폭행이 정확히 언제부터 시작됐는지는 모르겠지만, 그녀가 기억해낼 수 있는 때부터 계속됐다고 했다.

"그는 우리를 학대하려고 입양했죠." 그녀는 여동생과 함께 다른 남자들에게 '대여'되었던 이야기를 하면서도 아무런 감정을 드러내지 않았다. 그리고 자신은 사법 시스템을 믿지 않기에 패소하며 시간을 낭비하기보다 제도를 개혁하는 데

에너지를 쏟았노라고 의연하게 이야기했다.

미가 대화 중에 반복해서 사용한 단어가 '자유'다. "덴마크에서는 거의 자유롭게 얼마든지 아동을 학대할 수 있어요. 선을 넘으면 돈만 내면 되니까요."

나는 원래 덴마크 사법 시스템에 대한 자부심이 큰 사람이다. 하지만 미가 내 안의 아픈 부분을 제대로 건드린 것 같다. 아동 학대와 관련해서는 법률이 불충분한 것이 현실이기 때문이다. 게다가 이런 불충분한 법률마저 저조하게 집행되고 있다.

나는 국회 사회분과위원회와 전국시장협의회 의장직을 모두 수행한 경험이 있다. 그래서 퇸데르사겐 사건, 레빌 사건, 브뢰너슬레우 사건뿐만 아니라 매스컴의 조명을 덜 받았을 뿐 결코 덜 끔찍하지 않은 다른 사건들에 관한 상세 보고서를 열람할 수 있었다. 미가 자신이 당한 학대 이야기를 시작하자, 소아정신과 간호사 시절 내가 돌보았던 학대당하고 망가진 아이들의 모습과 함께 소아병동에 대한 기억이 떠올랐다. 불현듯 미를 꼭 안아 주고 싶어졌다. 그녀의 상처가 모두 치유될 때까지 안아 주고 싶었다. 하지만 성폭행 피해자에게는 신체적 접촉이 고역일 수 있음을 간호사로서 잘 알고 있다. 더군다나 지금 내 앞에 앉아 있는 이 여성은 전혀 모르는 사람이다. 이 문제를 너무 깊이 파고들고 싶지는 않았다. 이 대화로 미의 마음을 다치게 하고 싶지 않았다. 내 마음을 읽기라도 한 듯, 미가 불쑥 말했다. "제가 무슨 얘기를 하는지 잘 아시는 것 같네요." 나는 고개를 끄덕이고 크게 숨을 내쉬었다.

미는 술로 대부분의 고통을 잊었다. 그러나 지난 15년간은 술에 취하지 않은 채 또렷한 정신으로 지냈다고 한다. 내가 대견하다고 하자 그녀가 기뻐하는 것 같았다. "당신의 강한 의지는 칭찬 받아 마땅해요."

"다른 사람들이 못해 줄 것 같으면 저 스스로 셀프 칭찬을 하죠."

우리는 같이 크게 웃어넘겼다. 대화 분위기는 유쾌했고 락케에후세(덴마크의 국민 빵집—옮긴이)의 케이크는 맛있었다. 아마 그녀가 사는 이곳에는 다른 케이크 가게는 없겠지. 미는 위스키 벨트(코펜하겐 북부의 최부촌—옮긴이)에 산다. 그녀는 이동네 최고의 케이크 맛집, 커피 맛집, 요리 맛집을 줄줄이 꿰고 있었다. "저도 고상한 척하는 부류에 속할지 모르지만, 다른 사람들과 다른 점은 저는 제가 그렇다는 걸 기꺼이 인정한다는 거예요." 그녀는 이렇게 말하며 윙크했다.

미는 나보다 나이는 두 살 더 많았고, 북질란드 사투리를 쓰며, 문화 엘리트층에 속했다. 그녀는 복식사 전문가이며 왕실 사람들과도 친분이 있었다. 우리는 그녀의 옷장을 구경하러 안으로 들어갔다. 그녀는 직접 바느질하고 수놓은 아름다운 의상들을 보여 주었다. 그중에는 만드는 데 몇 년이나 걸렸던 옷도 있고, 한 벌 한 벌마다 사연과 추억, 기능이 담겨 있었다. 이런 이야기를 들려주는 미의 모습은 활기가 넘쳤다. 조금 전 거의 무표정한 얼굴로 테라스에 앉아 있던 사람이 지금은 두 눈을 반짝이며 환한 얼굴을 하고 있었다. 나는 그녀가 만든 옷 몇 벌을 직접 입어 보았다. 그렇게 우리는 마치 오래전부터 알던 친구처럼 함께 웃었다.

다시 테라스로 돌아와 흰색 파라솔 아래 앉았다. 미가 덴마크인들에 대한 경험담을 들려주기 시작했다. 그녀의 겉모습만 보고 최근에 이주한 사람이라 여기고 영어로 이야기하는 사람들 때문에 얼마나 짜증이 나는지, 사람들이 그녀를 현금 지원 대상자에 무교육자로 보고 얼마나 무시하는지 봇물이 터지듯 이야기를 이어갔다. "당신은 이런 경험 없나요?" 그녀가 물었다.

자, 이제 내 경험을 공유할 차례다. 나는 국회의원 시절, 중요한 협상을 하는 중에 30명도 넘는 사람들 앞에서 동료로부터 언어를 잘못 사용했다는 지적을 받았던 이야기를 들려주었다. 그런 식으로 질책당하는 건 매우 치욕적인 경험이었다. 그래서 그녀의 질문에 그때의 경험을 언급한 것이다. 그러나 미와 내가 결정적으로 다른 점이 있다. 어렸을 때 반사적으로 반응했던 것과 달리, 이제 나는 몇몇 멍청이들을 만났다고 모든 덴마크인을 멍청이라 부르지 않는다.

미에게 스스로 덴마크인이라 생각하는지 물었다. 그녀는 이웃집 정원에서 펄럭이는 국기를 가리키며 대답했다. "아뇨." 단호한 대답이었다. "전 덴마크인이 아니에요. 나 자신을 덴마크인이라 여기는 일은 결코 없을 거예요." 그녀는 자신을 유럽인이라 생각한다고 했다. 미에 따르면, 덴마크인들은 바이킹의 명성과 유럽 일대를 장악했던 정복의 역사를 바탕으로 여전히 떵떵거리며 산다. 그녀는 덴마크인들이 새로 이주해 온 시민들을 대하는 태도에서 이런 정복자의 사고방식이 여전히 드러난다고 생각했다. 그러다가 미가 던진 한마디에 나는 미소 짓지 않을 수 없었다. "도무지 덴마크인들은 이해가 안 된다니까요."

웃자고 한 말이 아니니 참으려 했지만 결국 미소를 보이고 말았다. 퓐 섬에 있는 콜로니얼 양식의 집에서 킴을 만났던 기억이 다시 떠올랐기 때문이다.

"왜 웃으시는 거예요?" 그녀가 물었다. 나는 킴 이야기를 꺼내면서 그 역시 무슬림 이야기를 하면서 계속 같은 말—못 배워서 그렇다—을 반복했다고 했다. 흥미롭게도 사람들의 편견과 연역적인 태도는 다 비슷한 것 같다. 미에게 이런 의견을 말했더니 그녀의 반응은 내가 예상한 그대로였다. "그래도 제 생각이 맞아요."

문득 킴과 미를 한자리에 모아 놓고 싶었다. 이들이 만나면 각자의 관점을 가지고 어떻게 논쟁을 벌일까? 뭐라고들 할까? 상대방의 말을 조금이라도 들으려나?

"저랑 친한 사람들은 저를 '욱하는 동양인'이라고 불러요." 그녀가 웃으며 말했다. 자신에게 험악하게 말하는 사람들이 있는데, 그런 태도가 싫어서 인종 차별을 접하게 되면 외교적으로 대처하지 못하고 욱하게 된다고 했다. 그녀는 누군가 자신을 함부로 대하면 금세 화가 난다고도 했다. 덴마크인들에게도 무시되고 소외된다는 것이 어떤 느낌인지 알게 해 주고 싶다는 말도 했다. 나도 어렸을 적 경험에 비추어 이런 본능을 느끼는 것을 충분히 이해했다. 그러면서 내가 경험한 것이 정말로 보편적이라는 생각, 즉 혐오는 아주 특정한 경험을 바탕으로 자란다는 생각이 더욱 공고해졌다. 이것이 바로 미가 품고 있는 혐오감에 맞서고 싶은 이유다.

그녀에게 덴마크인들에 대해 그런 태도를 지니게 된 것이 어린 시절의 경험 때문이냐고 물었다. 그런데 막 이 질문을 마치는 순간, 그녀가 기다렸다는 듯 대답했다. "당신은 성적 학대를 당한 적은 없지만, 인종차별주의자들로부터 똑같은 경험을 했잖아요." 왜 친구들이 그녀를 욱하는 동양인이라 부르는지 알 것 같았다. 나는 잠시 평정심을 잃고 내 물컵에 있던 찬물을 그녀의 맨다리에 쏟았다. 그녀는 웃으며 물기를 닦아 내고는 자신의 IQ가 141이라고 했다. 가만있자, 141이면 높은 건지 낮은 건지 잘 모르겠다. 잘 기억해 두었다가 집에 가면 한번 찾아봐야겠다. 틀림없이 높은 것이겠지. 그런데 대체 왜 IQ 얘기를 꺼내는 거지?

나는 항상 이런 논쟁에서 중립을 지키며 덴마크인이건 이주민이건 어느 한쪽을 방어하지 않으려 노력한다. 커피 타임을 할 때마다 늘 그렇듯, 이번에도 나는 어떻게 하면 미가 자신의 편향에 대해 개인적인 책임을 다할 수 있는지, 더 나아가 어떤 식으로 편견을 없애는 노력을 해야 하는지 이야기하기 시작했다. 그녀가 덴마크인들도 다양한 사람들로 이루어졌다는 것을 깨닫도록 내가 어떻게 도와야 할까? 미는 난민들과 함께 일하는 덴마크 사람들을 만나봐야겠다고 했다. 나는 기적과 같은 경험을 한 적이 많다. 폐쇄적인 사고방식에 단단히 갇혀 있는 사람들이 서로 얼굴을 마주하고 만나서, 적인 줄 알았던 상대방의 모습에서 인간미를 발견함으로써 닫혔던 마음의 문을 활짝 열곤 한다. 그러니 미가 자신의 기울어진 시각을 최소한 균형 있게 바로잡아 줄 덴마크인 몇몇과 이야기를 나누게만 할 수 있다면 내 임무는 성공이리라.

그런데 다른 커피 타임에서는 경험한 적 없는 지금까지와는 다른 무언가가 느껴졌다. 미의 입장이 정당하다는 느낌이 들기 시작한 것이다. 그녀가 느끼는 좌절감이 내 안에 잠들어 있던 감정을 깨웠기 때문이다. 미가 추론하는 과정에는 일반화라는 구멍이 숭숭 뚫려 있었지만, 그녀는 사리에 맞는 비판을 했다. 그녀가 옳다고 인정하게 될까 봐 두려워졌다. 대체 왜 그럴까? 아마도 그녀의 고통을 인정해 버리고 나면, 그녀에게 자신의 편향에 맞서야 하는 책임을 묻지 못할 것 같아서 두려워진 것 같다. 도저히 그녀와 맞설 수 없었다. 자칫 동지애가 무너질지도 모른다는 생각이 들면서 마음을 졸였다. 나 때문에 그녀의 입장이 조금이라도 달라졌는지는 모르겠다. 다만, 우리 사이에는 유대감이 생겼다. 포옹을 나눈 후 나는 그녀의 집을 나섰다.

미와 만나고 며칠 후, 내가 만났던 친절한 덴마크 사람들을 어떻게 미와 만나게 해 줄까 하는 고민을 하고 있을 때였다. 미에게서 문자 메시지가 도착했다.

'어제 친절한 이웃 주민들과 함께 산책을 했어요. 이번에도 덴마크인들은 그들이 얼마나 편견에 사로잡힌 사람들인지 다시 한번 확인시켜 줬네요. 혹시 라마단을 지키신다면 라마단 기간 잘 보내시기 바라요.'

그녀의 문자 메시지를 받은 나의 첫 반응은 허탈하게 웃는 것이었다. 도움이 되고자 했으나 결과가 좋지 못한 경우였다고 하겠다. 좋은 의도로 하는 일은 대부분 결과도 좋다. 하지만 미를 만족시키는 것 역시 어렵다는 생각이 든다. 마음이 열려 있지 않고 포용력 없는 덴마크인들을 만나게 되면 나쁜 상황이다. 그렇다고 개방적이고 포용력 있는 덴마크인들을 만난다고 상황이 더 낫지도 않은 경우가 대부분이다. 미가 좌절감을 느끼는 이유는 무엇일까? 휴머니스트로서 그녀가 포용력 있는 사회를 원하기 때문일까? 아니면 그저 그녀의 마음속에 편견을 품고 있기 때문일까? 그녀가 덴마크인에게 느끼는 무력감과 이제 만나게 될 뇌레브로 소년들이 느끼는 감정은 과연 얼마나 닮아 있을까?

붉은 광장의 전투

그들은 사회 정의와 외교 정책에 대한 열정으로 불타는 뜨거운 가슴을 지닌 젊은 정치인이 될 수도 있다. 새로운 역사를 만드는 명연설을 하고, 수천 명을 동원할 힘을 가진 사람이 될지도 모른다. 그러나 가식적인 모습으로 담배를 피우며 뇌레브로 중심가의 붉은 광장 주변을 어슬렁거리며 안주하고 있는 것이 그들의 현주소다.

멀리서 보면 그들은 다 비슷해 보였다. 모두 검은 머리에, 트레이닝복과 운동화, 흰색 양말을 신고 있었다. 의자에 앉아 있는데 원 모양으로 둘러앉아도 될 만큼 의자가 충분한데도, 벽을 등지고 일렬로 앉아서 광장 바닥을 내려다보고 있었다. 마치 시간이 멈추기라도 한 듯, 그들은 미지의 무언가를 골똘히 응시했다.

나는 의자 하나를 끌고 와 그들과 마주 보고 앉았다. 그들이 허리를 펴고 의구심 가득한 눈으로 나를 쳐다보는 동안, 세상이 슬로 모션으로 움직이는 것처럼 느껴졌다. 그제야 그들의 얼굴이 보이면서 한 사람씩 한 명의 개인으로 보이기 시작했다. 바로 앞에 앉아 있는 소년은 나와 키가 비슷했다. 그 옆이 압둘Abdul이다. 도톰한 입술, 긴 속눈썹, 초콜릿 빛 눈동자에 상냥한 미소를 장착한 그는 단연 무리 가운데 제일 잘생겼다.

압둘 바로 옆에 있는 아이는 완전 딴판이었다. 비쩍 마른 몸에 정서적으로 불안해 보이는 칼리드Khalid는 심한 사투리를 썼다. 통 넓은 트레이닝복 바지와 오버사이즈 후드티를 입고 있었는데, 옷 속에 곧 파묻혀 버릴 것만 같았다. 그는 휴대전화를 들고 있다가 내가 자리에 앉자 나에 대해 검색하기 시작했다. 그리고는 우리가 대화하는 동안 주기적으로 끼어들어서 검색 결과를 알려 줬다. 간혹 그가 제공하는 정보 때문에 우리 대화가 어색하게 끊기면 다들 웃기도 했지만, 그럴 때 외에는 수고해 줘서 고맙다는 의미로 모두 고개를 끄덕여 줬다.

무리와 조금 떨어져 앉은 아이도 한 명 있었다. 후드를 푹 눌러 써서 얼굴이 잘 보이지 않았고, 대답하는 속도도 느렸다. 친구들이 추임새를 넣어 주면 그제야 천천히 입을 열었다. 그 아이의 이름은 나지브Najib. 아프가니스탄 난민이다.

이 소년들 가운데 유독 눈에 띄는 아이가 있었다. 다른 친구들보다 키가 더 크거나 재빠르지는 않지만, 그에게는 다른 친구들에게는 없는 무언가가 있었다. 그도 이걸 잘 알고 자랑스러워했다. 바로 모자다. 그 모자는 여느 평범한 모자와 달랐다. 나비드Naveed의 모자에는 초승달과 별 문양이 있었다. 얼마 전 고등학교를 졸업한 그는 교모를 쓴 채 활짝 웃고 있었다. 뽐내는 것이 아니라 진심으로 기뻐하는 것 같았다.

"졸업 축하해요." 자리에 앉기 전에 그에게 축하의 말부터 했다.

"고맙습니다." 그가 미소를 지으며 답했다. 그는 그 무리의 자랑거리임이 분명했다. 다른 친구들이 그의 등을 두드리자 친구들로부터 인정받는 느낌을 받았는지 자세를 고쳐 앉았다.

나는 간략히 내 소개를 했다. 그들 중에는 내가 정치인이었다는 사실을 아는 친구도 있었고 모르는 친구도 있었다. 내가 미처 운을 떼기도 전에 칼리드가 휴대전화로 검색한 정보를 읽어 주었다. "2007년부터 2015년, 정신건강 보호사."

"맞아요." 나는 고개를 끄덕였다.

"베스테르브로 출신." 그는 새로운 정보를 계속 추가했다. "한때 뇌레브로에 거주."

이쯤 되자 우리는 친해졌다. 다 위키피디아 덕분이다. 조용히 고마움을 표한다. 칼리드는 자기가 글을 많이 읽는다고 했다. 그에게 책도 읽는지 물었다. "아뇨." 그가 읽은 책은 《힘의 매뉴얼Manual of Power》이 유일했다.

다른 친구들은 과연 그가 실제로 그 책을 다 읽었는지 못 미더워한다. 고등학교 교모를 쓴 나비드조차 다 읽지 않았으니 말이다. 그들은 내가 책을 그렇게 많이 읽는 걸 보니 혹시 작가냐고 물었다. 나는 우리 사회를 이루는 여러 집단 사이에 존재하는 거리감과 그들 간의 분노와 혐오에 관한 책을 쓰고 있다고 했다.

"그들은 우릴 혐오해요. 우리도 되받아서 그들을 혐오하죠." 아이들 가운데 누군가가 말했다. 그 주제에 대해 뭐 더 할 말이 있겠냐는 듯한 말투였다.

그들은 대부분 20대 초반의 나이였고, 지금껏 거의 뇌레브로에서만 살았다. 나와 대화하길 원했지만 대신 조건이 많

았다. 책에 그들의 이름이나 사진을 공개해서는 안 된다고
했다. 소수 민족 출신 사람들과 대화하다 보면, 심심치 않게
언론인에 대한 불신을 표하는 경우가 있다. 나는 그런 불신
이 왜 생겼는지 물론 잘 안다. 미디어에서 그들을 긍정적으
로 조명하는 일이 거의 없기 때문이다. 하지만 그런 경우와
는 달리 이 청년들은 숨겨야 할 것이 있어서 그러는 것임을
직감적으로 알 수 있었다. 그래서 그들의 신변을 보호하기
위해 가명을 쓰기로 약속했다.

나는 이미 그들에 대한 판단을 조용히 마쳤다. 그들은 내
가 예단한 것과 딱딱 맞아떨어졌다. 붉은 광장에 무리 지어
앉아 있는 데다 피부색도 어둡다. 그런 그들을 아무 생각 없
이 루저로 묘사하고 있는 나 자신을 발견하고 나는 당황스러
워졌다. 나 역시 과거에는 그들 중 한 명이었는데 말이다. 나
는 그들의 신변을 노출할 생각이 없다고 거듭 강조했다.

"약속해 주세요!"

"왈라 Wallah."

왈라란 '알라의 이름으로 맹세한다', '진실만을 말하겠다'
라는 뜻이다. 무슬림이라면 누구나 사용하는 아랍어 표현이
다. 이 평범한 어휘를 통해 우리는 다시 한번 친해졌다.

갑자기 한 청년이 우리가 있는 곳으로 오더니 나와 맞은편
에 있는 의자에 앉았다. 어디선가 데인족 남성 한 명도 나타

났다. 모두 그에게 인사하기에 나도 인사했다. 소년들 가운데 한 명이 일어서서 그에게 다가갔고, 두 사람은 함께 광장을 떠났다. 이 상황에 나는 놀랐지만, 아이들의 표정을 보니 특별할 것 하나 없는 예삿일인 모양이었다.

방금 내 앞에 앉은 청년의 이름은 하산Hasan이다. 그의 눈썹 주변 피부가 빨갛게 된 것을 보니 그의 과시욕에 절로 미소가 살짝 지어졌다. 그는 마초처럼 보이고 싶어 했지만, 그러면서도 눈썹을 뽑아서 눈썹 정리를 한 것 같았다. 그의 반바지 아래로 드러난 다리 위로 5인치 길이의 상처 자국이 보였다. 최근에 꿰맨 모양이다. 피부에 붙인 작은 의료용 테이프 조각을 보면 상처가 아직 낫지 않은 것을 알 수 있었다. 왼쪽 팔뚝에도 다리에 난 것보다 좀 더 긴 흉터가 또 있었다.

"이분은 간호사야." 칼리드가 휴대전화로 검색한 내용을 읽었다.

나는 그렇다고 했다. 하지만 굳이 간호사가 아니라도 나무를 타다가 그런 흉터가 생긴 것은 아니라는 사실쯤은 다 알 수 있다.

내가 위아래로 살펴보자 하산이 조심스럽게 티셔츠를 위로 걷어 올렸다. 많이 올리지도 않았다. 그가 총을 가지고 있다는 것을 알 수 있을 정도로 딱 그만큼만 올렸다. 그는 차가운 시선으로 나를 뚫어지게 보았다. 공포감을 드러내지 않으

4장 당한 만큼 되갚아 준다 **149**

려 최선을 다했지만, 심장은 쿵쿵 뛰기 시작했다. 물론 마음은 불안했을지 모르지만 그렇다고 충격을 받았다고는 할 수 없었다. 어쨌든 이곳은 뇌레브로가 아닌가? (물론 함부로 일반화해서는 안 되겠지만.)

나는 조금도 주저하지 않고 대화를 계속 이어갔다. 하산에게 형제가 있냐고 물었다. 하지만 내 머릿속에서는 이런저런 생각이 교차했다. 그가 무섭지는 않았다. 혹시라도 상황이 악화하면 정신과 간호사로서 알고 있는 모든 지식을 동원해서 대화로 그를 진정시킬 자신이 있었다. 무서운 것은 따로 있었다. 내가 볼 수 없는 것, 내 등 뒤에서 무슨 일이 일어날지가 더 두려웠다. 하산은 뇌레브로 스포츠 홀 벽에 등을 대고 앉아 있었고 나는 그의 정면에 앉아 있었다. 만약 붉은 광장 쪽에서 누군가 그에게 총격을 가하려 한다면 나는 꼼짝없이 그의 인간 방패막이가 된다. 총알이 내 심장이나 어깨를 관통할지도 모른다.

나비드가 벌떡 일어섰다. 화난 게 분명해 보였다. "대체 무슨 생각이야? 무슨 생각인 거냐고?"

순간 무리 전체가 서로 떠들기 시작했다. 다들 하산에게 화가 나 있었다. 그들은 대화에서 나를 배제하려고 아랍어로 말하기 시작했다. 몇 마디 말은 알아들을 수 있긴 했지만 그들이 화난 이유가 하산이 총을 가져와서인지, 아니면 내게 총을 보여 줘서인지는 몰랐다. 그런데 하산은 자기 때문에 이런 소란이 일어난 것이 꽤 만족스러운 모양이었다. 등을 기대고 앉아서 만면에 도전적인 미소를 띠고 있었다. 나는 동요하지 않은 것처럼 보이려 애썼다. 이 모두가 나를 시험하는 것이라는 생각이 들었다. 마음을 단단히 먹고 단호하게 행동해야 한다. 내가 자란 베스테르브로는 그 당시엔 오늘날의 뇌레브로 못지않은 무법지대였다. 예전에 본 적이 있었기 때문에 하산이 벌이는 이 깜찍한 게임이 무엇인지 익히 잘 안다. 이건 파워 게임이다. 내가 너무 가까이 다가가면 그는 겁을 줘서 나를 쫓아내려 할 것이다. 이때 만약 그가 성공하면 두 가지 사실이 입증된다. 하나는 그에게 모든 권력이 있다는 것, 다른 하나는 내가 정말로 그와 대화하고 싶어 한 것이 아니라는 것이다.

하지만 나는 정말로 하산과 대화하고 싶었다. 일단 이야기를 시작하자 그는 쉼 없이 말했다. 여섯 형제자매 가운데 두 명은 대학교를 졸업했는데, 자신은 장사하려고 연수받는 중이라고 했다. 불현듯 그 두 명이 아마도 여자 형제일 것이라는 생각이 들었다.

"당신은 거짓말 안 해요?" 압둘이 물었다.

"안 하죠." 내가 답했다.

"아마 그래서 의회에서 쫓겨났나 보네요." 압둘은 나에 대해 한 번도 들어본 적 없다고 했지만 그렇게 말했다.

웃지 않을 수 없었다. 그들에게 정치인은 모두 거짓말쟁이였다. 그들이 생각하기에 정치인이 거짓말을 하지 않으면 일을 제대로 하지 못할 것이 뻔했다.

상황이 조금 어수선해졌다. 새로 나타나는 사람이 있는가 하면 자리를 뜨는 사람도 있었다. 아까 왔던 데인족 남성도 다시 돌아왔다. 알고 보니 그는 변호사였다. 무리 중 몇몇 소년에게 신호를 보내면서 그는 이렇게 직접 와서 '의뢰인'을 만나는 편이 더 효율적이라고 했다. 나머지 소년들은 귀도 기울이지 않는 것으로 봐서 이 말은 아마 나한테 한 말 같았다. 사무실에서 만나기로 약속해 놓고 아이들이 잊어버리는 것보다는 이편이 훨씬 더 편하다고 했다. 더불어 그는 여기 와서 옛 의뢰인들을 만나는 것을 즐기는 것처럼 보이기도 했다. 이때 무리 가운데 한 명이 어떤 친구의 이름을 대면서 변호사에게 그 친구를 도와줬냐고 물었다.

"그럼, 그런데 그 친구는……."

나는 얼른 그의 말을 가로막았다. "여러분의 변호사가 이 질문에는 답하지 못할 것 같네요. 의뢰인의 비밀을 유지해야 할 의무가 있으니까요." 못마땅한 눈으로 변호사를 보면서 속으로 '나쁜 새끼.'라고 생각했다. 그는 스스럼없이 비밀 유지 조항을 어기려 했다. 이곳 붉은 광장에서는 업무상 지켜야 하는 규칙도 확실히 다른가 보다.

"괜찮아요, 외즐렘 씨. 이 사람은 우리 친구예요." 한 소년이 자리에 앉으며 말했다. 압디Abdi는 흰 살결에 밝은 청록색 눈동자를 지녔다. 그는 다른 무리보다 키와 체격이 많이 컸고, 't'를 'tj'로 발음하는 전형적인 뇌레브로 사투리를 썼다. 그는 확실히 대마초를 많이 말아 본 것 같았다. 그가 조심스럽게 대마초 잎을 부수자 금세 달콤한 냄새가 주변에 퍼졌다. 나는 연기를 피하기 위해 조금 물러났다. 라마단 기간이라 금식 중인 데다 이미 머리가 어지러웠기 때문이다.

이 소년들과 같이 있은 지 거의 두 시간이 되었다. 태양은 빛나고 어린아이들은 광장에서 스쿠터와 자전거, 롤러스케이트를 타며 놀고 있었다. 나는 광장을 등지고 앉아 있어서 그들이 내는 소리만 들을 수 있었다. 내 주변으로 많은 다양한 언어가 들렸다. 그때 데인족 한 명이 다가와 전단을 건넸다. 오늘 조금 이따가 지역 전통 곡예 공연이 있으니 모두 구경하러 오라고 했다. 소년들은 마치 그가 다른 별에서 온 사람이라도 되는 양 신기한 눈으로 그를 응시하기만 하고 아무도 대꾸하지 않았다. 나는 분위기가 더 어색해지기 전에 재빨리 전단을 받으며 고맙다고 했다.

나는 이 소년들을 모르지만 그럼에도 우리 사이를 잇는 끈이 있다고 느꼈다. 하산이 벨트에 총을 차고 있어도 이들과 같이 있는 것이 안전하다고 느껴졌다. 어쩌면 대마초와 담배, 애프터셰이브 향에 조금씩 취해서 그런지 모르지만, 이 모든 것이 아주 편안한 느낌이었다. 이제 이 소년들을 잘 아는 것 같은 기분이 들었다. 그리고 실제로 어떤 면에서는 잘 알기도 했다.

지금 여기 내 주위에 있는 이 소년들은 베스테르브로에서 나와 함께 자랐던 소년들과 아주 비슷하다. 어쩌면 이 소년들의 부모 가운데에는 내가 뇌레브로 정신병원 간호사였을 때 치료했던 환자도 있을지 모른다. 나는 그들에게 나도 그들과 똑같이 덴마크인이라고 했다. 내 말에 그들은 웃었다. 그들에게 해당사항 없는 딱 한 가지가 바로 덴마크인이라는 것이기 때문이다! 그들 중 한 명이 그들은 덴마크인을 혐오하지 않는다고 강한 어조로 말했다. 몇몇 아는 덴마크인도 있고 그들과 친하다고 했다.

"그게 누구죠?" 내가 물었다. "여러분이 말하는 그 친구들 이름이 뭐죠?"

내 질문에 답하려고 무리 전체가 매달려 한참을 끙끙거렸다. 어떻게든 몇몇 이름을 생각해 내려는데 쉽지가 않아 보였다.

"덴마크인 친구는 많아요. 이름을 기억하는 게 어려울 뿐이죠." 압디가 말했다.

"지미!" 누군가 외치자 일동 모두 고개를 끄덕였다.

"그 친구도 우리랑 같은 식으로 말해요. 이렇게 사투리도 쓰고 은어도 쓰죠." 압디가 말했다.

유유상종이라는 말이 떠올랐다.

그들은 계속해서 이름을 찾았다. 마치 포커 게임을 하듯, 다음 단계로 넘어가기 위해 누구든 이기기만을 모두가 기다리고 있는 것처럼 보였다.

"브라이언!" 누군가 소리치자 무리 전체가 안도의 한숨을 내쉬었다.

휴대전화 검색왕 칼리드에 따르면 브라이언은 '찐' 덴마크인이다. 그는 이들을 기생충 등 여러 비속어로 부르면서 항상 욕하고 모욕을 준다고 했다. 나는 그러는 게 재미있느냐고 물었다.

"그럼요!" 칼리드가 대답하자 무리 중 많은 이가 고개를 끄덕였다.

이 소년들은 이주민으로서 그들의 이야기를 들려주었다. 누가 전과가 있고 누구는 없는지 한 명 한 명씩 내게 알려 줬다. 반 정도가 전과가 있었다. 아까 그 변호사가 왜 그렇게 행동했는지 알 만했다. 그래도 분위기는 더없이 밝았고 내 마음도 편했다. 소년들은 나를 제물 삼아 놀려 댔다. 번갈아 가면서 나를 놀리다가, 내가 그들을 놀리며 반격을 가하면 더 큰 소리로 웃었다. 거의 가족과 같은 느낌이 들었다.

　하지만 어떤 가족이든 입에 올리면 안 되는, 나름 금기시 되는 주제가 있기 마련이다. 어쩌다 그런 주제를 건드리면 화목했던 분위기가 돌변하고 대화가 폭력으로 급변하게 된다. 이 그룹에서는 덴마크인들에 대해 논하기 시작하자마자 그렇게 되고 말았다. 그들은 덴마크인들에 대해 아무런 불만이 없었다. 다만,—이 '다만'이라는 말이 커다란 경고 신호였다. 그들은 모두 동시에 말을 시작했다— 할 말이 너무 많았을 뿐.

　"조용!"

　내 고함에 모두 말을 멈췄다. 그리고 한 사람씩 말하기 시작했다. 그들은 덴마크 군대가 중동에서 무슬림에 폭격을 가하는 것에 분개했다. 온통 아프가니스탄, 이라크, 시리아, 리비아에서 일어나는 전쟁 이야기만 했다. 그들은 민간인 희생자 수를 제시하며 내게 퍼부어 댔다.

　"덴마크인들은 아프가니스탄에서만 120만 명의 무고한 사람들을 죽였어요." 한 명이 이렇게 말하자, 나머지가 재빨리 이 충격적인 수치를 확인해 주었다. 이런 모습을 보니 무슬림에 대한 편견에 사로잡힌 사람들과 만났던 일이 떠올랐다. 그들 역시 현실을 극단적으로 왜곡해서 보고 있었다.

　"탈레반은 좋은 사람들이에요." 아프가니스탄에서 도망친

당사자인 나지브가 말했다. "나쁜 건 덴마크인들이에요. 그들은 아무 죄 없는 사람들을 죽이지만, 탈레반은 우리를 지켜줘요." 그들 중 몇몇이 덴마크의 아프가니스탄 참전을 다룬 영화 〈아르마딜로Armadillo〉를 언급했다.

압디가 이야기를 시작했다. 덴마크인들이 석유와 아편, 가스 때문에 무슬림을 죽이고 있다고 했다. 덴마크가 뭔가 얻어 갈 게 있는 나라에만 파병한다는 것이 덴마크인들에게 무슬림은 안중에도 없다는 증거라는 게 그의 결론이었다.

나는 반론을 제기하려 애썼지만, 그들이 하는 모든 질문에 대응하기에는 역부족이었다. "아니, 그런 선택을 하는 건 덴마크인들이 아니라 정치인들이죠." 나는 반복해서 말했다. "때로는 참전이 필요할 때도 있어요. 다른 해결책이 없으니까." 그러면서 발칸 전쟁을 예로 들었다. "하지만 되돌아보니 오히려 나라를 불안정하게 만드는 데 일조한 전쟁도 있네요. 아프가니스탄, 이라크, 리비아 전쟁처럼." 나는 인정했다.

균형 잡힌 논거를 제시하기 위해 노력했지만, 덴마크 외교 정책이 이중적인 잣대로 가득하다는 그들의 주장에는 나도 동의한다. 파병 여부를 정하는 의사 결정 과정에서는 민간인 보호의 필요성보다는 국익이 더 큰 의미를 지닌다. 예를 들어, 의원 시절 리비아에 F-16s기 파견에 동의하면서 의구심으로 괴로워했던 일이 기억난다. "우리 덴마크 국민은 카다피가 자국민을 도륙하는 것을 침묵하며 지켜볼 수만은 없다."라는 것이 덴마크 의회의 일성이었다. 그 당시 나는 이런 의견에 동의했지만, 지금 와 돌이켜보면 과연 우리가 옳은 일을 한 것인지 확신할 수 없다. 그러면서 ISIL 테러조직과 아사드가 수천 명의 쿠르드족과 시리아인을 학살하고 있는데도 우리는 왜 소극적인 태도만 보이는지 여전히 도무지 이해할 수 없다. 국제 정치를 이해하기란 어렵다. 그래서 이 소년들은 손쉽게 뉴스 헤드라인만으로 사안의 전모를 파악해 버리는 것이다.

이들이 이야기하는 동안, 분구농원에 사는 킴과 무슬림에 대한 그의 태도에 대해 다시 생각했다. 지금 하고 있는 대화는 킴과 했던 대화와 180도 다를 수 있지만 동시에 이상하리만치 똑같았다.

우리는 수박 겉만 핥다가 새로운 관심사로 초점을 옮기는 것 이상의 대화는 결코 할 수 없을 것만 같았다. 그런데 어찌 된 일인지 대화를 계속하려고 노력하면서 나도 모르게 덴마크인들을 변호하고 있는 나를 발견했다. 퍽 흥미롭게도 나는 이 정도의 혐오를 마주하게 되면 결국에는 일부러 반대편을 드는 선의의 비판자가 되는 경우가 많다. 그렇게 되는 데에 별다른 이유는 없다. 그저 도저히 그렇게 하지 않을 수가 없을 뿐이다. 어쩌면 내가 모든 종류의 혐오에 반대하기 때문인지도 모른다. 하지만 아무리 그렇더라도 내가 왜 그런 역할을 맡아야 하는지 분하고 억울하다. 대체 내가 왜 전체 국민의 대변인 노릇을 해야 한다는 말인가?

만약 내가 지금 좌편향 친구들과 마주 앉아 있는 것이라면 덴마크 외교 정책이 이중잣대로 움직인다는 그들의 의견에 나도 동의할 것이다. 서방 국가들은 단압을 일삼는 정권에 대해 한편으로는 인권 유린 행위를 비판하면서도 다른 한편으로는 그들과 교역을 유지한다. 인권 침해로 악명 높은 사우디아라비아가 그 좋은 예다. 우리는 계속해서 사우디에 덴마크 상품을 팔고 그 대신 사우디로부터 석유를 사들이고 있다. 터키 역시 중국만큼 인권을 탄압하는 나라다. 그럼에도 덴마크와 EU는 시리아 난민들의 유럽 유입을 방지하기 위해 에르도안 터키 대통령과 긴밀히 협력하고 있다. 이뿐만 아니라 역사적으로 살펴봐도 사담 후세인, 무아마르 알 카다피, 바샤르 알아사드 같은 많은 독재자가 서방의 우방이었음을 알 수 있다.

모든 민족국가는 자국의 외교 정책과 관련해서 많은 양보를 한다. 누가 적이고 친구인지는 실익에 따라 달라진다. 그런데 이런 외교 정책 관점을 뇌레브로의 이 소년들에게 설명하기가 왜 이리도 힘든 걸까? 나 역시 그들처럼 덴마크와 서방의 외교 정책이 잘못되었다고 생각하면서 대체 나는 왜 그들과 마주 앉아서 그런 정책을 옹호하고 있는 것일까?

아마도 그들이 나를 오해할까 염려됐기 때문인 것 같다. 만약 내가 그들의 과도하게 단순화한 흑백논리에 동의한다면, 그들은 덴마크와 덴마크 국민에 대한 그들의 분노로 가득한 인식에 내가 동의한다고 생각할 것이다. 그러나 나는 그런 인식에 동의하지 않는다. 나는 외교 정책 이슈에 동의하지 않는 것과 덴마크 전국에 사는 모든 덴마크인에게 분노하는 것 사이에는 커다란 차이가 있다고 생각한다.

내가 잠시 혼자만의 생각에 정신이 팔린 동안, 소년들은 그들끼리 열띤 토론을 계속했다. 모두 각자 나름의 사연이 있었다. 무슬림이라서, 이주민이라서, 덴마크인처럼 되고 싶지 않아서 등등 이런저런 이유가 많았다. 언제나 다른 사람의 잘못이지 절대 자신의 잘못은 아니었다. 나는 이런 피해의식이 지긋지긋해졌다. 그들은 끊임없이 덴마크인들에 대한 불만을 늘어놓지만, 과연 그들 스스로는 뭘 하고 있을까?

"여러분은 선거 때 투표하나요?" 내가 물었다.

몇몇은 그런다고 대답했지만 하산은 투표는 '하람haram'(금지)이라고 했다. 그러자 나머지 무리가 그에게 화를 냈다. 교모를 쓰고 있던 나비드가 내게 하산 이야기는 책에 쓰지 말라고 했다. "저 녀석은 제대로 말할 줄도 몰라요." 그러면서 분한 듯 덧붙였다. "거짓말하는 거라고요!"

나비드는 하산이 지긋지긋한 게 분명했다. 이 소년들과의 대화 전체에 만연해 있는 피해의식에 내가 신물을 느끼는 것처럼 말이다. 이들은 덴마크인들과 그들 사이에는 공통점이 하나도 없다고 계속 주장했다.

"저들은 우리 여자들을 클럽에 다니게 하려고 해요." 비웃으며 말하는 하산의 모습에서 클럽에 가는 여성들에 대한 경멸감이 뚜렷이 드러났다. 그는 무슬림도 덴마크인처럼 되기를 바라는 사람에게는 절대로 투표하지 않을 사람이다.

나비드가 참다못해 나섰다. 그는 몸을 앞으로 내밀고 왼손을 들며 말했다. 그가 찬 금빛 시계가 햇볕을 받아 반짝였다. "형제여." 그의 말에 하산이 잠시 조용해졌다. "이게 다 우리가 투표하지 않아서 그런 거야. 수많은 무슬림이 투표하지 않아서 보수자유주의자들이 정권을 장악하고 있는 거라고."

보아하니 이제 나비드와 하산의 싸움인 것 같았다. 누가 이기든 나머지 무리는 승자를 따르리라. 다른 소년들이 잠자코 이 논쟁에 주의를 기울이고 있는 동안, 나는 우리가 나누는 대화가 이 붉은 광장을 들썩이게 만들고 있다는 생각을 했다. 지나가는 사람 가운데 우리가 하는 말을 알아듣는 사람이 있을까 싶었다. 대화 중에 덴마크어, 아랍어, 터키어가 온통 섞여 있었기 때문이다. 팔을 이리저리 휘두르며 커다란 목소리로 소리치는 모습. 밖에서 보면 말다툼을 벌이고 있는 것으로 보일 것이 틀림없었다. 하지만 안에서 보면 실로 오랜만에 내가 경험하는 가장 건전한 민주적 토론처럼 느껴졌다.

더 길어지면 누가 이 싸움에서 이길지 모르겠지만, 현재로 서는 치열한 전투가 벌어지고 있었다. 하산은 한결같이 무슬림 통치 국가들을 '우리나라'라고 불렀다. 그는 덴마크와 유럽이 느끼는 테러에 대한 공포심은 착오라고 생각했다. 진짜 테러는 '우리 부모들이 살육당하고 강간당하고 있는' 무슬림 국가들을 대상으로 자행되고 있기 때문이란다. "우리가 할 수 있는 건 아무것도 없어. 악마의 제도 안에서 투표하는 건 지옥으로 가는 것과 같아." 하산은 무력감에 휩싸이면서 점점 지쳐 갔다. 그리고 미소를 지으며 자신은 훌륭한 무슬림으로서 투표하지 않을 거라고 다시 한번 이야기했다.

바로 그때, 그에게 다가갈 틈이 보였다. 나는 몸을 앞으로 내밀며 그의 눈을 똑바로 바라보았다. "내가 한마디 할게요. 아마 여러분 어머니도 지금 여러분의 모습을 본다면 같은 말을 하실 거예요." 진지한 내 목소리에 소년들이 이목을 집중했다. 일순간 모두 조용해졌다. "지옥에 가고 싶지 않다면 지금 여러분이 하고 있는 모든 쓰레기 같은 짓을 그만해야 해요. 지금은 라마단 기간인데 아무도 금식하지 않고 있잖아요. 그 대신 그냥 여기 앉아서 대마초나 피우고 뇌를 낭비하

고 있죠. 그러면서 어떻게 감히 여러분이 훌륭한 무슬림이
고, 덴마크인들은 돼지라고 하는 거죠?"

나는 어린아이를 꾸짖듯 하산을 계속해서 노려봤다. 갑자
기 그가 움츠러들며 조용해지자, 죄책감이 몰려왔다. 내가
너무 심했나? 나는 자리에서 일어났다. 우리 사이의 거리는
한 발자국도 채 되지 않았다. 나는 그의 앞에 정면으로 섰다.
그는 계속 앉은 상태로 있었고, 나머지 소년들도 가만히 앉
아 귀를 기울였다. 나는 몸을 숙여서 두 팔로 그의 어깨를 감
쌌다. 그가 손을 뻗어 내 어깨를 잡았다. 내가 그를 안아 주는
동안 그는 나를 밀쳐 내지 않았다.

다시 내 자리로 돌아와 앉으면서 주변을 둘러보니 나머지
소년들이 미소를 짓고 있었다. 이렇게 평화를 회복한 후, 나
는 심호흡을 한 뒤 다시 설명을 시작했다. 범죄와 마약, 그들
이 살고 있는 나라에 대한 뿌리 깊은 분노로 점철된 삶을 사
는 것이 왜 그들의 에너지를 가장 건설적으로 사용하는 방법
이 아닌지 알려 줬다.

그러는 동안 나비드는 편안하게 뒤로 기대 앉아 있었다.
내가 그 무리 안에서 그의 자리를 적어도 임시로라도 대신하
고 있었기 때문이다. 그러나 하산은 그걸로 끝이 아니었다.
"그래도 압디 말이 맞아요. 덴마크인들은 우리한테서 금, 석
유, 아편을 빼앗아 가니까요." 그는 압디의 주장을 자주 인용

했다. 하산은 나비드보다 압디의 주장에 더 동의했다.

"그들이 가져가는 게 '우리' 석유와 금이라면 왜 여러분은 여러분의 조국으로 돌아가서 조국을 챙기지 않는 거죠?" 내가 물었다.

내 질문은 그의 귀에 들어오지도 않았다. 그는 더는 화가 난 상태는 아니었지만, 여전히 자신의 주장이 확고했다. 그는 숨도 돌리지 않은 채 덴마크인들이 그의 나라 국민을 학살하고 약탈한다고, 그런 덴마크인들 때문에 그의 부모가 이 나라로 도망 나온 것이라고 했다.

그의 말이 내 안의 싸움닭 기질을 건드렸다. 나는 다시 반복해서 물었다. "그럼 왜 여기 있는 거죠? 왜 당신의 조국으로 돌아가지 않죠?" 완전히 타당한 말은 아니라는 것을 알면서도 나는 그렇게 물었다.

비록 하산이 인정하지 않더라도 그는 덴마크에서 태어난 덴마크 국민이다. 그러나 그는 이런 사실에 조금의 자부심도 느끼지 않는다. "여기서 복지국가 혜택을 누리며 '플렉스'하면서 살 수 있는데 왜 내가 돌아가야 해요?" 그가 말했다. 그가 말하는 '플렉스'가 무슨 뜻일까 생각하는 동안, 그는 계속 말을 이어갔다. "난 연수 받는 걸 끝내는 대로 복지제도에서 빼먹을 수 있는 건 전부 다 빼먹을 거예요. 불법으로 일도 할 거고요. 그렇게 이 제도를 파괴하는 거죠!" 여기까지 말하고 그가 웃었다.

덴마크 무슬림으로서 나는 이런 태도가 이슬람교 가르침에 조금도 부합하지 않는다는 것을 잘 안다. 가장 먼저 우리는 자신이 사는 사회에 충성을 다해야 한다. 법을 지키고 세금을 내고 남의 것을 훔치지 말아야 한다. 무리 중 일부는 조용히 입을 다물고 있고, 일부는 내 말을 거들었다. 가장 가까운 동맹은 나비드다. 나는 감탄의 눈으로 그를 보았다. 그는 이 어둠을 밝히는 희망의 등대였다. 그의 동료 친구들은 직업도 없고 교육도 받지 않고 대수롭지 않게 범죄를 일삼았다. 그들은 분노와 좌절을 느끼며 자신에게 주어진 선택지가 없다는 현실에 분해하고 억울해했다. 그들의 원망은 정확히 덴마크인들을 향해 있었다. 반면, 나비드는 이들과는 다른 길─법을 준수하는 민주적인 길─을 걸어왔다. 그리고 친구들도 그와 같은 길에 합류하기를 열렬히 바라고 있었다.

하산이 '쿠파', 즉 이교도 이야기를 꺼냈다. 그는 덴마크인은 모두 이교도라고 생각했다. 덴마크 사회로부터 받는 것을 고마워할 줄도 몰랐다. 그저 분노만 느끼며 어떻게든 이를 표출하려 했다. 복지수당 부정 수령은 그에게는 일종의 복수다. 그는 자신이 살고 있는 사회의 재산을 훔치는 것에 문제가 있다고 전혀 생각하지 않았다. 그래서 만약 모든 사람이 복지제도의 혜택만 보고 세금은 전혀 내지 않는다면 복지제도가 어떻게 될 것 같냐고 그에게 질문을 던졌다. "당신의 교육비는 누가 댈까요? 당신 어머니의 치료비는 누가 지불하죠? 당신이 자주 애용하는 뇌레브로 스포츠 홀 유지비는 또 어떻고요?"

　나는 훔치고 속이는 짓은 잘못된 것이라고 그를 향해 신랄한 비판을 이어갔다. 내가 예언자 무함마드와 코란을 언급할수록 그의 친구들은 점점 내게 동조하는 것 같았다. 이제 그들과 말이 통했다. 이렇게 내 임무를 완수하는구나 싶었다. 그러다 거기서 멈췄다. 원래 내 임무가 무슬림을 설득해서 올바로 처신하게 만드는 것이었던가? 다른 사람에게 어떻게 행동하라고 말할 권리가 우리 시아버지에게 있을까? 무슬림은 말썽 피우지 않고 문제를 일으키지 않는 법만 배우면 되는 걸까? 만약 그렇다면, 무슬림이 믿는 종교가 문제의 근원이 되기보다 해법의 일부가 될 수 있을까? 덴마크에 사는 무슬림이 '훌륭한' 무슬림이더라도 긴장이 형성될까?

　솔직히 말해 잘 모르겠다. 다만, 그렇게 단순한 문제가 아니라고는 확실히 말할 수 있다. 하지만 하산이 하는 말을 들어 보면 이 소년들 가운데 몇몇은 목적을 위한 수단으로 삼기 위해 종교를 왜곡하고 있는 것이 분명해 보였다. 하산의 반대편에는 나비드가 있다. 그도 하산처럼 어느 정도는 비판적이지만 그래도 민주적인 사고방식을 견지하고 있다. 나는 그의 교모에 새겨진 초승달이 햇빛을 받아 반짝이는 것을 보며 그를 대신해 자부심을 느꼈다. 하산이 다시 입을 열었다. "덴마크인들은 무슬림을 폭격하려고 300억 크로네를 주고 전투기를 샀어요." 나는 그의 분노가 외교 정책에 뿌리를 두고서 덴마크 국경 밖에서 일어나는 사건들로 인해 증폭되는 모습에 놀랐다.

나는 그 소년들에게 희망을 주고 싶었다. 내가 뇌레브로에서 인생을 어떻게 출발했는지, 그런 출신에도 불구하고 어떻게 교육을 받고 인생에서 무언가를 이루어 냈는지 보여 주고 싶었다. 그래서 나의 경험담을, 나 역시 한때는 그들만큼 덴마크인들을 혐오했다는 이야기를 들려주었다. 국회의원이 된 이야기와 우리 아이들 이야기도 들려주었다. 그리고 나도 그들과 크게 다르지 않다고 자신 있게 말했다. "여러분이 내 아들이었을 수도 있어요." 하지만 진실을 말하자면 그런 일은 있을 수 없다. 내 아들이라면 이런 식으로 자신의 가능성이 연기가 되어 사라져 버리는 것을 구경하면서 시간을 낭비하게 내버려 두지는 않았을 테니.

나는 예전에 뇌레브로에서 살았던 집 주소를 모두 나열했다. 말을 하면 할수록 뇌레브로 사투리가 심해졌다. 그럴수록 소년들은 더 열심히 내 이야기에 귀를 기울였고 내 질문에도 더 솔직하게 대답하기 시작했다. 내가 혐오 메일을 보낸 사람들을 찾아다닌다고 하자, 그들에게서 존경 어린 반응이 느껴졌다.

"혼자서요?!" 무리 중 한 명이 말했다. "경호원 없이요? 옆에서 지켜 줄 남자 한 명 안 데리고요? 호신용 스프레이도 안 가져가고요?" 그들은 내가 제정신이 아니라고 생각했다. 겉에서 박박 긁지 않더라도 거친 겉모습 아래 숨어 있는 두려움은 드러나는 법이다.

그렇다고 달라지는 건 없다. 하산, 압디, 나지브, 압둘, 칼리드는 덴마크인들을 믿지 않는다. 덴마크 정치 시스템을 신뢰하지 않는 것도 물론이다. 내가 무슨 말을 해도 이들은 자신들이 데인족과 똑같이 특권과 자유를 누리고 있다고 믿지 않았다. 그러면서 표현의 자유를 예로 들었다. 몇몇 이맘에게는 표현의 자유를 제한하려고 하면서, 덴마크인들이 예언자 무함마드 그림을 그리는 것, 즉 이슬람교에서는 신성 모독에 가까운 것으로 여기는 이런 행위를 해도 괜찮다는 말인가? 나는 소년들이 이 논쟁을 이렇게 자세히 알고 있는 것에 약간 놀랐다. 덴마크 정치인들의 이중잣대가 늘었다는 의견에도 동의한다. 나와 의견이 같은 사람들에게는 표현의 자유를 비롯한 기본권을 보장하지만 다른 사람들에게는 박탈한다면, 평등이 존재하지 않는 것이다.

내가 덴마크 정계에 입문할 때 우리 아버지가 한 이야기가 있다. "더 나은 세상을 만들기 위해 자기가 할 수 있는 모든 것을 다하지 않았다면 그 누구도 불평할 권리가 없단다." 아버지는 누구에게나 어느 정도의 책임이 있다고 주장했다. 어렸을 적부터 이것을 좌우명으로 삼았던 나는 거의 본능적으로 이 소년들에게 말했다. 그들과 덴마크인들 사이를 연결하는 다리를 세우기 위해 바로 그들이 무언가를 해야만 한다고. 그들 자신이 솔선해서 나서야 한다고.

"하지만 누가 우리한테 건너오려고 하겠어요?" 압둘의 물음에서 그의 딜레마가 느껴졌다. '루저' 아이로 자라면서 그와 똑같은 절망을 경험했기에, 지금 그런 모습을 목격하는 것이 너무도 괴로웠다. 그러나 동시에 그의 수동성, 책임의식 부재에 깊은 분노를 느꼈다. 그는 자신이 처한 문제를 해결하기 위해 무언가를 해 본 적도, 자신의 다리를 건설한 적도 없을 것이 뻔했다. 연민과 분노라는 이런 상충하는 감정이 너무도 생생하게 느껴졌다. 세상에 흑백으로 딱 잘라 구분되는 일은 거의 없다. 수많은 세월 동안 사람들과 부대끼며 깨닫게 된 교훈이다.

기운이 소진된 하산이 자신의 뒤를 이어 전투를 계속하라는 듯 압디를 쳐다보았다. 대마초를 거의 다 피워 가던 압디는 하산보다 침착했다. 그는 절충점을 찾기 위해 역사를 되짚어 보더니 서방 세계와 무슬림 세계 사이에는 협력이 성

공한 적이 없다고 했다. "패를 쥐고 있는 그들이 움직일 차례
예요." 그가 말했다. "그들이(서방 세계가) 우리와 협력하고 싶
다는 의지를 보여 주지 않는 한 우리는 아무것도 할 수 없어
요."

　그에게 협력이란 무슬림 국가들에 대한 무분별한 폭격에
종지부를 찍고 대량살상무기에 대한 투자를 멈추는 것을 의
미했다. 민간인을 죽이거나 무기와 화약을 만드는 데 들어가
는 돈을 폭격으로 폐허가 된 나라들을 재건하는 데 써야 한다
는 것이 그의 주장이었다. 하산도 옆에서 고개를 끄덕였다.

　나는 무릎을 치며 외쳤다. "청년 정책에 참여할 인재가 나
왔는데요! 일을 아주 잘할 것 같아요!" 진심이었다.

　소년들은 내가 그들을 대신해서 그들의 보다 나은 미래를
꿈꾸는 것을 보고 신이 난 듯했다. 모두 한목소리로 "와!" 하
고 외쳤다. 하지만 압디는 힘이 빠졌는지 체념하는 목소리로
자신이 아는 것은 많은지 몰라도 할 수 있는 것은 많지 않다
고 했다. 반면, 하산은 내 말뜻을 제대로 파악했다. 그는 내게
정말로 그들이 정치 경력을 쌓을 수 있다고 생각하느냐고 물
었다. 처음으로 그의 목소리에서 진심 어린 행복감이 전해졌
다. 우리는 청년 정당과 당원 등록 방법뿐만 아니라 직접 정
치에 참여할 수 있는 다양한 방법에 대해 한참 동안 이야기
했다.

그만 자리에서 일어나려고 하자, 압둘이 질문을 던졌다. 그는 그들과의 만남을 내 인생의 하이라이트라고 할 수 있겠느냐고 물었다. 나는 큰 소리로 웃은 뒤, 아니다, 여러분은 나를 혐오하는 몇몇 강적만큼 흥미진진하지는 않았다고 말했다. "나한테 강한 인상을 남기려면 총 한 자루만으로는 어림도 없답니다." 내 말에 모두가 웃었다. 나는 덧붙여 이렇게 말했다. "하지만 여러분 모두를 잊지 못할 거예요."

소년들은 내게 이제 붉은 광장에 오면 만날 수 있는 평생 친구가 생겼으니 혹시 누가 괴롭히면 꼭 알려 달라고 했다. 우리는 서로 포옹을 나누었다. 한 명이 나와 같이 셀카를 찍더니, 모두 익명으로 남아야 한다는 사실을 기억해 내고는 이내 사진을 삭제했다. 그것으로 이 만남은 일어나지 않은 일이 되었다.

내 차로 돌아와서 나는 외교 정책 의제가 한 사람의 개인이자 인간인 우리에게 미치는 영향에 대해 곰곰이 생각했다. 뇌레브로 붉은 광장의 저 소년들조차 전쟁과 무기, 평화에 대한 견해를 가지고 있다. 이 소년들은 공동체의 일원이 되어야 한다. 만약 이들의 배경 때문에 그렇게 되지 못한다면, 이들은 덴마크 국민과 민주주의에 반하는 대안적인 공동체 의식을 심는 사악한 근본주의 세력에 휩쓸릴 위험이 크다. 소년들과 대화하는 동안, 나는 그들의 주장이 더 강경한 목소리로 민주주의에 반대하는 일부 이맘의 주장과 유사하다고 여러 번 느꼈다. 이로써 다음 차례로 누구를 찾아가서 문을 두드려야 할지가 분명해졌다. 이제 급진적인 이맘들을 찾아서 만나봐야 한다. 그래야 민주주의를 완전히 제거하는 것까지는 아니더라도 적어도 무력화시키려고 작정한 사람들과 과연 민주적인 대화가 가능한지 알 수 있으리라.

5장

히스브
우타흐리르
사원 빵집의
빵 냄새

"악은 사람들 사이의 선량함으로만
극복할 수 있다.
선량함에는 용기가 필요하다."

— 세르조 우잔Sergeot Uzan, 단 우잔의 아버지

　　내가 이슬람 해방당 히스브 우타흐리르에 대해 거침없이 이야기하기 시작한 지 10년이 넘었다. 인터뷰 중에 이 단체를 비판하기도 했고, 유대인과 동성애자에 대한 혐오를 부추기고 덴마크 무슬림에게 투표하지 말라고 선동하는 당원들과 언쟁을 벌이기도 했다. 그들이 혐오를 설파하기로 유명한 외국인 이맘을 초청해 남녀 따로 설교를 듣는 자리를 마련하면, 나는 그 설교 메시지에 반대하며 강경한 목소리를 냈다. 무슬림 전체의 목소리를 대변한다는 그들의 주장—유감스럽게도 이런 플랫폼 역할은 미디어가 부여한 것이다—에도 반박했다. 내가 보기에 이 단체의 대변인 유네스 코크 Junes Kock 는 개종한 무슬림 가운데서도 새로운 종교를 그냥 수용하는

데 그치지 않고 맹목적으로 근본주의적 해석을 진리로 받아들이는 신자의 전형인 것 같다.

나는 이 단체를 수없이 비판했음에도 히스브 우타흐리르 관계자 누구와도 만난 적이 없다. 그런 데에는 두 가지 요인이 작용했다. 첫째, 행여나 그들의 태도를 정당화해 준다는 비난을 받게 될까 걱정되었기 때문이다. 최악의 경우, 내가 그들의 광적인 주장에 공감한다는 오해를 받을 수도 있다고 생각했다. 나 자신의 배경이 무슬림이기에 나는 혹시라도 극단주의자들과 한패로 묶이지 않을까 늘 전전긍긍하며 살았다. 둘째, 그들과 대화한들 별로 달라질 것이 없다고 생각했기 때문이다. 극단주의적인 입장을 누군가 대화를 통해 흔들수 있다는 상상은 할 수 없었다. 그리고 그들과 만나서 새로알게 되는 것이 있으리라고도 생각하지 않았다. 내가 알아야한다고 생각하는 모든 것은 이미 미디어를 통해 알고 있었으니까.

여러 측면에서 히스브 우타흐리르는 덴마크라는 배경을 지닌 다른 정당들과 비교하기가 어렵다. 저들의 과격한 태도는 단스커네스 정당과 가장 가깝지만, 양측은 정계 스펙트럼의 양극단에 위치한다. 단스커네스 정당은 네오나치 출신이 설립한 정당으로, 비서방 국가 출신의 모든 덴마크 시민을 강제 추방해야 한다는 주장을 지지한다. 그들은 어떻게든 방법만 있다면 내게서 덴마크 시민권을 박탈할 자들이다. 지난 지방선거에서 단스커네스 정당은 1,000표를 득표했다. 이 수치는 히스브 우타흐리르가 두어 차례 요란한 모임과 시위를 조직할 때 모이는 인원수와 얼추 비슷하다. 위키피디아에서 검색하면, 무엇보다도 이 단체가 2014년에 '자랑스러운 샤리아'라는 행사명 아래 뇌레브로헬에서 1,000명을 모았다는 내용을 찾을 수 있다. 같은 해에 남덴마크 대학교의 키르스틴 싱클레어 조교수의 추산에 따르면, 덴마크 전국적으로 100~150명의 정식 당원이 있으며 대부분 코펜하겐에 집중되어 있다고 한다.

이 정당은 1953년 예루살렘에서 창당되었으며, 히스브 우타흐리르라는 당명은 '해방당'이라는 뜻이다. 오늘날, 히스브 우타흐리르는 국제적인 이슬람 정당으로서 이슬람 법인 샤리아에 의해 통치되는 이슬람 국가 건설을 도모한다. 그들은 이런 초국가적 제국을 칼리파트, 칼리프의 나라라고 부른다. 덴마크에서는 히스브 우타흐리르의 영향력이 어디까지 미치고 있는지 정기적으로 논의하고 있다. 2003년, 미국의 싱크탱크 아메리칸 헤리티지는 히스브 우타흐리르가 40개국에서 활동하고 있으며 핵심당원 5,000~1만 명을 비롯해 수만 명의 동조자를 보유하고 있는 것으로 추정했다.

히스브 우타흐리르는 무슬림에게 그들이 사는 국가의 정

부를 전복하라고 요구하고 이스라엘과 서방에 맞서 무장투쟁을 벌일 것을 주장한다. 이들의 유대인 혐오는 유명하며, 대부분의 아랍 국가에서는 이 정당을 불법으로 규정한다. 영국에서는 히스브 우타흐리르가 다른 소수 종교 집단과의 충돌 이후에 많은 대학교와 교육기관으로부터 금지되었다.

덴마크에서는 히스브 우타흐리르라고 하면 민주주의에 반하는 것으로 유명하다. 당원들은 이슬람 법과 민주주의가 대립한다고 믿어서 민주주의 선거를 보이콧한다.

안타깝게도 덴마크에서는 소수 민족 출신 시민들이 다른 덴마크 국민보다 투표를 하지 않는 경향이 있다. 이런 현상은 지방선거에서 가장 뚜렷이 드러난다. 지방선거에서는 덴마크에서 3년 이상 거주한 시민이라면 모두 투표권을 행사할 수 있지만, 새로 유입된 덴마크 국민의 투표율은 여전히 저조한 수준이다.

2013년 지방선거 기간에 나는 주요 무슬림 단체의 종교 지도자들을 접촉해서 대화 참여를 독려했다. 무슬림 단체들은 많은 이슈에서 나와 의견이 달랐으나, 한 가지 사안에 대해서는 의견의 일치를 보였다. 우리는 모두 소수 민족 출신 무슬림이 투표권 행사를 통해 정치에 적극 참여할 수 있도록 호소하는 데 동참하고 싶어 했다. 많은 이맘이 지방선거 때까지 금요 예배 시간을 활용해서 민주주의를 설파하고 무슬

림에게 덴마크 사회에 영향을 미칠 기회를 잡으라고 독려했
다. 이뿐만 아니라 많은 무슬림이 나와 함께 일간지 주말 섹
션에 기고해서 민주주의에 참여하는 것은 권리이자 의무라
는 것을 강조했다. 종교 지도자들의 메시지는 명확했다. 무
슬림으로 사는 것과 민주주의 공동체의 일원으로 사는 것은
서로 모순되지 않는다는 것이다.

이런 태도는 히스브 우타흐리르와 첨예하게 대립했다. 우
리의 투표 독려 글이 신문에 발표되고 며칠 후, 저들은 보도
자료를 배포하며 반격에 나섰다. 민주주의 선거 과정은 이슬
람 법에 반하기 때문에 투표는 죄를 짓는 것이 되므로 무슬
림은 선거에 참여해서는 안 된다는 것이 저들의 주장이었다.
이 성명에는 히스브 우타흐리르 말고는 아무도 서명에 동참
하지 않았다. 2013년 지방선거는 민주주의를 거부하는 입장
을 고수하는 히스브 우타흐리르의 고립된 위상을 확인시켜
주었다.

극히 소수의 무슬림이 히스브 우타흐리르를 지지한다는
사실은 잘 알고 있지만, 나는 이 단체가 청년층을 매우 적극
적으로 공략한다는 것도 안다. 예를 들면, 저들은 대학교 앞
에서 선전물을 배포하고, 저소득층 출신으로 취약한 상황에
놓여 있는 청년층의 막연한 분노에 의도적으로 호소한다. 나
는 붉은 광장에서 소년들과 대화할 때 저들의 영향력을 확인

할 수 있었다. 혈기 왕성한 젊은이들이 그들을 둘러싼 세상에 감정적으로 대응한다는 사실은 새삼스러울 것도 없다. 히스브 우타흐리르는 이런 젊은이들이 그들이 선택한 적, 즉 덴마크인, 서방 세계, 민주주의를 향해 적대적으로 혈기를 쏟아내도록 조련하는 데 능하다.

그러나 히스브 우타흐리르 집회 장소인 모스크를 방문하러 뇌레브로로 가고 있는 지금은 저들에 관한 이야기를 더는 하고 싶지 않다. 내가 원하는 것은 저들과 함께 대화하는 것이다. 나는 수년간 혐오 메일을 보낸 사람들을 찾아내면서 많이 용감해졌고 내 안의 호기심에 불도 붙었다. 대체 왜 저들이 이토록 작정하고 통합 대신 분열을, 합의 대신 혼란을 낳으려고 애쓰는지 그 뿌리를 파헤치고 싶었다.

2003년, 그 당시 히스브 우타흐리르 대변인이었던 파디 압둘라티프Fadi Abdullatif는 유대인에 대한 폭력을 부추긴 뒤, 혐오 발언으로 유죄를 선고 받았다. 그런데 히스브 우타흐리르는 다른 종교 집단만 공격하는 것이 아니다. 이들은 무슬림이 어떻게 처신해야 하는지 규정하려고 하면서 같은 신앙 집단 안에서도 분열을 조장한다.

세상에는 이슬람에 대한 다양한 해석이 존재한다. 그렇다고 해도 저들은 대체 어떻게 이슬람이 혐오를 정당화한다는 결론에 도달하는 걸까?

2004년, 인도네시아에서 열린 결혼식에 참석한 적이 있다. 신부는 무슬림이었고 신랑은 불교 신자였다. 그 당시 나는 '이게 이슬람이지.'라고 생각했다. 수용성 있고 편협하지 않은 모습의 종교. 하지만 그 이후 세계 곳곳에서 종교라는 이름으로 끔찍한 일들이 벌어졌다. 나는 이슬람과 민주주의에는 상반되는 부분이 있다고 생각하지 않는다. 나는 대의 민주주의 지지자인 동시에 무슬림이다. 덴마크에 사는 무슬림 가운데 많은 이가 나와 같은 생각을 한다.

종교는 어떤 신앙이건 극단주의자들에 의해 혐오의 무기로 악용될 수 있다. 실제로 역사 속에서도 그렇게 악용됐다. 신문을 펴면 예전에 내가 참석했던 인도네시아 결혼식처럼 종교를 초월한 결혼을 다룬 기사는 찾아볼 수 없다. 그 대신, 여러 종교가 섞였을 때 발생하는 끔찍한 일들을 소개하는 기사만 발견하게 된다. 그럴 때면 나는 언론이 무슬림에 관해서 더 균형 잡힌 보도를 해야 한다고 생각하면서도, 그와 동시에 노골적인 적대심을 불어넣는 데 여념이 없는 무슬림 집단에 대해 분한 마음이 든다. 나는 이런 사람들이 있는 공동체에서는 살고 싶지 않다. 분노보다는 무기력함에 가까운 이런 감정은 한때 내가 덴마크인들에게 품었던 감정을 떠올리게 한다. 만약 돼지고기를 먹고 맥주를 마셔야만 덴마크인이 될 수 있다면 나는 덴마크인이 아니다.

그런데 만약 히스브 우타흐리르가 이슬람을 대표한다고 한다면, 나는 무슬림도 아니라는 생각이 들었다. (그리고 그 즉시 이런 생각을 후회했다.) 사실, 나는 저들이 왜 모스크에서 회의를 여는지 모르겠다. 저들 스스로 '이슬람 이데올로기를 바탕으로 하는 정당'이라고 하면서 왜 다른 정당들처럼 당사가 없는 걸까? 기독민주당이 교회에서 회의하는 모습은 생각하기 어렵지 않은가.

나는 하임데일스가 로에 주차한 뒤, 열려 있는 입구를 지나 사원 안으로 들어갔다. 그곳에는 뇌레브로 하면 내 머리에 떠오르는 공원 같은 환경과는 거리가 먼 텅 빈 마당이 있었다. 아이들이 놀 수 있는 놀이터나 모래밭도 없고, 나무 몇 그루와 나무 울타리 말고는 녹색 식물도 거의 보이지 않았다. 그런 와중에 검은색 간판이 눈길을 사로잡았다. 열려 있는 문 옆에 걸려 있던 이 간판에는 '마스지드 알 파루크Masjid al-Faruq'라고 적혀 있었다. 마스지드가 아랍어로 사원을 의미하니 내가 제대로 찾아오긴 한 모양이다.

울타리 가까이 서 있는데 갑자기 머리가 빙빙 돌기 시작했다. 이번 만남을 앞두고 겁이 나서 그런 것인지 아니면 흥분되어서 그런 것인지 알 수가 없었다. 마치 있어서는 안 될 곳에 있는 것처럼 느껴졌다. 사람들이 모두 나만 쳐다보는 것 같았다. 아기를 태운 유모차를 끌고 온 한 무리의 여성들이 나를 발견하고 미소를 보냈다. 다른 여성들은 자녀들과 이야기하느라 정신이 없었다. 이때 금발 여성 두 명이 마당으로 들어서며 말했다. "냄새 너무 좋다." 나는 그제야 막 구운 빵 냄새와 함께 '알리 빵집'이라는 간판을 알아볼 수 있었다. 아니, 히스브 우타흐리르 모스크 안에 빵집이 있다고? 사원 건물 외관은 전형적인 사원보다는 상업용 건물에 더 가까워 보였다. 2층 건물이니 사원은 틀림없이 2층에 있을 것이다.

　빵집에 들어갔다 나오는 사람들이 몇몇 보였지만, 사원은 비어 있는 것 같았다. 보통 상황이라면 나는 노크를 했을 것이다. 그러나 이번만큼은 주저하게 됐다. 그동안 여러 차례 커피 타임을 해 왔지만, 이 정도로 떨렸던 적은 없다. 나를 망설이게 하는 무언가가 있었다. 어쩌면 이 공동체 안에서 행해지는 여성 차별에 관한 신문 기사를 읽었기 때문인지도 모른다. 어쩌면 히스브 우타흐리르의 성난 남성들 사진을 보았기 때문인지도 모르겠다. 아니면 어떤 기자가 나를 히스브 우타흐리르 사원에서 봤다는 기사를 쓰기라도 할까 두려웠기 때문일 수도 있다. 아마도 이 모든 걱정이 다 합해져서 그랬을 것이다.

　이런 여러 생각이 내 머릿속을 휘젓고 다니는 사이, 사원 입구에서 키 큰 젊은 남성이 모습을 드러냈다. 그가 있는 쪽으로 걸어가자 나와 눈이 마주친 그가 미소를 지으며 물었다. "혹시 외즐렘 씨 아니세요?"

나는 그렇다고 말한 뒤, 히스브 우타흐리르 관계자와 대화를 나누려고 찾아왔는데 혹시 그도 관계자가 아닌지 물었다.

"누구를 찾으신다고요?" 그가 물었다. 멍한 눈빛이었다. 히스브 우타흐리르가 이 사원을 사용하고 있지 않느냐고 하자, 그가 돌아서서 간판을 보더니 자신은 잠시 쉬면서 기도할 곳이 필요할 뿐이라고 했다. 이런 젊은이가 대체 왜 이렇게 이른 오후 시간에 휴식이 필요할까 하는 의구심이 들었다. 그는 적어도 키가 180센티미터는 되어 보였고, 검은색 조깅용 바지와 검은색 후드티셔츠에 검은색 야구모자를 쓰고 있었다. 검은색 턱수염은 잘 정리돼 있었다. 광대뼈 있는 곳까지 공들여 면도한 덕에 마치 얼굴에 수염을 그려 놓은 것처럼 보였다. 다만 그의 눈빛에는 예전에 내가 정신병동에서 일할 때 돌보았던 환자들을 연상시키는 무언가가 있었다. 그의 눈동자가 흐릿했다. 어쩌면 마약을 했을 수 있다. 단도직입적으로 말해야겠다 싶어서, 혹시 아파서 쉬어야 하는 거냐고 물었다. 그는 "머리가 피곤해요."라고 했다.

그에게 나 대신 사원 안으로 들어가서 내가 대화를 나눌 만한 사람이 있는지 알아봐 줄 수 있냐고 물었다. 그는 도와는 주겠지만 안에 아무도 없는 것이 확실하다고 했다. 나는 조금 더 용기를 내 그와 함께 안으로 들어갔다.

입구 계단을 올라 안으로 들어서자 게시판에 '우리 예언자를 사랑하라.'라는 메모가 붙어 있었다. 바닥에 놓인 파란색 이케아 가방 안에는 무료로 가져가도 되는 CD가 가득 담겨 있었다.

우리는 1층 복도로 들어갔다. 왼편에 있는 커다란 선반에는 방문객을 위해 사원에 들어가기 전에 신발을 벗으라는 안내문이 붙어 있다. 오른편에는 예배 전 세정 의식을 위해 비누와 함께 여섯 개의 수전이 갖추어진 커다란 세면대가 마련돼 있었다. 세면대 옆으로 투명 플라스틱 통 안에 한 장씩 차곡차곡 쌓여 있는 흰색 수건이 보였다. 통 위에는 붉은 글씨로 '사용 전'이라는 표식이, 그 옆에 있는 커다란 자루에는 '사용 후'라는 표식이 달려 있다. 나는 신고 있던 샌들을 벗고 사원 안으로 들어갔다. 이날 깜빡하고 히잡을 챙기지 못해 가슴이 아팠다. 종교적인 장소에 들어갈 때는 꼭 예를 갖추고 싶기 때문이다. 그렇다고 이제 와 달리 어찌 할 도리도 없었다. 사원 안으로 꼭 들어가고 싶었다.

애초에 내가 무엇을 기대했는지는 모르겠지만, 막상 들어가고 보니 어떤 면에서는 실망스러웠다. 나를 납치하려고 대기하고 있는 성난 이맘도 없고, 언론에서 본 것 같은 성난 젊은이도 없었다. 사원은 텅 빈 채 평화로워 보였다. 덴마크나 해외에서 내가 방문했던 수많은 사원과 다를 바 없었다. 바닥은 전체가 붉은 카펫으로 덮여 있고, 벽에는 양식화된 글씨체로 코란에서 인용한 문구가 적혀 있으며, 모퉁이에는 이맘의 설교단이 있다. 유일하게 한 번도 본 적 없는 것이 바로 벽에 걸려 있는 커다란 검은색 천이었다. 거기에는 아랍어 글귀가 적혀 있었다. 얼핏 보면 ISIL 깃발처럼 보였지만, 아랍어를 조금 읽을 줄 아는 덕분에 이내 그것이 이슬람 신앙고백 '샤하다Shahadah'임을 알 수 있었다. 그 글귀를 속으로 읽어 보았다. "Lä ílaha íllá iláhu wa muhammadun rasúlu ilái." '알라 이외 다른 신은 없다. 무함마드는 알라의 예언자다.'라는 뜻이다.

"한 시간 후에 오면 저녁 예배가 시작되니까 누군가 도와줄 사람이 있을 거예요." 나를 데리고 들어와 준 그 청년이 말했다. 우리는 사원을 나오면서 담소를 이어갔다. 그는 뇌레브로에 거주하는데 교육을 받은 적도 없고 학교도 다니지 않는다고 했다. 그의 부모님은 터키 쿠르드 지역 출신이란다. "저는 스물네 살인데, 사는 게 지긋지긋해요." 그가 말했다.

나는 왜 그러냐고 물었다. 그는 정신과 치료를 받으라는 선고를 받았는데 그의 변호사가 선고 철회를 위해 노력하고 있다고 했다.

나는 무슨 일이 있었던 거냐고 물었다.

"얘기하자면 길어요." 이렇게 대답하더니, 그는 내가 그의 변호사를 아는지 알고 싶어 했다. 그 변호사도 쿠르드족 출신이었기 때문이다.

물론, 나도 그 변호사를 안다. 그리 놀라운 일도 아니다. 뇌레브로에서는 늘 세상이 참 좁다는 생각이 든다. 문득 그의 공허한 눈빛이 이해가 갔다. 그는 대화를 계속하고 싶어 했다. 나는 그에게 히스브 우타흐리르가 설파하는 혐오에 대해 들려주면서 이 사원에 오지 말라고 열심히 설득했다. 그가 다시는 오지 않겠다고 약속했지만 이 약속을 지킬지는 모르겠다. 그는 자신만의 세계에 갇혀 있는 것처럼 보였다.

나는 거리로 나와 주차해 놓은 차 안에서 한 시간 동안 기다렸다.

사람들이 모스크 마당으로 들어가는 것이 보였다. 기도하러 가는 것이 틀림없었다. 내가 알기로 저녁 예배는 15분 정도 걸린다. 나는 차 문을 걸어 잠그고 다시 사원 마당으로 갔다. 거기 서서 기도가 끝나기를 기다리는 동안, 오마르 엘-후세인Omar El-Hussein을 떠올리지 않을 수 없었다. 이 사원을 방문한 직후, 크루트퇸드 앞에서 영화감독 핀 노르가르Finn Norgaard를 살해하고 크리스탈에 있는 유대교 회당 앞에서 자원봉사 경비원 단 우잔Dan Uzan까지 살해한 자다. 오마르는 이 사원에서 그의 공격에 영감을 준 어떤 말을 들었던 걸까? 아니면 이곳은 그저 지나던 길에 잠시 들른 곳에 불과한 걸까?

어느 쪽이 맞는지 확신이 서지는 않았지만, 그런 생각을 하다 보니 분노가 치밀어 오르면서 용기가 샘솟았다. 나는 사원에서 가장 먼저 나오는 남성들에게 다가갔다. 그들은 알리 빵집 앞에 서 있는 남성에게 문의하라고 했다. 그가 대화에 동의했고, 우리는 얼마나 오랫동안 대화할지 시간을 협상했다. 그는 20분을 줄 수 있다고 했지만, 나는 그보다 대화가 길어지리라는 것을 잘 알고 있었다.

그와 함께 사원 안으로 들어서는데, 누군가 "외즐렘 씨, 잠깐만요!"라고 외치는 소리가 들렸다. 돌아보니 50대 한 남성이 자전거를 타고 나를 향해 오고 있었다. 그는 파키스탄 전통의상을 입고 흰 턱수염을 길게 늘어뜨리고 있었다. 처음에는 그가 화를 내는 것으로 생각해서 뒤로 물러섰지만, 오히려 그 반대였다. 그는 "당신이 라디오 24/7 방송에 출연한 걸 들었어요. 제가 당신을 자랑스럽게 생각한다는 것 꼭 알아주세요. 제 아이들도 당신을 자랑스러워한답니다. 우리 딸들도 그렇고요. 당신은 우리 무슬림을 변호하는 몇 안 되는 사람 가운데 한 명이니까요. 당신을 위해 모든 일이 다 잘되기를 알라께 기도할게요."라고 말했다. 나는 고맙다고 하면서 그에게 미소로 화답했다. 내가 그에게 보인 첫 반응이 조금 당황스럽게 느껴졌다. 그는 단지 친절을 표하려 했을 뿐인데, 나는 그가 나를 때려눕힐 수도 있다고 생각했다. 하지만 이렇게 무서워한다고 누가 나를 비난할 수 있으랴?

우리는 계단을 올라가서 신발을 벗어 복도에 있는 선반에 넣고 사원으로 들어갔다. 나는 안에 있는 남성들에게 "아살라무 알라이쿰Assalamu alaikum."이라고 인사했다. '평화를 빕니다.'라는 의미인데 무슬림들이 만났을 때 하는 인사다. 그 남성들도 내게 인사로 화답했다.

그들 가운데에는 다른 사람들과 확연히 달라 보이는 사람이 있었다. 그는 밝은 회색 코트를 입고 있었고, 턱수염과 머리카락은 길었다. 그의 옆을 지나칠 때 혹시 사이드 만수르가 아닌가 하는 생각이 들었다. '책 장수 브뢴쇠'라는 별칭으로 더 유명한 그는 최근 테러 선동 혐의로 덴마크 시민권을 박탈당하고 국외로 추방된 인물이다. 그 순간, 내가 본 사진 속 만수르는 머리카락과 수염이 검은색이었다는 사실이 기억났다. 반면, 내게 인사한 이 남성은 백발이었다. 그의 옷차림으로 봐서 그는 살라피스트, 즉 이슬람 근본주의자가 틀림없었다. 살라피스트는 예전에도 만난 적이 있다. 특히 선거 유세 기간에 많이 만났다. 한번은 젊은 살라피스트 여럿이 나를 에워싸고 행패를 부리기도 했다. 그들은 내가 믿음을 거부한 자, 즉 카피르kafir, 이교도라고 생각했다. 지금 이 남성처럼 그때 그들도 긴 가운을 걸치고 수염과 머리카락을 다듬지 않고 길게 기르고 있었다.

반민주주의자

사원을 나서자 또 다른 남성 한 명이 우리와 합류했다. 우리는 안쪽 공간에 있는 카페에 들어갔다. 벽에 걸려 있는 메뉴판을 보니 미소가 지어졌다. 핫도그, 밀크셰이크, 에너지드링크도 있었다. 이곳은 어떤 협회가 운영하는 카페인 듯했다. 내게는 코카콜라가 제공됐다.

나와 대화하기로 한 두 남성은 그들의 이름을 밝히고 싶어 하지 않았다. 그래서 사원 앞에서 만난 남성을 아흐메드Ahmed라는 가명으로 부르기로 한다. 그는 사원에서 자원봉사하며 알리 빵집을 관리했다.

"빵집이 사원과 연계되어 있나요?" 내가 물었다.

"아뇨, 아뇨, 아니에요." 그가 거듭 부인했다. "모스크와는 별개로 독립된 빵집이에요……. 하지만 단체를 위해 가족이 경영하는 사업체랍니다." 나는 이 말을 빵집이 히스브 우타흐리르를 위한 기금을 모금한다는 뜻으로 해석했다. 그러나 직접 묻지도 않았고 직접적인 답을 듣지도 않았다. '빵 냄새가 너무 좋아' 마당에 들어선 순진한 덴마크 사람들은 자신들이 지금 아주 역겨운 냄새가 진동하는 일을 돕고 있다는 것을 알지 못한다. 유대인, 동성애자, 민주주의에 대한 혐오를 지원하는 기금 마련에 일조하고 있다는 사실 말이다.

아흐메드는 비쩍 마른 체격에 키는 나보다 8~10센티미터 더 큰 것 같았다. 나이는 마흔넷, 청바지를 입고 허리띠를 꼭 졸라매고 있었다. 상의로 입은 국방색 폴로 셔츠는 미소 짓는 듯한 그의 갈색 눈동자를 더 돋보이게 했다. 그는 친절하고 예의 바른 사람 같았다. 최근에 뇌레브로에서 뢰도로 이사했고 자녀는 네 명이라고 했다. 팔레스타인 출신에 무국적 난민 신분이었다. 그는 "열네 살 때인 1986년 9월에 왔다."고 했다.

다른 남성은 함자Hamza라는 가명으로 부르겠다. 아흐메드의 딸과 함자의 아들이 결혼해서 두 사람은 사돈지간이었다. 함자는 아흐메드보다 키가 약간 더 컸고, 나이는 쉰, 탈모가 진행되고 있고, 조금 다부진 체격이었다. 낯익은 얼굴이었는데 어디서 봤는지 기억나지 않았다. 그 역시 무국적 팔레스타인인으로, 레바논에서 나고 자란 뒤 30년 전에 덴마크로 이주해 왔다. 그의 부모님은 1948년에 팔레스타인에서 도망쳐 나왔다고 한다. "이스라엘인들로부터 멀리 도망쳤죠." 그가 말했다. 그는 덴마크어를 유창하게 구사하면서도 자꾸 자신은 덴마크어를 잘 못 한다고 했다. 아흐메드처럼 그도 사원에서 자원봉사를 하는데, 필요하면 사원의 이맘 노릇도 한다고 했다. "객원 이맘이라고 보시면 돼요." 그는 유감스럽게도 자신은 가방끈이 짧다고 했지만, 자녀들은 많이 배우고 실력이 뛰어나다고 자랑스럽게 이야기했다.

내가 우리 아들들 이야기를 하면서 이름을 말하자, 두 남성의 얼굴에서 뜻밖의 반가움이 드러났다. 우리 큰아들의 이름 푸르칸은 코란에 나오는 이름이고, 작은아들의 이름은 유수프다.

"좋은 이름이군요." 아흐메드가 말했다. 우리 아이들 이름을 말하면 유대인들도 이와 똑같은 반응을 자주 보인다. 유수프는 유대교 율법 토라Torah에도 나오는 이름이기 때문이다.

이들에게 우리 아이들 이름을 가르쳐 준 데에는 그만 한 이유가 있다. 아흐메드와 함자와 연결할 다리를 만들어야 하는데, 그러려면 이들이 더 편하게 마음을 열고 내 질문에 솔직히 대답할 수 있어야 하기 때문이다. 내 경험상 힘든 대화일수록 공통분모를 바탕으로 대화를 시작할 때 합의에 도달할 가능성이 더 크다. 대개 일상생활이나 자녀와 가족 이야기는 연결점을 찾기 좋은 소재가 된다. 비록 처음에는 그 연결점이 무척이나 보잘것없어 보이겠지만.

나는 그들에게 모스크 앞에 서 있으면서 마음이 매우 불편했다고 말했다. "TV에서 보면 여러분은 늘 화가 난 것처럼 보여요. 그래서 이번 만남이 어떻게 전개될지 확신이 없었어요." 나는 미소를 지으며 말했다.

함자는 2남 4녀의 자녀를 두고 있다. 그는 "얼마 안 있으

면 할아버지가 된답니다."라고 하면서 빙그레 웃었다. 위의
세 자녀는 다 결혼을 했는데, 나이가 스물여섯, 스물넷, 스물
둘이라고 했다.

나도 스물두 살 때 결혼했다고 한마디 거들었다.

"알함두릴라Alhamdulillah(알라여, 감사합니다), 그들 모두 대학에
진학했죠." 함자가 이야기를 계속했다. 스물여섯 살인 큰아
이는 약학 공부를 다 마쳤고, 그 아래로 세 명은 기계공학, 토
목공학, 약학 연수 학사 학위 과정을 밟고 있다고 했다. 제일
어린 두 자녀는 각각 4학년과 9학년에 재학 중이다.

"저는 대학에 갈 기회가 없었죠." 이 말을 하는 그의 목소
리가 갈라졌다. 그는 레바논에서 고등학교를 마쳤다. 처음에
는 덴마크에 와서 학업을 계속할 계획이었으나, 난민으로 살
면서 레바논에 두고 온 가족들을 부양하는 일은 예상만큼 쉽
지 않았다.

그 대신 함자는 '뇌레브로에서 제일 유명한 농산물 거래
인'이 되었다고 아흐메드가 말했다. 그러나 농산물 상인의
삶은 고됐다. 결국, 함자는 가게를 팔아서 현재로서는 실업
상태다. 그의 얼굴도 아주 낯이 익은데, 이번에도 어디서 본
얼굴인지 생각나지 않았다.

아흐메드와 함자, 두 사람 모두 히스브 우타흐리르 당원이
지만 이들은 사원이 히스브 우타흐리르와 연계되지 않았다

고 여러 번 강조했다. "우리한테는 만날 장소가 필요했어요. 여러 부류의 사람들이 이곳을 찾죠. 그중에 아마 우리가 가장 소규모 집단일 겁니다." 아흐메드가 미소를 지으며 말했다.

함께 콜라를 마시는 동안, 나는 카페가 있는 방을 둘러보았다. 우리가 앉아 있는 의자는 독일 바우하우스 교장을 지낸 건축가 미스 반 데어 로에의 바르셀로나 체어 모조품과 비슷했다. 이 버건디 색 의자는 서로 마주 보게 놓여 있었다. 벽은 수평선을 사이에 두고 두 부분으로 나뉘어 있었는데 수평선 위에는 여러 사원과 군중이, 한가운데는 경전과 함께 검은색 현수막이 그려져 있었다.

그나저나 콜라를 마시거나 실내 장식을 분석하자고 내가 이 사원을 찾은 건 아니었다. 자녀와 가족 이야기로 훈훈하게 대화를 시작했으니 이제 본격적인 질문에 들어가기로 마음먹었다. 왜 히스브 우타흐리르에 가입했나요? 왜 그렇게 완강하게 민주주의 정부에 반대하나요? IS, 유대인, 동성애자에 대해 어떻게 생각하나요? 해야 할 질문이 참 많았다. 그 가운데 유대인과 동성애에 관한 질문부터 시작하기로 했다.

히스브 우타흐리르 사람들은 유대인과 동성애자, 이 두 소수자 그룹을 향해 여러 차례 비난의 목소리를 높인 바 있다. 나는 유대인 친구도, 동성애자 친구도 모두 있다. 그래서 동성애에 대한 혐오와 반유대주의로 대화 분위기가 고조되면,

내가 분노를 조절하기 힘들어질 수도 있다는 것을 잘 안다. 나는 싸움을 시작할 필요는 없다고 생각했다.

"히스브 우타흐리르 당원의 특징은 뭘까요?" 내가 물었다.

"우리가 무슬림이라는 거요." 아흐메드와 함자가 거의 합창하듯 동시에 대답했다.

나는 "저도 무슬림이에요. 하지만 히스브 우타흐리르 당원은 아니죠."라고 말했다.

"이슬람교는 하나의 이데올로기예요. 인류에게 해답을 주는 하나의 삶의 방식이죠. 그래서 저는 이슬람 정부 체제를 지지하라고 사람들을 열심히 설득하고 있답니다." 아흐메드가 말했다. 그는 자신이 꿈꾸는 미래의 이슬람 국가를 위해 시민 집단을 일구면서 활발하게 이슬람 사상을 전파하며 개종 활동을 하고 있다. "물론, 덴마크는 아닙니다." 그가 강조하며 말했다. "이슬람 국가를 덴마크에 세우겠다는 건 아니에요."

그 대신 그는 '우리 고국'에 이슬람 정부를 수립하는 날을 학수고대한다. 아흐메드에게 고국이란 알제리, 팔레스타인, 터키를 포함한 중동을 말한다. 1,000년을 거슬러 가 보면, 많은 무슬림이 정치 파동과 권력 투쟁 때문에 많은 문화를 아우르는 이 방대한 지역을 떠나야 했다.

지금도 정치적 격변은 여전히 진행 중이다. 나도 아흐메드의 우려에 백분 공감했다. 나는 내가 태어난 나라가 겪고 있는 위기를 예전부터 주시해 오고 있다. 그래서 아흐메드에게 물었다. "군부 쿠데타 기도 이후 터키에서 발생한 일에 만족하시나요?"

"그렇기도 하고 아니기도 하답니다." 아흐메드가 대답했다. 그는 군부가 실패한 것을 반겼다. "군부는 정교 분리를 주장하는 세속주의자들이에요. 그들이 집권했다면 아마 이슬람교를 반대했을 거예요." 그렇지만 에르도안 터키 대통령에 대해서도 못마땅해했다. "이슬람을 혐오하는 사람들이 있는가 하면 이슬람을 용인하기만 하는 사람들도 있지요. 에르도안은 이슬람을 용인할 수 있는 사람이죠." 그러므로 아흐메드는 에르도안이 최선은 아닐지언정 차악이라고 보았다. 놀랍게도 그는 에르도안 또한 세속주의자로 여기고 있었다.

나는 놀라움을 감추기 어려웠다. "정말로 에르도안이 세속주의자라 생각하세요?"

아흐메드는 조금도 주저하지 않고 그렇다고 답했다. 그 증거로 군부 쿠데타 실패 후 에르도안 대통령이 연설 중에 했던 말을 언급했다. "민주주의가 군부 세력에 승리했습니다." 아흐메드에 따르면 에르도안은 민주주의를 지지하기 때문에 세속주의자라는 말이었다. 나는 이런 그의 분석에서 논리를 찾으려고 부단히 애썼다. 평소 터키, 덴마크, 영국, 북유럽

발 뉴스를 부지런히 챙겨 보고 있지만, 이와 같은 주장은 한 번도 들어 본 적이 없다. 사실상 모든 국내외 언론이 에르도안이 독재를 통해 집권했으며 미래에 이슬람이 터키를 통치하는 비전을 가지고 있다고 생각한다. 나는 에르도안을 세속주의자라고 하는 소리는 처음 들었다.

이제 내가 대망의 질문을 던질 차례였다. "히스브 우타흐리르는 민주주의를 반대하나요?" 어떤 답이 돌아올지는 이미 잘 알고 있었다. 다만 내가 그런 주장을 이해할 수 있을지 없을지가 궁금했다.

당연히 아흐메드는 자신과 히스브 우타흐리르가 민주주의에 반대한다고 했다. 아흐메드도, 함자도 덴마크 선거 때 투표하지 않는단다. 덴마크 법이 코란이 아닌 헌법의 지배를 받는 한, 그들은 투표할 생각이 없다고 했다. 이 문제는 논쟁거리가 아니라고 그들은 강조했다. "사람들은 법률을 통해 인류가 안고 있는 문제에 대한 해법을 찾을 수 없습니다. 고통에 대한 유일한 답은 창조주의 통치에 복종함으로써 얻을 수 있습니다. 사람들은 각자 자신만의 기득권을 갖고 있습니다. 그래서 객관적이지도 중립적이지도 않죠. 심지어 인간은 자신을 통제하지도 못하는데, 어떻게 다른 사람들을 위해 법률을 제정하겠습니까?" 수사적 질문이었다. 아흐메드는 법률로 해결할 수 없는 사회적 병폐의 예로 자살, 알코올이나 담배, 약물 남용, 질병을 들었다. 그가 주장하는 최고의 해법은 코란에 적혀 있는 대로 알라의 법을 따르는 것이다. 그는 "알라야말로 가장 많이 알고 가장 잘 안다."라고 했다.

그에 따르면, 인간은 코란에 담겨 있는 법을 지켜야 하는 명을 받았지만, 알라는 우리에게 법을 집행할 자유를 부여했다고 한다. 그래서 심지어 신의 명령에 따라 통치되는, 아흐메드가 꿈꾸는 유토피아 사회에서도 교통사고로 인한 사망을 예방하기 위해 제한속도를 설정해야 한다고 했다. 그러면 제한속도는 누가 정하냐고 내가 물었다. "우리는 그 일을 할 적임자를 찾아냅니다." 그가 답했다.

"덴마크에서는 고속도로에서의 제한속도를 정하기 위해 토론을 합니다." 나는 이렇게 지적한 뒤 그들에게 질문했다. "그렇다면 히스브 우타흐리르의 세상에서는 이런 일들을 누가 결정하게 되나요? 그리고 그런 사람들은 어떻게 선정되는 거죠?"

"전문가들입니다." 아흐메드가 대답했다.

"하지만 누가 그들을 선택하죠?" 내가 다시 물었다.

아흐메드는 직접적인 대답을 피했다. "자, 예를 들어 당신이 고층빌딩을 지으려 한다고 합시다. 당신은 빌딩을 어떻게 지을지 이맘에게 묻지 않을 겁니다. 맞죠? 아마 최고의 건축가를 찾을 테지요."

우리는 다양한 전문가들은 다양한 견해를 가질 수 있다는데 의견의 일치를 보았다. 가령, 허리 부상을 치료하려면 외과적 수술이 필요하다고 생각하는 의사가 있는가 하면, 약이나 물리치료로 통증을 없애려는 의사도 있다.

히스브 우타흐리르에 대해 새로운 사실을 알게 된 나는 눈물이 핑 돌았다. 저들에게는 선거 과정이 중요한 것이 아니라, 법률이 코란이 아닌 다른 것에 바탕을 둔다는 사실이 문제였다. 그들의 의견에는 전적으로 동의하지 않지만, 미묘한 차이가 명확해진 것은 기뻤다.

그다음은 함자가 말할 차례였다. 그는 덴마크 법률이 코란을 바탕으로 하지 않는 한 자신은 민주주의를 지지할 수 없다고 했다. "이슬람교에서는 알라가 이미 법을 작성했다고 분명히 하고 있습니다. 이건 선택의 문제가 아니에요. 장차 이슬람 국가를 수립하게 되면 우리도 투표 제도를 생각할 필요가 생길 겁니다."

이슬람 체제를 열렬히 지지하는 발언을 하면서도 함자는 무슬림도 자기들끼리 싸운다는 사실을 인정했다. "지금처럼 우리가 비참하게 살았던 적은 없다니까요!" 그가 말했다.

아흐메드도 같은 의견이었다. 그는 중동 지역에서 일어나고 있는 일들의 원인이 바로 민주적 과정 때문이라고 믿었다. 미국이 이끄는 서방 국가들이 민주주의를 핑계로 다른 나라를 무력으로 정복한 대표적인 사례가 바로 이라크전이라고 했다. 나는 붉은 광장 소년들과 대화할 때도 이라크전 이야기가 나왔던 것이 기억났다.

나도 이라크전이 이라크 상황을 개선하기보다는 악화했다는 아흐메드의 주장을 인정한다. 그러나 문제는 이라크인들이 전쟁 이전에 제대로 잘하고 있었느냐 하는 데 있다. 나는 쿠르드인들이 이라크 독재자 사담 후세인에 의해 독살됐으며 그 외에도 수십만 명이 살해되었다는 사실을 지적했다.

그러자 아흐메드가 진지한 목소리로 말했다. "서방은 민주주의를 전파한다고 했지만, 이라크가 얻은 것이라고는 더 많은 목숨이 희생된 것뿐입니다." 아흐메드와 함자는 서방—특히 미국—을 무슬림 국가에 끊임없이 혼란을 일으키는 적으로 보았다.

정통 무슬림 사회에서는 무슬림이 서방에 의해 살해되고 있다는 분석이 들불처럼 확산하고 있다. 그러나 진실은 다르다. 서방이 무슬림을 죽이는 것이 아니라 무슬림이 서로를 죽이고 있다. 어쩌다 이렇게 많은 사람이 서방 세력이 이슬람의 반대편에 있다는 결론에 도달하게 되었는지 모르겠다. 아마도 도저히 옹호할 수 없는 상황에 대한 분노의 화살을 같은 민족에게 돌리기는 어렵기 때문이리라. 아마도 현재 벌어지고 있는 일에 대한 지식이 부족한 탓이리라. 어쩌면 이

것은 사람들이 고통받고 있는데도 불구경하듯 수동적으로
보고만 있는 민주주의 세력에 대한 실망과도 결부되어 있는
지 모른다.

　나는 서방이 이라크와 리비아, 아프가니스탄의 불안정에
한몫했다는 주장에 반론을 제기할 수는 없지만, 여기에는 다
른 문제들도 복잡하게 얽혀 있다고 생각한다. 가령, 정치와
종교가 혼합된 것도 문제다. 이뿐만 아니라 빈곤, 불평등, 교
육 기회의 부족도 만연한 문제다. 그로 인해 이 지역에 사는
많은 무슬림이 비참한 생활을 하고 있지만, 왕이나 대통령,
정부는 해외로 천연자원을 팔아서 얻은 소득과 부정부패를
통해 이익을 얻고 있다.

　중동에서 벌어지는 모든 가혹 행위를 서방의 탓으로 돌리
는 것은 상황을 지나치게 단순화하는 것이다. 각 정권은 자
국의 문제에 대해 상당한 책임이 있기 때문이다. 바샤르 알
아사드 시리아 대통령은 시리아에서 민간인 수십만 명을 살
해했다. 사담 후세인도 이라크에서, 무아마르 알 카다피도
리비아에서 똑같은 만행을 저질렀다. 이 폭군들을 생각하니
마음이 괴롭다. 그들은 모두 미국과 서방의 지원을 받은 자
들이다. 덴마크와 서방의 외교 정책에 대한 히스브 우타흐
리르의 비판이 일리가 있는 것이 아닐까? 민주주의에 대한
접근방식이 다르다고 외교 정책에 대한 그들의 주장을 우리

가 너무 흘려듣는 것은 아닐까? 나는 어느 정도까지는 동의할 수 있지만, 그들은 언제나 잘못은 나라 밖에 있다는 식으로 너무 음모론적으로 추론한다. 시민의 책무에 대한 자기반성도 별로 없고 자기비판도 거의 하지 않는다. 분명 그들이 제안하는 것보다 더 나은 해결책이 있을 것이다. 만약 저들이 이슬람교 국가가 맞다면, 터키나 사우디아라비아, 카타르는 대체 왜 IS를 지원하는 것인가? 집에서 자고 있던 아이들을 납치해 가고, 적의 머리를 참수하는 잔인한 장면을 생생히 보여 주는 그런 단체를 말이다. 또 이란은 왜 아사드를 도와주는 것인가? 자국에 사는 소수 민족의 집과 병원을 폭격하여 학살하는 지도자를 말이다. 대체 어떻게 이런 일이 알라의 명이란 말인가?

외교 정책은 함자와 아흐메드가 생각하듯 그렇게 단칼에 자를 수 있는 것이 아니다. 함자와 아흐메드는 서방이 이슬람교 자체와 전쟁을 벌이고 있다고 믿는다. 유감스럽게도 이런 믿음은 '우리는 이슬람과 전쟁 중'이라는 민족주의 성향의 고위급 정치인들의 발언 때문에 사실인 것처럼 보인다.

다시 지쳐 가는 느낌이 들었다. "그럼 해법이 뭔가요?" 내가 물었다. "IS가 답인가요?"

"아뇨." 함자가 확신에 찬 목소리로 대답했다.

그렇게 우리는 IS에 대한 논쟁에 들어갔다. 아흐메드와 함자는 일관되게 IS를 '다에시Daesh'라고 불렀다. 이는 '짓 밟다'라는 의미의 아랍어 '다샤daasha'를 연상시켰다. 함자가 2014년에 다에시가 점령한 이라크 도시 모술 이야기를 꺼냈다. 그 당시 고작 5,000~6,000명의 다에시 군사가 단 하루만에 도시를 장악했다. 도시를 지키던 4만 명의 병사들은 다에시가 들이닥치자 가지고 있던 무기를 모두 버린 채 꽁무니를 뺐다.

함자는 "대체 이게 가능한 일입니까?"라고 물었다.

나도 모른다. 나는 병력이 얼마였는지도 모른다. 그러나 힘에 대해서는 안다. 대체 어떻게 다에시가 이렇게 강하고 파괴적인 힘을 가질 수 있는 걸까?

아흐메드는 다에시가 이슬람을 파괴하려는 의도로 결성된 조직이라고 믿었다. 이 말은 그가 다에시의 배후에 서방 세력이 있다고 여긴다는 소리로 들렸다. "서방 세력은 무슬림을 무너뜨리려는 핑계로 다에시를 이용하고 있는 겁니다." 그는 서방과 러시아가 다에시와 테러를 응징한다는 명분으로 폭격을 가할 때 정작 목숨을 잃는 것은 주로 민간인이라는 점을 그 근거로 들었다. 그는 미국을 비롯한 나머지 나라 지도자들이 IS에 맞서 싸우는 데 30, 40년이 걸린다는 추정을 정당화하는 모습을 이해하지 못했다. "너무 비논리적이지 않습니까?"

그의 말에 함자가 동의했다. 함자는 불안정을 낳는 유일한 요인은 외부 세력의 개입이라고 주장했다. "저들은 시리아로 가서 다에시와 싸울 거라고 했지만 90퍼센트는 민간인을 죽이고 있어요."

서방이 다에시를 만들었다는 주장은 너무 황당한 소리 같지만, 나도 의구심이 든다는 사실은 인정하지 않을 수 없다. 어느 여름 갑자기 등장한 한 군대가 대체 어떻게 지금은 세계 최강의 군대도 막을 수 없을 정도로 강력해진 걸까? 이라크 침공의 결과로 다에시가 탄생했다는 서방 전문가들의 주장도 있다. 무엇이 맞는지 올바른 방향을 찾는 일은 참으로 힘들다.

나는 다시 중동의 비참한 상황으로 돌아와 살펴보았다. 문제를 풀 수 있는 해법은 과연 민주주의일까? 아니면 현재 이 지역을 특징짓는 전쟁, 내란, 사회불안, 빈곤과 함께하는 편이 문제를 해결하는 데 더 도움이 될까?

아흐메드는 문제를 너무 단순화하는 사람은 나라고 지적했다. "이것은 단순히 독재와 민주주의 가운데 하나를 선택하는 문제가 아닙니다. 우리에게는 다른 선택이 있습니다. 우리에게는 이슬람이 있으니까요."

내가 물었다. 스스로 독실한 무슬림이라 주장하는 다에시가 같은 신앙을 내세우며 그들의 잔혹 행위를 정당화하고 있는 상황에서 어떻게 이슬람이 답이 될 수 있냐고.

"그들이 무슬림이 아니라는 말을 하는 게 아닙니다." 아흐메드는 이슬람을 믿는다는 그들의 신앙 고백은 의문의 여지가 없지만 "그들의 행동은 이슬람 신자답지 않다."고 했다.

아흐메드와 함자, 두 사람 모두 히스브 우타흐리르 신규 당원 모집에 열심히 나서고 있다고 했다. 그들은 특히 범죄 전력이나 정신병력이 있는 젊은이들을 목표로 삼는다고 의기양양하게 말했다. 특히 실패를 맛본 취약한 젊은이들이 이슬람의 지배를 통한 해방이라는 올바른 길이 존재한다는 사실을 알아야 한다고 했다. 게다가 다른 정치 집단도 모두 젊은 층을 공략하기는 마찬가지라는 말도 덧붙였다.

엄밀히 말하자면 히스브 우타흐리르는 사람들을 전향시키기 위해 중고등학교와 대학교 앞에서 전단을 돌리거나 집으로 찾아와 초인종을 누르는 많은 단체 가운데 하나에 불과하다. 민주주의 문화를 이루는 필수 요소에는 서로 다른 견해를 존중하는 태도와 열린 토론 과정이 포함된다. 이런 태도와 과정이 보장되면 우리는 폭력이 아닌 말을 사용해서 안전하게 전쟁을 할 수 있다. 하지만 히스브 우타흐리르의 경우에는 사람을 격분하게 만드는 무언가가 있다.

이 단체에 대해 내가 가지고 있는 인식에는 정신과 간호사로서 이주민과 트라우마가 있는 난민을 직접 돌보면서 깨달은 바가 그 바탕에 깔려 있다. 나는 이들이 얼마나 취약한 집단인지 잘 안다. 정신병자에, 폭력적이며, 트라우마를 지니고 있고, 자녀들을 심하게 방치하는 부모들도 많이 만났다. 이런 부모를 둔 가정에서 자란 아동과 청소년들은 범죄와 정신질환, 약물 남용으로 고통받는 경우가 많다. 물론, 히스브우타흐리르가 이런 문제를 낳은 것은 아니지만, 그들은 포괄적인 해결책을 제공하지도 않는다.

이제 다람쥐 쳇바퀴 돌듯 그저 같은 이슈를 반복해서 다루고 있는 느낌이 들었다. 그래서 의료, 교육, 노인 돌봄 혜택에 대한 평등한 접근 등 복지 문제로 화제를 전환해서 질문을 던졌다. "당신은 정말 많은 자원을 누릴 수 있잖아요! 자녀들도 무료로 대학 교육을 받을 수 있고요. 대체 뭐가 부족한 거죠, 함자 씨? 덴마크와 민주주의 제도를 그렇게 경멸한다면서 왜 덴마크에서 사는 거죠?" 이렇게 물으면 실제로 답할 수 없다는 것도, 또 잘 진행되던 대화에 급브레이크가 걸릴 수 있다는 것도 잘 알면서 던진 질문이었다.

함자는 숨을 한번 크게 들이쉬더니 편안한 목소리로 질문이 거꾸로 되었다고 말했다. "어째서 우리가 여기 오게 된 걸까요?" "서방 세력이 우리 땅과 우리 천연자원을 앗아 갔기 때문이지요. 그들이 우리를 우리 고국에서 끌어낸 겁니다."

그는 이스라엘의 지원을 받아 요르단 강 서안과 가자 지구에서 팔레스타인인을 몰아내려고 국제법을 위반한 것은 바로 미국과 서방 출신의 부유한 유대인들이라고 했다. 유대인 이야기를 하는 함자의 목소리에는 혐오와 멸시가 가득했다.

개인적으로 나도 이 해결안에 반대하는 입장이며 두 국가 해법two-state solution(이스라엘과 팔레스타인을 각기 독립 국가로 인정하여 이스라엘-팔레스타인 분쟁을 해결하려는 방안―옮긴이)에 찬성한다고 했다. 또한, 내 주위에는 팔레스타인도 국가로 인정받아야 한다는 내 의견에 동의하는 유대인 친구들도 있다고 했다. "어떻게 모든 유대인을 고정관념을 갖고 보시는지 이해가 되지 않네요."

함자는 자신이 모든 유대인을 싸잡아 말하고 있다고 생각하지 않았다. "나는 우리에게서 우리 땅을 훔쳐 간 유대인들을 혐오합니다. 이 사실은 전혀 숨기고 싶지 않아요. 그러나 덴마크에 사는 유대인들처럼 그 지역 밖에 사는 유대인들에게는 아무 감정 없습니다."

나는 히스브 우타흐리르 소식지를 받아 보고 있는데, 거기에는 완전히 반유대주의적인 주장도 일부 실린다. 2003년, 히스브 우타흐리르 대변인이 혐오 발언으로 유죄 선고를 받은 사건이 있었다. 함자에 따르면 그 대변인이 유죄 판결을 받은 근거는 이스라엘이라는 국가 대신 유대인을 향해 반유대주의적 논평을 했기 때문이라고 했다.

그런데 유대 민족과 이스라엘 국가를 대체 왜 구별하지 않는 걸까? 함자의 대답은 간단했다. "우리는 이스라엘을 인정하지 않으니까요." 그럼 이스라엘의 유대인들을 왜 다르게 부르지 않는 걸까? "그들 스스로 유대인이라고 하니까요." 함자가 말했다. "게다가 팔레스타인에서 본 유대인은 언제나 이스라엘 출신이죠."

아흐메드도 지원사격을 했다. "우리는 덴마크에 사는 유대인은 상관하지 않습니다. 이슬람에서도 우리에게 그들과 전투를 벌이라고 하지 않아요. 이곳에 사는 유대인들은 이슬람과 그 추종자들에 맞서 벌이는 전쟁과는 아무 관계가 없습니다."

나는 히스브 우타흐리르가 한 국가를 향해 발언할 때와 그 국가의 시민들에 대해 발언할 때를 명확히 하지 않는 것은 심히 문제가 많다고 생각한다. 그래서 선명한 언어를 사용하는 공적 논쟁에서 이 문제를 다루어 국가와 시민을 분명히 구별했으면 좋겠다. 또한, 히스브 우타흐리르가 이슬람 전체를 대표하는 것이 아니라는 사실도 명확히 알려졌으면 좋겠다. 저들이 나라를 가르는 혐오 발언으로 덴마크를 분열시키고 있기 때문이다. 이런 분열을 다시 하나로 모으려면 아흐메드나 함자, 내가 할애한 것보다 더 많은 시간과 신뢰, 인내가 필요할 것이다.

이제 긴 논쟁의 끝에 거의 도달한 느낌이 들었지만, 마지막으로 반드시 꺼내야 할 주제가 하나 남아 있었다. "여러분의 사원 안에서 동성애자도 예배드릴 수 있나요?" 내가 물었다.

그러자 함자의 보디랭귀지가 달라졌다. 얼굴이 굳어지더니 감정을 표현할 덴마크어를 찾지 못해 말을 더듬기 시작했다. 너무 화가 난 나머지 조금 전까지 대화 내내 유지했던 마음의 평화를 더는 유지하지 못했다. "그자가 무슬림인가요?" 함자가 물었다.

"네." 나는 차분히 대답하면서 함자가 자기통제력을 잃는 모습을 즐겁게 지켜보았다.

"무슬림이면서 동성애자일 수가 있습니까?" 함자가 물었다.

나는 "많은 사람이 양쪽 다라고 자신의 신분을 밝힌답니다."라고 지적했다.

"내가 아는 사람 중에는 그런 사람은 없습니다!" 함자가 화난 듯 대답했다.

나는 함자에게 조금 전 우리가 동의한 내용을 다시 상기시켰다. 이슬람교에 따르면, 오직 신자만이 자신의 신분을 무슬림이라고 결정할 수 있는 자기결정권을 가진다고 말이다. 아흐메드는 동성애자 무슬림이 실제로 사원에 들어간 사례를 내가 직접 알고 있는지 궁금해했다.

이 문제에 너무 발끈하는 그의 모습에 살짝 웃음이 났다.

"아뇨, 그냥 가상의 질문을 드린 거예요. 다만 그런 사람들도 여기서 기도할 수 있는지 정말 알고 싶어요."

이건 함자에게는 절대 받아들일 수 없는 일이었다. "우리가 그에게 기도를 금할 수는 없죠…… 하지만…… 절대 안 돼요!" 그는 이렇게 소리치더니 눈을 굴리고 어깨를 들썩이고 아흐메드와 나를 번갈아 쳐다봤다. "이슬람교에서는 그걸 금합니다!" 그가 우레와 같은 소리로 고함쳤다. 하지만 그가 화를 낼수록 나는 더 차분해졌다. 동성애자에 대한 혐오로 그의 눈이 번뜩였다. 이스라엘에 사는 유대인에게 보내는 멸시보다 훨씬 더 깊은 혐오였다. "그건 비인간적이고…… 비정상이오." 그가 나를 향해 뱉은 공격적인 말들이 공중을 날아다녔다. 조금 전까지 내가 알던 함자의 모습은 대체 어디로 간 걸까?

함자와 아흐메드는 도저히 내 말을 이해할 수 없으리라는 것을 알았지만 나는 이렇게 말했다. "저는 알라가 모든 것과 모든 사람을 창조했다고 믿어요. 장애인, 남자, 여자, 동성애자까지도요. 그리고 오직 알라만이 벌을 주거나 상을 줄 수 있지요. 하지만 인간은 창조주 놀이를 하듯 다른 사람들을 판단합니다. 만약 알라가 동성애자를 혐오한다면 어떻게 그들을 창조했겠어요?"

함자는 물러서지 않았다. "알라가 모든 것을 창조했죠."

그는 내가 한 말을 다시 반복했다. "그리고 우리에게 선택할 권리도 주셨어요. 왜 당신은 동성애자가 되기로 선택하지 않았나요? 알라는 나를 창조했습니다. 왜 나는 동성애자가 되기로 선택하지 않았을까요?" 그들의 사고방식으로는 이 이슈에는 흑과 백, 오직 두 가지 선택만 있을 뿐이다. 함자와 아흐메드는 동성애를 우리가 스스로 선택하는 것으로 생각했다. 그래서 만약 우리가 올바르게 선택하지 않으면 거기에는 결과가 따른다고 생각했다.

과연 우리는 이 대화를 통해 무엇을 얻었을까? 궁금했다. 내가 꼭 저들의 주장을 초토화할 필요가 있을까? 최소한 한 가지 사실은 알게 됐다. 함자와 같은 보수적인 이맘과 논쟁할 때는 나 혼자 그의 주장에 맞서려 하기보다는 중도적 입장을 지닌 이맘도 논쟁에 참여시키는 것이 중요하다는 사실 말이다. 물론 나 혼자서도 충분히 주장을 펼 수 있지만 다른 이맘이 참여하면 대화의 신뢰성이 더 높아질 것이다.

신규 이주민의 저조한 투표율 이슈는 반드시 짚고 넘어가야 하는 문제다. 나는 자신의 투표권 행사를 등한시하는 이유를 납득하기 힘들다. 아마 덴마크 시민권이 나오기 전이라도 지방선거 투표권은 있다는 사실을 몰라서 그런 경우도 있을 것이다—덴마크에서 3년 이상 거주한 사람은 누구나 지방선거에 투표할 수 있다—. 또 다른 사람들의 경우에는, 그들을 대변하겠다고 하는 후보들이 그들의 이야기에 귀를 기울이지 않는 것 같아서 혹은 그들이 속한 공동체로부터 소외된 느낌이 들어서 한 표를 행사하지 않는 것일 수 있다. 게다가 많은 무슬림이 선거 부정이 만연하거나 투표소까지 가는 길이 너무 위험한 나라 출신인 것도 하나의 원인일지 모른다.

우리가 앉아 있는 카페에는 많은 젊은이들의 발길이 이어졌다. 모두 서로에게 인사하는 모습이 친근해 보였다. 오늘 이곳에 오기 전까지 내가 가지고 있던 이 사원에 대한 이미지와는 퍽 거리가 먼 모습이다. 이곳에는 분노에 찬 젊은이라고는 찾아볼 수 없었다. 그 누구도 소리치지 않았다. 위협적으로 보이는 사람도 아무도 없었다. '무서워할 것 하나도 없었네.'라는 생각이 들었다.

내 손목 위 시계를 확인했다. 처음 아흐메드가 대화 시간으로 생각했던 20분이 훌쩍 지나 거의 두 시간이 다 되어 가고 있었다. 두 시간 동안 우리는 어떤 이슈에 대해서는 신랄한 의견 대립을 보였고, 어떤 문제에는 부분적으로 합의에 도달했으며, 사소한 많은 일을 두고는 함께 웃기도 했다. 함자가 자리에서 일어서며 말했다. "자녀분들한테 여기 빵 꼭 갖다주세요." 아흐메드도 그래야 한다고 했다.

세 시간 전만 해도 나는 이 사원 앞에 서서 감히 들어갈 엄두도 내지 못하고 있었다. 그런데 지금은 사원 사람들에게 받은 빵을 들고 집으로 향하게 됐다.

위선의 카드

카페에서 나오는 길에 함자가 말했다. "우리가 여기 있는 이유는 무슬림을 위해서예요. 학교에서 기도나 히잡, 부르카를 금지하는 경우, 우리가 나서서 변호합니다. 민주주의 위선자들이 이맘의 표현의 자유를 제한하려 들 때도 우리가 나선답니다."

최근 발의된 이맘 법 이야기구나 싶었다. 국회의원 대다수의 지지를 얻은 이 법안에서는 "종교의 자유에 관한 헌법 67조에 의거, 덴마크 법을 훼손하는 범죄를 구성하는 발언은 법률로 금지될 수 있다."라고 규정하고 있다. 이 사안에 대해서는 나도 함자의 회의적인 의견에 공감한다. 가령, 유대교 랍비인 내 친구 벤트 멜키오르Bent Melchior가 덴마크 법에 저촉되는 말을 하려고 한다 치자. 실제로 그가 그런 발언을 한 것을 들은 적은 한 번도 없지만, 그냥 예를 들어 그가 어느 날 회당에서 일부다처제에 찬성한다고 했다고 가정해 보자. 그렇다면 이맘 법에 따라 그는 덴마크 법을 훼손한 죄로 처벌을 받게 된다. 하지만 그가 그곳에 같이 있던 내게 귓속말로 그렇게 말한 뒤, 내가 그 말을 큰소리로 반복한다면 나는 처벌받지 않는다.

나는 의견을 범죄화하는 것에 근본적으로 반대한다. 그 의견이 함자와 같은 이맘이 주장하는 것이건, 벤트와 같은 랍비가 주장하는 것이건, 아니면 나와 같은 전직 정치인이 주장하는 것이건 불문하고 말이다. 폭력을 선동하는 발언은 이미 덴마크 법에 따라 처벌 가능하다. 물론 사회 법규에 부합하지 않는 행동은 처벌할 수 있어야 한다. 그러나 사고방식은 금지한다고 사라지는 것이 아니다. 오히려 반대로, 침묵과 오해의 어둠 속에서 곪아 터지도록 내버려 두면 더 커진다. 더 어두운 곳에서 마치 작은 독사처럼 서로 주위를 맴돌다가 무엇이든 접촉해 오는 것은 다 물어서 사회 전체에 공포라는 맹독을 퍼뜨리게 된다. 따라서 우리는 금지하는 대신 민주적 대화와 비판적 토론을 고집해야 한다. 민주주의의 힘을 믿어야 한다. 누군가의 기본권을 박탈한다면, 더 강력한 민주주의를 얻게 되는 것이 아니라 민주주의를 파괴하려 하는 함자와 아흐메드 같은 사람들에게 더 약한 민주주의를 넘겨주는 결과만 낳게 된다.

조금 전 함자가 사용했던 위선의 카드는 신통치 않은 비장의 카드다. 우리가 누구에게나 보장되어야 한다고 주장하는 표현의 자유는 그럼에도 모두에게 적용되지는 않는다. 함자는 이것이 위선적이라고 생각한다. 나도 동의한다. 민주주의 체제 아래서 사상 경찰의 통제를 받기 시작했다는 사실이 짜증스럽다는 것은 부인할 수 없다. 사상의 표현을 처벌이라는 틀에 가둠으로써 합의를 조정하려 들다니.

몇 년 전, 예언자 무함마드를 풍자적으로 묘사한 만화 시리즈가 발표되었을 때 덴마크에 커다란 논쟁이 일어났다. 그리고 결국에는 엄청난 소란과 폭력으로 이어졌다. 무슬림 가운데에는 무함마드의 그림—인간을 묘사하는 모든 미술—을 신성 모독이라 여기는 사람들이 있기 때문이다. 무함마드 그림이 인쇄된 후, 비록 그 그림이 표현하고자 하는 바에 동의하지는 않았지만, 나는 그 만화를 그린 플레밍 로즈와 쿠르 웨스터가, 그리고 그 만화를 실은 신문사 〈윌란스포스텐Jyllands-Posten〉과 그들의 표현의 자유를 옹호했다. 그 후 세월이 지났지만 정치인들은 여전히 대다수의 관점을 대표하는 표현의 자유를 위해서만 싸우려고 한다. 그 결과, 소수는 보호받지 못하는 처지로 남는다. 이런 일이 반복적으로 발생하는 걸 볼 때마다 나는 분노를 표했다. 표현의 자유는 덴마크에 사는 모든 사람에게 보장되는 것이기 때문이다. 로키Loki에게도 보장되고 토르Thor에게도 보장되어야 한다. 지금 내가 마주하고 있는 히스브 우타흐리르 당원 두 명은 덴마크 정치인들은 이중잣대를 두고 일한다고 말했다. 나는 이들의 비판이

틀리지 않았다는 것을 인정하지 않을 수 없다.

나는 히스브 우타흐리르가 폭력을 독려하지 않는 한 금지되어서는 안 된다고 생각한다. 그들도 단스커네스 정당과 동등하게 법적 보호를 받아야 한다. 앞서 언급했듯, 단스커네스 정당은 네오나치 전력을 지닌 자가 설립한 정당으로 히스브 우타흐리르만큼의 지지를 받는다. 내 눈에는 민주주의를 훼손하려고 하는 해로운 조직으로도 보인다.

민주주의 체제에서는 나와 다른 의견을 지닌 사람들의 입에 재갈을 물리지 않는다. 그 대신, 치열한 논쟁을 한다. 설혹 취약층 사람들이 불공정한 사회를 벗어나기 위해 나와 다른 주장을 하는 사람들을 찾더라도, 그들이 보기에도 내가 하는 반대 주장이 명백해 보이도록 말이다. 이것이 바로 민주주의와 독재의 차이이다.

어떤 단체의 합법성과 집회권을 결부시켜 버리면 단체 활동을 음성화하는 결과만 낳게 된다. 오래전부터 덴마크에는 어떤 단체가 합법 단체인지, 어떤 단체의 공공 활동이 금지되는지를 둘러싼 이슈가 있었다. 가령 적법한 단체는 불법 활동을 하지 않는 한 지방자치단체 소유 건물을 임대받을 수 있지만, 불법 단체는 그렇게 할 수 없다. 만약 이맘 법이 통과된다면, 모임에서 오가는 발언을 토대로 평가하고 특권을 부여할 권한이 지방자치단체에 주어지게 된다. 이 말인즉슨,

예를 들어 히스브 우타흐리르 같은 합법 협회는 코펜하겐 시가 독단적으로 동의하지 않으면 시 소유 건물을 더는 임대할 수 없다는 뜻이다.

매우 위협적으로 보이는 집단에 대해 표현의 자유를 제한하고 싶은 충동은 나도 십분 이해한다. 히스브 우타흐리르나 그림호이 사원 같은 집단이 스스로 덴마크에 사는 모든 무슬림을 대표하기라도 하듯 이야기하거나, 무슬림 전체를 대신해 이슬람의 정의를 규정하려는 것을 보면 극도로 화가 난다. 너무도 분노가 치밀어 올라서, 나의 분한 마음을 SNS에 표현할 지경까지 간 적도 있다. 나는 그림호이 사원이 어떤 법률도 위반하지 않았음에도 무조건 사원 문을 닫아야 한다고 했다. 물론, 나도 때로는 실수를 한다. 나의 친한 친구 카르스텐 옌센Carsten Jensen 작가가 민주주의의 표현의 자유를 가장 잘 설명했다. 나는 분노가 나를 집어삼키려 들면 종종 그의 말을 되새긴다. "민주주의는 검열과 금지를 통해 지켜질 수 없다. 민주주의 체제에서는 당신만큼 당신의 적에게도 표현의 자유가 있다. 그가 폭력에 호소하지 않는 한." 언제나 포용력 있고, 해법을 찾는 것이 바로 민주주의라는 사실을 상기시켜 주는 말이다.

히스브 우타흐리르에 힘을 실어 주는 한 가지는 배타성에서 나오는 에너지다. 배타성을 이용해서 히스브 우타흐리르

는 젊은이들을 동원하여 비민주적인 공동체를 만들려고 한
다. 우리는 누구에게나—심지어 가장 악한 사람들에게도—
자유가 보장되어야 한다는 신념을 지켜야 한다.

이런 생각을 하고 있는데 함자가 미소를 지으며 내일 있는
금요 예배에 참석하겠느냐고 물었다. 그를 어디서 본 듯한
느낌이 다시 들었다. 어디서 뵌 적 있죠? 그가 왜 그렇게 낯
익은지 모르겠다며 내가 물었다.

그러자 그가 자랑스럽다는 듯 말했다. "뉴스에서 동성애
자 이야기를 공개적으로 했던 이맘이 바로 저랍니다." 그제
야 똑똑히 생각났다. 그가 한 말도 기억났다. 숨쉬기가 힘들
어지면서 그 자리를 벗어나고 싶은 마음뿐이었다.

우리는 카페를 나와 다시 사원으로 갔다. 나는 히스브 우
타흐리르의 선전 전단을 몇 장 챙겼다. 책장 앞에 서 있는데
누군가 내 이름을 불렀다. 돌아보니 아까 책 장수 브뢴쇠와
닮았다고 생각했던, 살라피스트가 틀림없다고 생각했던 바
로 그 남성이 내 쪽으로 오고 있었다. 그는 같이 이야기할 시
간이 있느냐고 물었다. 나는 "내일 금요 예배 후에 봐요."라
고 했다.

그가 "인샬라Inshallah."라고 대답했다. '알라의 뜻이라면.' 그
의 이름은 마흐무드Mahmud라고 했다.

나는 빵집으로 가서 빵을 사 주겠다는 함자와 아흐메드의

제안을 받아들였다. 뜨끈뜨끈한 피자 네 조각과 아이들을 위해 쿠키를 골랐다. 아흐메드는 명함을 건네며 함께 대화해서 고마웠다고 했다. 아흐메드는 금요 예배 때 사용할 여성 전용 출입구를 안내했다.

"히잡 쓰고 오는 것 잊지 마세요." 함자가 말했다.

나는 "인샬라."라고 답했다.

6장

끝과
끝에
서 있으면

"우리는 어둠을 무서워하는 어린아이는
쉽게 용서할 수 있다.
그러나 어른이 빛을 두려워한다면
그것은 진정한 삶의 비극이다."

 — 소크라테스

금요일. 자전거를 타고 사원으로 향하는 내 머리 위로 8월
의 태양이 뜨겁게 내리쬐었다. 그렇게 사원에 도착하니 긴소
매 셔츠 속 피부가 푹푹 익는 것만 같았다. 그래서 잊지 말라
고 당부 받았던 히잡으로 머리만 간신히 가리고 목은 드러
낸 채 금요 예배를 위해 여성 전용 출입구를 통해 모스크 안
으로 들어갔다. 히스브 우타흐리르의 여성용 기도 공간에는
총 네 명의 여성과 어린아이 한 명이 거의 침묵 속에 자리하
고 있었다. 내가 그동안 방문했던 사원들과는 매우 다른 낯
선 모습이었다. 기도가 끝난 후, 나는 테라스로 나와 남성 진
영으로 갔다. 그러나 너무 실망스럽게도 마흐무드가 오지 않
았다는 이야기를 들었다. "티테인가 15번지로 한번 가 보세

요.” 한 청년이 말했다. 그곳이 살라피스트가 모이는 장소라고 했다.

티테인가 로에 도착했지만 아무도 만나지 못했다. 바람맞았다는 생각에 짜증이 치밀려는 찰나, 휴대전화가 울렸다. 마흐무드였다. 사원에 다시 왔다며 늦어서 미안하다고 했다. 나는 자전거를 타고 다시 돌아가기로 했다. 온 힘을 다해 페달을 밟았다. 그러는 동안 날카로워진 신경이 진정됐다.

오늘 아침, 남편도 불안한 기색이 역력했다. 다녀오겠다고 말할 때 그의 걱정스러운 목소리와, 평소보다 한 번 더 포옹하는 그의 모습에서 불안이 느껴졌다.

사실, 커피 타임 때 누구와 만나는지는 거의 아무한테도 이야기하지 않는다. 사람들의 걱정을 안고 만남에 나서는 스트레스까지 더 받고 싶지 않기 때문이다. 사람들은 불안감을 금방 눈치챈다. 만약 내가 겁에 질려 웅크린 채로 약속 장소에 가면 상대방과 공통점을 찾기가 더 힘들어질 것이다. 나는 불안과 두려움이야말로 서로 다른 이데올로기 집단 사이를 가로막는 거대한 장벽의 주범이라고 믿는다.

그렇지만 남편한테만큼은 내가 어디 가는지 항상 알려 준다. 내게 혐오 메일을 보낸 사람들의 집을 방문하기 시작했을 때 처음 몇 번은 남편이 크게 걱정했다. 그러나 시간이 지나면서 불안감이 줄어들더니 더는 반대하지 않게 됐다. 내가 스스로 최선이라 생각하는 일은 결국 하고야 만다는 것을 알고 있기 때문일 것이다. 물론 대화를 마치고 언제나 아무 탈 없이 집으로 돌아왔던 것도 남편의 걱정을 잠재우는 데 도움이 된 듯하다. 하지만 나는 남편이 여전히 걱정한다는 것을 안다. 커피 타임 약속이 있는 날이면 남편은 아침 출근길에 나를 특별히 한 번 더 안아 주고, 별도의 문자 메시지—'여보, 몸조심해요.'—를 보낸다. 내가 집에 돌아오면 안도의 입맞춤도 한다. 나는 남편에게 대화 중에 어떤 논쟁이 오갔는지 들려주고, 내가 만난 사람의 모습을 그의 머릿속에 또렷이 그려 볼 수 있게 알려 준다. 먼저 그들의 인간적인 면모를 설명하는 것으로 시작한다. 그들의 집이 어떻게 생겼고, 현관에서 나를 어떻게 맞이했는지 이야기한다. 그에게 찻잔과 커피잔 사진도 보여 준다. 나는 그가 나와 함께 그 자리에 있었다고 느꼈으면 좋겠다.

그런데 오늘은 남편이 평소보다 더 걱정하는 것 같았다. 내가 히스브 우타흐리르를 찾아가서 그런 것이 아니라, 살라피스트를 만나러 가기 때문이었다. 많은 IS 조직원이 살라피스트이며, 그들 중 많은 이가 폭력을 지향한다. 몇 안 되지만 내가 길에서 만났던 살라피스트들은 범죄자이거나 정신질환자 혹은 둘 다였다. 내가 대화를 나눈 이맘들 대부분이 살라피스트는 절대 혼자 만나지 말고 반드시 공공장소에서 만나야 한다고 경고했다.

살라피스트의 악명에도 불구하고 그들의 정체를 정확히 규정하는 일은 조금 복잡하다. 살라피즘은 이슬람 주요 종파 중 하나인 수니파에 속한다. 수니파 안에는 말리크파, 샤피이파, 함발파, 하나피파라는 4개의 법학파가 있다. 따라서 어떤 법학파를 따르느냐에 따라 살라피스트라도 각기 다를 수 있지만, 공통점은 코란을 문자 그대로 읽고 따라야 한다고 믿는 점이다. '살라프salaf'라는 단어에는 '오래된'이라는 의미와 함께 '근원'이라는 의미도 내포돼 있다. 지식의 원천으로 돌아가서 아주 근본적인 이슬람을 숭배하고 싶은 살라피스트의 욕망이 드러나 있는 것이다. 살라피스트는 샤리아를 비롯한 종교 규율을 엄격히 해석해야 한다고 외친다. 이 말은 무엇보다도 사회생활과 가정생활에 다양한 의무와 금지 조항이 따른다는 뜻이다. 즉, 결혼과 성생활부터 자녀 양육에 이르기까지 모든 영역이 그 대상이 된다. 살라피스트는 사회주의와 자본주의 같은 서양의 이데올로기를 배척하고, 많은 서양식 활동에 참여하지 않는다. 그 대신, 이슬람 지식을 전파하고 사람들을 이슬람으로 개종시키는 노력을 하는 데 시간을 할애한다.

살라피스트는 소속된 법학파에 따라서만 그룹이 나뉘는 것이 아니다. 사회와 어떻게 관계를 이룰 것인지 매우 다양한 사고방식이 존재하기에 여기에 따라서도 구분된다. 예를 들면, 어떤 살라피스트는 신자들에게 그들이 살고 있는 나라를 지지하고 비폭력적 선교활동과 사회사업, 정치조직을 통해 살라피즘을 전파하라고 장려한다. 반면, 지하디스트 살라피스트로 알려진 다른 살라피스트는 샤리아 법을 지키지 않는 자에 대한 폭력 행사는 허용될 뿐만 아니라 필요하다고 믿는다. 덴마크 언론에서 접하는 살라피스트가 바로 이 그룹이다. 가령, 테러 집단 알카에다도 살라피스트 그룹 중 하나이며 IS도 마찬가지다. 이들의 공통분모는 이슬람을 극단주의적으로 해석하고, 종교라는 이름으로 저지르는 폭력을 옹호하고, 그들의 해석에 동조하지 않는 자들을 이교도로 간주한다는 것이다.

마흐무드가 어느 법학파 소속인지는 모르겠다. 그가 지하디스트 살라피스트인지 아니면 폭력 사용을 자제하는 쪽인지도 알지 못한다. 내가 아는 것이라고는, 현재 덴마크에서는 살라피스트와 그들의 경전 해석이 공개적 토론의 주요 쟁점으로 다루어지고 있어서 내가 반드시 그와 대화를 해야 한다는 것뿐이다. 중동에서 무슬림 사이에 벌어지고 있는 전쟁을 생각하면 잠을 이룰 수가 없다. IS는 대체 왜 중동에서 무슬림과 그토록 야만스럽게 싸우는 걸까? 살라피스트라면 이 문제에 대해 뭐라고 주장할까? 이런 생각을 하며 하임데일스가 로에 있는 모스크 마당에 다시 자전거를 주차했다. 그러는 동안 불안했던 마음은 호기심에 묻혀 버렸다.

나는 사원으로 가는 계단을 다시 올라갔다. 계단에서 몇몇 남성을 지나쳤지만, 아무 문제없이 중앙 출입구로 들어갈 수 있었다. 남성과 여성을 분리해야 한다는 히스브 우타흐리르의 주장을 둘러싸고 언론이 만들어 낸 드라마 같은 이야기들에 생각이 미치지 않을 수 없었다. 사람들을 갈라야 한다고 그렇게 고집부리는 것처럼 보였던 성난 남성들은 대체 지금 다 어디 있는 걸까?

냉동고 속 심장

마흐무드가 보였다. 우리는 악수는 하지 않고 인사를 나눴다. 그가 설교단 옆에 있는 작은 방을 가리켰다. 아랍어인지 쿠르드어인지 모르겠지만 마흐무드가 사원 안에 있던 한 청년에게 이야기하자 그가 우리를 따라왔다. 마흐무드가 열어준 문으로 우리는 기다란 모양의 작은 방에 들어갔다. 방 안쪽 벽에는 창문이 나 있었다. 방문 양옆에는 아랍어로 쓴 책들로 가득한 책장이 있었다. 방 정중앙에는 커다란 마호가니 책상과 그 뒤로 사무용 의자가 보였다. 사원 안과 마찬가지로 바닥에는 붉은 카펫이 깔려 있었다. 마흐무드가 책상에 앉았다. 청년이 나와 그가 앉을 의자를 가져왔다. 나는 책상을 사이에 두고 마흐무드와 마주 보고 앉았다. 중후한 가구 때문인지 방이 어둡고 작게 느껴졌다.

코카콜라는 미국산 제품이지만 이번에도 음료로 코카콜라가 제공됐다.

"미국산이건, 터키산이건, 쿠르드산이건 다 같습니다." 마흐무드가 말했다. "할랄 식품이면 우리는 다 마십니다." '할랄halal'은 아랍어로 '허락'이라는 뜻이다.

마흐무드가 다급히 말했다. "그런데 저는 히스브 우타흐리르가 아닙니다."

우리와 함께 들어온 청년은 내 왼편으로 1미터 남짓 떨어져 앉았다. 그도 마흐무드와 마주 보고 있었다. 그가 자기소개를 하지 않기에 내가 직접 누구냐고 물었다. 그의 나이는 스물다섯 살이라고 했다. 검은색 옷차림을 했고, 머리는 탈모가 시작됐으며, 가늘고 긴 턱수염을 기르고 있었다.

"어디 사세요?" 그에게 물었다.

"외스터브로요." 너무 목소리가 작아 겨우 알아들을 수 있었다.

"히스브 우타흐리르에 가입한 지는 얼마나 됐나요?" 내가 물었다.

"2~3년 됐어요."

마흐무드가 쿠르드어로 내게 말했다. "이 젊은이도 쿠르드인입니다. 우리와 같이 앉아 있으려고 여기 있는 겁니다. 저 혼자 당신을 만나는 건 금지돼 있어서요." 마흐무드가 설명했다.

나는 쿠르드어로 인사했다. 적어도 우리는 민족이라는 끈으로 연결되어 있다는 생각이 들었다. 남녀부동석에 관한 엄격한 속담은 익히 잘 알고 있다. 여자가 낯선 남자와 함께 단둘이서만 좁은 공간에 있으면, 그 방 안에 같이 있는 보이지 않는 제3자는 바로 악마라는 말이 있다. 달리 말하면, 우리가 예의 바르게 처신하도록 저 청년이 방에 같이 있어야 한다는 뜻이다. 주변을 둘러보니 문이 열려 있었다.

"문이 열려 있으면 저와 단둘이 있어도 되지 않나요?" 내가 놀리는 듯한 말투로 물었다.

마흐무드는 내가 이슬람에서 이 규칙이 엄밀히 뭐라고 되어 있는지 아는 것을 보고 확실히 놀란 듯했다. 보통은 이 규칙을 거의 따지지 않기 때문이다.

"문이 열려 있어도 저 청년은 같이 앉아 있어야 합니다." 마흐무드는 이렇게 말하며 이 대화 주제를 마무리했다. 물론, 터키의 이슬람 종파에 속하면서 문만 열어 두면 된다고 생각하는 사람들이 있다는 것은 잘 안다. 그러나 마흐무드에게는 이것만으로는 부족했다. 그는 한 걸음 더 나아갔다. 나는 이런 것이야말로 종교를 실천하는 극단적인 방식이라고 본다. 극단주의자들은 훌륭한 무슬림이라면 알라가 기대하는 것 그 이상을 해야 한다고 대개 생각한다.

그쯤 해서 이 문제는 넘어갔다. 나는 다시 청년을 보면서 쿠르드 가계의 뿌리가 어떻게 되냐고 물었다.

그는 "무쉬Mus."라고 대답했다.

"진짜 쿠르드인이군요." 내가 미소 지으며 말했다. 무쉬는 터키 동부에 있는 가장 가난한 쿠르드 도시 가운데 하나로, 생활 수준과 교육 수준이 매우 낮다.

마흐무드가 내 생각을 읽기라도 한 듯 말했다. "저 친구는 덴마크에서 태어났습니다. 당신도 저 친구 아버지를 알지 몰라요. 하지만 오늘은 그 이야기를 하려고 우리가 만난 게 아닙니다. 오늘은 저에게 주목해 주세요, 외즐렘 씨."

청년도 그의 말을 수락했다. 그는 마흐무드만 계속 응시했다. 아무런 피드백도 반응도 없었다. 그저 무언의 긍정만 있었다.

마흐무드는 발목까지 오는 밝은 회색빛 가운을 입고 있었다. 그는 책상에 앉기 전에 가운을 살짝 들어 올려서 앉았을 때 조이지 않게 했다. 가운 안에는 커다란 주머니가 달린 짙은 초록색 바지를 입고 있는 것 같았다. 가운 위에는 밝은 초록색 조끼를 입었다. 조끼 왼쪽 주머니에는 작은 메모지와 펜이 삐져나와 있었다. 끝부분이 말려 있는 긴 백발은 마찬가지로 긴 백발의 수염까지 풍성하게 이어졌다.

"제가 몇 살로 보이세요?" 그가 물었다. 65세 정도 되어 보였지만 예의상 60이라고 거짓말했다.

"고맙습니다. 나이를 참 후하게 쳐 주시는군요." 그가 미소 지으며 대답했다. "저는 정확히 쉰다섯입니다. 맞아요. 저도 육체적으로 제 나이보다 더 나이 들게 느껴요. 하지만 정신연령은 당신이 생각한 것보다 훨씬 더 높답니다."

쉰다섯 살밖에 안 됐다고? 그럴 리 없었다. 그는 이미 은퇴한 우리 아버지보다 더 나이 들어 보였다. 대체 살면서 무슨 일을 겪었기에 이렇게 폭삭 늙어 버린 걸까?

마흐무드가 자기 이야기를 이어갔다. "육체적으로는 1992년부터 덴마크에서 살고 있지만, 정신적으로는 2005년에야 덴마크에 왔답니다." 그가 말했다. "저는 디야르바키르에서 감옥에 갇혀 있었습니다."

소름이 돋았다. 어렸을 때 F. 벨라트가 쓴 《디야르바키르 소르구Diyarbakir Sorgu Ve 5 Nolu》라는 책을 조금 읽은 적이 있다. 저자는 신변 보호를 위해 필명을 사용했다. 이 책 제목은 쿠르드 정치범을 수용하는 터키에서 가장 악명 높은 감옥에서 따온 것이다. 감옥에서 쓴 이 회고록에서는 1982년부터 1987년까지 저자의 대학생 시절을 돌아보고 있다. 196쪽이 넘는 이 책은 저자가 감옥에서 겪은 고문을 자세히 묘사한다. 130쪽까지는 끙끙거리며 읽었지만, 그 이상은 저자가 겪은 바를 읽어 내려갈 정신력도 기운도 내게 없다는 것을 인정하지 않을 수 없었다. 그래서 마흐무드가 디야르바키르에 있었다는 말을 하자, 책에서 읽었던 고문 장면이 확 떠올랐다. 수감자들이 한 시간 동안이나 성기를 통해 전기 충격을 받았던 장면. 익사 직전까지 물고문 받았던 장면. 1월 한겨울에 교도관들이 그들을 벌거벗겨 밖으로 데리고 나와 추위에 대한 감각이 피부로 느껴지지 않을 때까지 얼음 위를 뒹굴게 한 뒤 감시견을 풀어 그들의 맨살을 물어뜯게 한 장면.

"당신한테 하고 싶은 말이 정말 많답니다." 마흐무드가 말했다. "질문으로 제 말을 끊지 말아 주세요. 집중력이 흐트러지니까요." 그리고는 종이 한 장을 집어 들며 말했다. "잊어버리지 않으려고 제가 이야기할 내용을 적어 왔습니다. 단식 투쟁을 워낙 많이 해서 기억력이 나빠졌거든요." 마흐무드의 눈빛은 강렬했다. 그는 몸을 앞으로 내밀며 내 눈을 똑바로 응시했다. "저는 터키의 인종 차별에 머리를 숙이지 않았습니다. 저는 투쟁을 이끈 지도자 가운데 한 명이었습니다." 그의 목소리는 차분했지만, 피곤한 기색도 역력했다.

"그래서 고문을 많이 당하셨나요?" 내가 물었다.

"남들만큼요. 우린 모두 똑같이 당했습니다." 마흐무드가 책상 위에 시선을 둔 채 꺼질 듯한 목소리로 말했다. 방 안은 침묵에 잠겼다. 나는 그를 압박하고 싶지 않았다. 그는 내게 알려 주고 싶은 말만 할 것이 틀림없었다. 예전처럼 다시 간호사로 돌아간 듯한 느낌이 들었다. 나는 외상후스트레스장애 환자들을 담당했던 경험이 있었다.

"제가 감옥에서 배운 것은 대부분의 대학교에서 가르치는 것과 같아요. 심리학, 사회학, 종교학, 무신론 등 무슨 무슨 주의라고 하는 것들을 다 배우죠. 그런데 모든 걸 경험을 통해 배웁니다. 파시즘이 특히 그래요. 사람에 대해 배우면서 육감이 발달하죠. 생존을 위해 모든 것이 중요해져요." 마흐무드가 갑자기 말을 멈추더니 나를 뚫어지게 쳐다보았다. "대야가 뭔지 아십니까?"

"안에 물을 담는 거잖아요." 내가 대답했다.

"맞아요. 하지만 어떤 종류의 대야에 어떤 종류의 물을 담는 걸까요?" 그는 내 대답을 기다리지 않고 말을 시작했다. "감옥에서는 교도관들이 하수관을 열어서 똥물과 오줌물이 감방에 흘러넘치게 했습니다. 오물이 무릎 높이까지 차오르자 교도관들이 들어왔습니다. 그들은 우리더러 터키인이라고 말하라고 했습니다. 우리가 거부하면 우리 머리를 잡고 오물 안에 넣었습니다. 그리고는 익사 직전에 머리를 꺼내

숨 쉬게 해 준 뒤 다시 물었습니다. '그래, 이제 넌 누구냐? 쿠르드인이냐 터키인이냐?' 우리가 쿠르드인이라고 하면 다시 머리를 똥물에 집어넣었습니다. 이게 바로 대야랍니다.”

그의 말이 이어질수록 이야기는 더 끔찍해졌다. “다음은 목욕 이야깁니다. 우리는 그룹별로 목욕을 했는데 교도관의 호루라기 소리에 맞춰 일사분란하게 움직여야 했습니다. 2초 안에 머리에 비누칠을 마치면 다시 호루라기를 불었습니다. 그런 다음 머리부터 발끝까지 비누 거품을 휘감은 우리를 복도로 데리고 나왔습니다. 그리고 50~60명의 교도관이 보는 앞에서 나체로 기어가게 시켰습니다. 엉덩이를 너무 높이 들고 기어가면 교도관들이 놀려서 어쩔 수 없이 몸을 바닥에 대야 했고 그러면 다시 오물이 몸에 묻었죠.” 마흐무드는 이 기괴한 엉덩이 이야기를 들려주며 웃었다. 나는 충격을 받았다.

“어느 날 저녁, 간수가 우리를 감방 밖으로 불러냈습니다. 복도에는 200명의 죄수가 모여 있었습니다. 모두 옷을 벗으라고 한 뒤, 다섯 명 정원인 감방 안에 스무 명씩 몰아넣었습니다. 감방문이 모두 닫히기 전, 사람으로 꽉 찬 감방에서 우리 가운데 한 명이 사라졌습니다. 저는 감방 안쪽에 서 있었습니다. 문 건너편에서 비명과 고함이 들렸습니다. 아주 강한 외침이었죠. 감방 안의 우리도 고함치기 시작했습니다.

'무슨 일이야?' 그들은 '아무것도 아냐.'라고 했지요. 그런 다음 다시 비명이 들렸습니다." 마흐무드가 비명 흉내를 냈다. "문이 열리고 나서야 그들이 제 친구를 겁탈했다는 걸 알았습니다." 마흐무드가 잠시 말을 멈췄다.

"강간당한 건가요?" 내가 물었다.

"나중에 그 친구는 상처를 봉합해야 했습니다." 이렇게 말한 뒤 마흐무드는 천천히 숨을 내쉬었다. 그의 눈은 젖어 있었고 목소리는 갈라졌다. 그는 울고 있었다. 나도 눈물을 참기가 힘들었다. "고문은 끔찍했지만, 최악의 상처는 그들이 우리 영혼에 가한 상처입니다." 그는 감옥에 가기 전에도 이미 아는 사람 가운데 봉합술을 받아야 했던 사람과 똑같은 일을 겪었던 사람이 있었다고 했다. 그는 폭행을 당했을 때 약혼한 상태였는데, 그렇게 당한 뒤 너무도 힘들어하다가 결국 자살하고 말았다고 한다.

이따금 마흐무드는 나를 쳐다보았다. 그렇지 않을 때는 완전히 멍해 보였다. "감옥에서 있었던 세세한 일은 많이 기억나지 않습니다. 만약 기억의 상자를 열고 그 안에 들어 있던 기억을 꺼낸다면, 책 한 권은 충분히 쓸 수 있을 겁니다." 그가 진지한 어조로 덧붙였다.

마흐무드는 투옥된 뒤 원래는 공모죄로 사형선고를 받았다. 그는 KAWA라는 불법 단체의 일원이었다. 이 단체는 모택동의 영향을 받은 공산주의 단체로 무장투쟁을 지향했다. 감옥에 갔을 때 그의 나이는 열아홉이었지만, 그의 변호사가 서류를 '어떻게 해서' 그를 미성년자로 둔갑시켰다. 이것이 그가 사형을 면하게 된 유일한 이유였다.

10년의 투옥 기간에 가족 면회는 고작 몇 번 허용된 게 전부였다. 마흐무드는 면회 장면을 현재 시점으로 묘사해 주었다. "우리는 등 뒤로 양손이 결박된 상태로 서 있다가, 교도관이 호루라기를 불면 그제야 뒤로 돌아 철창 반대편에 있는 가족을 볼 수 있습니다. 쿠르드어로 대화하려 하면 수감자와 면회자, 두 사람에게 모두 호루라기를 붑니다. 면회 시간도 줄어듭니다. 하지만 쿠르드어로 말하지 않아도 면회 시간은 2분밖에 주어지지 않습니다. 다시 호루라기가 울리면 면회 시간이 끝납니다."

수감자들이 함께 힘을 합쳐 탄압에 대항하는 날이 오리라는 희망을 품고 마흐무드는 감옥에서 지내는 동안 책을 읽고 수감자들을 교육하기로 마음먹었다. 정기적으로 단식 투쟁도 했다. 최장 단식 기간은 4개월이었다. 그러다 스물아홉 살에 석방됐다. "제 심장은 망가지지 않았습니다. 마치 그동안 냉동고에 보관되어 있었던 것처럼 멀쩡했습니다. 하지만 몸은 망가졌습니다." 마흐무드가 말했다.

마흐무드는 터키 쿠르드계 지역의 쿠르드 무슬림 가정 출신이었다. 그의 아버지는 시멘트 가게를 운영했고 어머니는 가정주부였다. 부모님은 두 분 다 가방끈이 짧은 보수적인 무슬림이었지만, 마흐무드의 형제들은 학구파였다.

어렸을 때 마흐무드는 무슬림보다는 쿠르드인이라는 정체성이 더 강했다. "고작 일곱 살이었는데도 가족들이 가끔 손님들한테 터키어로 말하면 그렇게 가슴이 아팠습니다." 어린 나이에도 그는 쿠르드족이 겪는 불의와 탄압에 관심을 가졌다. 아홉 살에는 잡지에서 처음으로 '쿠르디스탄'이라는 단어를 접하고 가슴이 두근거렸다. "그럴 줄 알았습니다. 우리도 나라가 있을 줄 알았습니다. 저는 쿠르드족에게 조국이 있다는 걸 알고 있었답니다!" 마흐무드는 이렇게 말하며 열광적으로 양팔을 들어 올렸다. 만면은 미소로 환히 빛나고 있었다. 그러나 어린 소년이었음에도 그는 '쿠르디스탄'은 큰소리로 입 밖에 내어서는 안 되는 말이라는 걸 알았다. 이스탄불, 앙카라, 이즈미르에 있는 대학교로 진학한 동네 형들이 잡지와 신문, 책을 가져다주었다. 그는 이것들을 몰래 읽고 부모님 모르게 숨겼다. 그의 아버지는 아들이 무엇을 읽고 있는지 몰랐다. "아버지는 시멘트 가게 일을 도와주기만 하면, 제가 뭘 읽고 싶어 하든 상관하지 않았죠." 마흐무드가 말했다.

1970년대에 터키에서 일어난 군부 쿠데타는 마흐무드가 살던 도시의 모든 것을 바꿔 놓았다. 많은 젊은이가 투옥되고 처형됐으며, 많은 쿠르드 단체가 항거하기 시작했다. 이른바 페시메르가 민병대(쿠르드족 민병대—옮긴이)가 산악 지역에서 결성됐다. 식량은 민병대원 가족들이 몰래 공수해 주었다. "위대한 쿠르드 민족 지도자 마수드 바르자니는 우리의 지원이 필요했습니다. 우리 아버지는 TV를 판 돈을 바르자니에게 보냈습니다. 우리 집은 우리가 살던 도시에서 가장 먼저 TV를 샀던 집 가운데 하나였습니다." 이렇게 말한 뒤 마흐무드는 침묵했다. 그의 눈동자는 먼 곳을 보고 있었다. 나는 그가 참으로 불행하다는 것을 알 수 있었다. 마흐무드는 또다시 울고 있었다. 나는 옆에 있는 청년을 살폈다. 그는 꼼짝도 하지 않았다. 나는 마흐무드에게 왜 그렇게 울컥했냐고 물었다. 그는 잠시 심호흡을 하고 눈물을 닦은 뒤 물을 조금 마셨다. "사람들이 정체성을 잃어 갔습니다. 자녀에게 쿠르드어를 가르칠 필요가 없어졌습니다. 자신이 쿠르드인이라고 말할 이유도 없어졌습니다. 아이들은 학교를 7년 다녀도 쿠르드어는 한마디도 하지 않게 되었습니다." 마흐무드는 한숨을 푹 쉬었다.

자신의 정체성을 덴마크인이라 밝혀야 할 사람은 누구인가? 이 문제를 두고 토론하면서 갖게 된 내 생각을 이제 재고해야겠다. 개인의 민족적 정체성에 대해 남들이 그 연관성에 의문을 제기할 경우, 이것이 개인의 정체성에 어떤 영향을 미칠까? 누군가가 낙인찍듯 국적을 정하는 것은 무슨 의미일까? 나는 쿠르드인 뿌리를 가지고 있고, 내 주변 사람들로부터 내 뿌리를 인정받는 것을 중요하게 생각한다. 내게 쿠르드인 뿌리가 있음을 고집스레 주장하느라, 다른 사람들과의 사이에 무사히 완공할 수 있었던 다리를 태워 먹은 경우도 참 많다. 터키 언론인, 터키 통치자, 터키 여론 주도층과 대화할 때가 그랬다.

하지만 평범한 터키 사람들과 대화할 때도 마찬가지 경험을 했다. 내가 친구로 생각했던 사람들이지만, 그들은 내 안에 있는 쿠르드 유산을 드러내려는 나의 고집을 도저히 받아들이지 못했다.

이뿐만 아니라, 나의 덴마크인 정체성과 관련해서 남들이 국적이라는 낙인을 찍으려 한다는 느낌도 받았다. 나는 덴마크 사람이다. 덴마크 시민권도 있다. 그리고 덴마크인이라 느낀다. 그럼에도 덴마크 국민당의 마틴 헨릭슨 대변인은 라디오 방송에서 그가 나를 덴마크인이라 여긴다는 말을 하지 못했다. 또한, 내가 감히 덴마크인이라 했다고 욱한 덴마크인 민족주의자들로부터 메시지도 많이 받았다. '태어날 때부터 특식을 먹는다고 돼지가 소가 되랴?' 이런 종류의 메시지였다. 나는 덴마크에서 살지만, 나를 덴마크 사람으로 만들기에는 이것만으로는 부족하다고 그들은 생각한다.

나는 내가 누구인지 잘 의식하고 있다. 이건 그 누구도 내게서 앗아 갈 수 없다. 물론, 때로는 내 정체성을 위한 투쟁에 지쳐 싸움을 포기하고 싶은 마음이 들 때도 있다. 나는 무력감에 사로잡힌 젊은이들이 "염병할 덴마크놈들!"이라고 외치는 마음을 이해할 수 있다. 자신이 원하는 존재로 인정받으려면 허락을 받아야 한다는 것이 얼마나 큰 의미를 지니는지 우리는 흔히 과소평가한다. 이 때문에 어떤 사람은 사회를 등지게 되고 "엿이나 먹어!"라며 되받아 상대를 배척하게 될 수 있다. 또 다른 선택지는 마흐무드처럼 행동하면서 자신의 민족적 정체성을 위해 싸우는 것이다.

마흐무드는 터키에서 초등학교에 다니던 시절의 이야기를 들려주었다. 같은 반 친구 중에 터키어를 하지 못해서 곤욕을 치른 친구가 있었다고 한다. "그 친구가 터키어를 한마디도 못한다고 선생님이 때렸습니다. 처음에는 왼쪽 뺨을, 그다음에는 오른쪽 뺨을. 똑똑히 기억합니다." 아침마다 마흐무드는 운동장에 서서 다른 쿠르드족 친구들과 함께 학생 선서를 큰소리로 낭독했다고 한다. "나는 터키인이다. 나는 진짜다. 나는 근면하다. 나는 터키인이라 행복하다." 1933년에 작성된 이 선서는 터키 학교에서 수업 시작 전에 모든 학생이 단체로 낭독했다. 다행히 이 치욕적이고 인종 차별적인 명령은 2013년에 폐지됐지만 마흐무드는 여전히 마음에 담아 두고 있었다.

마흐무드는 억압을 많이 받을수록 점점 더 용감해졌다. 그러나 용기를 얻은 대신 그의 부모님으로부터 물려받은 이슬람 신앙을 잃었다. 왜 쿠르드인들이 봉기하지 않는지 그는 이해할 수 없었다. 어떻게 터키의 지배에 탄압받는 상태로 계속 있을 수 있을까? 고민 끝에 그는 쿠르드인들이 터키와 전쟁을 벌이지 않는 유일한 이유를 알아냈다. "이슬람 때문이었습니다. 그래서 터키나 이란, 이라크, 시리아와 싸울 수 없었던 겁니다. 이슬람에서는 이슬람 신앙을 공유하는 사람들과의 전쟁을 금하고 있기 때문이죠." 그렇게 해서 그는 열세 살, 열네 살의 나이에 마르크스주의 철학 서적을 읽기 시작했다. "덕분에 이슬람을 거부하게 됐습니다." 마흐무드가 말했다. 그의 혁명적인 사고에 대해 가족의 우려가 매우 컸다고 한다. "우리 아버지는 아들들한테 너그러웠던 데다 정치에 대해 잘 알지 못했습니다. 하지만 어머니는 제 생각에 반대하기 시작했습니다. '알라가 너를 벌하시길. 네 사상 아래 네가 매장되길 바란다.' 같은 저주의 말도 퍼부었죠."

터키 동부 지역에서는 많은 쿠르드인이 이란, 이라크, 시리아에서 식료품을 밀반입해 들여와서 터키 내에서 되팔았다. "이 사업을 하던 사람을 한 명 알게 됐는데 그 사람이 국경 반대편의 쿠르드계 지역에서 무슨 일이 벌어지고 있는지 이야기해 주었습니다." 마흐무드가 말했다. 그때 그는 처음으로 쿠르드당Kurdish Party의 전신이자 그 당시에는 쿠르디스탄 민주당Kurdistan Democratic Party, KDP이라는 이름으로 활동하던 운동 단체에 대해 알게 됐다. 내분에 연루되어 KDP의 위대한 지도자 가운데 한 명이었던 스완 박사는 살해됐고 바자니는 이란계 쿠르디스탄 지역으로 도피했다. 이 글을 쓰고 있는 현재, 바자니는 이라크 북부 쿠르디스탄의 대통령이다. KDP는 이제는 운동 단체가 아니지만 여전히 정당으로서 활동한다. "그 시기에 쿠르드인들 사이에 일어난 분열로 많은 운동 단체와 집단, 정당이 탄생했어요. 터키 좌파와 터키 정보기관은 이런 상황을 잘 이용했습니다. 쿠르드 민족은 이제 더는 단일집단이 아니었으니까요." 마흐무드가 말했다.

마흐무드가 열일곱 살 때, 그가 다니던 고등학교의 한 쿠르드 선생님이 추방당하는 일이 벌어졌다. "도저히 받아들일 수 없었습니다. 그래서 우리는 학교를 보이콧했습니다." 그것이 마흐무드가 가담한 고등학교 봉기의 시작이었다. 그는 보이콧을 조직하는 데 참여했지만, 경찰이 학교에 들이닥쳐 대규모 체포를 벌였을 때 운 좋게도 도망칠 수 있었다. 열여덟 살 때 그는 스스로 공산주의자라 선포하고 여러 쿠르드 운동 단체에서 활동했다. 그러나 대부분의 쿠르드 조직과 운동이 자치에 대한 열망이 크지 않은 것에 실망하고 말았다.
그 후, 행동지향적인 성향이 더 강한 쿠르드 노동당^{PKK}이라
는 새로운 운동 단체에서 희망을 발견했다. 그는 PKK 당원
은 아니었지만, 앞서 언급했듯 쿠르드 저항단체 KAWA에 소
속됐다. 이 단체는 1968년 전 세계에 불어닥친 청년 저항 물
결에 뒤이어 등장했다. KAWA라는 명칭은 카와^{Kawa}라는 반군
의 이름에서 따온 것이다. 고대 전설에 따르면 카와는 시리
아 폭군 자하크^{Zahak}에 맞서 쿠르드 민족의 자유를 위한 투쟁
을 이끈 인물이다.

마흐무드는 농부들을 대상으로 억압과 계급 투쟁을 알리
는 데 주력했다. 그러는 동안 공개적으로 이슬람을 비판하지
만 않으면 그들을 동요시킬 수 있다는 것을 깨닫고 공공연하
게 이슬람을 비판하던 것을 멈췄다. 그 당시 모든 좌파의 상
징이었던 긴 머리도 짧게 잘랐다. "큰소리로 이슬람을 비판
하는 어리석은 짓은 할 수 없었습니다. 그들이 제 말에 귀를
기울이도록 하려면 저도 그들과 같은 믿음을 따르는 척해야
했습니다." 이렇게 농부들의 사고방식을 동요시키는 노력을
하는 동시에, 그는 페시메르가 민병대―즉, 바르자니―와 함
께 산악 지역에서 게릴라전 준비를 돕는 활동도 했다.

마흐무드는 여러 차례 구금되고 투옥됐다. 10년간 감옥에
서 지내며 그는 어떤 정치적 정체성을 유지할지 선택할 기회

를 얻었다. 공산당은 선택지에서 제외했다. 공산당 활동으로 이미 악명을 얻었기 때문이다. 그는 감옥에서 공산주의 투쟁에 가담할 사람을 더 많이 모집하기 위해 차라리 무소속을 선택했다.

10년 후, 냉동 보관되어 있던 심장과, 고문으로 만신창이가 된 몸을 이끌고 석방됐을 때 그의 나이는 스물아홉이었다. 그러나 바깥세상에서 그를 맞이한 것은 투옥되기 이전보다 더 약해진 쿠르드 정체성이었다. 마찬가지로 공산주의 운동 역시 1980년대에 또 한 번의 군부 쿠데타를 겪은 후 많이 위축돼 있었다. 쿠르드인들 사이의 공통된 의식은 이미 사라지고 없었으며, 남아 있는 그룹 간의 내부 다툼만 늘어난 상태였다.

책상 건너편으로 마흐무드가 기운을 끌어모으는 모습이 보였다. 그는 실망감으로 푹 가라앉은 목소리로 이야기를 이어갔다. "외즐렘 씨, 저는 감옥에서 벌어지는 일을 사람들이 다 안다고 생각했습니다." 그는 억압에 맞서 공개적인 목소리를 내려면 더 많은 사람을 동원하는 일이 중요하다는 것을 알게 됐다고 했다. 그러나 그와 같은 단체에서 활동했던 많은 조직원이 감옥에서 몸이 망가지거나 살해됐다. 결국 마흐무드는 주도적으로 쿠르드 마르크스주의-레닌주의 조직을 결성해서 활동해야겠다고 마음먹었다. 그러는 동안 터키 검찰이 마흐무드를 다시 기소했는데, 이번에는 감옥 내에서의 활동이 문제였다. 그에게 구형된 형량은 60년 징역형. 마흐무드에게는 도주 말고는 선택지가 없어 보였다. "경찰이 저를 뒤쫓았습니다. 저는 달아나야 했습니다. 친구, 적 할 것 없이 모두가 도주하라고 조언했습니다." 쿠르디스탄을 떠나고 싶지 않았던 마흐무드는 이라크 북부에 위치한 남쿠르디스탄으로 갔다. "마찬가지로 좌파였던 잘랄 탈라바니가 이끄는 단체가 저를 환영하며 받아 주었습니다." 탈라바니는 훗날 이라크의 대통령이 된 인물이다.

모든 쿠르드 단체와 조직, 정당을 세세히 꿰차고 있는 마흐무드의 지식에 나는 깊은 인상을 받았다. 분명, 그는 대의명분에 몸과 마음을 전부 바쳤고, 운동 단체들의 내분, 공통점과 차이점을 잘 알고 있었다. 언어 구사 능력도 뛰어났다. 쿠르드어, 아랍어, 터키어, 영어는 유창했고 덴마크어도 할 줄 알았다.

KAWA 출신의 마흐무드의 친구 가운데 한 명이 이라크 북부 지역에서 살해되었을 때, 누군가 KAWA 중앙위원회가 그 배후에 있다고 경고했다. "저도 몸조심하라는 이야기를 들었습니다." 그 사건 이후, 마흐무드는 한시도 경계를 게을리하지 않았고 이란으로 건너가 망명 신청을 했다. 테헤란에서 그는 덴마크에 가면 망명도 받아들여지고 고문으로 인한 상처도 치료받을 수 있다는 이야기를 들었다. 덴마크에 가겠다는 그의 꿈은 몇 년간 연기됐고, 그동안 그는 쿠르디스탄에서 기다렸다. "덴마크 대사관에서는 제 망명 신청을 거부하면서 유엔 난민센터를 찾아가라고 했습니다." 마침내 그곳에서 마흐무드는 10년간의 투옥기간을 포함해서 지난 13년간 투쟁을 벌였다는 것을 입증하는 서류를 국제사면위원회로부터 받을 수 있었다. "비밀투표 보고서에는 제가 학대를 받았고 계류 중인 소송들이 있다는 내용이 있었습니다." 그리하여 1992년 2월 29일, 마흐무드는 마침내 코펜하겐 공항에 도착했다.

　방 안이 따뜻해서 내가 쓴 히잡 아래로 땀이 흘렀다. 내 옆의 청년을 다시 한번 살폈다. 여전히 양손을 무릎 위에 가지런히 모은 채 정면을 보고 있었다. 우리가 세뇌된다면 이런 모습일까? 무슨 말을 들어도 우리는 절대 아무 영향 받지 않는다고 할 수 있을까? 궁금하다.

　모든 면에서 마흐무드의 이야기는 극단적이다. 어떻게 한때 공산주의자였던 사람이 살라피스트가 될 수 있었을까? 어떻게 그는 양극단을 오갈 수 있었을까? 이미 한번 외곽에 몸담아 봤기 때문에 다시 새로운 급진적 입장을 선택하기가 더 쉬운 걸까? 많지는 않지만 굉장한 논쟁을 불러일으키며 입장을 선회한 사람들 중 내가 아는 이들은 정치를 하면서 만난 사람들이다. 올레 손Ole Sohn은 공산주의자로 출발해서 결국에는 사민당원이 되었다. 카렌 예스페르센Karen Jespersen은 처음에는 극좌에서 출발했다가 좌파를 떠난 후, 현재는 이주민과 무슬림에 대해 지극히 부정적인 기사나 경우에 따라서는 거짓 기사를 내는 것으로 유명한 〈쇼트 뉴스페이퍼Short Newspaper〉를 발간하고 있다. 쇠렌 에스페르센Soren Espersen 역시 극좌 소속이었으나 지금은 덴마크 국민당에서 선봉장 역할을 맡고 있다. '이맘'이라는 호칭으로 유명한 아흐메드 아카리Ahmed Akkari도 마찬가지다. 그는 가짜 무함마드 그림을 들고 돌아다니며 중동 국가들을 격분하게 만들면서 무함마드 만평 사태를 촉발했지만, 현재는 그가 지지했던 모든 것을 포기한 것으로 보인다. 이 모든 사례는 사상의 급격한 변화가 가능하다는 사실을 잘 보여 준다. 이뿐만이 아니다. 내가 알기로 터키의 많은 좌파와 공산주의자가 1970년대와 1980년대에 군부 쿠데타를 겪은 뒤 공허감을 느꼈다. 그 가운데 일부는 끔찍한 트라우마를 입고 죽을 때까지 파괴된 삶을 살았다. 그들은 소외됐고, 친구들은 살해됐으며, 일부는 고문을 견디지 못하고 터키 당국에 정보와 명단을 넘겨준 죄로 그들이 속했던 단체로부터 배신자 딱지가 붙었다. 우파로 전향해 결국에는 터키 사민당원이 된 사람들이 있는가 하면, 극좌로 완전히 고립된 사람들도 있다. 또 어떤 사람들은 종교에서 답을 찾기 위해 나서기도 했다.

덴마크에 도착한 마흐무드는 오래지 않아 다른 쿠르드인들을 발견했다. "저는 덴마크에서는 정치에 개입하지 않으려 했습니다. 쿠르디스탄으로 돌아갈 수 있을 때까지 몸을 낮추고 지내고 싶었습니다. 그런데 제가 KAWA 조직을 위해 덴마크에 왔다는 루머가 금세 퍼졌습니다. 당시 덴마크 KAWA 의장이 너무 적극적이지 않다고 사람들의 불만이 많던 때였습니다. 의장은 가물에 콩 나듯 잡지에 기고하는 것 외에는 아무것도 하지 않았거든요." 점차 마흐무드는 어떻게든 개입해야겠다고 느꼈다. "그러던 차에 어떤 사람이 접근해 와서 KAWA와 거리를 두라고 했습니다. 안 그랬으면 제가 조직 전체를 장악했을 겁니다. 그리고 바로 이런 이유로 중앙위원회에서 그에게 '문제를 해결'하라고 요구했다고 했습니다."

마흐무드는 내게 '문제를 해결'하는 것이 무슨 뜻인지 아느냐고 물었다. 내가 대답하지 않자 그가 설명하기 시작했다. "그들이 저를 죽이려 한 겁니다. 그래서 저를 찾아온 그 사람에게 나를 직접 죽일 거냐고 물었습니다. 하지만 그는 그렇게 하지 못했습니다." 이제 마흐무드는 확실히 알게 됐다. 터키 당국뿐만 아니라 쿠르드 운동 단체들과 그가 소속됐던 조직 사람들도 그를 죽이고 싶어 한다는 것을. 그 즉시 그는 KAWA에 개입하는 것을 그만뒀다. "KAWA는 제게는 더 이상 존재하지 않는 조직이 되었습니다." 그가 말했다.

덴마크에서 살게 된 시절 이야기로 접어들며 마흐무드의 이야기가 점점 두서없어지기 시작했다. 내가 그에게 듣고 싶은 말은 왜 살라피스트가 되었는지, 정확히 무엇 때문에 그런 일을 하게 되었느냐 하는 것이었다. 그러나 구체적인 건 아무것도 없었다. 많은 에피소드와 경험, 상황이 쌓여 지금의 마흐무드를 만들었기 때문이다.

1999년, 마흐무드는 코란을 읽기 시작했다. 이번에는 어렸을 적 부모님이 시켜서 억지로 읽었을 때와는 달랐다. "쿠르디스탄으로 가서 제 손으로 쿠르드 조직을 세우기 위해 코란 속 모순점을 찾아내려고 했습니다. 하지만 코란에서는 모순되는 부분을 발견할 수 없었습니다." 마흐무드가 말했다. "그해, 1999년에는 일식이 있었는데, 어떤 선생님이 미래를 예언할 수 있었던 노스트라다무스 이야기를 들려주었습니다." 마흐무드는 누구도 미래를 예언할 수 없다는 사실을 논리적으로는 잘 알고 있었지만, 그럼에도 이런 예언에 마음을 빼앗겼다고 한다. 마흐무드가 노스트라다무스의 예언에 관한 책을 한 권 꺼내더니 내게 보여 줬다. 형광펜으로 표시한 부분도 많았다. 그는 이 책에 적힌 예언에 대해 열심히 설명했다. 미래를 예언할 수 있었던 것은 노스트라다무스만이 아니었다고 그가 말했다. "저는 코란을 아주 잘 알았습니다. 예언자 무함마드가 한 미래에 대한 예언도 잘 알았습니다. 미래에 대한 정보는 존재했습니다." 마흐무드는 열성적으로 이야기하고 있었다. 생기가 돌고 또렷한 목소리였다. 고문 이야기를 할 때 보였던 약하고 슬픈 모습은 온데간데없었다. 노스트라다무스를 알게 된 것이 그에게 전환점이 되었음이 분명했다. "그렇게 코란을 계속 읽어 나갈 에너지를 얻었습니다. 모순을 발견하기를 기대하며 가장 중요한 구절들을 읽었습니다. 하지만 아무런 모순도 발견하지 못했습니다." 마흐무드가 말했다. "그 대신 코란에는 빠져 있는 것들이 보이기 시작했습니다. 왜 여성의 권리에 대한 언급은 하나도 없을까? 왜 도둑의 손을 잘라야 하는 걸까?" 나중에 마흐무드는 예언자 무함마드와 알라를 믿지 않는 사람들은 이교도로 죽을 것이라는 코란 속 구절을 발견했다. 그 후로 그런 생각을 떨쳐 버리기가 힘들었다고 한다.

　마흐무드는 하고 싶은 이야기가 더 많은 모양이었지만, 시간이 부족했다. 나는 아이들을 데리러 가야 했다. 그래서 우리는 주말을 보낸 후 같은 장소에서 다시 만나기로 했다. 마흐무드가 자리에서 일어서자 청년도 따라 일어섰다. 어떻게 두 시간 가까이 의자에서 꼼짝도 하지 않고―그리고 우리가 하는 말에 끼어들지도 않고― 가만히 앉아만 있을 수 있는지 놀라웠다. 정말 단 한 번도 움찔하지 않고 말이다!

진짜 무슬림

다음 월요일에 사원을 다시 찾았다. 대화할 방도 바뀌었고, 우리와 함께 자리할 제3의 남성도 다른 사람으로 바뀌었다. 하지만 마흐무드는 같은 옷차림이었다. 그래서 대화를 이틀간 쉬었다는 느낌이 전혀 들지 않았다. 마치 5분 전에 헤어지고 다시 만난 것처럼 그가 대화를 계속 이어갔다.

마흐무드는 덴마크에 도착한 직후의 이야기를 들려주었다. 그는 뇌레브로에 있는 청년의 집과 국제 포럼에 합류했다. "좌파 말고는 공동체의 누구와도 접촉하지 않았습니다." 주변의 몇 사람이 그의 긴 머리와 수염을 보고 무서워하기는 했지만, 그는 그곳이 더 마음 놓였다. 밖으로 나가면 상황이 더 힘들어졌기 때문이다. "도서관, 약국, 어디를 가건 항상 문제가 생겼습니다." 그가 말했다.

"왜죠?" 내가 물었다.

"좋은 질문입니다." 이렇게 대답하면서 그가 외모 이야기를 하며 미소 지었다. "그 당시의 제 사진을 보시면 아실 겁니다."

그의 이야기를 들을수록 그 당시 그가 많은 문제와 갈등을 겪었다는 것을 알 수 있었다. 어느 날, 버스 정류장을 출발하던 버스가 그를 치는 일이 벌어졌다. 운전사가 일부러 그랬다고 확신한 그는 달려서 버스 뒤를 쫓았다. 교차로에서 버스를 따라잡은 그는 차를 잡아 세우고 운전사에게 사과를 요구했다. 운전사가 경찰을 부르면서 사건이 금세 커졌다. 결국, 마흐무드는 현장에서 양손을 뒤로 결박당하고 말았다. 그는 자신이 왜 이런 취급을 받는지 이해할 수 없었다. 그가 생각하기에 잘못한 것은 그가 아니라 버스 운전사였기 때문이다. 그는 강제 치료 명령을 선고받고 정신병원에 강제 입원됐다. 그리고 한 달 반이 지나서야 풀려났다. 병원에 입원한 것은 이것이 유일했지만 그 후로도 끔찍한 에피소드가 숱하게 이어졌다. 정점을 찍은 건 2005년 코펜하겐 중앙역에서 한 네오나치 집단과의 싸움에 연루된 일이었다. 마흐무드에 따르면 네오나치들이 집회를 여는 와중에 그를 공격했다고 한다. "그들은 저를 유대인으로 생각했습니다." 마흐무드는 커터칼을 꺼내서 무리 중 한 명의 얼굴에 휘둘렀다. 법정에서 그는 이 행동이 정당방위였음을 입증하지 못했다.

　나는 마흐무드를 제대로 파악하느라 애를 먹었다. 그동안 당했던 고문으로 머리가 아프게 된 걸까? 아니면 단순히 독기를 품고 있는 걸까? 버스 운전사 이야기는 진짜일까 아니면 환각일까? 모르겠다. 마흐무드는 자신은 정신병자가 아니라고 했다. 혹시 복용 중인 약이 있냐고 그에게 물었다. "아뇨." 그가 답했다. "저는 한 번도 약을 먹은 적이 없습니다." 나는 흩어진 퍼즐 조각들을 맞추려고 안간힘을 썼다. 자, 여기 앞에 앉아 있는 남자는 극도의 고문을 당한 뒤, 커다란 공허감을 안고 덴마크로 건너와서 쿠르드족 환경에 녹아들지 못했다. 그가 믿었던 쿠르드 운동 단체는 분열됐고, 그의 삶을 지탱했던 정치 이론은 소비에트의 붕괴와 함께 무너졌다. 그는 코란에서 자신이 그토록 찾던 모순을 발견하지 못했다. 어쩌면 이 모든 일을 겪었기에 그는 코란을 이해하게 된 게 아닐까? 모르겠다. 하지만 대체 무엇 때문에 그가 살라피스트가 됐는지는 여전히 의문이었다.

"저는 지금도 그리고 죽을 때까지도 무슬림입니다. 저는 진심으로 알라를 믿다가 죄 없이 죽음을 맞이하고 싶습니다. 이슬람의 진리를 깨닫지 못한 모든 덴마크인에 대한 책임을 제가 떠안은 채 죽음을 맞이할까 정말이지 두렵습니다. 알라께서 제게 묻겠죠. '내게서 얻은 지식을 왜 전하지 않았느냐?'"

내가 무엇이 두려우냐고 묻자 그는 이렇게 말했다. "가장 나쁜 사람은 이교도가 아닙니다. 무슬림처럼 차려입고서 의로운 무슬림으로 살지 않는 자들이 가장 나쁜 사람들입니다."

마흐무드가 무슨 말을 하는 건지 여전히 의아했다. 나에 대해 의구심이 든다는 뜻일까? 내가 진짜 무슬림인지 아니면 진짜처럼 행세만 하는지 의심스럽다는 말인가? 아니면 마흐무드는 정말로 무서운 걸까? 행여나 알라가 자신을 진짜 무슬림으로 생각하지 않을까 겁이 나는 걸까? 왜냐면 그는 이슬람의 메시지를 덴마크인들에게 충분히 전파하지 않았으니까. 혹은 예전에 무슬림인 척 가짜로 행세하면서 쿠르드 농부들을 공산주의로 포섭해 봉기를 일으키려 했으니까. 궁극적으로 알라의 눈에 진짜 무슬림으로 보이지 않을 수 있다는 두려움이 그를 이끄는 원동력이란 말인가?

그러고 보니 우리 대화의 성격이 바뀌어 있었다. 종교적 주장과 서사의 비중이 더 커진 것이다. 그중에는 말도 안 되는 내용도 있었다. 그는 내가 지금껏 들어 보지 못한 이야기를 하기도 했다. 반면, 듣고 듣고 또 들어 본 이야기들도 있었다. 코란과 경전에 대한 마흐무드의 해석 중에는 나를 놀라게 하는 결론도 있었다. 그는 신앙 고백에 대해서는 강경한 태도를 보였다. 그의 눈에는 일말의 의심도 없었다. "무슬림은 그들의 고유한 규칙을 지켜야 합니다. 신앙 고백에 진심이어야 하고, 코란에 나오는 계약을 지켜야 합니다. 그런데 무슬림은 기본적인 규칙을 준수하지 않아서 세력을 잃고 말았습니다." 마흐무드는 한때 무슬림이 어떻게 세계를 호령했는지 자랑스럽게 설명했다. "무슬림이 인도네시아까지 뻗어 나갈 수 있었던 것은 전쟁과 무기 때문이 아니라 선행 덕분이었습니다."

이런 그의 분석에 나는 전적으로 동의하지는 않는다. 마흐무드가 언급한 오스만제국은 나라를 하나씩 정복할 때마다 잔혹한 방법을 동원했던 것으로 유명하다. 나는 "그럼 무력에 의한 이슬람 전파를 옹호하시나요?"라고 물었다.

마흐무드는 잠시 말을 멈추고 생각했다. 그런 다음 상냥해진 목소리로 대답했다. "외즐렘 씨, 정당방위는 폭력이 아닙니다. 무슬림에게 그들의 땅을 이슬람이 지배하게 할 권리를 준다는 알라의 계시를 받기 전까지, 예언자 무함마드도 메카에서 자기 자신을 방어했습니다." 마흐무드는 불안해 보였고 이 이슈가 썩 달갑지 않은 모양이었다. 그는 "이 주제는 별로 관심 없습니다."라고 했다. 들어서 아는 바가 없어서 자세한 부분까지 들어갈 수 없다고도 했다. 그는 이 대화가 어떤 방향으로 가고 있는지 알았다. "질문이 무슨 뜻인지 잘 압니다." 그는 마치 내 생각을 꿰뚫어 본 듯 말했다.

그래서 나는 더 단도직입적으로 묻기로 했다. "당신은 IS가 이슬람을 대표한다고 믿습니까?"

그는 "그에 관해서는 견해를 밝히고 싶지 않습니다."라고 답했다. 처음으로 마흐무드와의 대화가 한계에 부딪혔다. 왜일까? 내가 그의 대답을 이용해서 그를 공격할까 걱정된 걸까? 아니면 솔직한 의견을 말하고 싶지 않아서?

나는 편향된 생각을 하고 있었다. 그가 IS를 지지한다고 추정하고 있었다. IS에 가담하는 청년의 절대다수가 살라피스트이므로, 마흐무드도 마찬가지일 것으로 추측했다. 물론, 이런 생각이 역겹고 불공정한 일반화라는 것은 인정한다. 하지만 내 편견이 맞는지 보기 위해 그런 일반화를 고수하는 길을 선택했다. 나는 그의 눈을 똑바로 보며 말했다. "당신이 IS에 동조하는지 알고 싶어요."

지금까지 폭포수처럼 말을 쏟아내던 마흐무드는 꿀 먹은 벙어리가 되었다. 갑자기 조용해지더니 마침내 입을 열었다. "그건 제가 알 바 아닙니다."

"왜죠?" 내가 물었다.

마흐무드의 심기가 불편해졌다. "제가 하는 말에 전혀 집중하지 않으시는군요." 그가 말했다. 그러더니 애매모호한 말을 던졌다. "저는 덴마크에서 보호받은 걸 감사히 생각하는 사람입니다." 그가 말했다. "그러나 만약 압둘라 오칼란(PKK의 지도자)이 코란을 부정한다면 그와도 맞서서 전투를 벌일 겁니다."

그러니까 이교도들이 코란에 대한 IS의 해석을 부정하기 때문에 IS가 그들과 전쟁을 벌이는 것이 옳다고 생각한다는 뜻인가? 대체 마흐무드가 내게 하려는 말이 뭘까? "마흐무드 씨, 전투가 뭔가요?" 내가 물었다.

마흐무드는 내 질문에 다른 식으로 대답했다. "무슬림의 권리와 알라가 내린 법은 반드시 지켜져야 합니다. 외즐렘 씨, 당신에게 히잡을 꼭 써야 한다고 말하는 건 제가 하는 말이 아닙니다. 그건 알라의 계명입니다. 제 계명이 아닙니다. 그런데 알라는 간음을 저지른 자는 투석형에 처해야 한다는 계시도 했습니다."

"투석형에 찬성하세요?" 내가 물었다.

"저는 알라가 우리에게 계시한 것에 찬성합니다." 그가 말했다. "당신도 그래야 합니다. 흔들리지 말아야 합니다."

나는 그의 말을 가로막았다. "이슬람에 대한 해석은 참 많지 않나요?"

마흐무드의 표정이 심각해졌다. "어떤 종류의 해석을 말씀하시죠?" 그가 물었다.

나는 다양한 해석에 관해 이야기했다. 어떤 무슬림은 종교에 대한 접근 방식이 극단적인가 하면, 어떤 무슬림은 비교적 실용적으로 종교에 접근한다고 설명했다. 그 예로, 대다수의 무슬림은 민주적 선거에서 투표하지만, 히스브 우타흐리르를 추종하는 극소수는 무슬림이 투표하면 안 된다고 믿는다는 이야기를 했다.

그러자 마흐무드가 코란을 꺼냈다. 한참을 뒤지더니 수라 알 하시르Surah al-Hashr, 제59장, 7절을 찾았다. 그리고는 마지막 문장을 강조했다. "사도가 너희에게 주는 것은 수락하되 사도가 금기한 것은 삼가라. 그리고 알라를 두려워하라. 실로 알라께서는 엄한 징벌을 내리시니라." 마흐무드는 이 내용이 그에게는 매우 중요하며 그가 살라피스트가 된 가장 결정적인 이유라고 했다. 나는 의자에서 몸을 앞으로 내밀며 귀를 기울였다. 어쩌면 여기에 퍼즐을 맞출 중요한 조각이 있을지 모른다. 그가 말했다. "우리는 알라가 우리에게 주시는 것은 모두 받아야 합니다."

과연 마흐무드는 코란을 정말로 문자 그대로 따르려는 걸까? 나는 그에게 코란에는 많은 수라Surah(장을 뜻하는 아랍어)가 있으며 이는 다양한 방식으로 해석될 수 있다고 열심히 설명했다.

"그러면 안 됩니다." 그가 말했다.

나는 계속 설명했다. "코란에는 수천 가지 방법으로 번역될 수 있는 구절들이 많아요."

이 논법은 내게 익숙한 것이었다. 여러 온건파 이맘의 설교에서 자주 들어 보았기 때문이다. 코란은 보는 사람에 따라 다양한 각도로 볼 수 있다는 것을 무슬림들이 알아야 한다는 것이 그들의 주장이었다. 해석의 문제는 매우 중요하다. 대부분의 열혈 급진파가 코란을 이용해 알라의 이름으로 그들이 저지르는 학대를 정당화하는 것은 극단적인 흑백논리로 이슬람을 해석하기 때문이다. 그래서 이 문제는 여러모로 전반적인 무슬림 간 갈등의 초점이 되고 있다.

"아뇨, 그렇지 않습니다." 마흐무드가 말했다.

나는 "그렇게 다양한 의견이 있다는 것, 바로 그게 제가 하고 싶은 말이에요."라고 대답했다.

그러자 마흐무드는 그가 나를 어떻게 생각하는지가 여실히 드러나는 말을 했다. "그건 이교도와 이슬람을 적대시하는 자들의 주장입니다."

나는 이의를 제기했다. "그렇다면 수니파 무슬림과 시아파 무슬림의 차이를 뒷받침하는 근거를 대 보세요……."

마흐무드가 내 말을 끊으며 감정이 격해진 목소리로 말했다. "시아파는 무슬림이 아닙니다."

나는 이 한마디에 충격을 받았다. 마흐무드가 나를 이교도로 보는 것은 충분히 이해할 수 있다. 하지만 방금 마흐무드가 주장한 내용을 보면 그를 IS 지지자나 다른 지하디스트 살라피스트와 한통속으로 묶어야 한다. 바로 IS 테러리스트들이 시아파 무슬림은 불의한 자들이므로 그들의 원수라고 주장하기 때문이다. "수니파만 진짜 무슬림이 될 수 있는 건가요?" 나는 깜짝 놀라서 물었다.

"또 누가 있습니까?" 그가 대답했다. "코란을 따르는 사람들만이 무슬림이 될 수 있습니다."

나는 내 귀를 의심했다. 진심으로 하는 말 맞아? 이것은 오직 가톨릭 신자만이 그리스도교인이라고 하는 것과 같았다. 신교도나 정교회 신자를 비롯하여 그리스도교 내 다양한 종파를 믿는 사람들은 그리스도교인이 아니라고 하는 것과 같았다.

마흐무드가 수백만 무슬림을 인정하지 않을 거라는 사실에 내가 격분했듯, 그 역시 수니파가 아니어도 누구나 무슬림이 될 수 있다는 내 주장을 그냥 듣고 넘기지 못했다. "예언자 무함마드는 그의 신자들이 73개 분파로 나뉜다고 말했습니다. 그리고 한 분파 외에는 나머지 모두 결국에는 지옥에 떨어질 것입니다." 마흐무드가 검지를 올리며 말했다.

"하지만 누가 무슬림인지 정의하는 문제는 이런 것 아닌가요? 만약 자기 자신이 무슬림이라고 느끼면 다른 사람이 그를 무슬림이 아니라고 생각할 수 없는 것 아닌가요?" 내가 물었다.

"맞습니다." 마흐무드가 인정했다.

앞서 히스브 우타흐리르 사람들과 논쟁하면서 신앙 고백한 IS를 무슬림이 아니라고 보면 안 된다고 그들이 주장할 때 이 규칙을 주장하느라 애를 먹긴 했지만, 이번에도 이 규칙을 적용하고 싶었다.

"하지만……" 마흐무드가 말을 이어갔다. "스스로 무슬림이라고 말하는 것만으로는 부족합니다. 행동으로도 보여 줘야 합니다."

나는 속으로 나도 같은 의견이라고 생각했다. IS 테러리스트는 결코 무슬림이 될 수 없다는 것이 바로 내가 하고 싶은 말이었다.

"무슬림이 되려면 세 가지가 필요합니다." 마흐무드가 말했다. "첫째, 스스로 무슬림이라고 말해야 합니다. 둘째, 자신이 무슬림임을 가슴으로 느껴야 합니다. 그리고……."

"……셋째, 자신이 무슬림임을 보여 줘야 하죠." 그가 하던 말을 내가 가로채 마무리했다. 그런 다음, 다시 한번 이슬람에 대한 내 지식을 드러내며 그를 놀라게 했다. "그럼 알레비파는 어떻게 생각하세요?" 내가 질문했다. 알레비파는 대개 사원에 가지 않고 그들만의 예배 장소에서 기도한다. 남자와 여자가 함께 기도하고, 음악이 신앙생활에서 중요한 역할을 한다. 이들은 우주와 알라가 하나라고 여긴다. 그들이 목표로 지향하는 인간상은 인간 발달의 최고 단계에 도달하는 것, 즉 완벽한 인간이 되는 것이다. 알라가 우주와 같다고 믿는 만큼, 알레비파는 인간, 자연, 환경, 동물을 매우 중요하게 여긴다. 수많은 세월 동안, 수많은 정권 아래에서 알레비파는 그들을 진짜 무슬림이 아니라고 주장하는 수니파 무슬림에 의해 박해당하고 살해됐다.

알레비파를 언급하자 마흐무드는 진심으로 "유주 빌라

billah."라고 말했다. 이는 '알라가 반드시 우리를 악마로부터 보호할 것이다.'라는 의미다. 마흐무드는 알레비파를 인간의 탈을 쓴 악마로 여겼다. 그가 다시 목소리를 높였다. 내가 알레비파도 무슬림이 될 수 있다는 주장을 진지하게 하는 것이 도무지 이해되지 않는 모양이었다. "그들은 무함마드를 믿지 않습니다. 그 대신 무함마드보다 강하다며 알리Ali를 믿습니다." 그가 잔뜩 화난 목소리로 말했다.

나의 시댁이 알레비파이기에 나는 이 말이 틀렸다는 것을 안다. 하지만 그에게 시댁 이야기는 하지 않기로 했다. 사실, 알레비파는 무함마드를 믿는다. 다만 무함마드의 사위인 알리가 무함마드의 제1 후계자였다는 점을 강조할 뿐이다. 이에 반해, 수니파는 무함마드의 후계자를 합의를 통해 선출해야 한다고 믿었던 다수가 세운 종파다. 하지만 내가 어떤 논거를 대고 어떤 식으로 반박하건, 마흐무드는 내가 하는 말이 진실이 아니라고 했다. 그러면서 "알리는 코란에 언급조차 되어 있지 않다."라고 했다.

"아뇨, 당연히 코란에 언급되어 있어요." 내가 대답했다.

마흐무드는 성이 난 듯 코란을 책상 위로 던지며 말했다. "그럼 어디 나와 있는지 보여 주시오!"

그의 확신이 나를 반신반의하게 만든 것인지, 아니면 그를 설득하는 데 들일 노력을 생각하니 눈앞이 캄캄해진 것인지 모르겠다. 그만 포기하고 싶어졌다.

하지만 마흐무드는 내가 반신반의한다는 것을 간파했다. "대체 누가 그런 말을 한 겁니까? 지금 전화해 봐야 하는 것 아닙니까? 전화해서 물어봐야 하지 않겠어요?" 그가 집요하게 몰아붙였다. "만약 이렇게 코란과 반대되는 말을 하고 코란을 속인다면 당신도 마찬가지로 카피르가 되는 겁니다." 그는 손으로 책상을 내리치며 거의 외치듯 말했다. "그런 뜻이 아니었다면 당장 알라께 용서를 구하세요. 이건 아주 위험한 상황입니다." 잔뜩 화가 난 마흐무드를 보니 이제 그를 놓치고 말았다는 생각이 들었다. 우리 사이의 갈라진 틈이 너무 깊어져서 다리를 놓는 일이 불가능해지고 말았다.

나는 마흐무드에게 질문했다. "당신이 실수하면 그 죄를 벌할 만큼 당신의 알라는 냉혹한가요?" 그가 어느 정도까지 화를 낼지 알고 싶었다.

"알라는 가장 엄하게 벌하는 분인 동시에 가장 자애로운 분입니다." 마흐무드가 답했다. 죄인이 회개하면 알라는 언제나 그 죄를 용서한다고 했다. 사실, 우리가 지금 벌이고 있는 논쟁은 무슬림 사이에서 벌어지는 중동 전쟁의 핵심이기도 하다. 의로운 무슬림으로 산다는 것의 정의를 누가 내릴 수 있을까? 그리고 이 정의에 들어가지 않는 사람들은 어떻게 대해야 할까?

이슬람 안에는 워낙 많은 종파가 있어서 어디가 머리고 어디가 꼬리인지 갈피를 잡기가 불가능하다. 그래서 덴마크 안에서 무슬림을 너무 일반화하면서 토론하는 것을 보면 커다란 좌절감만 더해질 뿐이다. 왜냐면 이슬람은 절대로 동질적인 집단이 아니기 때문이다. 수니파 무슬림은 네 개의 법학파로 나뉘어 있는 데다 시아파 무슬림은 완전히 다른 종파다. 이뿐만이 아니다. 이 가운데 많은 집단이 코란 해석을 둘러싸고 서로 다른 의견으로 대립하고 있다. 그들은 누가 제대로 된 무슬림인지, 누구를 싸워 물리쳐야 하는지 서로 다투고 있다. 결국, 모든 것이 이슬람에 대한 다양한 해석들 사이의 전투로 귀결된다. 이런 모습은 중동에서 전쟁이 발생할 때 가장 극명하게 드러난다.

그러나 덴마크 국내에서는 모든 것이 서로 다른 종교 간의 투쟁으로 축소된다. 딱 하루만 할애해서 어떤 한 종교의 내부에 존재하는 갈등과 견해 차이를 숙지하게 되면, 그 미묘한 차이를 훨씬 명백하게 알게 된다. 나는 무슬림이며 폭력을 부르짖지 않는다. 나는 이슬람 내 각 종파의 좋은 요소들을 볼 줄도 알지만, 등골을 오싹하게 하는 어두운 해석들도 볼 줄 안다.

나는 코란에 대해 내가 알고 있는 바가 옳다는 생각을 굽히지 않으려 노력했다. 내가 옳다는 자신감이 있었지만, 그럼에도 한구석에서는 반신반의하는 마음이 고개를 들었다. 바로 이런 식으로 저들이 젊은 층을 전향시키는 걸까? 나는 이맘이 없으면 내가 길 잃은 어린 양과 같다는 것을 깨달았다. 내가 코란의 모든 구절을 속속들이 다 알 가능성은 전혀 없다. 마흐무드와 나는 서로 말을 주고받을 수는 있었지만 우리는 완전히 다른 세계관을 바탕으로 이야기를 나누었다. 나는 내가 경험하고 바라고 느끼고 믿는 바에 관해 이야기한 반면, 마흐무드는 한결같이 코란을 읽고 경전을 읽었다. 나는 스스로 부족함을 느꼈다. 내 옆에 이맘이 같이 있었으면 어땠을까? 아마 그는 마흐무드가 질문하면 코란을 직접 언급하면서 대답했을 것이다. 바로 그 순간, 나는 나와 같은 평범한 무슬림은 마흐무드 같은 사람과의 논쟁에서 이길 수 없다는 사실을 명백히 깨달았다. 우리에게 비신자 딱지를 붙이는 일은 과격파 무슬림에게는 누워서 떡 먹기다. 그러나 그들은 이맘에게는 그렇게 하지 못한다.

생각이 여기에 미치자 마흐무드를 겨누던 내 분노의 화살은 이런 과격한 주장과 맞서 싸우지 못한 이맘들에게로 옮아갔다. 왜 더 많은 이맘이 코란을 직접 인용하고 나서서 폭력과 살인에 기대면 안 되는 이유를 설명하지 않는 걸까? 왜 그들은 코란을 활용해서 IS가 테러집단이라는 것을 알려 주지 않을까? 왜 그들은 사회를 독살하는 독극물로부터 우리 사회를 보호할 수 있는 도구를 우리에게 주지 않을까?

마흐무드는 "알레비파는 시아파보다 나쁘고 시아파는 유대인보다 나쁜 자들입니다."라고 말함으로써 무슬림 집단 간에 존재하는 전쟁을 크게 부각시켰다. 그에게 유대인은 이론의 여지 없이 명백한 적이다. 그래서 시간을 들여 굳이 설명하지도 않았다. 유대인에 대한 그의 증오는 너무도 마땅하고 당연한 일이기 때문이다. 만약 전 세계적으로 수백만 명이 속해 있는 무슬림 집단들이라도 그의 세계관으로 봤을 때 타당한 목표물이라 판단되면, 그는 무슬림을 겨눈 IS의 테러 행위를 정당화하는 데 팔을 걷어붙이고 나설 것이다. 문득, 히스브 우타흐리르의 함자가 했던 말이 생각났다. 그는 중동을 파괴한 것은 무슬림이 아니라고 했다. 마흐무드의 주장도 이와 궤를 같이한다. 다만 괄목할 만한 차이가 하나 있다. 마흐무드는 분노의 화살을 서방이나 미국에 겨누지 않는다. 그 대신, 그 화살은 중동에 있는 다른 무슬림 집단들을 향한다. 그의 사고방식 안에서 서방은 적이 아니다. 가장 큰 위협은 무슬림 행세를 하는 비신자들이다.

"그렇다면 당신은 지금 중동에서 일어나는 일들을 정당하다고 느껴야 해요. 왜냐하면 '제대로 된 무슬림'이 아닌 자들이 지금 모두 제거되는 중이니까요." 그에게 맞서며 내가 말했다.

"당신이 무슨 생각인지 다 압니다." 마흐무드가 말했다. 그는 이번에도 미꾸라지처럼 내 손에서 빠져나갔다.

"지하디스트가 되는 건 의로운 일인가요?" 내가 물었다.

"굵직굵직한 질문을 잘 던지시는군요." 마흐무드가 미소 지으며 물었다. "자, 지옥에 가는 것이 좋은 겁니까?"

나는 "아뇨."라고 대답했다.

"그러면 지옥에 가지 않으려면 어떻게 해야 합니까?" 그가 물었다.

"우리는 지옥 혹은 천당으로 가는 방법에 대한 인식이 달라요." 나는 무미건조하게 말했다.

그러다 불현듯 우리가 있는 방의 문이 닫혀 있고 함께 있던 제3의 남자도 사라지고 없다는 사실을 깨달았다. 마흐무드와 나눈 대화가 어찌나 치열했는지 나는 그 남자가 나간 것을 조금도 눈치채지 못했다. 마흐무드의 기질 때문에 마음이 불편해진 나는 방문이 닫혀 있고 방 안에 우리 둘만 있다는 사실을 큰소리로 지적했다.

"아닙니다." 마흐무드는 이렇게 말하며 손가락으로 방 한 구석을 가리켰다. 바로 그곳에 제3의 남자가 서 있었다. "아직 저기 계십니다."

나는 마흐무드와 단둘이 있는 것이 아니라는 것을 알고 안도감에 뛸 듯이 기뻤다.

내가 이슬람에 대한 마흐무드의 해석에 도전장을 내밀 기회는 제한되어 있었다. 그래서 나는 입 밖으로 말을 내뱉기 전에 어떤 말을 할지 먼저 하나하나 저울질했다. 그리고 중립적인 질문을 바탕으로 내 입장을 명료하게 표현했다. 사람들은 잘못 해석하면 안 되나요? 인간은 실패하면 안 되나요? 사람들은 특정한 방식으로 종교를 해석하는 데 관심을 가져서는 안 되나요? 해석이란 것이 존재하지 않는다면 무슬림 국가들끼리 왜 그렇게 천지 차이인가요? 사람들이 무고한 사람들을 공격할 때 이를 정당화하려고 종교를 남용하고 있다고 봐도 될까요?

그는 내가 이런 질문들까지 하는 게 놀라운 모양이었다. 그는 자기 생각을 위태롭게 하지 않으면서 법으로 정해진 것을 따르는 사람이 진정한 무슬림이라고 보았다. 마흐무드는 자신이 코란을 정확히 문자 그대로 따르고 있다고 했다. 그에게는 히스브 우타흐리르의 이맘들보다 훨씬 더 긴 살생부가 있었다. 그 안에는 유대인만 있는 것이 아니다. 물론, 유대인이 이스라엘 사람인지 아닌지는 상관없다. 지구상에 있는 무슬림의 절반가량도 그 안에 포함되어 있었다. 나도 그 살생부에 올라 있는 것 같은 기분이 들었다. '통합된' 사람들, '이슬람에 대한 해석 문제'를 입에 올리는 사람들, 알레비파와 시아파를 '진짜 무슬림'이라 부르는 사람들, '민주주의를 외치는' 사람들. 이들 역시 마흐무드의 세상에서는 무슬림의 적이기 때문이다. 이들은 비신자이기에 싸워서 물리쳐야 하는 대상이다. 마흐무드와 나, 우리는 이 문제를 두고 한참 동안 논쟁을 벌였지만 결코 합의에 도달하지는 못할 것 같았다.

내가 그를 심하게 몰아붙이면 그는 머리가 아프다고 했다. 서로 다른 사람들은 코란을 서로 다른 방식으로 읽는다고 하는 주장을 내가 굽히지 않을수록, 그는 점점 더 목소리를 높이고 화를 냈다. 마흐무드는 나와 같은 쿠르드인이다. 나는 무슬림이지만 그와는 다르다. 대화를 마칠 무렵이 되자 우리 사이의 거리는 너무 멀어져 버렸다.

나는 우리 둘 다 공통으로 좋아하는 뭔가를 찾고 싶었다. 그에게 코란에서 그가 가장 좋아하는 구절을 낭독해 보지 않겠느냐고 청했다. "당신이 많이 좋아하고 또 당신에게 많은 의미가 있는 구절 말이에요." 내 말에 마흐무드의 얼굴이 환해졌다. 잔뜩 치켜 올라갔던 눈썹도 내려왔다. 목소리도 상냥하고 친절해졌다. 눈은 미소 짓고 있었다. 그는 즉시 코란을 꺼내 부드러운 목소리로 낭독했다. 그가 고른 부분은 무슬림에게 더없이 중요한 구절인 '아야트 알 쿠르시Ayat al-Kursi'다. 이 부분은 신의 위대함과 신성을 묘사하고 찬양하는 가장 긴 구절들 가운데 하나다. 이 구절은 나도 좋아한다. 삶의 위기가 찾아왔을 때 힘을 내고 내면의 평화를 찾기 위해 자

주 읽었던 구절이기 때문이다—친척이 정신질환에 걸렸을
때, 독박 육아를 하게 됐을 때, 극심한 스트레스에 시달렸을
때, 사랑하는 할머니를 잃었을 때가 그랬다—.

그 구절은 다음과 같다.

보좌의 구절(Ayat al-Kursi)

"알라 외에는 신이 없나니, 그분은 살아 계시고 영원하시며 모
든 것을 주관하시노라. 졸음도 잠도 그분을 엄습하지 못하노라.
천지의 모든 것이 그분의 것이니, 그분의 허락 없이 어느 누가
알라 앞에서 중재할 수 있겠느뇨. 그분은 그들 앞에 있는 것과
뒤에 있는 모든 것을 알고 계시니라. 그들은 알라에 대하여 알
라께서 허락한 것 외에는 알라의 지식에 관하여 아무것도 모르
니라. 권좌가 천지에 펼쳐져 있어 그것을 보호하는 데 피곤하지
아니하시며 알라께서는 가장 높이 계시며 가장 거룩하시니라."

– 알바카라^{Al-Baqara} 2장, 255절

마흐무드에게 감사했다. 덕분에 이제 방에는 고요한 기운
이 흘렀고, 여기서 대화를 마무리하고 싶은 생각이 들었다.
하지만 우리가 화합을 이루지 못했다는 건 나도 잘 알고 있
다. 코란은 우리를 하나로 묶어 주지만, 나는 바로 그 코란이
우리를 갈라놓는 데 이용된다는 것을 안다.

내가 소지품을 챙겨 나오자 마흐무드가 사원을 지나 출입구까지 따라 나왔다. 그가 악수를 청하지 않기에 나는 그의 가슴에 내 손을 얹고 작별 인사를 고했다. 슬픈 감정이 밀려왔다. 내가 만난 사람들과 끝내 서로 이해하지 못하게 될 때면 늘 커다란 슬픔을 느낀다. 마흐무드와 나는 둘 다 터키 출신 쿠르드인 뿌리를 공유한다. 서로 같은 언어와 문화도 공유한다. 우리 둘 다 유대감을 느끼는 사람들, 즉 쿠르드인들이 탄압 받는 현실에 가슴이 찢어진다. 그러나 어느 지점에 이르면 우리는 더는 유사점을 발견할 수 없게 된다. 우리를 이어 줄 다리를 세우려면 수십 년이 걸릴 정도로 너무도 많은 도랑이 우리 사이를 가로막고 있다.

패턴 깨뜨리기

자전거를 타고 뇌레브로가 로를 가로지르는 동안, 머릿속에 파편화된 수많은 생각이 떠올랐다. 이제 어떻게 해야 하지? 치안 당국에 전화해서 관찰이 필요한 사람이 있다고 신고해야 하나? 나는 한참 동안 시나리오를 면밀하게 따져 보았다. 내가 나와 대화하고 싶어 했던 마흐무드의 열린 마음을 이용하고 그의 신뢰를 저버린다면 마흐무드에게 어떤 영향을 주게 될까? 과연 그가 앞으로 다른 사람들을 신뢰하게 될까? 아니면 무슬림에게는 표현의 자유가 보장되지 않는다는 그의 생각을 내가 확인시켜 주는 셈이 될까? 덴마크와 같은 민주주의 체제의 관행처럼 오로지 행동만 처벌하는 것이 아니라, 머릿속에 있는 견해까지도 처벌의 대상이 되어야 할까?

그런데 나는 왜 그를 신고할 생각을 한 걸까? 왜 킴을 만나고서는 이 같은 기분이 들지 않았던 걸까? 그는 사원 앞에서 발생한 무슬림과 관련된 문제를 해결하려고 기관총을 동원하고 싶어 하지 않았던가? 그런데 마흐무드의 경우는 왜 다른 걸까?

순간, 슬픔이 북받쳤다. 이것은 마흐무드나 덴마크 치안의 문제로 보이지 않았다. 바로 내가 문제였다. 비판으로부터 안전한 곳에 있고 싶은 내 마음 말이다. 나는 무슬림이라서 SNS를 통해 '한패'를 싸고돈다는 말을 자주 듣는다. 그래서 그런 비판에 대한 예방접종을 하는 차원에서 마흐무드를 신고할 생각을 한 것이다. 그와 한통속으로 취급받고 싶지 않았기 때문이다. 누구에게서도 "너희 무슬림은 다 같아. 덴마크에 충성하지 않고 너희끼리 서로에게만 충성하지."라는 말을 듣고 싶지 않았기 때문이다.

결국, 마흐무드를 신고하거나 내 명성을 지키는 것은 내가 할 일이 아니었다. 나는 책을 쓰면서 수많은 사람과 이야기를 나누고 있다. 그 가운데에는 범죄에 한 발을 담근 사람도 있고, 매우 극단적인 견해를 지닌 사람도 있고, 일반화의 장인인 사람도 있다. 나는 경찰이 아니라 이런 사람들과 나눈 대화를 상세히 글로 옮기는 작가다. 그러므로 나는 이들을 공정하게 대해야 한다.

이렇게 생각을 정리하자, 가슴을 짓누르고 있던 커다란 돌덩이가 치워진 느낌이 들었다. 그런데 왜 이 모든 것이 이렇게까지 복잡한 걸까?

마흐무드를 만나기 전까지만 해도, 대화는 언제나 평화에 이르는 길이라는 확신이 있었다. 모든 것을 이야기하고 대화를 통해 모든 것을 해결할 수 있다고 믿었다. 하지만 마흐무드와 이야기를 나눈 후, 언제나 대화만으로 저절로 문제가 해결되지는 않는다는 것을 알게 되었다. 내가 극단주의자들과 커피 타임을 하겠다고 고집했을 때 이를 두고 일각에서 순진하다고 했던 이유를 이제야 처음으로 납득하게 됐다. 대화가 도움이 되는 경우를 많이 보긴 했지만, 마흐무드와의 만남을 계기로 대화 하나만으로는 부족하다는 사실을 다시금 알게 됐다. 지도자건 동료건 과격한 견해를 지닌 사람들과 대화해야 한다는 생각에는 변함이 없다. 그러나 자신이 믿는 대의명분 때문에 다른 사람과 자신의 목숨을 앗으려는 사람들을 만날 때는 대화만으로는 충분치 않다. 그런 사람들은 위험하기 때문에 위험한 사람으로 대해야 한다. 공공의 안전이 위협받는 경우, 이와 반대되는 주장을 한다면 그야말로 순진하고 무책임한 것이다.

여러 해법 가운데 일부는 덴마크 밖에서 찾아야 한다. 붉은 광장 소년들, 히스브 우타흐리르 사람들, 마흐무드와의 만남을 통해 알 수 있듯 주요 외교 정책 의제가 우리 국내 문제에도 영향력을 행사하기 때문이다. 이스라엘-팔레스타인 분쟁, 시리아와 아프가니스탄, 이라크에서 벌어지는 전쟁, 터키 내 여러 집단에 자행되는 박해 등 모든 것이 덴마크 국민에게 영향을 미치고 덴마크라는 한 국가에도 영향을 미친다.

젊은이들이 급진론자가 되기 전에 이들에게 영향을 줄 수는 없을까? 우리가 직면한 한 가지 이슈는 해외에서 벌어지는 전쟁들로 인해 사람들이 우리나라로 피신해 온다는 것이다. 그러나 많은 문제는 우리 어린 시민들에게 더 많은 관심을 기울이는 방법으로 접근할 수 있다. 처음부터 극단주의자, 악한 사람, 범죄자로 태어나는 아이는 없다. 아이들이 그런 청년이나 어른으로 자라난다면 무언가가 그들을 극단으로 내몰았기 때문이다.

빈곤 속에서 자라난 청년들은 부모가 고된 노동의 혜택을 누리는 것을 한 번도 보지 못했을지 모른다. 저녁 식사를 하면서 밥상머리 교육으로 세계 상황을 살펴보거나, 신문을 읽거나, 역사를 논해 본 적도 없을 것이다. 태어나면서 민주 사회에 진입하지도 못한 젊은이들에게 굳건한 민주주의의 사절이 되기를 어찌 기대할 수 있겠는가?

그렇기에 젊은이들이 이런 패턴을 깨뜨릴 수 있게 하려면 학교와 교육기관의 역할이 매우 중요하다. 젊은이들에게 사회 이동은 결정적으로 중요하다. 젊은이들이 학교에 다니고 교육을 받으면 경제적으로 독립할 수 있고, 세력을 넓히려 드는 사악한 운동 단체로부터 그들을 지켜 줄 지식으로 무장할 수 있다.

나는 사람들이 급진주의자가 되기 전에 그들에게 다가가는 것이 가능하다고 믿는다. 어른이 되어 테러리스트와 근본주의자가 된 사람들이 아무리 위험 인물이라 해도, 그들 모두 한때는 순진무구한 어린아이였다. 공을 차고 놀고, TV를 보고, 여자친구를 사귀고, 미래를 꿈꿨다. 그러나 어느 시점이 되자―교육을 받는 대신 총을 쓰는 법을 배우게 되면서― 일이 틀어지고 마는 것이다.

문제 해결의 주요 열쇠는 종교에서 찾아야 한다. 붉은 광장 소년들이 마흐무드와 같은 극단적 종교관에 쉽게 넘어가지 않도록 적절한 이슬람 차원의 대응이 필요하다. 경전에 대한 극단적 해석을 반박하려면 무엇보다도 온건파 이맘들

이 큰 역할을 해야 한다. 극단적인 종교 해석을 공개적으로
표하는 사람들뿐만 아니라 이들에게 무언의 지지를 보내는
동조자들과도 비판적인 대화에 나서야 한다. 지도자급 이맘
몇몇이 고개를 저으며 문제를 등한시하는 것은 사회에 아무
짝에도 쓸모가 없다. 마흐무드는 꾸준히 코란을 읽고 구절을
하나씩 계속 외워 가면서 자신의 주장을 뒷받침하는 데 활용
한다. 온건파 이맘들도 그렇게 해야 한다. 그들은 코란에 대
한 해박한 지식으로 우리 같은 평범한 무슬림의 주장을 뒷받
침해 줄 수 있다. 그러면 우리는 그들의 지식을 활용해, 마흐
무드와 그 일당이 사회에 살포하는 독으로부터 우리 자신을
지킬 수 있다. 만약 이맘들이 그들의 책임을 다하지 않는다
면, 유감스럽게도 그 누구도 마흐무드의 주장에 대항하지 못
할 것이다. 히스브 우타흐리르와 살라피스트에 맞서서 벌이
는 중차대한 토론은 종교 지도자들의 지원 없이 우리 평신도
들의 힘만으로는 밀고 나갈 수 없다.

마흐무드를 알고 나니, 내가 이런 논쟁을 벌이면서 하고
있는 일이 조금 더 걱정됐다. 이제 분노가 얼마나 쉽게 폭력
으로 분출될 수 있는지 분명하게 알게 된 것이다. 그렇다면
애써 이런 논쟁을 계속하는 것이 일말의 가치가 있을까?

나의 절친한 친구 카르스텐 옌센이 터키 작가 하칸 귄다이
Hakan Gunday의 소설《모어, 모어More, More》속 한 구절을 인용한 적

이 있다. "지식에는 두 종류가 있다. 하나는 애써 구해야 하는 지식이고, 다른 하나는 저절로 다가오는 지식이다. 일부러 찾지 않았는데도 누군가에게 지식이 다가온다면, 그 지식에는 무언가를 흥정하거나, 정치적 거짓말을 믿게 하거나, 신상 휴대전화를 팔려는 의도가 숨어 있다. 뿐만 아니라 먼 길을 거쳐 도착한 지식은 더럽고 지독한 악취를 풍긴다. 힘들여 찾아야만 얻을 수 있는 지식, 신뢰할 만한 지식만이 유일하게 가치 있는 지식이다."

이것이 바로 마흐무드와 대화할 가치가 있느냐는 질문에 대한 내 대답이다. 지식을 찾아 나서는 일은 언제나 가치가 있다. 나는 과격화와 근본주의자에 관해서는 책도 많이 읽었고 들은 것도 많다. 그러나 마흐무드와 마주하고 앉아서야 종교가 우리 인간에게 어떤 영향을 줄 수 있는지 명확하게 깨달을 수 있었다.

지금까지는 이런 현상을 이슬람과 관련지어서만 살펴보았다. 하지만 다른 종교로 시선을 넓혀 보면 어떨까? 그리스도교 근본주의자들은 동성애를 정말로 어떻게 생각하고 있는 걸까?

7장

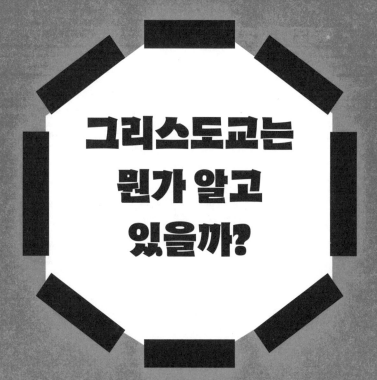

그리스도교는
뭔가 알고
있을까?

"남을 심판하지 마라. 그래야 너희도 심판 받지 않는다. 너희가 심판하는 그대로 너희도 심판받고, 너희가 되질하는 바로 그 되로 너희도 받을 것이다."

— 마태오복음 7장 1~2절

"예수께서 여기 우리와 함께 계십니다. 우리 눈에 보이지 않아도 함께 계십니다. 이 아들에게 그분이 함께하심을 알려 주는 것이 부모로서 여러분이 해야 할 일입니다. 아들을 위해 기도하세요. 성경을 읽어 주고 아들이 잊지 않고 교회에 나오도록 도와주세요. 그래야 여러분의 아들이 예수와 가까워질 수 있습니다." 상냥하면서도 우렁찬 목사의 목소리가 방 전체를 가득 채웠다. 밖에는 비가 내리고 있었지만, 대림절 첫 주일 강론을 들으러 온 350여 명 남짓한 사람들에게는 전혀 문제가 되지 않았다. 지금 내가 있는 곳은 교회 안이 아니라 다른 건물이다. 교회 안에 다 수용하지 못할 정도로 신자 수가 늘었기 때문이다.

목사가 어머니 품에 안겨 있던 아이를 넘겨받았다. 그리고 세례대에서 물러나 방 중앙으로 걸어갔다. 그는 신자들 앞에서 아이를 높이 들어 올린 채 기쁨이 가득한 목소리로 말했다. "실베스터를 환영합시다!" 이제 그 아이는 예수 그리스도를 따르는 단체의 일원이 됐다. 실베스터는 그를 둘러싼 신나는 분위기에도 아랑곳하지 않고 두 눈을 크게 뜬 채 눈앞에 모여 있는 사람들만 쳐다봤다. 나는 예수 그리스도를 따르는 단체의 일원은 아니지만 그 자리에 있던 다른 모든 사람들처럼 미소 짓지 않을 수 없었다. 잠깐이었지만 자리에서 일어나 박수 치고 싶은 마음도 들었다.

우리는 모두 자리에서 일어나 박수 대신 기도를 드렸다. 많은 사람이 나를 보며 미소를 보냈다. 나도 미소로 화답했다. 우리는 성가도 불렀다. 내가 아는 성가도 있었고, 모르는 성가는 안쪽의 넓은 벽에 프로젝터로 띄운 가사를 보며 따라 불렀다.

음악이 멈추자 목사는 설교대로 와서 설교를 시작했다. 방 안에는 간간이 아이들 소리만 들렸다. 목사는 미소를 지으면서 양손을 들었다. 이제 진지하게 이야기하겠다는 신호였다. 그의 목소리에 감정이 실리면서 굵어졌다.

"기술 덕분에 우리 삶이 훨씬 편해졌다는 말을 많이들 합니다. 과연 그럴까요? 이것은 전적으로 어떤 시각으로 보느냐에 달렸습니다…… 여기 다섯 살짜리 필리핀 여자아이가 하나 있습니다. 그 아이는 부모에 의해 누군가에게 팔려 가 동영상 촬영을 당하고 그 동영상이 인터넷을 통해 어느 덴마크 남성에게 실시간 스트리밍되는 일을 당했습니다. 바로 이 아이의 시점으로 보려고 노력하세요. 또, 덴마크의 어느 현대적인 병원의 시각에서 이 문제를 보려고도 해 보세요. 그 병원에서는 태아를 체내 노폐물로 간주하고 어머니의 자궁에서 태아를 제거하는 데 현대적인 기술을 사용합니다. 네덜란드에 있는 최첨단 하이테크 병원은 또 어떻습니까? 그곳에 불치병에 걸린 한 남성이 입원해 있습니다. 그는 합법적으로 안락사를 요청하는 것 외에는 자신에게 다른 선택은 없다고 여깁니다. 입 밖으로 소리 내어 말하지는 않지만 그가 보기에 그의 가족들은 그가 죽기를 바라는 것이 분명하니까요."

이렇게 그는 상당히 많은 사례를 인용했다. 나는 속으로 생각했다. 단단히 미쳤군. 낙태 문제만 빼면 나도 그의 주장에 동의한다. 하지만 내가 동유틀란드에 있는 솔루션 타운을 찾은 것은 그에게 동조해서가 아니다.

예배를 마치자 많은 신자가 내게 인사를 건넸다. 어떤 사람들은 친근하게 미소 지으면서 요즘 어떻게 지내며 무슨 일을 하고 있는지 묻기도 했다. 우리는 함께 웃었다. 나는 실베스터 가족과는 사진도 찍었다.

밖에서는 비가 계속해서 세차게 내렸다.

저주받은 모더니즘

솔루션에서 헨리크Henrik를 마주치게 된 건 우연이 아닌지도 모른다. 어쩌면 진짜 내 임무가 무엇인지 깨달은 곳이 바로 여기인 것 같다. 헨리크는 목사이자 이너미션Inner Mission(덴마크 국교와 같은 루터복음교회 내 가장 큰 종파—옮긴이)의 일원이다. 그가 기거하는 목사관의 다이닝룸에서 내 눈에 가장 먼저 들어온 것은 창문 밖으로 보이는 거대한 흰색 교회 건물이었다. 교회를 보고 있자니, 문제를 해결할 열쇠 가운데 하나는 그리스도교가 쥐고 있다는 확신이 들었다.

점심 식사로 헨리크가 준비한 달걀 카레를 먹은 뒤 우리는 거실로 자리를 옮겼다. 그는 흔들의자에, 나는 난로 가까이 있는 팔걸이의자에 앉았다. 헨리크에 대해 내가 알고 있는 단 한 가지는 그가 동성애를 비정상이라고 생각한다는 것이다. 내가 그를 알게 된 건 이너미션 사람들을 통해서다. 나는 인터넷에서 그를 검색하지도 않았고 그가 누구인지 더 자세히 조사하지도 않았다. 그에 대한 선입견 때문에 우리 대화의 진행 방향이 바뀌는 결과를 초래하고 싶지는 않았기 때문이다.

헨리크의 나이는 쉰일곱. 솔루션에서 17년 차 목사로 목회 활동을 하고 있다. 노르웨이인 어머니와 덴마크인 아버지 사이에서 덴마크령 페로 제도에서 태어났다. 그의 아버지는 그가 열한 살 때 돌아가셨다. "월요일에 혈전으로 쓰러지신 뒤 화요일에 돌아가셨어요." 헨리크가 말했다. 그는 아버지에 대한 기억은 많지 않았지만, 아버지가 목사였다는 사실이 나중에 그의 인생에 중요하게 작용했다고 확신하고 있었다. 헨리크는 그의 표현에 따르면 '굳건하고 냉철한' 어머니의 손에서 자랐다. 그의 어머니는 노르웨이 저항운동 단체 출신이었고, 그의 아버지도 대니시the Danish라는 단체에서 활동한 전력이 있었다. 어머니는 결혼 후에는 집에만 있었지만, 아버지가 돌아가신 뒤에는 시민사회에서 왕성한 활동을 했다. 어머니는 노르웨이에서 대학교 때 영어와 불어를 전공했다. 그래서 지역 교육감으로부터 일자리를 제안 받았다. 일할 기회를 얻은 것에 감사하며 일을 시작했지만, 일곱 자녀를 양육하기 위해 풀타임으로 일하지는 않았다.

이너미션이 헨리크 가정에 영향을 미치긴 했지만, 이너미션에서 강조하는 독실한 신앙이 큰 영향을 주지는 않았다. "저는 우리 집을 매우 의식적으로 믿음을 갖는 교회 같은 집이라고 말합니다. 신앙과 생활이 자연스러운 방향을 따랐던 곳이죠." 헨리크가 미소를 지으며 말했다. 나중에 헨리크는 오르후스로 가서 신학 공부를 시작하고 아버지의 뒤를 이었다. 얼마 지나지 않아 그는 그리스도교 학생 연맹Christian Student Union, KFS의 일원이 되었다. "KFS는 제가 그리스도교인으로서 제 정체성을 발견한 곳입니다." 헨리크가 강조해서 말했다.

신학 공부를 마치자마자 헨리크는 어렸을 때 반했던 '범접할 수 없는 공주님'과 결혼했다. 어린 시절 내내 그들은 2년마다 가족 모임에서 만났다. 그러다 그가 자신의 마음을 고백하면서 두 사람 모두 같은 감정인 것을 확인하게 됐다. 두 사람은 헨리크의 스물네 번째 생일을 나흘 앞두고 결혼했다. 그는 수년간 노르웨이에서 목사로 있다가 2000년에 덴마크로 돌아왔다. 이후 그는 솔루션에서 아내와 다섯 자녀와 함께 살고 있다.

헨리크는 내가 그의 배경을 왜 그렇게 궁금해하는지 의아해했다. "당신이 제 전기를 쓰고 있는 줄은 미처 몰랐습니다."라고 했을 정도다.

헨리크의 인생 이야기에 내가 관심을 갖는 건 다분히 의도적이다. 인간은 상대를 개인이 아닌 집단으로 볼 때 비인간적으로 변하기 쉽다. 이너미션과 끈끈한 유대감을 느끼는 목사. 헨리크는 그 이상의 존재다. 마치 내가 단순히 무슬림 외즐렘만이 아니듯 말이다. 흔히 우리는 서로 인생 이야기를 나누는 과정에서 상대의 인간미를 발견하곤 한다.

헨리크에 따르면, 이 지역에서는 이너미션이 설립되기 전부터 선교운동 단체의 세력이 강했다고 한다. "1800년경, '강한 유대인The Strong Jews'이라는 부흥운동이 있었습니다. 지역 기반의 낯선 부흥운동이었는데, 여러모로 큰 영향을 끼쳤습니다. 무엇보다도, 자유 학교에 관한 현행 법률이 만들어지도록 이 단체가 뒤에서 역할을 했습니다. 자유 학교를 설립한 최초의 인물이 이곳 출신이랍니다." 헨리크가 자랑스럽게 계속 말했다. "이들은 그룬트비 목사(19세기 근대 덴마크 국가 부흥에 이바지한 사상가이자 교육자—옮긴이)가 활동하기 훨씬 전부터 현장에서 뛰었습니다. 강인한 신자들이자 강인한 사람들이었죠. 이들은 이제 존재하지 않지만, 여전히 그 후손의 장례를 제가 치르고 있습니다. 우리 교회 신자들 가운데 이들 가정에서 자라고 자유 학교에 다녔던 원로들이 몇 분 있습니다. 자유 학교 7세 반에서 가르친 주요 내용은 〈루터의 소(小) 교리문답〉이었다고 합니다." 헨리크의 말을 들으니, 터키와 파키스탄, 이란을 비롯한 여러 무슬림 국가에 설립된 가장 보수적인 코란 학교 몇 군데가 생각났다. 그곳에서 아이들이 유일하게 배우는 것은 경전이지만, 아이들은 그저 배우기만 할 뿐, 본문 내용을 곰곰이 생각하거나 분석하지는 않는다.

"1860년대에 이너미션이 처음 등장하자 '강한 유대인'은 그들이 과도하게 피상적이라고 인식했습니다."

"그런데 당신은 이너미션 소속 목사인가요?" 내가 물었다.

"아뇨, 그렇지 않습니다." 헨리크가 급히 말했다. "저는 덴마크 루터복음교회 목사입니다." 그러면서 내가 혼동하는 것을 다 이해한다고 했다. 이미 수없이 많은 기자들로부터 같은 질문을 받았기 때문이란다. "저는 솔루션과 코닝에서 목회를 하고 있습니다. 덴마크 루터복음교회에 고용돼서 공관에서 살고 있고요. 저도 이너미션을 좋게 생각하고 이너미션도 저를 좋게 생각합니다. 하지만 저는 그들이 민감한 발언을 한다고 생각합니다. 그들이 저를 교회 훈련원이나 교회로 초대하기도 합니다. 하지만 이너미션에 발을 들일 꿈도 꾸지 않는 닐슨 부부에게 저는 더도 말고 덜도 말고 한 명의 목사일 따름이에요." 헨리크가 말했다.

이런 걸 묻는 나 자신이 조금 어리석고 무식한 느낌이 들었지만 그래도 나는 질문을 이어갔다. "왜 이너미션 교회에 소속되지 않으셨어요?" 그런데 알고 보니 놀랍게도 이너미션 안에는 교회가 하나도 없었다. 그럼에도 이너미션은 교회를 개혁하고자 하는 그리스도교 단체였다. 1850년경 덴마크 루터복음교회 내의 풀뿌리 운동 단체로 출발한 이너미션의 지도자는 빌헬름 벡이라는 목사였다. 헨리크는 그가 덴마크에서 가장 위대한 연사 가운데 한 명이라고 했다. "그는 마운트 헤븐에서 열린 이너미션 여름 집회에 무려 1만~1만 5,000명을 동원했어요. 정말 굉장한 웅변가였죠." 헨리크는 신이 나서 말했지만 미안하게도 나에게 빌헬름 벡은 금시초 문이었다.

"이너미션에서 반대하는 건 뭔가요?" 내가 물었다.

"신앙, 하나님, 성경에 대한 일종의 무관심에 반대합니다." 헨리크가 말했다. 그에게서 뿜어져 나오는 열정이 피부로 느껴지는 듯했다.

"목사님이 덴마크 교회에 대해 아쉬워하는 부분은 무엇인가요? 엄격한 교리가 없다는 건가요? 아니면 일탈한 데 따른 결과가 없다는 것인가요?" 내가 물었다.

"엄격함이라기보다는 일관성이라고 하고 싶군요. 이너미션에는 활기가 훨씬 더 많습니다. 성령도 더 많고 기쁨도 더 많습니다. 더 진짜 같고, 성령으로 더욱 충만해 있습니다." 그는 열의에 가득 차서 이 단체가 덴마크 루터교회 안에서 어떻게 확산했는지 열심히 설명했다. 1910년경, 루터교의 다수를 이루던 성직자들과 교구 대학교가 이 단체와 밀접한 관계를 유지했다고 한다. "그 당시 전체 인구의 10퍼센트가 이너미션과 긴밀히 접촉하는 관계였어요. 그래서 사람들이 참 많았습니다." 헨리크가 열성적으로 말했다.

이렇듯 긴밀했던 관계는 20세기를 거치면서 약해졌다. 헨리크에 따르면 이너미션과 그룬트비 목사가 대립 관계에 놓이게 되었다고 한다. "하지만 그렇게 표현하는 건 맞지 않습니다. 그래서 저는 원래의 나무에서 떨어져 나온 살아 있는 마지막 나뭇가지 하나가 바로 저라는 말을 자주 합니다." 그는 이렇게 말하더니 잠시 말을 멈추고 미소 지었다. "그래요, 좋아요. 마지막 하나는 아니라고 합시다. 우리 가운데 남은 사람이 두어 명 있으니까요."

"저도 근본주의자예요." 내가 말했다.

"그렇군요." 헨리크가 무미건조하게 말했다. 그에 따르면 그룬트비 지지자가 되는 방법은 많다고 한다. 가령, 국민 운동과 대중 운동에 대한 그의 철학을 채택하는 것도 한 가지 방법이다. "그를 따뜻한 마음으로 받아들이는 것도 좋습니다. 하지만 제가 이런 말을 하는 이유는 제게는 그의 그리스도교 비전에 관한 감이 있기 때문입니다. 이너미션과 마찬가지로 그룬트비 목사에게는 강한 부흥 정신이 있었습니다. 이너미션과 그룬트비 목사 양쪽 모두 합리주의에 대한 반작용으로 등장했습니다. 이런 반작용은 덴마크 교회에 침투한 합리주의가 신앙의 진리를 현대적 믿음에 맞게 바꾸었기 때문에 생긴 것입니다." 그가 그리스도교와 모더니즘을 뚜렷이 대비된 시각으로 보고 있음이 그의 목소리에서 드러났다. 사실,

이맘이 시대 변화에 발맞추지 못한다는 비판을 하는 사람들
이 참 많다. 그런 사람 두어 명이 여기 헨리크의 거실에서 나
와 같이 헨리크의 말을 들었더라면 참 재미있었겠다는 생각
을 하지 않을 수 없다. 이와 더불어 이번에 알게 된 사실이 하
나 더 있다. 교회 내 다양한 운동 단체들이 교회에 그들의 족
적을 남기거나, 교회를 변화시키거나, 교회를 해석하거나, 아
주 완강한 방식으로 교회를 인식하기 위해 노력하고 있다는
것이다. 내가 믿는 종교가 그렇게 하는 것과 똑같이 말이다.

　때는 2016년, 나는 천국의 나날Heavenly Days이라는 성령 문화
축제 기간에 덴마크 교회가 주최한 토론회에 패널로 참석했
다. '교회 지도부가 어디에 가치를 두어야 하나'라는 문제를
다룬 토론에서 나는 교회가 분명한 목소리를 내 달라고 주문
했다. 그런데 지금 이렇게 헨리크의 거실에서 그의 말을 듣
고 보니 나의 바람이 얼마나 순진한 것이었는지, 그것이 얼
마나 교회에 대한 나의 무지함을 드러내는 것이었는지 알겠
다. 이는 무슬림에게 공통된 한목소리─이런 하나 된 목소리
는 존재하지도 않는다─를 내 달라고 요구하는 것과 같다.
이런 바람이 순진한 것인 까닭은 그리스도교와 이슬람교에
모두 다양한 목소리와 운동, 종파가 넘쳐 나기 때문이다. 혹
시 최종적인 하나의 의견이 도출된다고 해도 모호한 내용에
그칠 뿐이다. 각 종파가 공식 성명에서 그들의 목소리가 대

변되기를 바라는 것은 당연한 일이다. 따라서 모든 목소리가 포함되려면 모호해질 수밖에 없다. 이런 내 생각을 헨리크와 공유하다 보니, 내가 아픈 곳을 건드리고 있다는 느낌이 들었다. "덴마크 교회가 이런 상황에 무덤덤해져서 무관심해진 것이 큰 문제입니다. 모두를 끌어안고, 필요하다고 하는 말은 무엇이든 다 하려 들죠. 모든 재료를 냄비에 동시에 다 넣어 버리면 결국 이 맛도 저 맛도 아니게 되는 법이니까요." 헨리크가 말했다.

헨리크는 덴마크 교회가 시대의 도전과 발전에 적응해서 변해야 한다고 생각하지 않는다. "그리스도교는 유동적이거나 융통성 있어서는 안 됩니다." 진심이 담긴 말이었다. 헨리크에게 살라피스트인 마흐무드도 똑같은 생각을 하고 있으며, 많은 이맘이 헨리크의 주장과 의견을 같이한다고 말해주었다. 그들도 신앙에서 멀어지면 그에 따른 결과가 있어야 한다고 믿었다.

그가 〈그리스도교 신문Christian Dagblad〉에서 수년 전에 진행했던 연구를 언급했다. 연구 결과, 덴마크에서 가장 신도가 많은 상위 20개 교회가 발표됐다. 헨리크는 이들 교회의 면면을 보면 그리스도교인들의 뚜렷한 메시지를 감지할 수 있다고 했다. "사실상 이 목록에 포함된 모든 교회에서는 제가 주일마다 이곳에서 설교하는 것과 똑같은 방식으로 설교를 하고 있었습니다. 성경 말씀과 일치하는 메시지를 전달하는 근본적이고도 고전적인 방식으로 말이죠."

헨리크의 교회에도 신도가 꽤 많았던 적이 있다. 2008년에 그는 더 많은 신도를 수용할 수 있는 새 건물을 짓기도 했다. 헨리크는 다른 동료 목사와 설교단을 같이 쓰고 있어서 주일에 격주로 설교한다. 헨리크가 설교하는 날이건 아니건, 주일 예배에는 보통 250~400명의 그리스도교인이 모인다. 하지만 헨리크는 이렇게 인상적으로 많은 신도 수를 자신의 공로로 돌리려 하지 않았다. "제가 오기 전에도 이미 많은 신도가 있었습니다. 이 지역에는 교회에 다니는 전통이 강합니다. 다 우리가 현대화되고 자유화된 애매한 예배에 굴복하지 않은 덕분이랍니다."

그가 말하는 현대화된 예배가 정확히 무엇을 의미하는지 물었다. 그는 두 가지 구체적인 예를 들었다. 첫 번째 사례는 2003년에 하나님을 믿지 않는 토르베크 출신 목사로 유명해진 토르킬 그로스뵐Thorkild Grosbøll이었다. "그로스뵐은 하나님을 뜻하는 'God'의 철자 중 'g'를 소문자로 고쳐야 한다는 주장을 시작했어요. 하나님은 사람들 사이에 존재하는 것이지, 창조주가 아니라는 이유를 댔습니다. 이런 주장은 듣도 보도 못한 것이고, 저는 그의 의견에 동의하지 않습니다." 헨리크가 말했다. 그는 그로스뵐이 그리스도교에 대한 현대화되고 상대화된 해석을 보여 주는 완벽한 사례라고 여겼다. "이런 해석에 따르면, 우린 빅뱅과 진화 등을 믿으니 하나님을 중시하는 건 시대에 맞지 않다고 합니다. 그래서 현대적이고 문명화된 인류의 구미에 그리스도교를 맞춰야 한다고 주장하죠. 그렇게 하나님을 보잘것없는 존재로 축소해 버립니다. 제가 하고 싶은 말은 이겁니다. 우리는 빅뱅과 하나님 이야기를 둘 다 해도 됩니다. 문제는 우주 폭발을 일으켜 빅뱅으로 우주를 탄생시킨 것이 누구냐 하는 것입니다." 그가 진지한 목소리로 말했다.

헨리크가 제시한 두 번째 예는 동성애였다. 그는 이번에도 문제의 뿌리는 같다고 했다. "성경에는 동성애가 죄라고 아주 명백하게 명시되어 있습니다. 그런데 누군가가 성경은 아주 오래전에 쓰인 것이고, 지난 2,000년간 우리가 진화해 와서 오늘날에는 동성애와 관련된 상황이 그 옛날과는 다르다고 말합니다. 그러나 이 말은 전혀 사실이 아닙니다. 고대에 동성애는 널리 퍼지고 문화적으로 수용된 현상이었습니다. 현재 우리는 다른 세상에서 산다고 말한다면, 이것은 그로스빌의 주장과 같은 것입니다. 자유화는 심히 불행한 것입니다. 그리스도교를 변덕스럽게 시대가 변할 때마다 그에 맞춰서 바꿀 수 있고 모양을 빚고 만들어 낼 수 있는 것으로 만들어 버리니까요." 헨리크가 말했다. 그는 성경을 보면 동성애는 죄악이며 동성애를 드러내는 것은 하나님의 의지에 반하는 것이라는 내용이 여러 군데 나온다고 주장했다.

"그러면 어떤 벌을 받게 되나요?" 내가 물었다.

"벌은 없습니다." 헨리크가 대답했다.

나는 "하지만 교회에서 요구하는 결과는 있겠죠?"라고 물으며 그에게 도전했다. "동성애에 따른 결과가 따로 없다고 한다면, 동성애자가 죄인이라는 주장은 맞는 해석이 아니지 않나요?"

"글쎄요. 사실 한 가지 결과가 있습니다." 그가 말했다. "만약 제가 아내와 아이들을 때린다면 어떤 처벌을 받을까요? 소아성애증에 따른 결과는 무엇일까요? 그렇습니다. 사회적 파문이 일겠죠. 또 다른 예를 들까요? 만약 제가 일관되게 거짓말을 한다면 그 결과는 어떻게 될까요? 아니면 제가 쩨쩨하게 군다면 어떻게 될까요? 이런 행동들은 즉시 벌을 받지는 않겠지만 그리스도교에는 지옥이라는 형태의 영원한 벌이 있습니다. 지옥에 대해서는 이슬람교를 통해서도 잘 아시리라 생각합니다. 의식적으로 하나님의 의지에 반하거나, 이에 반하게 행동하고 그렇게 산다면, 입으로 하나님과 예수의 이름을 들먹거리는 것과 상관없이 그런 사람은 누구나 영원히 벌을 받을 것입니다." 헨리크가 차분하게 말했다.

나는 의자에서 등을 떼고 몸을 앞으로 내밀며 적극적으

로 질문했다. "그러니까 동성애자는 지옥에 간다는 말씀이시죠?"

헨리크는 한숨을 내쉬더니 조용히 숨만 쉬었다. 방에는 침묵만 흘렀다. 조금 전에 헨리크가 난로에 새 장작을 던져 넣은 터라, 불길이 타오르는 소리만이 방 안을 가득 채웠다.

"만약 어떤 사람이 의도적으로 동성애를 선택한다면 그 사람은 엄청난 위험에 처하게 됩니다. 맞습니다. 그 사람은 영원히 심판받을 것입니다." 헨리크가 말했다. 거의 미안하다는 말투였다. 그는 미묘하지만 중요한 차이가 있다면서, 동성애자이지만 그의 의견에 동의하는 사람들 이야기를 시작했다. 그들은 자신이 "무너질 수도", "유혹받을 수도" 있다는 것을 충분히 알면서 평생을 독신으로 산다고 했다.

헨리크는 머릿속으로만 동성애자로 사는 것은 죄가 되지 않는다고 강조했다. 오로지 행동만이 처벌 대상이 된다고 했다. "물론, 생각이 욕구가 되고 다시 행동으로 옮겨질 수도 있습니다. 그러면 거기서 되돌아갈 길이 있습니다. 바로 용서의 길입니다." 그가 말했다.

동성애자에 대한 함자와 헨리크의 주장이 너무도 비슷해서 나는 깜짝 놀랐다. 함자 역시 죄는 행동에 있다고 보았다. "그렇다면 동성과의 성관계를 생각만 하고 절대 행동으로 옮기지 않으면 죄가 되지 않는 건가요?" 내가 물었다.

"네, 그건 죄가 아닙니다." 헨리크가 대답했다. "루터는 이렇게 말했습니다. 머리 위로 새가 날아가는 것은 막을 수 없지만, 머리에 둥지를 트는 것은 막을 수 있다. 어찌 보면 우리가 하는 모든 일에는 죄가 포함되어 있습니다. 제가 설교단에 서면 사람들은 저를 훌륭한 사람으로 생각하고 저는 그런 존경과 감탄을 즐깁니다. 하지만 그럴 때 저는 죄를 짓고 있는 것입니다. 죄는 언제나 저와 함께합니다. 그래서 저는 죄인이라는 굴레를 벗어날 수 없습니다." 헨리크가 말했다. 그러더니 다소 평정심을 잃고 말을 이어갔다. "동성애자들이 자신의 성 정체성을 밝히고 다니는 것 참 흥미롭지 않습니까? 당신도 자신이 이성애자라고 말하면서 다니시나요?" 어느새 그의 목소리가 커졌다. "게이-레즈비언 투쟁…… 이것은 많은 게이와 레즈비언을 위한 아주 강력한 이데올로기 이슈가 되어 버렸습니다."

"정말 동성애가 이데올로기 문제라고 생각하세요?" 나는 충격을 받았다.

"그렇게 생각하는 것이 아니라, 그렇게 알고 있습니다. 모두에게 그런 건 아니지만, 자신의 명분을 위해 일하는 사람들에게는 이데올로기 문제가 맞습니다. 가령, LGBT 성소수자단체가 그렇습니다. 성 정체성은 가지고 태어나는 것이 아니라 바꿀 수 있는 것이라는 확신을 우리 모두에게 심어 주는 일은 저들에게는 큰 프로젝트입니다." 헨리크는 이렇게 말하며 뒤로 등을 기댔다. 자신의 대답에 만족하면서 내 반응을 기다리는 듯 보였다.

나는 격분을 누를 수 없었다. 이런 토론과 대화를 수없이 많이 했지만, 내 반응은 얼마든지 예측 가능하다는 사실이 여전히 짜증스럽다. 태연하게 대응해야 한다는 것은 잘 알지만, 그렇게 하기가 너무 어렵다. 헨리크가 동성애자 이야기를 하는 동안, 내 주변의 게이 친구들과 그들의 자녀들, 그리고 그들이 뒤집어쓰고 있는 숱한 오명들이 생각났기 때문이다. 이렇게 너무도 개인적인 일로 다가온 탓에, 그 순간 내 머리도 가슴도 전략적으로 움직이지 못했다. 결국, 나는 분노에 가득 찬 목소리로 말했다. "헨리크 씨, 설마 진심은 아니죠!"

"그렇게 말씀하신다면 토론 내용을 제대로 이해하지 못한 모양이군요." 헨리크가 말했다.

아니, 똑똑히 이해했다. 나는 지난 10년간 LGBT 단체들과 협업했던 이야기를 들려주었다. 동성애자 친구들과의 사적인 관계에 관해서도 이야기했다. 그리고 내 주장을 펼쳤다. "섹슈얼리티나 젠더 문제는 이데올로기 투쟁이 아닙니다. 정치적 관점을 지닌 것도 아니고요. 우리 가운데 일부가 어떤 모습으로 태어났느냐 하는 문제랍니다."

"점점 이야기가 재미있어지는군요." 헨리크가 미소 지으며 말했다.

개인이 자신의 섹슈얼리티로 살 권리 혹은 자신이 주장하는 젠더로 살 권리에 관해서도 헨리크와 나는 근본적인 의견 차이가 있었다. 헨리크는 지금까지 어떤 연구에서도 동성애자에게 특정한 유전자가 있다는 것을 입증할 수 없었으므로 누구도 동성애자로 태어날 수 없다고 믿었다. 그는 이렇게 덧붙였다. "아마 남성에게는 호르몬적 소인이 있지만, 여성에게는 없습니다."

"그렇게 생각하세요?" 내가 물었다.

"글쎄요, 생각이 아니라 그게 사실인걸요." 그가 대답했다.

자신의 관점에 대해 헨리크는 나만큼이나 근본주의적 성향이 있었다. 의심이나 양심이 우리 마음속을 떠나지 않았지만, 그나 나나 조금도 굽히지 않았다. 그러니까 나는 내가 옳다고, 그는 그가 옳다고 생각했다. 그런데 내가 헨리크의 태도에 왜 그리 놀랐을까? 이번이 처음이 아니었기 때문이다. 헨리크가 하는 말과 똑같은 말을 하는 목사를 전에도 본 적이 있었기 때문이다. 덴마크 의회에서 덴마크 교회가 동성애자들을 받아 주어야 한다고 결정했을 당시 나는 사회위원회 의장이었다. 공용실에서 이 주제로 개최했던 청문회를 나는 결코 잊지 못한다. 청문회 장소는 이 법안을 폄하하는 사람들로 꽉 차 있었는데, 그중에는 이너미션 사람들도 있었다. 덴마크 국민당과 덴마크 자유당의 비르테 뢴 호른베크 Birthe Rønn Hornbech가 토론을 주도했다. 어느 시점엔가 비르테 뢴이 동성애자들은 생식 능력이 없다는 말을 했다. 그 말을 듣자 그녀야말로 의석을 차지하고 있는 바보 군단 가운데 한 명이라는 생각이 들었다—끔찍하게 일반화하고 잘난 척하는 생각이 아닐 수 없다—. 그 이후 나는 마음을 바꾸었다. 그때와 지금이 다른 점은 그 시절에는 그렇게 폄하하는 사람들을 한 번도 한 사람으로서 알고 지낸 적이 없었지만, 지금은 이렇게 헨리크와 여기 함께 앉아 있다는 사실이다. 그러면서 그의 태도와 미소 띤 얼굴이 어울리지 않다는 것에 슬퍼하고 있다. 우리는 여러 이슈에서 이견을 보였지만 그러면서도 헨리크는 인신공격을 하거나 악랄하게 대응하지 않았다. 그래서 나로서는 그에게 면박을 주기가 더 힘들었다. 게다가 그가 기본적으로 좋은 사람이라는 생각도 했다. 그러다가 방금 내가 한 생각을 누가 알게 되면 어떻게 될지 덜컥 겁이 났다. 동성애자들에 대해 이렇게 강경한 태도를 지닌 사람이 과연 좋은 사람일 수 있을까?

"정말로 동성애 유전자를 지니고 태어나는 사람들이 있다고 생각하십니까?" 헨리크가 물었다.

"저는 사람들이 그들의 있는 모습 그대로 태어난다고 생각합니다." 내가 차분히 대답했다.

방 안의 고요한 분위기를 깨뜨린 것은 헨리크였다. 이번에는 그가 흥분하며 화낼 차례였다. 그는 머리를 뒤로 젖히고 등을 뒤로 기대면서 소리쳤다. "외즐렘 씨! 정치적으로 맞지 않을지 모르지만 일반적인 연구에 따르면⋯⋯" 내가 그의 말을 가로막자 헨리크는 눈을 반짝이며 자신의 입장을 정당화하는 연구 결과를 인용해도 되냐고 물었다. 분위기는 결코 무례하거나 불쾌하지 않았다. 우리는 마치 평생 알고 지낸 사이 같았다. 수년간 인생을 논하면서 지낸 오래된 고등학교 동창 같았다. 논쟁을 하다 보면 미소를 짓다가도 서로 소리치기도 하는 것이 오랜 친구 사이 아닌가. 헨리크는 1970년대까지만 해도 학계에는 동성애가 질병이라는 합의가 있었다고 했다. "그런데 그 후 미국에서 투쟁적인 LGBT 운동이 등장하더니 동성애가 더는 질병 취급을 받지 않도록 법을 바꾸어 버린 겁니다. 하지만 법을 그렇게 바꿀 실질적인 이유는 하나도 없었습니다." 헨리크가 말했다.

"그렇지만 동성애가 병이라는 과학적 증거는 없어요." 내가 반박했다.

헨리크는 심호흡을 한 번 하더니 자신의 허벅지를 두드리며 주저하듯 말했다. "글쎄요. 동성애에 관해서 그동안 한쪽 이야기만 들으신 것 같아서 유감이네요."

"그래서 지금 여기 앉아 있잖아요." 내가 말했다. "당신의 견해도 듣고 싶어서요."

그러나 헨리크는 내가 하는 말을 듣지 않았다. 그 대신, 나와 다른 의견을 가졌던 다른 많은 사람들처럼 자신의 주장에 관한 문서 자료를 제시했다. 나는 이들에게서 공통된 성향을 발견했다. 모든 것을 상대방이 사안에 대해 무지하기 때문이라 생각하고 팸플릿과 선전으로 쉽게 해결할 수 있다고 믿는 것이다.

나는 집요하게 질문을 계속했다. "그러니까 LGBT 단체가 운동을 벌여서 이 이슈에 대한 사고방식을 바꾸었다고 생각하시는 거죠? 그러면 근본적으로 동성애자는 환자라는 말씀이신 것 아닌가요? 그런데도 직접적으로는 그렇게 말씀하지 않으시네요. 그냥 대놓고 이야기하시면 안 될까요?"

헨리크가 고개를 저었다. "아뇨, 제 말을 끝까지 들어 보세요. 동성애를 병으로 보는 것은 문제가 많습니다. 전혀 다른 것을 서로 결부시키는 셈이니까요. 병은 제가 전달하려는 개념이 아닙니다." 헨리크는 예를 들며 설명했다. "가령, 도시에 사는 옌센Jensen은 노이로제가 있습니다. 그럼 그는 환자일까요? 아닙니다. 하지만 이 문제로 그의 삶에 지장을 받습니다. 게다가 때때로 그 문제 때문에 자녀들의 삶도 힘들게 하지요."

나는 다시 한번 시도했다. "헨리크 씨, 동성애자의 몸과 머리에 뭔가를 제대로 작동하지 못하게 하는 게 있어서 그들이 일탈적 행동을 한다고 생각하시는 겁니까?"

이번 질문은 헨리크의 의중을 제대로 적중했다. "정답입니다. 아주 정확히 말씀하셨습니다."

"만약 어떤 결함이 문제라면, 그 결함을 메우기 위해 할 수 있는 것은 뭐든 다 하시겠습니까? 아니면 그 결함을 억제하기 위해 노력하시겠습니까?"

헨리크가 잠시 생각하더니 대답했다. "특정한 그리스도교적 지향 없는 비종교적인 평범한 연구는 말할 것도 없고 대부분의 심리학 연구 결과를 보면, 게이와 레즈비언 성향은 유년 시절에 시작되는 발달 문제와 연관된 것처럼 보입니다. 유전적 요인에 대한 확신은 없지만, 남성의 경우에는 유전적 연관성도 있을 수 있습니다. 이성애자보다는 동성애자로 발달하게 할 가능성을 더 크게 만드는 무엇인가가 있을 수 있어요. 반면, 여성의 경우에는 유전이 섹슈얼리티를 결정하는 데 어떤 역할을 한다고 입증할 만한 건 아무것도 발견되지 않았습니다."

대체 왜 저렇게 고집스레 젠더를 구별하지? 이상하다고 생각했지만 그쯤에서 넘어가기로 했다. 이미 터무니없는 주장을 너무 많이 해서 그것만도 따라잡기가 버거웠다.

헨리크는 일탈 행동을 하는 사람들—방화광과 절도광을 포함해서—을 위한 사회의 여러 돌봄 사례를 나열했다. 하지만 사람들이 동성애자를 돕는 것에 대해서는 공감을 덜 하는 경향이 있다는 것도 아주 잘 인식하고 있었다. "그래도 네덜란드를 비롯한 세계 곳곳에는 이 문제를 연구하면서 달라지기를 원하는 사람들을 도와주는 정신과 전문의들이 있습니다. 이런 사람들의 성향을 바꾸는 치료법도 있습니다. 제가 아는 게이 남성 중에는 지금은 여성과 행복한 결혼 생활을 하는 사람도 있고요. 아마도 그는 언제나 남성에게 성적 욕구를 느낄 겁니다. 하지만 전문가의 도움으로 치료와 행동교정을 받아서 이런 성적 편애로부터 자유로워지는 법을 배웠답니다."

뒤이어 헨리크가 또 다른 사례를 들려는 찰나, 내가 그의 말을 가로챘다. "그건 자신의 섹슈얼리티가 죄악이라는 말을 들은 탓에 그것을 억누르는 사람의 사례가 아닌가요?" 이렇게 물으면서도 한편으로는 많은 사람이 무슬림 여성들이 히잡을 두르는 이유는 복종을 강요받았기 때문이라고 여긴다는 생각을 지울 수 없었다.

"맞습니다. 그런데 그게 뭐 잘못됐습니까?" 그가 날카롭게 물었다.

처음으로 그의 인내력이 바닥을 드러내는 것이 느껴졌다.

그리고 그의 말이 맞다는 생각이 들었다. 한 개인이 자신의 동성애 성향 때문에 치료를 받은 뒤 이성 파트너와 결혼하거나 독신으로 살기로 선택한다면, 이것은 그의 고유한 선택이 아닐까? 많은 사람이 내가 동의하지 않는 선택을 한다. 나는 다른 사람들이 내게 자유를 규정해 주는 것에는 저항하면서, 정작 내가 생각하는 자유의 정의를 다른 사람들에게 강요하고 싶은 걸까? 아니, 그렇다면 그건 결국 자유가 아니다. 누구나 정보에 입각한 선택을 혼자서 할 자유가 있어야 한다. 그러나 한 사람의 개인적인 선택이 전례가 되어 한 집단 전체를 낙인찍거나 억누르거나 힘을 실어 주는 결과로 이어져서는 안 된다.

헨리크에 따르면, 동성애는 유년 시절의 문제로 인해 생긴 증상이다. 그러므로 "이것은 뇌진탕에 걸렸는데 진통제를 먹는 것과 같습니다. 잠깐의 아픔은 덜어 줄지 몰라도 실제로 상처를 치료하지는 못합니다. 아시겠습니까?"라고 헨리크가 말했다.

나는 동의하지 않았다. 왜냐면 나는 동성애가 어떤 질병의 증상이라고 믿지 않기 때문이다. 나는 동성애자와 트랜스젠더 집단의 자살률과 정신 장애 비율이 높은 것을 성격상의 결함이라고 보지 않는다. 그 대신 더 나은 지원 시스템과 이해가 필요하다는 징후라고 본다. 자신이 속한 사회가 자신을 환자나 죄인으로 취급한다면, 정체성을 구축하는 일은 어려울 수밖에 없다.

헨리크가 고개를 가로저었다. "저는 그 사람들에게 지옥에 갈 거란 말은 하지 않습니다. 제 일은 이렇게 말하는 겁니다. 친애하는 친구여, 하나님은 당신을 보고 기뻐하십니다. 당신의 삶에 하나님이 함께하시면 훨씬 더 행복할 겁니다. 당신은 하나님의 자녀입니다. 그러니 그분의 계명에 따라 사세요." 그는 여기서 잠시 말을 멈춘 뒤 다시 이어갔다. "이건 아주 짧게 말하는 경우랍니다. 그 사람들에게 다가가려면 이보다 조금 더 어렵습니다. 지옥 이야기를 하려고 노력하기는 합니다. 지옥은 실제 결과니까요. 하지만 불쾌한 동기 유발 요인이지요. 저는 예수를 믿습니다. 하지만 저를 그렇게 만든 것은 지옥에 대한 두려움 때문이 아닙니다."

헨리크에게 지옥은 동기 유발 요인이 아니지만, 그렇다고 동성애자들이 그의 교회 교인이 되는 것을 전면적으로 환영하는 일은 절대 없을 거라고 했다. 자신은 "죄악을 저지르는 데 기여"하지 않을 것이기 때문이란다. 하지만 동성애자들이 예배에 참례하는 것은 막지 않겠다고 했다. 또한, 그들도 그들이 받을 수 있는 도움은 다 받을 수 있어야 하기 때문에 그들의 자녀들에게도 세례를 줄 생각이라고 했다. 그러면서도 동성애자들은 그들의 행동으로 인해 시험대에 오를 것을 예상해야 한다고 했다. "한번은 교회에서 자녀가 세례받기를 원하는 레즈비언 커플이 찾아왔어요. 저는 그들에게 어려운 길을 선택하는 것이라고 했습니다. 그들 자신이 사는 방식은 하나님의 말씀에 상반되면서, 아이는 그리스도교 신앙 안에서 키우고 하나님의 말씀에 따라 살라고 가르칠 수는 없는 노릇입니다. 저는 세례를 주겠다고 했지만, 그들은 다른 목사님과 다른 교회를 찾아갔습니다. 화가 났던 거죠. 그 후로는 그들을 시내에서 보지 못했습니다." 헨리크가 말했다.

성적 지향과 무관하게 혼인하지 않은 상태로 동거하는 교인들에게 그는 한결같은 조언을 한다. 하나님의 말씀에 따라 살고자 한다면 성관계를 하기 전에 결혼해야 한다고 말이다. 또한, 혼인은 하나님과 맺은 깰 수 없는 계약임을 근거로 이혼에도 반대한다. 아내가 남편에게 맞건, 남편이 간통을 저지르건 중요치 않다. 헨리크가 보기에 이혼은 그저 받아들일 수 없는 것일 뿐이다.

이야기를 나누다 보니 대화가 심히 격해지기 시작했다. 그의 논리에 동의할 만한 구석을 찾아보려 했지만, 내가 받아들일 수 있는 것은 아무것도 없는 것처럼 보였다. 우리가 종교를 다르게 해석하고 있기 때문이었다. "동성애자를 교회에 받아들일 수 있느냐 없느냐를 결정하는 것이 경전을 다르게 해석하는 해석의 문제인가요? 다른 목사님들은 아무 문제

없이 동성애자를 교인으로 환영하시잖아요." 나는 이렇게 말
한 뒤 그에게 질문을 던졌다. "목사님들 대다수가 틀릴 수 있
는 건가요?"

헨리크의 인내가 바닥을 쳤다. "우리는 뭐든지 해석하려
드는 저주받을 시대에 살고 있습니다. 하지만 모든 것이 주
관적이지는 않아요!"

왠지 모르지만 그의 모습이 사뭇 진지했는데도 나는 갑자
기 터져 나오는 웃음을 주체할 수 없었다. 어쩌면 우리가 이
문제를 너무도 다르게 보고 있어서 그랬을 수 있다. 하지만
모든 종교를 막론하고 근본주의자들의 태도가 눈에 띄게 똑
같아서 그랬을지도 모른다. 나는 웃음을 자제하려 하면서 마
흐무드 생각을 했다. 그 역시 내가 해석 이야기를 꺼내자 화
를 냈고, 내가 하고 싶은 말은 해석밖에 없다고 생각했다. 숨
을 가다듬은 뒤 나는 헨리크에게 마흐무드 이야기를 들려주
었다. 두 사람의 사고방식이 너무도 비슷하다는 말도 했다.
마흐무드와 헨리크의 가장 큰 차이는 헨리크도 내 의견에 완
전히 반대했지만 그래도 나와 함께 웃었다는 점이다.

헨리크는 성경을 바탕으로 주장을 펴면서 예수가 얼마나
일관성 있었는지를 강조했다. 그는 성경 문구를 인용할 때마
다 마지막에 꼭 '아멘'을 붙였다.

"쉽사리 해석의 문제로 치부할 수 있는 상황은 많습니다.

그러나 반드시 사실을 고려해야 합니다. 열두 사도가 예수께 물었습니다. 모세 5경에서 재혼할 수 있다고 한 것이 맞냐고. 예수는 율법에서 재혼을 허락한 것이 맞다고 합니다. 하지만 그 기회는 오직 완고한 마음을 위해서 주어지는 것이라고 합니다. 예수께서 정말로 하고 싶은 말씀은 무엇이었을까요? 물론, 예수는 죄인들에게 새로운 삶을 살 기회를 주는 것에 찬성합니다. 하지만 지금 이혼을 교회가 아니라 시청에서 하는 것이 문제입니다."

"아마 예수 시대에는 시청이 없었을 테니까요." 내가 농담 조로 말했다.

"아뇨." 헨리크가 대답했다. "모세 5경은 사회법입니다."

흥미롭게도 헨리크는 자신의 해석은 팩트로 생각하면서 남들이 같은 텍스트를 다르게 해석한다고 비판했다. 성경 이야기가 나오면 그는 손쉽게 메시지를 비틀어서 자신의 사상에 꿰맞추는 데 능해서 그의 주장을 반박하기가 조금 어려웠다. 자신의 의도에 맞게 코란을 활용하는 이맘과 대화할 때와 같았다. 그래서 내가 아는 내용을 가지고 주장을 펴야겠다고 생각했다. "덴마크 교회의 목사님 대부분은 이혼 후에도 그들의 교회에서 예배하게 해 줍니다."

헨리크에 따르면, 이것은 새로 나타난 현상이라고 한다. "그룬트비는 이런 모습에 고개를 가로저었지만 그냥 묵과해

야 한다는 교회 지도자들과 정치인들의 말에 목사들이 설득
된 거죠."

어떻게 종교인이라는 사람이 설교단에 설 수 있는 권한을
이용해 포용력 있는 공동체를 만들기는커녕 누군가를 공동
체에서 배제해 버릴 수 있는 것인지 도무지 이해가 가지 않
았다. 그래서 이 점을 들어 헨리크를 공격했다. "저는 하나님
이 모든 사람을 동등하게 창조했다고 믿습니다. 그런데 당신
같은 종교 지도자가 누구는 하나님의 집에 환영받지 못한다
는 말을 어떻게 할 수 있는지 모르겠네요. 대체 누가 당신에
게 그럴 권한을 준 겁니까? 심판은 하나님의 몫입니다. 당신
은 하나님도 예수도 아니라고요!"

내 말이 끝나고 꽤 시간이 지나서야 헨리크가 대답했다.
사실, 전체 대화 중 가장 오래 뜸을 들인 시간이었다. 그가 말
하는 동안 목소리에서 아픔이 묻어 나오는 것을 또렷이 느
낄 수 있었다. "하나님은 우리에게 어떻게 살아야 하는지 아
주 분명하게 가르쳐 주셨습니다. 저는 포용이라는 이름으로
하나님의 규칙을 저버릴 수 없다고 생각합니다. 모두에게 예
스yes라고 하는 것이 종교의 역할이 아닙니다. 왜냐면 우리는
모두 같은 곳을 향해 가고 있으니까요. 사람들은 서로 다른
선택을 합니다. 어떤 사람들은 하나님의 말씀을 선택하는가
하면, 다른 사람들은 그 말씀을 저버리는 선택을 하죠. 이것

은 아담과 이브의 타락에서부터 시작됐습니다. 이 내용은 코란에도 나와 있지요. 원래 낙원은 선한 자들만 존재하는 곳이었습니다. 그곳에 사악한 것은 하나도 없었습니다. 그러나 타락이 일어나는 순간, 선과 악을 나누는 필연적인 경계선이 그어졌습니다. 그래서 살면서 따라야 하는 규칙이 우리에게 주어진 것입니다. 이것은 또한 우리가 하나님의 길을 따르는 선택을 해야 하는 이유이며, 같은 방향으로 가지 않는 선택을 한 자들에게 등을 돌려야 하는 이유이기도 합니다. 선택의 기로에서 어떤 이들은 잘못된 길을 선택합니다." 헨리크가 말했다.

잠시 나는 평등을 바라보는 내 시각에 대해 곰곰이 생각하고 나의 일관성에 의문을 가져 보았다. 나는 신앙을 가진 한 사람으로서, 소아성애자와 독재자, 사이코패스까지 모두 아우르는 낙원을 도저히 상상할 수 없다. 하지만 그런 자들이 낙원에 오르거나 말거나, 나는 이 세상에 사는 모든 사람은 평등한 대접을 받아야 하고 같은 권리를 보장 받아야 한다고 믿는다. 그래서 다시 한번 헨리크가 플랫폼 권한을 이용하는 방식에 대해 큰소리로 의구심을 제기했다. 도무지 이해가 되지 않는다고요! 헨리크는 내 이해를 돕기 위해 안간힘을 쓰고 있는 듯 보였다. 그는 하나님에게서 권한을 앗아 온 것이 아니라 오히려 반대로 그의 창조주에게 사랑을 느끼는 것이라고 설명했다.

"외즐렘 씨, 아까 이런 말씀을 하셨죠? 당신은 원칙적으로 거짓말하지 않는다고. 그런데 만약 당신이 의회의 게임의 법칙대로 다른 정치인들처럼 거짓말하지 못해서 국회의원이 될 수 없다는 말을 듣는다면 어떨까요? 이런 상황이라면 당신의 가치관과 규칙에 얽매여 있다는 느낌을 받을 수도 있을 겁니다. 누군가로부터 당신의 인생 규칙이 당신 자신의 것이 아니라 코란이나 다른 데에서 명령을 받은 것이라는 말을 들을 수도 있습니다. 그러나 당신은 그 규칙을 저버리고 거짓말을 시작하지는 않을 겁니다. 왜냐면 진실을 말하는 것이 더 좋은 일이라는 것을 당신은 근본적으로 알고 있으니까요."

헨리크가 든 사례가 내 마음에 크게 와닿았다. 그는 내가 이해할 수 있는 언어로 설명했다. 왜 우리 둘 다 각자의 주장을 고수하는지 이제 이해가 갔다.

헨리크는 이어서 말했다. "저도 마찬가지입니다. 예를 들어, 동성애에 대해 저도 같은 기분입니다. 저는 남자와 여자가 서로 상대를 위해 창조되었다고 믿습니다. 저는 양성이 존재한다고 믿습니다. 또한, 저의 성경에 나와 있는 규칙을 따라야 한다고 믿습니다. 저는 우리가 동성애자들의 뇌진탕을 치료하지 못할 걸 알면서도 그들에게 진통제를 주었고,

그래서 그들이 실망했다고 믿습니다. 진심입니다. 정신질환과 자살이 동성애자들에게서 많이 나타나는 이유를 일각에서는 그들이 낙인찍혔기 때문이라고 합니다. 하지만 연구 결과에 따르면, 우리가 속한 현대 사회는 동성애에 개방적인 분위기임에도 여전히 동성애자들이 더 취약하다고 합니다. 그들에게 필요한 도움을 주지 않는 것이 문제라고 저는 생각합니다."

우리는 이쯤에서 동성애 문제에서 손을 뗐다. 알고 보니 헨리크가 급히 다루고 싶은 주제가 따로 있었다. "동성애 이슈보다 저를 더 열 받게 하는 문제가 바로 낙태입니다." 그가 우레와 같은 목소리로 소리쳤다. 헨리크는 생명권 운동에서 일하는 그의 누이 이야기를 들려주었다. 그녀에 따르면 이 단체가 운영하는 상담 전화로 남자친구로부터 낙태를 종용당한 불쌍한 여성들이 절박한 심정으로 도움을 요청하는 경우가 많다고 했다.

헨리크에게 나도 그 문제를 직접 경험해서 잘 안다고 말했다. "간호대 학생이었을 때 산부인과에서 일했던 적이 있어요. 그곳에서 일하면서 저는 낙태를 재미있거나 쉽다고 생각하는 여성은 세상 어디에도 없다는 것을 알게 됐습니다. 낙태는 많은 여성에게 정서적 충격을 주는 힘든 선택입니다. 저는 낙태가 얼마나 어려운 일인지 잘 알지만, 그래도 자유

낙태를 선택할 수 있게 돼서 기쁘답니다.”

“왜죠?” 헨리크가 의아한 듯 물었다.

“당연히 여성에게 자신의 신체에 대한 자기결정권이 보장되어야 한다고 믿기 때문이죠.” 내가 말했다.

“아니죠, 여성의 신체가 아니죠. 여성의 몸속 공간을 잠시 빌리고 있는 또 하나의 신체가 낙태의 대상입니다.” 헨리크가 말했다.

나는 이 주장에 동의하지 않았다.

헨리크가 다시 반론을 폈다. “저는 우리가 여성들을 희생시켰다고 생각합니다. 결정해야 하는 부담을 온전히 여성 개인에게 전가한 것이죠. 우리는 여성이 자신의 몸이 어떻게 될지 결정해야 한다고 말합니다. 하지만 남성이 자신의 행동에 대해 져야 하는 책임은 어떻게 합니까?”

나는 헨리크의 주장에 전적으로 동의하지는 않는다. 하지만 낙태를 논할 때는 기본적인 윤리적 책임 문제를 이슈화하기 어려울 수 있다. 너무 많은 낙태 지지자들이 극단적 낙태 반대론자들만큼 근본주의적인 접근 방식을 고수하고 있다. 나는 헨리크에게 간호사 시절 겪었던 이야기를 들려주었다. 그때 나는 피임에 반대하는 대신 일 년에 두세 번 원치 않는 임신을 중단하기 위해 낙태를 선호했던 여성들의 낙태 수술에 참여했다. 다행히도 이런 경우는 극소수였지만 나는 그들을 이해하기가 지극히 어려웠다. 이보다 더 많은 경우는 아주 어린 나이에 임신이 되어 낙태하러 오는 경우였다. 그렇게 온 여성들은 피임하는 것을 잊어버렸거나 피임 기구를 사용했는데도 임신을 막지 못했지만, 아이를 키우는 것을 원하지 않았다. "그들 중 누구에게도 쉬운 결정이 아니에요. 어떤 여성들은 선택의 여지가 없다고 느끼기도 합니다." 이렇게 말하면서 나는 헨리크의 반응을 간절히 기다렸다.

"당신 말이 옳아요." 그가 말했다. 헨리크는 피임으로 원치 않는 임신을 예방하는 것에는 반대하지 않았다. 다만, 피임약은 반대했다. "그 시점이면 이미 정자가 난자와 합쳐졌기 때문이에요." 그가 말했다. 헨리크는 사실과 다른 이런 믿음을 사실상 모든 이맘과 공유하고 있었다.

그러고 보니 헨리크는 덴마크에서 나와 낙태 문제를 논한 첫 번째 낙태 반대론자라는 생각이 들었다. 덕분에 나는 간호대 학생 시절에 직면했던 딜레마에 대해 스스럼없이 털어놓았다. 지금껏 나는 이 문제를 논하는 것을 편하게 느꼈던 적이 좀처럼 없었다. "제일 힘들었던 게 뭔지 아세요?" 내가 물었다. "제가 간호대 학생 신분이었는데 임신 후반기 낙태 수술을 도와야 했어요. 다시 말해, 산모는 합법적 중절 시기를 지나서까지 태아를 임신하고 있었지만, 예외가 인정됐죠. 그녀의 건강 상태가 나빠 아이를 원하지 않았습니다. 그녀는 일반 분만처럼 골반을 통한 출산을 했지만, 사산하는 여성들 대부분이 그렇듯 아기를 보려 하지 않았습니다. 그 심정은 저도 이해할 수 있었습니다. 저는 분만대에 있던 사산된 아기를 노란색 양동이에 넣어서 의료폐기물 봉투에 버려야 했습니다. 그 아이는 비록 크기는 무척 작았지만 완벽한 모습이었습니다. 연약한 피부와 귀, 갈비뼈, 손가락…… 전부다 있었습니다. 다리 한쪽을 들어 올렸더니 작은 크기의 남성 성기도 있었습니다. 이 모습을 보고 제 입에서 고통스러운 신음이 새어 나왔습니다. 바로 옆 분만실에서는 임신 4개월에 하혈을 시작한 여성이 울부짖고 있었습니다. 그 산모는 간절히 아이를 원했지만, 연속해서 다섯 번이나 유산한 전력이 있었습니다. 그리고 다시 비극으로 끝나고 말았죠. 그녀는 끝내 아이를 지킬 수 없었습니다. 그토록 완벽한 모습의 사산아를 쓰레기로 버린 다음, 자궁 속 아이를 지키지 못한 어머니를 위로하러 가는 것이 너무도 이상했습니다." 이렇게 내 이야기를 마치자 마음이 후련해졌다. 나는 이런 나의 반응이 조금 놀라웠다. 왜 마음이 후련하지?

헨리크가 즉각 반응했다. "그건 살인입니다."

나는 잠깐 생각한 뒤 이렇게 말했다. "저는 살인이라고는 생각지 않습니다. 다만 적어도 아주 어려운 윤리적 딜레마죠."

"저에게 이것은 윤리적 딜레마가 전혀 아닙니다. 이것은 어디까지나 명백하고 일어나서는 안 될 상황입니다." 그가 단호하게 말했다.

문득 헨리크가 그와 반대 주장을 하는 사람들이 많이 하는 것과 똑같은 행동을 한다는 것을 알게 됐다. 그는 내 사례를 이용해서 자신의 주장을 정당화하고 논쟁을 종결지었다. 이와 똑같이, 많은 낙태권 찬성론자들이 '여성에게는 자신의 신체에 대한 자기결정권이 있다. 이상 끝!'이라는 말로 논쟁을 끝내 버린다. 하지만 그런 자기결정권은 왜 주어졌을까?

우리는 헨리크의 거실에 말없이 앉아 있었다. 그는 내가 한 말에 영향을 받은 것이 분명해 보였다. 나로서는 마음속 짐을 내려놓고 이야기할 사람을 찾을 수 있어서 기뻤다. 그의 해결책을 찬성하지는 않지만 우리 법률이 제공하는 것보다 더 나은 선택지는 내게 없다.

"우리 사회의 복지 수준을 유지하려면 우리에게는 노동인구가 필요할 겁니다. 그런데 우리는 지금 미래를 죽이고 있습니다." 헨리크가 말했다.

내가 생각하기에 이것은 그리 단순한 문제가 아니다. 지난 10년간 피임 교육과 피임에 대한 접근성이 증가했음에도 낙태 건수가 상당히 일관되게 유지된 이유가 궁금하다. 낙태권 지지자들이 이런 결과를 어떻게 반길 수 있겠는가? 낙태권 옹호론자들이 열린 마음으로 이 문제에 관한 토론에 참여하면서 조금 더 열심히 싸운다면 낙태를 원하는 여성의 수가 어쩌면 줄어들지도 모른다. 나는 낙태권을 지지하지만 헨리크는 반대한다. 그러나 우리는 한 가지만큼은 의견의 일치를 보았다. 비판적 토론이 최소한 더 많은 낙태를 예방할 방법을 찾는 데 도움이 될 수 있다고.

나는 한숨을 푹 쉰 뒤 말했다. "아까 동성애를 논하는 것이 어렵다고 언급하셨잖아요. 하지만 사람들의 화를 돋우지 않으면서 낙태에 대해 비판적으로 의견을 나누는 일이 얼마나 어려운지도 아셔야 해요."

헨리크가 얼른 다시 이야기를 시작했다. "당신은 전통적으로 종교법에 대한 해석을 지극히 중시하는 종교 출신입니다. 무슬림들은 한목소리로 말하지 않습니다. 덴마크에서는 그 누구도 모든 사안에 동의하지 않죠."

그렇다. 우리 무슬림에게는 한목소리란 없다. 그리스도교인도 마찬가지다. 그래도 적어도 그런 점만큼은 우리가 모두 한목소리로 동의할 수 있다. 헨리크에게 덴마크 교회 사람들을 만났던 이야기를 들려주었다. 내가 살았던 동네마다 교회를 자주 찾았는데 그때마다 목사님들이 얼마나 따뜻이 맞아주었는지 모른다. 나는 우리 아이들도 데려가서 아이들이 종교를 초월한 교육을 받을 수 있게 했다.

헨리크에게 우리가 하나의 공동체를 공유한다는 말을 하면서 나는 가슴이 부풀어 오르고 공중으로 몸이 솟구치는 듯한 북받치는 감정을 느꼈다. 그러나 헨리크의 다음 한 마디에 여지없이 땅으로 다시 내동댕이쳐지면서 현실의 벽을 실감했다. "조금 전, 제가 당신은 법 해석을 중시하는 교인 집단 출신이라고 했을 때 그리스도교를 말한 게 아닙니다. 덴마크 교회 내 다양성은 경전 텍스트 해석으로까지 확대되지 않습니다. 덴마크 교회의 문제는 단 두 개의 집단으로만 이루어져 있다는 겁니다. 한쪽은 저처럼 교리와 성경 말씀을 믿는 반면, 다른 쪽은 모든 것이 끊임없이 변하기 때문에 재해석의 대상이 된다고 믿습니다. 심지어 하나님도 변한다고 생각하죠. 저들은 정말로 진지하게 하나님이 점점 지혜로워지신다고 생각합니다." 헨리크가 고개를 가로저었다. 그의 논리 안에서는 모든 것이 극명하게 나뉘어 있었다. 그 안에서는 두 개 이상의 집단이 존재하는 일은 거의 없었다. 언제나 두 집단이 서로 단호히 대립했다. 나는 이런 이항대립의 단순함을 받아들이기가 너무 힘들었다. 세상에 온전히 흑이고 온전히 백인 것은 없기 때문이다.

"저는 덴마크 교회 소속 목사들보다 오히려 제가 속한 교회 밖에 있는 가톨릭이나 오순절교회, 기타 자유교회파 사람들과 마음이 더 잘 맞고 유대감을 쉽게 느끼는 것 같습니다."

헨리크가 말했다.

"그리고 보수적인 이맘들까지 포함해서 더 넓은 공동체 사람들과도 그렇고요." 내가 웃으며 말했다.

"맞아요. 특히 동성애와 도덕적 영향에 관해서는 그렇습니다." 그는 이렇게 말하면서도 두 종교가 매우 다른 종교라고 강조했다.

우리가 대화를 나누는 동안, 다리가 세워졌다가 다시 무너지는 일이 여러 차례 반복됐다. 그럼에도 이제 나는 더 명확히 알게 됐다. 비록 다리 하나가 금세 무너질 수 있더라도, 머지않아 새로운 다리가 세워져 우리 사이의 이해를 가로막는 깊은 골을 이어줄 것이다.

헨리크의 집을 나서는데, 그가 한번 읽어 보라며 책 한 권을 챙겨 줬다. 나의 다음 행선지는 프레데리시아다. 그곳에서 16년간 게이 공동체 사람들과 일했던 한 남성이 나를 기다리고 있었다.

게이들을 돕는다?

나는 화려하게 장식된 붉은 벽돌 저택에 들어섰다. 모던 인테리어 디자인 잡지에 나오고도 남을 법한 집이었다. 모든 것이 밝은 원색과 천연 목재 디자인으로 우아하게 설계돼 있었다. 책장은 공간에 맞게 목공 장인이 주문 제작한 것이 확실했다. 그냥 보고 지나칠 수 없을 정도로 뛰어난 솜씨로 빚어 낸 아름다운 작품이었다. 검은색 피아노만이 밝은 인테리어 톤과 대조를 이루는 어두운 오브제였다.

실내로 들어올 때는 신발을 벗고 울 슬리퍼로 갈아 신었다.

요한Johan은 이 저택에서 아내 루트Ruth와 산다. 두 딸은 오래전 집을 떠나 독립했다. 스물여덟 살인 둘째는 유명 가구디자인 회사 헤이HAY에서 그래픽디자이너로 일한다. 서른 살인 첫째는 코펜하겐에서 배우로 일한다. 루트는 마감이 임박한 중요한 과제가 있어서 짧게 인사만 나누고 다시 대학교로 돌아갔다. 테이블 위에는 쿠키가 나를 기다리고 있었고, 우리는 핸드메이드 머그잔으로 커피와 차를 마셨다.

요한은 사회신학 전공 그리스도교 신학 학위를 갖고 있는 집사다. 경력 대부분을 덴마크 루터복음교회와 이너미션에서 보냈다. 그중에서도 그는 이너미션의 영화 유통회사 책임자로서 교인들의 견진 준비와 그리스도교 교육용 영화를 수입하는 일을 했다. 그러나 기술이 영화 산업에 큰 영향을 미치면서 수익을 내기가 더 어려워졌다. 2006년, 요한은 예술적 시각과 그리스도교적 시점에서 영화를 리뷰하는 'filmogtro.dk'라는 웹사이트를 만들었다. 처음 몇 년은 그가 직접 편집 작업에 참여했지만, 지금은 일선에서 은퇴했다. 그래도 여전히 리뷰는 쓰고 있다. 이뿐만 아니라 강의도 하고, 설교도 하며, 필요한 경우에는 간호조무사로도 활동한다.

덴마크 북서부 스키베에서 태어난 요한은 초등학교 7학년까지 다니다가 학교가 지겨워져서 그만뒀다. 맨 처음에는 농업 보조원으로 일했고, 다음으로 대장장이 견습을 시작했다. 그 후, 힐러뢰에 있는 루터교 미션대학에 다닌 뒤 교사가 됐다. 뒤이어 프레데릭스베르에 있는 디코네스 재단에서 간호학을 공부한 후, 오르후스에 있는 디코네스 대학에 입학했다. 그리고 코펜하겐에서 6개월간 공부하던 중에 루트를 만났다. 당시 루트는 북부 질란드에 사는 가정교회 출신의 열여덟 살 아가씨였고, 요한의 나이는 스물여섯이었다.

그들의 코펜하겐 시절을 한마디로 정의하면 '탄탄한 유대 관계로 짜인 공동체'라 할 수 있다. 요한은 구세군, 교회 십자군, 그의 옛 직장 동료들이 포함된 그룹과 함께 디코네스 재단을 방문했다. 이 일을 계기로 그는 뇌레브로에 있는 코셔 교회에서 인턴으로 일할 수 있었다. 1977년, 집사 교육을 수료한 후, 요한은 미국으로 건너가 석 달간 체류하면서 사회 복지 기관들과 루터 교회를 방문했다. 1984년에 다시 한번 미국을 찾았는데, 이번에는 1981년에 결혼한 루트와 함께였다. 미국 여행 중 그는 미국 그리스도교인들과 끈끈한 인맥을 쌓았고, 훗날 미국 수입 영화 보급 일을 시작할 때 이 인맥을 적극 활용했다.

1984년 덴마크에 귀국한 이래로 요한과 루트는 프레데리시아에서 살고 있다.

요한은 전형적인 서민층 가정에서 자랐다. "우리 아버지는 안 해 본 일이 없었죠. 실업자도 해 봤고, 공장노동자도 해 봤고, 수많은 비숙련 일자리에서도 일했습니다. 그러다가 최종적으로 교회 관리인으로 일하게 됐습니다. 어머니는 전업주부로 있다가 우리가 자란 뒤에는 아버지의 교회 청소일과 교회 커피 모임 준비를 도왔습니다." 요한이 말했다. 요한의 가족은 매우 신심이 깊었고, 스키베로 이사한 후 이너미션의 일원이 됐다. "저는 디아콘 고등학교에 다니기 시작하면서 금세 오르후스 이너미션 공동체의 일원이 됐습니다."

"그리스도교인의 장점은 덴마크에 있건 해외에 있건 어디서건 공동체를 만날 수 있다는 겁니다." 요한이 말을 이어갔다. "물론, 그리스도교인이라도 여러 면에서 서로 다를 수는 있습니다. 하지만 우리는 기본적인 가치와 태도를 공유합니다. 처음 미국에 갔을 때, 저는 뉴욕에 있는 한 지역 교회로부터 환영을 받았습니다. 그리고 그곳에서 체류하는 동안, 저와 다른 가치와 믿음을 가진 다른 교회들과 교류하며 알고 지내게 되었습니다."

요한은 절대로 술에 취하는 법이 없다고 한다. "성경에 포도주를 과하게 마시면 안 된다고 나와 있으니까요." 그가 설명했다. 하지만 여느 젊은이들처럼 그도 부모님의 생활방식에 반항하고 주말마다 파티를 열고 여자들 꽁무니를 쫓아다니던 시절이 있었다고 한다. 그러다 언젠가부터 인생이 공허하게 느껴졌고 더 큰 인생의 의미를 찾기 시작했다. "주변 어른들이 제 삶에 믿음을 심어 주었어요. 저는 그분들을 우러러보았습니다. 오늘날 제가 하는 모든 일은 저의 그리스도교적 가치관이 그 중심에 있습니다." 요한이 말했다.

나는 요한이나 헨리크 같은 사람들을 만나는 것이 재미있다. 내가 믿는 종교 안에서는 종교적 규율을 잘 준수하는 사람들을 많이 알고 있다. 또, 내 친구 벤트 멜키오르와는 신앙 이야기도 자주 한다. 하지만 그 외에는 덴마크에서 신앙을 가진 사람들을 만나게 되는 경우가 거의 없다. 자신의 개인적인 믿음에 관해 이야기하는 덴마크인이 드물뿐더러, 내가 속한 좌파는 완전히 비종교적인 세속적 경향이 강하기 때문이다. 나는 신앙이 있는 사람들과는 항상 동료애를 느낀다. 우리끼리 공통된 언어로 이야기하는 경우가 많아서 그렇다. 그런데 이것은 우리가 모든 일에 대해 의견이 맞아서가 아니라, 기본적인 공통된 합의가 있기 때문이다. 우리가 맨눈으로 볼 수 있는 것보다 더 위대한 무언가가 있다는 암묵적인 합의 말이다. 믿음을 가진 사람들 사이에는 자비심, 연대감, 동료애, 인류애 같은 가치들이 공동체를 떠받치는 아주 강력한 기둥이 된다. 전 세계 인구 중 종교를 가진 독실한 신자들의 비중이 크긴 하지만, 덴마크처럼 신앙보다 과학이 가치 우위를 점하는 나라에서는 신앙인들이 힘든 적응 기간을 거쳤다. 어떤 토론이건 대개 자신이 하는 말을 입증할 수 있느냐 하는 것이 전제조건이 된다. 한 사람의 무슬림으로서 나는 다른 사람들이 근본주의적 신앙이라는 개념을 깔본다는 것을 알게 됐고, 그래서 이 개념에 대해서는 좀처럼 논쟁을 하지 않는다. 하지만 그리스도교인들이라고 해서 반드시 더 나은 대접을 받는 것은 아니다. 사람들이 그리스도교인들은 "이상하다."라고 하는 말을 들은 적도 있다.

"저는 매일 아침 기도하고 명상하며 성경 구절을 읽습니다." 요한이 조용히 말했다. 그는 헨리크보다 훨씬 차분했다. 단 한 번도 언성을 높이거나 큰 소리로 웃거나 감정의 분출을 보이지 않았다. 답하기 어려운 질문을 받으면 찬찬히 생각하면서 시간을 들여 답변을 준비했다. 언어 사용도 아주 꼼꼼하게 하고, 단어도 조심해서 선택했다. 그래도 그의 신앙은 공고해서 끄떡없었다.

요한은 코펜하겐에서 공부하던 시기에 놀랄 만한 경험을 했다. "저는 교회 단체들의 요구 수준이 너무 낮다고 생각했습니다." 뇌레브로 힐러뢰그라 로의 코셔 교회 인턴 경험은 그다지 인상적이지 않았다. "고작 한 달에 한 번 주일 아침 아홉 시에 설교할 기회를 얻었을 뿐이었어요." 요한은 고개를 설레설레 저었다.

요한을 비롯한 많은 다른 인턴들은 기성 교회의 사회 복지 기관에서 그들에게 제공하는 것보다 많은 기회를 얻기 원했다. 그래서 알코올중독자와 마약중독자의 재활을 돕고자 '아가페(하나님의 사랑) 치료 병동'을 개설했다. "중독자들은 그곳에서 집단생활을 하면서 그리스도교적 삶의 해석을 익혀 기본적인 가치관을 형성합니다. 저는 윤리적 공백 상태에 있는 사람들을 돕는 것은 옳지 않다고 생각합니다. 그들은 먼저 강한 믿음을 가져야 합니다." 요한이 강조했다.

듣다 보니 그의 주장과 히스브 우타흐리르 사람들의 주장이 똑같다는 생각이 들었다. 그들도 사람들이 기본 바탕으로 강한 신앙심을 가지고 있어야 그들의 삶을 개혁하는 것을 도와줄 수 있다고 믿는다. 그들은 학대를 비롯한 파괴적 행동은 사람들이 신앙에 닻을 내리지 않았음을 드러내는 것이라고 본다. 따라서 신앙을 키우는 것 그 자체가 일종의 치료라고 생각한다.

아가페는 민간 기부를 많이 받아서 재정적 안정을 확보한다. 그러면서 현장에서 환자들에게 치료비도 청구한다. "그들 얼굴이 예뻐서 우리가 돕는 것이 아니니까요." 요한이 말했다.

"제게는 그리스도교인이면서 게이인 남동생이 있습니다. 그냥 그게 그의 모습이에요. 우리 가족은 예전부터 동생을 있는 그대로 받아들였습니다. 동생은 사람들이 동성애에 대해 공개적으로 말하지 않던 시기에 성장기를 겪었기 때문에 무척 힘든 시간을 보냈죠." 요한이 말했다. "동생이 처음으로 어머니에게 자신의 성 정체성을 털어놓았을 때 그 애는 열여섯 살이었어요. 당시 가족 중 다른 사람은 아무도 몰랐습니다. 어머니는 동생이 정말로 게이인지 알아보려고 동생을 데리고 비보르에 있는 심리상담사와 정신과 의사를 찾아갔습니다. 그리고 그가 게이라는 확인을 받았죠." 요한이 당당한 목소리로 말했다. "어머니는 슬퍼했습니다. 저는 동생이 게이라는 것이 이상하게 생각됐어요. 하지만 그래도 동생은 여전히 내 동생이었습니다. 저는 동생을 조심스럽고 존중하는 자세로 대해야 한다는 것을 알았습니다."

가족 중 누구도 요한의 동생을 비난하지는 않았지만, 그의 동성애에 어떻게 대처할지를 두고는 의견이 분분했다. 병으로 생각해야 하나? 아니면 '단순하게' 받아들여야 하나? 요한에 따르면, 누구도 동생을 이해하지 못했고, 누구도 그의 섹슈얼리티를 공감하지 못했고, 누구도 동생에게 그 이야기

를 하고 싶어 하지 않아 해서 동생은 몸부림치며 힘든 시간
을 보내야 했다.

"저는 게이들과 같이 일을 많이 했어요. 동성애에 대해 많
은 사람에게 이야기하고 글도 많이 썼습니다." 요한이 알프
레드 킨제이 박사의 킨제이 척도 이야기를 했다. 킨제이 척
도는 인간의 섹슈얼리티를 0부터 6까지 척도로 구분한 것이
다. "킨제이 박사에 따르면, 자신을 배타적 이성애자로 성체
화하는 사람들은 척도 0, 배타적 동성애자로 정체화하는 사
람들은 척도 6에 해당합니다." 그가 말했다. 아가페에서는
요한을 비롯해 치료사들과 심리상담사들이 환자들을 개별
적으로 이 척도에 대입해서 각 개인의 필요에 맞게 건강하고
행복한 삶을 구축하게 도와준다. "우리는 게이 환자들이 필
요로 하는 것을 개별적으로 충족시키려고 노력합니다. 그들
은 그리스도교 공동체가 그들을 받아들이거나 이해하지 않
는다고 느낍니다. 우리는 그들에게 주말 특별 코스와 토론
프로그램을 제공하고 있습니다." 그가 말했다. 요한의 동생
도 이 프로그램 참가자 가운데 한 명이다.

치료센터에 온 동성애자 가운데 많은 이들이 요한의 성경
해석을 공유한다. 그들은 동성인 사람과는 파트너가 될 수
없다고 본다.

"대화의 목적은 동성애가 그리스도교 신앙과 양립 불가능

해 보이더라도 그들이 그리스도교 신앙을 유지하도록 지원하는 데 있습니다. 하지만 그들이 지배적으로 이성애자인지 동성애자인지 결정하는 데에도 도움을 줍니다. 그들 중에는 자신의 섹슈얼리티에 대해 누군가와 이야기를 나눈 것이 처음인 경우가 많습니다. 우리가 이 일을 시작한 것이 1992년인데, 당시에 이런 방향으로 접근하는 교회는 우리 말고 없었습니다. 우리가 선구자였죠." 요한이 말했다.

대화 프로그램으로 요한의 동생에게 달라진 건 아무것도 없었다. 그는 지금도 여전히 게이다.

그 후로 이 프로그램은 요한이 희망한 방향으로 발전하지 못했다. 평등 운동이 성장하면서 동성애자들도 다른 사람들과 동등하게 받아들여지는 분위기가 조성됐고 덴마크 교회에서도 이들을 축복하게 됐다. 요한은 논쟁이 과열됐다고 느꼈다. 그리고 성경 속 가르침이 동성애 부부를 수용했다는 주장에 완전히 동의하지는 않았다. "제 동생이 게이이긴 하지만, 저는 지금도 동성애에 관한 성경 말씀과 진리를 고수합니다." 그가 말했다.

우리가 대화하는 동안 요한은 건강한 섹슈얼리티가 전체 건강에 중요하다고 계속해서 강조했다. 그렇다면 그는 동성애를 병으로 생각한다는 뜻일까? "아닙니다. 시간이 지나면서 저는 더 조심하게 됐어요. 많이 알면 알수록 더 복잡하고 까다로워지는 법이죠." 그가 말했다.

　이 의견에 나도 동의한다. 덴마크 내 다양한 인구 집단 안에서 무력감, 좌절감, 혐오감이 증가하는 이유를 파악하려 하다 보니, 나 역시 이들 이슈가 실제로 얼마나 복잡한지 경험할 수 있었다. 어떤 문제건 그 안에 발을 깊이 담글수록 그 문제는 더 복잡하고 까다로워진다. 대개 언론과 정치인들이 말하는 것보다 세상은 더 미묘하다. 헨리크와 요한을 만나기 전, 나는 이너미션 사람들에 대해 아주 명백한 선입견이 있었다. 내가 아는 사람 중에 이너미션에 속한 사람이 한 명도 없었던 탓에, 내가 언론을 통해 듣고 본 내용과 이 운동 단체 출신 사람들 전체를 멀리 떨어뜨려서 생각하기가 쉬웠다. 한 번은 남편이 '다른 곳에 마땅한 장소를 구하지 못해서' 그들과 방과 후 수업을 한 적이 있다. 그 후, 남편은 그들도 다른 사람들과 하나도 다르지 않으니 그 집단 전체에 대한 고정관념을 가지기 전에 그쪽 사람들과 알고 지낼 기회를 가지라고 내게 권했다. 이제 나는 이너미션에 속한 두 사람을 만났다. 비록 헨리크와 요한의 의견에 찬성하지는 않아도, 이 만남을 통해 드러난 미묘한 차이를 바탕으로 그들을 다시 보게 됐다. 두 사람 모두 열린 마음으로 친절하게 나를 환영했다. 그리고 자신의 의견을 고수하면서도 결코 악랄하게 굴거나 인신공격을 하거나 진정성 없게 대화를 이어가지는 않았다. 그렇게 대화를 나눈 동안, 나만큼 그들도 자신의 명분에 대한 믿음이 굳건하다는 것을 명확히 알 수 있었다. 또한, 놀랍게도 동성애를 대하는 그들의 태도에서 유대인이나 무슬림의 태도를 엿볼 수 있었다.

"저는 대체로……, 그러니까 제 생각은……." 동성애를 병이라고 생각하느냐는 질문에 요한은 중간중간 한참 뜸을 들이면서 대답했다. 누구에게도 상처 주는 말을 하고 싶지 않아 조심하는 마음이 또렷이 느껴졌다. "물론, 원래부터 본능적으로 다른 사람들보다 쉽게 동성애적 지향이 발달하는 사람들도 있다는 사실은 저도 배제하지 않습니다. 하지만 동성애 성향이 발달하는 이유를 환경과 문화, 가정에서 찾을 수 있는 사람들도 분명히 있다고 생각합니다." 그는 충분히 시간을 들여 고민하고 준비한 끝에 이렇게 대답했다.

"그 말씀은 어린아이들에게 동성애자가 될 영향을 줄 수 있다는 뜻인가요?" 내가 물었다.

"지금 우리가 속해 있는 공동체는……" 요한은 다시 한번 말을 멈추더니 계속 이어갔다. "세상이 잘못된 방향으로 가는 것 같습니다. 어린아이들에게는 남녀 불문하고 강력한 롤모델이 필요합니다. 의원님 따님의 경우, 의원님을 이상적인 여성상으로 삼는 것이 중요합니다. 그래야 어머니의 이미지 안에서 자신의 모습을 비추어 볼 수 있습니다. 그리고 그렇게 하는 바로 그 순간, 따님의 정체성의 한 부분이 형성됩니다. 이렇듯 유년기 가정환경이 건강한 젠더 정체성 확립에 중요한 역할을 하기 때문에, 저희는 젠더 차이를 축소하는 식으로 어린아이들을 돕지 않습니다. 오히려 그 반대로 한답니다." 이렇게 요한이 결론을 지었다.

우리가 대화하는 동안 요한은 단 한 번도 욱하거나 언성을 높이지 않았다. 하지만 나는 욱하지 않기가 힘들었다. 요한은 정말로 레즈비언이 다른 여성들보다 여성성이 약한 여성이라고 믿는 걸까? 과연 편견을 낳는 것은 그의 신앙일까? 아니면 그의 편견은 훨씬 더 널리 퍼진 보편적인 편견인 걸까? 그는 내게 취약층 젊은이들 이야기도 들려주었다. 이들은 애정과 자원이 결핍되었거나 아픈 부모를 둔 가정 출신으로, 스스로 애정 어린 양육을 받지 못해서 동성애자가 되었다고 믿는다고 했다. 그의 주된 주장은 한 사람의 동성애 성향이 발달하는 데에는 환경이 영향을 미친다는 것이다.

헨리크와 마찬가지로 요한도 동성애 관련 유전자를 발견한 과학자는 없다고 지적했다. 따라서 하나님이 동성애자들을 그렇게 창조했다는 증거는 없다고 했다. 그들은 동성애자들이 교회에서 축복받아서는 안 된다는 주장에 찬성했다. "왜냐하면 성경이 동성애자들에게 내리지 않은 축복을 교회가 주어서는 안 되기 때문"이라고 했다. "또한, 동성 커플이 자녀를 두게 되면 그 자녀의 젠더 정체성에 영향을 주기 때문에 이를 고려해서 동성애자들에게는 입양을 허용해서는 안 된다."고도 했다. 요한의 이런 주장에 대해, 동성 부모 밑에서 자란 아이가 동성애자로 성장할 가능성이 더 크다는 연구 결과는 없다고 반박하자, 그는 조용해졌다.

"성경에서는 동성애를 많이 언급하지는 않습니다만, 언급할 때마다 부정적으로 조명합니다. 동성애자들에게 물어보면 아마 대부분은 자신이 이성애자였으면 하고 바랄 겁니다. 우리는 그렇게 태어났으니까요. 우리는 이성과 함께해야 할 필요가 있으니까요. 인간에게 성교와 생식은 생물학적 책무입니다. 하나님께서 우리를 그렇게 창조하셨습니다. 자연스러운 길에서 멀어지면 우리 공동체, 가족, 자녀들에게 좋을 일은 하나도 없습니다. 그래서 마찬가지 이유로 저는 동성애가 사람들을 더 행복하게 만들어 준다고 보지 않습니다." 이렇게 말하면서 요한은 또 다른 연구 결과를 언급했다.

요한의 말을 듣다 보니 자유 연구의 중요성을 다시금 깨닫게 된다. 연구를 통제하고 과학 탐구의 경계를 제한하려는 부단한 정치적 노력은 예나 지금이나 항상 존재한다. 요한은 연구가 지닌 힘과 연구가 어떻게 이용되고 남용될 수 있는지 잘 알고 있었다. 우리는 그의 거실에서 마주 앉아 연구 결과를 토대로 한 주장을 서로 주거니 받거니 했다. 그러다가 내가 요한의 주장을 반박하는 증거를 대면 그는 다시 그의 첫 출발점, 성경으로 돌아갔다. "물론 저도 과학에 귀를 기울입니다만, 제 본바탕을 이루는 것은 그리스도교입니다." 이런 식으로 그는 차분하게 말했다.

반면, 나 역시 그가 여러 결과를 제시해도 좀처럼 동요하지 않았다.

그러면 요한이 접근 방식을 바꿨다. "제가 접한 동성애자들은 거의 모두가 자신과 동성인 부모와 잘못되거나 불완전하거나 완전히 부정적인 관계를 맺고 있었습니다."

이 말을 듣고 그의 동생도 그런 경우냐고 묻지 않을 수 없었다.

"제 동생도 아버지와 아주 가까운 관계는 아니었습니다. 하지만 어머니와는—어쩌면 너무— 가까웠습니다. 남자아이들의 경우, 젠더 정체성을 구축하려면 남성 롤모델을 통해 자신의 모습을 비춰 보아야 합니다. 우리 아버지는 무척 수줍음이 많아서 자신의 감정과 생각을 나누는 일이 거의 없었습니다. 아버지는 감정을 드러내는 것을 힘들어했습니다. 우리 아들들 가운데 누구도 아버지와 가깝게 지내지 못했습니다. 그럼 왜 저는 동성애자가 되지 않은 거냐고 물을 수도 있겠네요. 제 생각에는 또래 친구들 덕분인 것 같습니다. 아버지와 충분한 감정적 접촉을 하지 못했을 때, 제 남성성을 또래 친구들과 제가 우러러본 다른 남성들의 모습에 투영했던 것 같아요."

요한은 자신은 누구도 함부로 판단하지 않고, 그의 표현에 따르면 "건강한 그리스도교인의 삶으로 그들을 인도하고 충고"했다고 했다. 그리고 이 일을 무려 16년간 했다고 한다. 하지만 이제 그는 사람들이 동성애 본능을 억누를 수 있다는 확신을 잃었다. "동성애 성향이 있어도 이성애자의 삶을 선택해서 결혼도 하고 자녀도 낳고 사는 사람들의 사례가 있는 것은 사실입니다. 하지만 이런 예외는 아주 극소수입니다."

이 말에 나는 내 귀를 의심했다. "목사님이 믿었던 모든 것—동성애자들에게 건강한 삶을 살도록 가르칠 수 있다는 믿음—이 불가능하다고 인정하시는 겁니까?"

이 질문에 대한 요한의 답변이 내 마음에 깊은 울림을 안겼다. "그리스도교적 인생관에 따라 저는 힘들게 몸부림치는 그들을 도와야 할 의무가 있다고 느낍니다."

그렇다. 요한은 단지 자신이 믿는 것을 위해 싸우고 있을 뿐이었다. 그를 이해할 수 있었다. 우리는 둘 다 대화를 통해 태산도 옮길 수 있다고 믿는다. 다만, 그는 다른 곳으로 옮기고 싶은 것뿐이다. 그의 싸움도 나의 싸움만큼 정당하다. 무기나 강압적인 행동을 동원하지 않는 한, 나만큼 그도 자신이 믿는 바를 위해 투쟁할 권리가 있다. 비단 요한과 나만 그런 것이 아니다. 히스브 우타흐리르의 함자, 오덴세의 킴, 붉은 광장의 소년들도 다 마찬가지다. 민주적 투쟁에서 용인되는 유일한 무기는 말뿐이다.

"저희를 찾아와서 대화를 나누면서도 동성애를 고수하는 사람들도 있지만, 그래도 저희는 꾸준히 정기적으로 그들을 만나서 이야기합니다. 선택권은 그들에게 있고 제가 그들의 삶을 대신 살 수는 없다고 말입니다. 하지만 성경 말씀을 그들에게 들려주는 것은 제 의무입니다." 이렇게 요한은 말을 마무리했다.

과연 그는 나와 다른 걸까? 혹은 자신의 명분을 믿는 다른 모든 사람과 다른 걸까? 우리는 둘 다 상대편을 이해하려고 시도했으나, 그럼에도 변함없이 각자 늘 같은 결론에 도달한 것 같다. 2001년 10월 19일부터 하루도 빠짐없이 아침부터 밤까지 의회가 있는 크리스티안보르 궁 앞에 평화시위대가 주둔하고 있다. 이들의 행동은 헨리크나 요한의 행동만큼 해를 끼치지 않을까? 아니면 그린피스 활동가들은 또 어떤가? 이들은 유류 오염에 대한 경각심을 일깨우기 위해 북극해에 있는 가즈프롬 시추선 위에서 시위를 벌이면서 15년 징역형을 감수하지 않았던가? 아니면 이스라엘의 봉쇄를 뚫기 위해 가자 지구로 향하는 배를 타고 가다가 이스라엘 특수부대에 의해 살해된 활동가들은 또 어떤가? 요한처럼 그들도 모두 대의명분을 위해 싸웠다. 그런데 이런 명분에는 각자 반대되는 명분이 있기 마련이다. 남들이 내 의견을 함부로 재단하는 이유를 이해할 수 없는 만큼, 나 역시 요한을 판단하는 데 조심해야 한다.

"사람들이 제가 무엇을 위해 싸우는지 이해하지 못해도 좋습니다. 하지만 다른 사람들을 돕고자 하는 제 의도는 진심입니다. 저는 혐오로 가득한 사람이 아닙니다. 물론, 제 의견은 분명합니다. 하지만 저는 절대로 아프리카에서처럼 동성애 금지에 찬성표를 던지거나 러시아에서처럼 동성애자들을 학대하는 것을 지지할 수는 없습니다." 요한이 말했다. 대화하는 동안 그의 목소리에서 감정이 느껴진 것은 이번이 처음이었다. 그는 슬퍼하고 있었다.

그의 행동과 의견 가운데에는 내가 도저히 찬성할 수 없는 것들이 있다. 하지만 한 인간으로서 나는 이제 그런 행동과 의견이 어떻게 발달하게 되었는지 이해하게 됐다. 우리가 대화하는 동안, 나는 요한에게서 동성애에 대한 그의 주장만이 아니라 그 이상을 발견했다. 무엇보다도 그를 한 인간으로 받아들이게 됐다.

8장

대화가
멈추는 곳은
폭력이
장악한다

"비관주의자는

어떤 기회가 와도 장애물만 보지만,

낙관주의자는 어떤 장애물을 만나도

기회를 발견한다."

— 윈스턴 처칠

나와 대화를 나눈 사람들 가운데는 특정한 한 집단과 문제가 있는 사람들이 많았다. 그 집단은 바로 유대인 집단이다. 붉은 광장에서 만난 소년들과, 히스브 우타흐리르 소속 이맘인 함자는 유대인—최소한 이스라엘에 사는 유대인, 특히 한때 팔레스타인 땅이었던 곳에 정착한 유대인—에 대한 혐오로 부글부글 끓었다. 사실, 반유대주의 혐오 정서는 일부 무슬림을 넘어 많은 공동체에 퍼져 있다. 홀로코스트로 유럽에서는 600만 명의 유대인이 몰살당했다. 2차 세계대전 중에 나치군에 점령되었던 덴마크에는 지금도 전쟁의 유산이 남아 있다. 나치 상징을 몸에 새긴 청년들이 시위를 벌일 때면, 아스팔트에 부딪히는 군홧발에서 나는 날카로운 굽 소리가 메아리가 되어 덴마크 시내에 울려 퍼진다. 그렇다. 나치보다 유대인을 더 미워하는 사람들은 없다. 나는 대체 그 이유가 무엇인지 덴마크 나치 몇 사람을 찾아서 만나봐야겠다고 마음먹었다.

　나는 덴마크에 있는 나치 집단과 몇 차례 접촉을 시도했다. 먼저, 현대 나치 운동 단체에서 운영하는 웹사이트를 찾았다. 웹사이트에서는 유대인에 대한 혐오로 가득 찬 비판뿐만 아니라, 무슬림을 향한 독설도 발견할 수 있었다. 한번 만나자고 요청하는 이메일을 수없이 보냈건만, 매번 내게 돌아온 답변은 짤막한 한 문장이 전부였다. '우리는 다른 인종 사람은 만나지 않습니다.' 그렇다고 내가 쉽게 포기할 사람이 아니다. 그레베에 있는 한 나치 집단의 주소를 찾아내 차를 몰고 그곳으로 찾아갔다. 하지만 딱히 특별한 점은 없어 보였다. 집은 대로에 접해 있었고 높은 울타리로 둘러싸여 있었다. 정면에 서 있는 아주 오래된 나무는 이끼로 뒤덮여 완전히 초록빛이었다. 나무껍데기는 철조망으로 덮여 있었다. 집 모퉁이마다 CCTV가 설치돼 있었고 현관문 위에도 하나 달려 있었다. 나는 집 주변을 몇 번 돌면서 용기를 끌어모은 끝에 문을 두드렸다. 젊은 금발 여성이 문을 열어 주기까지 한참을 기다린 듯한 느낌이 들었다. 내가 찾아온 이유를 설명하자, 그녀가 대답했다. "저는 그들과 아무 관련 없어요.

그냥 임차인일 뿐이에요. 게다가 그들은 이제 활동하지도 않아요."

그레베에서 돌아온 뒤, 나는 레독스Redox(좌파 반파시즘 연구 집단)에 덴마크 내 극우 조직에 관한 정보를 요청했다. 그들은 내가 웹사이트를 검색하면서 갖게 된 의구심이 사실임을 확인해 주었다. 그들 생각에 이제 나치는 유대인 혐오에 초점을 맞추지 않고, 그 대신 앙심의 화살을 무슬림에게 겨누고 있는 것 같다고 했다. 레독스 측에서는 "훨씬 더 공인된 정당들도 무슬림에 대한 혐오에 공감하고 있으니, 그들 입장에서는 이렇게 목표물을 바꾸는 편이 더 쉬울 겁니다."라고 했다.

나는 한숨을 내쉬었다. "네, 유감스럽지만, 알겠습니다."

나는 나치와 접촉하려는 노력을 접었다. 하지만 유대인에 대해 강경한 입장이면서 나와 대화할 용의가 있는 사람이 한 명쯤은 분명히 있을 것이다. 극좌파 가운데는 반유대주의 정서를 큰 소리로 표출하는 사람들이 많다.

심지어 나도 유대인에 대한 견해를 일찍이 어렸을 때부터 품기 시작하지 않았는가. 맨 처음 유대인에게 느꼈던 감정은 내가 한 번도 가 본 적 없는 지중해 동쪽 해안에 있는 작은 시골 지역에 대해 들은 이야기와 관련 있었다. 유대인, 무슬림, 그리스도교인들은 그곳을 거룩한 땅이라 부르지만, 수세기 동안 이스라엘과 팔레스타인의 유혈 충돌이 빚은 총알 구멍들로 도배되어 버린 곳이다. 나는 어린아이였을 때 TV에서 이스라엘인들에 의해 살해된 팔레스타인 어린이들의 사진을 보았다. 그 사진들과 거기서 드러나는 불의를 보고 나는 울음을 터뜨렸다. 도대체 저 아이들이 무슨 해를 끼쳤단 말인가? 나에게 유대인은 모두 악마로 보였다. 그때 나는 이스라엘에 사는 유대인과 덴마크에 사는 유대인을 아직 구별할 줄 몰랐다. 유대인이라고 하면 다 같은 유대인으로 생각했다. 내 눈에 그들은 땅이건, 돈이건, 인권이건 그저 자신들의 욕심만을 위해 더 많이 쌓아 둘 생각만 하는 사람들이었다. 우리 가족은 정치 활동이나 정치에는 관심이 없었던 탓에, 나는 다른 곳에서 세계 정세에 대해 배워야 했다. 사망한 팔레스타인 어린아이들 사진 이야기를 부모님과 나누었던 기억은 없다. 유대인을 향한 분노는 커져만 갔지만 나는 마음속에 꼭꼭 담아 두기만 했다. 그러던 어느 날, 내가 다니던 뉴 칼스버그 로드 스쿨에 여학생 한 명이 전학 왔다. 반 친구들 사이에 그 아이가 유대인이라는 소문이 파다하게 퍼졌다. 나는 그 아이를 파악하기 위해 한참을 훑어보았다. 내가 보기에 다른 여자 친구들과 다를 바가 없었다. 어느 날 그 아이는 내가 쳐다보는 것을 눈치챘는지 내게 먼저 인사를 건넸다. 나는 인사에 화답했고 그날 우리는 학교 운동장에서 함께 농구를 했다. 귀여운 친구였고, 친해지며 온갖 이야기를

나누는 사이가 됐지만, 내가 유대인에 대해 어떻게 느끼는지
는 절대 털어놓지 않았다.

　하루는 그 친구가 나를 집으로 초대했다. 나는 초대에 응
해야 할지 확신이 서지 않았다. 왠지 팔레스타인 어린이들
을 배신하고 이스라엘 편에 서는 것처럼 느껴졌기 때문이다.
이 친구와의 우정을 어떻게 정당화할 수 있을까? 얼마나 오
랫동안 이런 고민을 했는지는 모르겠지만, 결국 나는 우정에
설득됐다. 그리고 친구 집을 방문하면서 유대인에 대한 인식
은 급격히 바뀌었다. 그 친구도 나와 똑같이 어머니, 아버지
와 함께 살고 있었다. 그들도 돼지고기를 먹지 않았고, 나와
마찬가지로 다른 학교 친구들과는 다른 명절을 쇠고 있었다.
나는 더는 그 친구를 '그저 그렇고 그런 한 명의 유대인'으로
보지 않았고, 그 결과 유대인에 대한 혐오도 버릴 수 있게 됐
다. 그 친구는 무기로 무장하지도 않았고 나와 다르지도 않
았다. 사랑스러운 그 친구를 보며 나는 어린 마음에 모든 유
대인이 그 친구 같다고 생각하게 됐다.

　훗날, 정치 활동을 시작한 후 막 성인이 되었을 때 나는 여
러 유대인을 만났다. 어느 날, 덴마크 내 민족 간 평등을 위해
일하는 한 학회와 연락할 일이 생겼다. 임원진 가운데에는
마이아Maia와 엘린 펠드먼Eline Feldman이라는 두 자매가 있었다.
이들은 노동시장에서 벌어지는 차별에 맞서 싸우고 교육기

관에서도 활동하고 있었다. 펠드만 자매는 종교와 문화적 차이를 초월한 평등을 위해 적극적으로 활동하는 사람들 가운데 내가 만난 첫 번째 유대인들이다. 그들에게 나는 단 한 번도 외즐렘이라 불리는 그냥 한 명의 무슬림이 아니었다. 언제나 외즐렘이라는 이름을 가진 한 인간이었다. 나 역시 지금까지 마이아와 엘린을 유대인이 아닌, 단지 두 명의 멋진 친구로 생각한다.

그 후, 나는 살면서 또 한 명의 유대인을 만났다. 내가 국회의원에 당선된 지 얼마 지나지 않아 《포텍스에서 의회까지From Fotex to the Parliament》라는 제목의 책을 막 발간했을 때였다. 내 책을 출판해 준 길데날 출판사가 마련한 출판기념회에서 손님들 사이로 한 낯선 남자가 나타났다. 누군가 내 귀에 대고 그 사람이 랍비 벤트 멜키오르라고, 출판사에서 그를 초대했다고 알려 주었다. 그에게 인사를 건네는 순간, 마치 평생을 알고 지낸 친구를 만난 것 같은 느낌이 들었다. 그는 따뜻하고 다정하고 외향적인 사람이었다. 그는 우리 부모님과도 인사를 나누고 싶어 했다. 부모님은 영향력 있는 랍비가 딸의 출판기념회를 찾아 준 것을 무척 영광스러워했다. 그 자리에 참석한 많은 사람이 그를 에워싸며 모여들었다. 확실히 그는 특별한 사람이 분명했다.

그 후, 내가 의회에서 최초로 라마단 만찬을 개최했을 때,

벤트 멜키오르는 내 초대에 응해 줬다. 비교하자면 라마단 만찬은 크리스마스 오찬과 똑같다고 볼 수 있다. 다만, 식탁에 술만 빠진다. 라마단 만찬은 무슬림이 한 달간 매일 일출부터 일몰까지 금식하는 라마단 기간의 끝을 알리는 자리다. 종교, 민족, 정치를 떠나 모두가 한자리에 모여 맛있는 음식을 나누는 시간이다. 이 행사를 주최한 목적은 사람들이 하나가 될 수 있는 반가운 자리를 마련하는 것이었다. 사실, 라마단 만찬을 연다고 했을 때 국회에서는 논쟁이 일었다. 덴마크 국민당이 덴마크 국민의 의회를 이슬람화 정책에 이용해서는 안 된다며 반대하고 나섰기 때문이다. 그들은 내가 뒷문으로 이슬람교를 몰래 밀어 넣으려 한다고 생각했다.

나는 벤트가 행여 마지막 순간에 참석을 취소하지나 않을까 걱정했다. 그러나 그는 행사에 참석했을 뿐만 아니라, 정부와 야당 지도자들, 내 소속 정당 지도부가 자리를 뜬 뒤에도 끝까지 만찬 자리를 지켰다. 방송사 기자가 그에게 라마단 만찬에 참석한 이유를 묻자, 그는 눈을 반짝이며 대답했다. "공짜로 밥을 준다는데 어떻게 마다합니까?" 수년간 이스라엘에서 장관과 국회의원으로 일한 그의 아들 미카엘 멜키오르Michael Melchior도 매년 라마단 만찬에 여러 차례 참석했다. 벤트는 대체 왜 저녁 한 끼 먹는 것이 그렇게 문제가 되어야 하는지 이해하지 못했다.

그 후, 내가 정치적 격랑에 휘말릴 때마다 벤트가 나를 집으로 초대해 주는 게 하나의 전통이 됐다. 우리는 그의 집 식탁 앞에 앉아 연어를 먹으면서 인생의 의미, 덴마크를 위해 옳다고 생각되는 정치적 해법에 관해 이런저런 이야기를 나누었다. 내가 의회에서 일하는 동안, 그는 내게 멘토이자 영적 조언자가 되어 주었다. 그는 내가 주저할 때면 용기를 주었고 나를 둘러싼 모든 것이 혼란스러울 때면 평화를 주었다. 내가 결코 잊지 못할 날이 있다. 그날 나는 그에게 이렇게 물었다. "벤트 선생님, 저는 할아버지 두 분 다 너무 일찍 돌아가셔서 얼굴도 뵌 적이 없어요. 그러니까 선생님이 저를 수양 손녀딸로 삼아 주시면 안 될까요?" 반은 농담이고 반은 진담이었다.

그러자 그가 세상에서 가장 애정 어린 눈길로 나를 보며 말했다. "지금 이 순간부터 너는 내 손녀고 나는 네 할아버지란다."

벤트를 통해 나는 유대 문화에도 입문하게 됐다. 우리는 유대교 전통과 율법에 대해 많은 토론을 했다. 나는 그의 도움을 받아 덴마크 내 유대인 공동체와 네트워크를 형성할 수 있었다. 나는 그와 함께 유대교 장례식, 명절, 기념식, 축제에 참석했다. 그리고 비극적인 사건이 일어나면 그와 함께 울었다. 이슬람 테러리스트 오마르에 의해 코펜하겐 유대교 회당 앞에서 살해된 자원봉사 경비원 단 우잔의 추도식을 나는 절대 잊지 못한다. 다른 많은 무슬림과 함께 무거운 마음으로 이 추도식에 참석했다. 내 잘못은 아니었지만 지독하게도 깊은 죄책감이 느껴졌다. 회당에 모인 유대인들이 우리를 어떻게 생각할까? 무슬림은 다 똑같다고 생각하려나? 내가 어렸을 때 유대인을 일반화했던 것처럼 그들도 똑같이 무슬림을 일반화할까? 단 우잔의 아버지는 무슬림을 혐오해도 마땅하지 않을까? 이런 생각들로 머릿속이 어지러운데, 벤트의 아들 중 한 명인 알란 멜키오르Alan Melchior가 양팔을 활짝 벌리며 입구에서 나를 맞이했다. 그는 내가 온 것을 기뻐했다. 그리고 단 우잔의 아버지는 나를 보자 안아 주었다. 그의 어머니는 울면서 연방 와 줘서 고맙다고 했다. 그날, 우리 사이에는 강한 유대감이 생겼다. 내가 유대인들의 친구라는 생각이 들었다. 그들은 나를 안으로 들였고 나는 그들의 일부가 되었다. 모든 것이 다 자연스럽게 느껴졌다.

아무리 애써도 덴마크 내 반유대주의 단체 지도자들과 만나기는 쉽지 않았다. 그래서 나는 이스라엘과 팔레스타인을 직접 방문하는 카드를 만지작거리기 시작했다. 반유대주의를 알고 싶은 마음이 여전했기 때문이다. 나치를 제외하고 유대인을 싫어하는 사람들이라면 팔레스타인 사람들을 그다음으로 떠올리는 것이 논리적이었다. 그런데 친구들에게 이런 추론 결과를 이야기했더니 탐탁지 않은 반응이 돌아왔다. 좌파 친구들은 이스라엘-팔레스타인 분쟁은 유대인 혐오 때문이 아니라 이스라엘이 팔레스타인인들의 기본적 인권을 유린하기 때문이라고 했다. 유대인 친구들은 팔레스타인인 가운데 일부는 반유대주의자일 수 있다고 강조하면서도 양측 간 갈등의 바탕에는 그 이상의 것이 있다고 다시 한번 지적했다.

내 계획을 듣고 가장 인상적인 답변을 준 사람은 노르웨이 친구를 통해 알게 된 어떤 노르웨이 출신 박사였다. 그는 내게 다음과 같은 내용의 이메일을 보냈다.

아주 흥미로운 프로젝트 같습니다. 인구 집단 사이의 거리를 분석하기 위한 사례로 이스라엘-팔레스타인 분쟁을 선택하고자 한다면, 지뢰로 가득한 지뢰밭을 헤집고 다닐 각오를 해야 합니다. 이 문제와 관련해서는 모든 것이 정치적으로 해석되기 때문입니다. 심지어 후무스가 원래 유대 음식인지 아랍 음식인지 논쟁하는 것도 정치적인 색안경을 끼고 보니까요. 점령자 이스라엘에 대한 팔레스타인의 혐오를 일종의 유대인 혐오로 규정한다면, 당신은 이미 정치적 태도를 취한 겁니다. 이스라엘 당국으로서는 이스라엘 정부 정책에 대한 비판 대부분을 반유대주의나 유대인 혐오로 분류하는 것이 중요합니다. 하지만 저라면 정복자에 대한 혐오로 분류하겠습니다. 2차 세계대전 동안 그리고 전후에 노르웨이인들이 (그리고 아마도 덴마크인들이) 독일인들을 혐오스러운 정복자로 보았던 것처럼 말이죠. 그렇지만 점령 상태가 50년간 지속되었으니, 팔레스타인인들에게서 더 순수한 유대인 혐오 정서를 발견하게 될 겁니다. 하지만 대개는 오랜 우정이 쌓여야 이런 감정을 드러내 보입니다. 반대로, 일부 이스라엘 유대인들에게서는 팔레스타인인을 비롯한 다른 아랍인들에 대한 강한 인종차별주의가 만연해 있는 모습을 쉽게 발견할 수 있을 겁니다.

나는 이 이메일을 읽고 또 읽었다. 과연 내가 편향된 걸까? 이스라엘과 팔레스타인 방문 목적이 반유대주의를 면밀하게 파악하는 것이 아니라면 대체 무엇일까?

나의 이스라엘 여행 계획은 친구들과 정계 지인들 사이의 뜨거운 논쟁거리가 되었다. 어떤 이들은 내가 유대인 정착민들이 요르단 강 서안에서 팔레스타인인들을 억압하는 실상을 고발하는 글을 쓰기를 원했다. 그런가 하면 또 어떤 이들은 내가 반드시 가자 지구에 가서 팔레스타인 무장단체 하마스Hamas가 여성을 탄압하고 무고한 유대인을 살해하는 모습을 글로 옮겨야 한다고 생각했다. 누구와 대화하건, 모두 이 분쟁에 대해 각자 분명한 태도를 보였다.

이 같은 친구들의 반응을 보고 나는 한 가지 중요한 사실을 깨달았다. 우리는 어떤 갈등의 미묘한 차이를 너무도 쉽게 놓친다는 것이다. 결국, 나는 떠날 것을 결심했다. 하지만 양측 간 분쟁이나 반유대주의에 대한 글은 쓰지 않기로 마음먹었다. 억지로 한쪽 편을 선택하고 싶지 않았기 때문이다. 그보다는 이스라엘과 팔레스타인으로 가서, 폭력에 점령된 나라에서 평화로 가는 길은 적과의 대화라고 믿으면서 열심히 활동하는 사람들과 이야기를 나누고 싶었다. 나는 그들에게 대화가 끝나 버리면 무슨 일이 일어나는지 묻고 싶었다. 그토록 날카롭게 전선이 그려진 나라에서 어떻게 희망의 끈을 놓지 않을 수 있을까? 나는 대화를 고집하는 목소리를 듣고 싶었다. 내가 덴마크에서 '대화가 해법의 전제조건'이라고 말하면, 침묵을 유지하고 싶어 하는 사람들은 나를 보며 '순진한 생각'이라고 했다. 대화가 민주주의의 가장 중요한 무기라고 생각하는 내가 정말로 순진한 걸까? 나는 내 눈으로 직접 거룩한 땅을 보고 싶었다. 대화가 끝장나고 폭력이 장악해 버리면 어떤 결과가 벌어지는지 확인하고 싶었다.

이번 대화에는 조심스럽게 접근하기로 마음먹었다. 내 입장이 미묘했기 때문이다. 나는 마이아, 엘린, 벤트를 비롯한 여러 유대인 친구들을 생각했다. 그 친구들도 나중에 분명히 이 책을 읽으리라. 그들과의 우정을 생각하니 사안의 양면을 객관적으로 보지 않을 수 없었다. 같은 종교와 문화를 공유하지 않는 사람들과 우호적인 유대 관계를 맺는 것은 소중한 일이다. 우정은 '다른 사람들'에 대한 편견을 일반화하지 않게 막아 주는 강력한 백신이기 때문이다. 사람들은 대부분 어떤 사람을 볼 때 그가 속한 집단이 아니라 한 사람의 개인으로서 그를 보게 되면 생각을 다시 하게 된다. 가령, 내 친구들의 경우, 마이아, 엘린, 벤트를 유대인으로 보는 것이 아니라 각각 한 사람으로 본다는 말이다! 혐오, 분노, 무기력과 마주했을 때 비이성적인 감정들이 불쑥 올라오는 경우, 감정의 균형을 잡을 수 있게 도와주는 것이 바로 우정이다. 그렇기에 조금 어렵더라도 대화를 유지하게 도와줄 수 있는 사람들과 덴마크에서 함께 대화하면서 우호적인 유대 관계를 유지하는 것이 매우 중요하다.

나는 이스라엘-팔레스타인 분쟁의 양측 진영에서 평화 정착을 위해 일하는 사람들을 만날 계획을 세웠다. 이를 위해 종교계에서 적극적인 역할을 하는 몇몇 사람들에게 여행에 필요한 도움을 요청했다. 모두 기꺼이 도움의 손길을 내밀어 주었다. 덕분에 이스라엘과 팔레스타인에서 활동하는 많은 단체와 개인에게 금세 연락할 수 있었다.

출발 날짜가 가까워질수록 내 주변 친구들의 압박도 커졌다. 다른 사람들의 경험과 지식, 태도에 발목이 잡힌 느낌이

들었던 것도 한두 번이 아니다. 예를 들면, 사람들은 미팅을 잡는 것을 도와주는 사람이 누구냐는 질문을 많이 했다. 그런데 벤트의 아들 미카엘 멜키오르를 언급하면 팔레스타인 친구들 가운데 한 명은 꼭 이렇게 말했다. "안 돼, 그 사람은 안 돼."

덴마크-팔레스타인 협회장 파티 엘-아베드Fathi El-Abed를 언급하면 이번에는 여러 유대인 친구들이 고개를 저었다. "안 돼, 그 사람은 안 돼."

이스라엘-팔레스타인 분쟁에 대해서는 모두가 너무도 잘 알고 있는 것처럼 보였다. 때로는 내 제한된 지식 때문에 실수를 저지르거나 누군가의 기분을 상하게 하지는 않을까 걱정될 정도였다. 하지만 다른 한편으로는 내가 분쟁 당사자가 아니기 때문에 객관적인 입장에서 사안을 고려할 수 있다는 장점도 있었다. 내 쿠르드인 뿌리가 얽혀 있는 터키와 쿠르드 사이의 문제를 논할 때, 바로 이런 객관적인 입장에서 내가 말할 수 있으면 참 좋겠다.

이번 여행을 앞두고 만감이 교차했다. 돌아왔을 때도 유대인 친구들과의 우정을 유지하게 될까? 과연 내가 유대인과 팔레스타인인 양측 모두의 친구가 될 수 있을까? 이스라엘에 대해 팔레스타인인들로부터 들은 말이 모두 정확할까? 그렇게 강한 감정이 생생히 작동하고 있는데 대화를 고집하는 것이 가당키나 할까? 나는 이런 생각들에 짓눌린 채 짐을 꾸렸다. 마침 가을 방학이라 남편 데브림과 함께 두 막내 야스민Yasmin과 유수프도 데려가기로 했다. 비행기에 오르자 앞으로 어떤 일이 나를 기다리고 있을지 모른다는 생각이 다시 들었다. 하지만 이스탄불에서 경유해야 한다는 건 알았다. 그리고 이 생각 때문에 신경이 날카로워졌다.

나는 2016년 군부 쿠데타 기도가 있었을 때 터키에 있었고, 그 이후에 터키 상황에 대한 글을 페이스북에 올렸다. 그래서 혹시 내가 터키 정권에 비판적인 글을 올려 위험 인물로 찍힌 탓에 공항에서 구금되는 일이 벌어지지나 않을까 걱정됐다. 이럴 가능성에 대비해 만약 내가 체포되면 우리 남편이 외교부에 연락하기로 해 두었다. 여권 심사대에서 서류를 건네는데 심장이 너무 뛰었다. 서류를 살피던 심사관은 나와 눈도 마주치지 않았지만, 내가 걱정할 이유는 충분했다. 왜냐하면 에르도안은 군부 쿠데타 기도를 빌미로 그의 정적과 그를 비방하는 사람들을 일망타진했기 때문이다. 쿠데타 기도 이후 나의 이스라엘 여행 때까지 터키에서는 3만 명이 체포됐고, 11만 명 이상이 해고되거나 정직 처분을 받았으며, 쿠르드인 약 30만 명이 터키 국내에서 집을 잃고 난민 신세가 됐다.

"다음 분." 심사관이 말했다.

나는 안도의 한숨을 내쉬었다. 거룩한 땅이 나를 기다리는 것이 분명했다.

텔아비브의 분위기는 심각했다. 경찰관들은 당장에라도 전투를 벌일 듯 커다란 공격용 자동소총과 헬멧으로 무장하고 있었다. 여권 심사를 기다리며 줄 서 있는데, 경비원들이 몇몇 사람을 대기 줄에서 골라내 다른 방으로 데려가는 것이 보였다. 아마 그곳에서 심문을 받으리라 추측됐다.

덴마크를 떠나기 전, 전직 이스라엘 장관이었던 미카엘이 이스라엘 외교부에 이야기해서 우리가 종합 심문을 받지 않게 해 주겠다는 제의를 했다. 나는 그의 제안을 받아들여야 할지 확신이 서지 않았다. 여러 팔레스타인인으로부터 공항에서 심문받은 경험담을 들었기 때문에 직접 경험해 보고 싶은 마음이 한편으로 있었기 때문이다. 그들 말대로 정말로 그렇게 나쁠까? 그러나 벤트가 타당한 논거를 들면서 미카엘의 제안을 받아들이라고 독려했다. "아이들과 같이 갈 때는 절대로 그들과 겨루지 말아라!" 그렇게 미카엘의 호의를 받아들였는데, 막상 대기 줄에 서서 사람들이 옆으로 불려 가는 것을 보니 그렇게 하기 잘했다는 생각이 들었다.

우리는 여권 심사대를 통과해서 공항 밖으로 나갔다. 우리를 맞이하는 따뜻한 공기에 기분이 좋았다. 야자수를 보니 덴마크에서 멀리 떨어진 곳에 왔다는 걸 눈으로 실감할 수 있었다. 우리는 택시를 타고 텔아비브로 향했다. 이스라엘은 처음이었지만, 여러 면에서 다른 중동 국가들과 비슷한 모습이었다. 하지만 주변국들보다 인프라를 구축할 돈이 더 많은 것 같았다. 자동차들도 더 신형이고, 도로도 더 매끈하고, 보도도 더 깨끗했다. 그리고 무슬림 국가에서처럼 거리 모퉁이마다 모스크 사원이 우뚝 서 있었다. 이스라엘은 서방 국가와 중동이 뒤섞여 있는 곳이어서 조금 다양한 모습이었다. 덕분에 도시가 친근하게 느껴지고 편안한 마음이 들었다.

그때 우리 부모님한테 전화가 왔다. 우리 모두 무사한지 물었다. "네, 그런데 저희가 무사하지 않을 이유라도 있나요?" 내가 물었다.

"가자 지구에서 그리 멀지 않은 곳이잖니." 아버지가 이야기했다. 옳은 말씀이다. 날이 화창하고 평화로우면 분쟁 상황이라는 것을 잊어버리기가 이렇게 쉽구나 하는 생각이 들었다.

한 상점에서 나는 이스라엘 여성 한 명과 이야기를 나누게 됐다. 그녀가 내게 텔아비브에 대한 인상이 어떠냐고 물었다. 나는 나이 마흔에 이제야 오게 된 것이 너무 아쉽다고 했다. 그때까지 이스라엘에 대한 인상이 좋아서 나는 진심으로 정중하게 대답했다. 하지만 그 이스라엘 여성은 내 대답을 다르게 들은 모양이었다. 그녀는 "남들이 말하는 우리 모습과 실제 우리 모습은 완전히 다르죠."라고 했다. 유대인인 그녀에게 뭐라 말해야 할지 말문이 막혔지만, 다른 한편으로는 그녀와 말로 표현하기 힘든 일종의 유대감을 느꼈다. 나 역시 무슬림을 무서워하는 사람들을 만나면 때때로 그녀와 같은 대답을 하기 때문이다. 이런 생각을 하니 울적해졌다.

내가 울컥하는 걸 눈치챈 남편이 나를 구하러 왔다. "우리 모두 신문에서 본 내용을 전부 다 곧이곧대로 믿지 않도록 주의해야죠." 남편의 말에 그 여성은 만족스럽다는 듯 고개를 끄덕였다.

이틀간 텔아비브에서 휴식을 취한 뒤, 우리는 예루살렘으로 향했다. 덴마크에서부터 알고 지낸 린다 헤르츠버그Linda Herzberg와 만나기로 약속돼 있었다. 나는 린다가 덴마크에서 조직한 유대인-무슬림 여성 네트워크의 일원이다. 마침 린다는 남편 비야른Bjarne과 함께 이스라엘에서 휴가를 보내고 있었다. 두 사람은 예루살렘에서 12마일 떨어진 아파트에 살고 있었다. 도착해 보니 린다가 길모퉁이에서 우리를 기다렸다. 우리는 서로 포옹을 나눴다. 코펜하겐에서 유대인 행사를 구경하는 데 익숙하듯, 지금은 린다가 텔아비브의 어느 거리 모퉁이에 서 있다는 사실에 당연히 익숙해져야 했다. 린다는 그녀의 친구 노미 라즈Nomi Raz와 함께 우리를 점심 식사에 초대했다. 노미는 유대인이자 전문 임상심리학자였다.

절망은 전염성이 강하다

노미는 지금은 은퇴했지만 어린이들을 대상으로 오랫동안 일했다고 한다. 그녀의 남편은 평화 활동가로 일생을 팔레스타인인과 이스라엘인 사이에 가교 역할을 하는 데 바쳤다. 그러나 나이가 들고 건강도 나빠지면서 이제는 예전만큼 평화 활동에 매진할 수 없게 됐다. 그는 컨디션이 좋지 않아 우리를 만나러 올 수 없었다. 나는 조금 실망했다. 린다로부터 그의 노력에 관한 이야기를 워낙 많이 들었어서 그에게 물어볼 질문도 따로 준비해 두었기 때문이다. 평화 활동가들은 그들의 대의명분을 위해 희망과 정신의 끈을 놓지 않고 어떻게 유지하는지? 활동에 필요한 에너지는 어디에서 얻는지? 나는 자리에 앉으면서 부디 노미가 이런 질문에 대답해 줄 수 있기를 바랐다. 그러나 그녀는 내 예상과는 다른 출발점에서 이야기를 시작했다.

"저는 대화가 중요하다고 생각지 않습니다. 현실이 바뀌어야 평화 창설이 가능해요. 아랍인들과 대화를 시도했지만 달라진 건 아무것도 없습니다." 이렇게 말하는 노미의 목소리에서 분노가 살짝 느껴졌다. 그녀는 개인과 개인 사이에서는 대화가 관계를 개선할 수도 있다고 인정했다. 그러나 집단과 집단의 경우는 아니라고 했다. "집단 사이에서 벌어지는 일은 스케일이 더 큽니다." 그녀는 이 말을 여러 번 반복했다. "오랜 세월 저희는 유대인-아랍인을 위한 축구팀도 만들고 유대인-아랍인을 위한 연극의 밤도 주최했어요. 그 외에도 다양한 기획을 시도하고 애썼지만, 이곳의 실상은 변하지 않았습니다." 그녀의 비관적인 태도에 나는 무척 놀랐다. 그런 내 표정을 보더니 그녀가 말했다. "비관적으로 말씀드려 죄송해요. 하지만 이론적으로는 대화가 좋은 아이디어 같지만, 실제로는 효과가 없답니다."

나는 내 이야기를 들려줬다. 어린 시절에는 유대인에 대해 강경한 감정을 품었지만, 린다, 마이아, 엘린, 벤트를 비롯한 많은 유대인 친구를 만나게 되면서 내 시각이 달라지고 내 관점에 미묘한 변화가 생겼다고 말했다.

"그래요, 맞아요……. 저도 아랍인 친구들 있어요. 그래서요?" 그녀가 말했다. "제가 다니는 치과 의사도 아랍인이에요. 저희 동네 사람들 모두 그 치과에 가요. 그래서 어떻다는 거죠?" 내가 끼어들 틈을 주지 않고 그녀가 말을 이어갔다. "제 남편은 직접적인 대화를 보장하기 위해 모든 노력을 다했어요. 아랍인들에게 사고가 나면 유대인 지원단체를 구성했습니다. 제 아들도 적극적으로 활동했죠. 하지만 그래도 달라진 건 아무것도 없었어요!"

나는 뒤로 털썩 기대고 말았다. 그녀의 비관주의는 전염력이 강했다. 나는 한숨을 깊이 쉬었다. 예루살렘에서 불과 20마일 떨어진 곳에 살면서 모든 특권과 권리를 누리는 유대인이 이런 식으로 생각할진대, 요르단 강 서안 지구에서 불법 유대인 정착민들과 등을 맞대고 사는 팔레스타인인은 과연 어떻게 느끼고 있을까? 노미의 눈에는 유대인과 팔레스타인인 사이에 좋은 일은 조금도 없는 것으로 보이는 걸까? 그래도 평화가 존재한다는 사실에 그녀가 좀 더 감사해야 하는 것 아닐까?

"그런데 여기 상황은 시리아 내전보다는 낫지 않나요?" 내가 물었다.

노미는 이 비교가 타당하다고 생각하지 않았다. 그녀 말에 따르면, 이스라엘 사람들은 모든 일에서 최고가 되기를 원한다. 그런 생각까지는 괜찮을 수 있다. 그러나 이스라엘 지도자들의 이데올로기가 혐오에 빠져버리면 민주주의가 손상된다. 인권도 부수적으로 피해를 보게 된다. 하지만 가장 시급한 문제는 아이들이 상처를 받는다는 것이다. 노미는 이미 유치원에서부터 아이들이 혐오 이데올로기를 배운다고 했다.

"그럼 해법이 뭐죠?" 내가 물었다. 사람들 사이의 대화가 도움이 안 된다고 생각한다면, 양측 진영에서 평화를 위해 열심히 일하는 사람들의 노력이 아무런 도움이 되지 않는다면, 그러면 어떻게 해야 도움이 된다는 말인가?

노미는 새로운 이스라엘 정부를 원했다. "평화를 이룰 수 있는 유일한 방법은 집권 지도층을 바꾸는 것밖에 없습니다."

"하지만 그러려면 사람들과 대화하면서 다르게 투표하라고 독려해야 하지 않겠습니까?" 내가 물었다.

그녀는 고개를 가로저었다. "저는 사람들을 믿지 않습니다. 그래서 제 남편도 이제 정치에 뛰어들려 하는 거고요."

차, 이번에는 내가 비관주의자가 될 차례라는 생각이 들었다. 나는 민주주의 강화를 위해 뛰었던 내 경험을 담은 이야기보따리를 풀어놓았다. 막 간호사 자격을 취득한 뒤, 나는 정신 장애 아동을 위한 프로그램을 개혁할 필요가 있다고 생각했다. 하지만 발언권을 얻으려면 덴마크간호위원회 임원으로 선출되어야 한다는 것을 알게 됐다. 첫 임원 선거에서 내 득표수는 거의 20년간 자리를 지켰던 부위원장과 단 20표 차이밖에 나지 않았다. 하지만 조합에서 하는 일이 임금 인상과 근무 환경 개선을 위해 싸우는 것뿐이라는 사실을 금세 알게 됐다. 그래서 나는 '1,001잔의 커피'를 설립해서 커피를 팔아 노숙인을 위한 기금을 모금하고 문화행사 티켓을 팔아 덴마크 내 극빈층과 취약계층 어린이들의 실상에 대한 인식을 높였다. 자원봉사는 훌륭한 일이지만, 안타깝게도 사회구조를 변화시키지는 못한다. 그래서 나는 정당 활동을

시작했다. 빌리 쇠운달Villy Søvndal이 노숙인을 위해 많은 일을
했을 때 덴마크 사회국민당Socialist People's Party 당내 선거가 있었
다. 정말 큰 변화를 가져오고 싶다면 지도부에 들어가야 했
다. 나는 그 선거에서 빌리 쇠운달에 단 세 표 모자란 2위 득
표자가 됐다. 그러나 정말 영향력을 행사하고 싶다면 국회의
원이 되어야 했다. 나는 2005년에 레이스에 돌입하지 않았
지만 2007년 당선됐다. 그러면서 캐스팅보트를 행사하려면
정당 의석이 필요하다는 걸 깨달았다. 2011년 사회국민당은
동거정부에 참여했지만, 모든 면에서 절차상 문제가 있었다.
당이 어떤 의사결정도 하지 않고 당의 원칙을 지키지 않으려
했기 때문이다. 2015년, 나는 또 한 번 당내 경선에서 2위 득
표자가 됐지만 의원으로 다시 선출되지 못했다.

　정계에서 일하는 내내 나는 영향력을 행사하기 위해 노력
했으나 이제 와 생각하니 내가 가장 큰 영향력을 발휘했던
때는 간호사로 일했을 때였다. 간호사로서 나는 환자들에게
즉각적으로 도움을 주고 변화를 가져올 수 있었다. 2016년,
사회국민당에서 내게 의석을 제안했지만 나는 거절했다. 커
다란 변화는 정치인들이 아니라 국민 개개인에게서 나오는
것임을 깨달았기 때문이다. 국민에게는 막강한 힘이 있어서,
정치인들이 골을 깊게 파는 것보다 빠른 속도로 다리를 놓을
수 있다.

열변을 토하며 들려준 경험담이 끝나자, 노미가 나를 물 끄러미 쳐다봤다. 그녀의 시선이 무엇을 의미하는지 해석하기가 쉽지 않았다. 내가 아픈 곳을 건드린 걸까? 아니면 내가 의회주의를 실패작으로 여긴다고 생각하는 걸까? 내가 이런 고민을 하는 사이, 그녀는 온 힘을 모아 화난 목소리로 말했다. "우리 정부는 세상에서 가장 인종 차별적이고 파시스트적인 정부입니다. 좌파가 집권한다면 정말 변화가 생길 거예요."

나는 회의적인 시선으로 그녀를 바라봤다. "어떤 좌파를 말씀하시는 거죠?" 미처 그녀가 대답하기 전에 내가 이어서 말했다. "좌파라고 우파보다 나은 것 하나 없습니다. 좌파 지도자들은 초심을 잊었습니다. 그리고 쉬운 해법을 찾아 무리수를 두는 경우가 너무 많습니다. 여론의 인기를 등에 업고 있으니까요." 나는 단념한 목소리로 말했다. 내 실망감이 잘 전달됐을까? 그녀의 귀에 내 말이 얼마나 터무니없게 들렸을까 싶다. 나는 풀뿌리 운동으로 활동을 시작했지만 그 한계를 금세 깨달았다. 그래서 정당에 합류했다. 그렇다. 사회국민당에 실망하기는 했지만, 사회국민당이 전체 좌파를 대표하지는 않는다.

적어도 노미의 목소리에는 강한 신념이 있었다. 그녀는 변화는 무엇보다도 의회에서 나오는 것이라고 믿었다. 이때 그녀의 전화벨이 울렸다. 도움이 필요하다는 남편의 전화였다. 그녀가 떠나고 나만 홀로 남겨졌다. 형형색색의 꽃으로 가득한 아름다운 정원에서 나는 암흑과 절망에 빠졌다.

　대체 내가 어떻게 된 거지? 풀뿌리 운동의 목적은 입법자들이 더 나은 세상을 만들게 하는 것 아닌가? 의회주의가 그토록 실망스럽다면 어떤 대안이 있는가? 내가 원하는 게 의회주의의 폐지란 말인가? 아니, 그건 아니다. 의회가 없었다면 남아공에서 아파르트헤이트가 폐지될 수 있었을까? 미국에서 선출직 공무원들이 헌법을 개정하지 않았다면 흑인들이 동등한 권리를 보장받을 수 있었을까? 덴마크 의회에서 동성애가 질병이 아니라는 결정을 하지 않았다면 과연 동성애가 질병 목록에서 제외되었을까? 전 세계 대다수 의회가 유엔 인권협약에 가입하지 않았다면 학대와 전쟁, 박해로부터 어떻게 사람들을 보호할 수 있겠는가? 이런 기념비적 결정들은 하나같이 넬슨 만델라, 마틴 루터 킹, 마하트마 간디와 같은 통찰력과 카리스마를 지닌 지도자들뿐만 아니라 국민과 의회가 모든 힘을 하나로 모은 결과다. 따라서 해법은 풀뿌리 운동이나 의회주의 중 어느 하나가 아니다. 우리에게는 국민과 의회, 둘 다 필요하다.

종교의 빛

나는 린다와 비야른에게 작별을 고하고 예루살렘에 사는 미카엘을 만나러 갔다. 예루살렘까지 물리적으로는 차로 20분 거리였지만, 정신적으로 그보다 훨씬 멀게 느껴졌다. 창밖으로 보이는 풍경이 바뀌면서 내가 유대인의 땅에 왔다는 사실이 점점 더 피부에 와닿았다. 검은 모자와 의복을 입은 남성들이 점점 많아졌다. 길게 꼰 옆머리 길이도 더 길었고, 심지어 어린아이들도 옆머리를 길게 늘어뜨렸다. 많은 이들이 긴 초록색 종려 가지와 작은 가방을 들고 다녔다. 아마 안식일과 관련된 것 같은데 정확히 무슨 일인지는 모르겠다. 나는 유대교에 대해 아는 것이 너무 없어서 부끄러웠다. 하지만 우리 사이에 공통점이 많다는 사실은 안다. 가령, 무슬림과 유대인은 몇몇 예언자를 공유한다. 유대인들은 그들을 상징하는 별에 다윗의 이름을 따서 다윗의 별이라는 이름을 붙였는데, 무슬림들도 다윗을 예언자로 여긴다—다만, 무슬림들은 다윗을 예언자라 부르지 않고 그냥 다윗이라고 부른다—. 또한, 유대인들도 돼지고기 섭취를 자제하고, 회당에서 남성과 여성을 분리하고, 남자아이들에게 할례를 하는데, 전부 무슬림들도 하는 일이다.

이처럼 우리 사이에 공통점이 있다는 것은 알지만, 우리

사이를 갈라놓는 것이 무엇인지는 잘 모르겠다. 그런 차이점
이 뭔지 찾아볼 정도로 관심을 가져 본 적도 없다. 나는 우리
를 하나로 묶어 주는 것에 더 관심이 있다. 사실, 유대교와 그
리스도교, 이슬람교는 실제로 공통점이 참 많다. 가장 먼저,
세 종교 모두 전통을 거슬러 올라가다 보면 아브라함 이야기
에 도달하게 된다. 따라서 모두 아브라함 종교라고 부를 수
있다. 아브라함에게 나타나신 하나님을 유대인, 그리스도교
인, 무슬림이 모두 안다고 생각하면 늘 그렇게 마음이 좋을
수 없다.

하지만 다른 한편으로는 종교 간의 차이가 수많은 전쟁을
불러왔다는 사실도 잘 안다. 사람들은 서로 죽이면서 그렇게
하면 낙원에 가까워진다고 생각한다. 하지만 낙원으로 가는
길이 도대체 어떻게 시체와 피로 뒤덮일 수 있단 말인가? 어
떻게 신에게 바치는 영적 헌신이 이런 악행을 저지를 정도로
엄청난 부정적 에너지를 만들어 낼 수 있는지 결코 이해할
수가 없다. 신의 이름으로 살인을 저지른다는 생각은 무언가
단단히 잘못된 것이다.

"수카sukkah에 가서 앉읍시다." 미카엘 멜키오르가 말했다.
수카는 일주일간 이어지는 유대교 가을 축제인 수콧Sukkot 기
간에 사용하기 위해 지은 임시 초막을 말한다. 이집트에서
노예 생활을 하던 유대인들이 이집트를 탈출한 뒤 사막에서

지낼 때 지어서 살았던 장막을 가리키는 이름이다. 말 그대로 장막처럼 생긴 미카엘의 발코니로 가려면 방을 여럿 지나야 했다. 방마다 가득한 크고 오래되고 무거운 책들은 표지가 닳아 있는 것으로 보아 많은 손길이 닿았던 것을 알 수 있었다. 랍비이자 전직 장관인 미카엘은 천천히 명확하게 말하는 법이 몸에 배어 있었다. 말하는 중간중간 자연스럽게 쉼표를 찍는 그의 모습에서 내가 신중하게 말하는 사람과 마주하고 있음을 새삼 확인했다. 그러나 그가 신중한 이유는 잘못 말하는 것이 두려워서가 아니다. 자신의 말이 정확히 이해되기를 바라기 때문이다.

나는 그의 평온함에 매료됐다. 그가 대규모 평화 회의 참석차 다음날 스페인으로 떠나야 한다는 것을 잘 알기에, 이런 빡빡한 일정을 코앞에 두고서도 편안한 모습을 잃지 않는 그가 놀라웠다. 1980년대 말부터 미카엘은 종교 지도자들을 하나로 모아 평화를 이룬다는 목표를 세우고 하마스 지도자들, 이스라엘 재판관들과 수백 시간 대화를 해 왔다. 2002년에는 하마스 설립자 중 한 명인 셰이크 탈라 사이더Sheikh Tala Sider와 함께 최초로 종교를 초월한 종교 간 회의를 조직하는 데 앞장섰다. 이 회의는 이집트의 도시 알렉산드리아에서 개최됐다. 참석자들은 한목소리로 평화와 대화를 호소했고, 이집트 무프티Mufti(이슬람 법학자—옮긴이)와 캔터베리 대주교, 이스라엘 랍비들이 후원했다.

이번 스페인 회의를 위해 미카엘은 이스라엘과 팔레스타인의 많은 종교 지도자들을 한자리에 모았다. 그 가운데에는 저항운동의 선봉에 섰던 열혈 인물들도 많이 포함되어 있다. 그의 표현처럼 이 '연립 정부coalition'는 하마스와 유대계 양측의 극단주의 운동과 정당들로 구성돼 있다. 이 회의는 참석자들이 서로 악수하면서 공개석상에 함께 모습을 드러내는 최초의 자리가 될 것이다. "평화 프로세스가 교착 상태에 빠진 것처럼 보이는 때에 우리가 책임을 지고 평화 프로세스를 이끌어 가려 합니다." 이렇게 말하면서 그는 위키리크스를 통해 알려진 힐러리 클린턴을 비롯한 여러 정치 지도자의 이메일 내용을 언급했다. 그는 클린턴이 '허구의 평화 프로세스'라고 한 것을 보고 무척 서운했다고 한다. 그 말은 결국 평화 프로세스는 실제로 존재하지 않으면서, 모든 것이 교착상태에 있다고 비방하는 자들의 입막음용에 불과하다는 뜻이기 때문이다.

그렇다면 그 스스로 자문하듯, 이제는 세계 지도자들도 믿지 않는 것이 되어 버린 평화 프로세스에 그는 왜 일생을 바치고 있는 것일까? "저는 희망의 끈을 놓지 않습니다. 목적의식을 가지고 일하면, 사람들이 함께 일하게 만들 수 있다는 것을 잘 아니까요. 그 사람들이 과거에는 평화에 걸림돌

370   혐오와 대화를 시작합니다

이 되었던 바로 그 사람들이라 하더라도 말이죠." 미카엘에게 모든 사람과 대화할 기회를 가질 것인지 물었다. 그러자 그가 미소를 지으며 답했다. "저도 다른 사람들보다 더 만나고 싶은 사람들이 있습니다. 하지만 열혈 지도자일수록 그 사람을 만나는 것이 중요합니다."

미카엘이 유대인을 죽이려 드는 사람들을 만나는 이유가 도무지 이해되지 않았다. 그런 독을 내뿜는 자를 만나는 목적이 뭘까? 그렇게 해서 사람의 마음을 흔들려는 걸까? 아니면 그냥 보여 주기 식 작전인가? 미카엘은 한 치의 의심도 없이 자신이 옳은 일을 하고 있다고 확신했다. "지금까지 숱한 만남을 가졌지만, 태도의 변화를 가져오지 않거나 제게 희망을 품을 이유를 주지 않은 경우는 아직 한 번도 없었습니다." 그는 많은 사람이 같은 정치 성향을 지닌 사람들과 대화하는 것으로 변화를 끌어낸다고 생각하는 것이 문제라고 했다. 예를 들어, 이스라엘 극좌파가 팔레스타인 극좌파와 협력하는 식이다. 이들은 만나서 프로그램과 회의, 계획에 동의한다. 20년간 그렇게 해 오고 있다. 하지만 그것만으로는 부족하다. 그들 사이에 열기가 식기 시작했고, 점점 행사도 줄고 참석자들도 줄고 있기 때문이다. "이제 팔레스타인 사람들도 이렇게 하는 것이 더는 효과적이지 않다고 말합니다. 정부에 참여하지 않아서 아무런 힘도 없는 이스라엘 사람들을 만나기 때문에 아무런 변화도 생기지 않는데, 평화를 믿는 그런 이스라엘 사람들을 왜 만나겠습니까?" 미카엘이 말을 이었다. "그래서 제 주장은 이렇습니다. 이미 나와 의견이 같은 사람을 만나는 대신, 평화에 회의적이고 평화를 불신하는 평화 반대주의자를 만나서 대화해야 한다는 겁니다."

"자신의 견해를 한 치도 양보하려 하지 않는 사람과 어떻게 대화를 하세요?" 내가 물었다. "무언가에 대해 진심으로 반대하는 사람들을 설득하는 것이 과연 가능할까요?"

"그들이 가지고 있는 회의와 불신의 근원을 찾는 것이 중요합니다." 미카엘이 말했다. "그런 다음, '우리가 좀 어떻게 해도 될까요?'라고 물어야 합니다. 그런 뒤, 마지막으로 공통된 언어—우리가 익숙해 있는 것과는 다른 어휘—를 찾는 것이 관건입니다. 사람들은 대부분 평화를 첫 출발점으로 삼으려 합니다만, 자신의 믿음이나 정체성을 앗아 가는 평화는 원하지 않습니다. 만약 평화와 정체성 사이에 모순이 생긴다면 사람들은 대개 정체성을 선택합니다."

이스라엘과 팔레스타인의 상황이 덴마크에서 일어나는 일과는 비교도 되지 않는다는 것은 잘 안다. 그러나 미카엘이 정체성에 대해 하는 말을 들으니, 덴마크 국내에서 사람들이 서로 대립하는 이유가 뭔지 곰곰이 생각하게 된다. 사람들이 서로 우려하는 바를 진지하게 받아들이지 않기 때문일까? 나를 포함한 일부 사람들이 정체성을 보존하는 것이 중요하다는 사실을 깨닫지 못하기 때문일까? 결국, 덴마크와 덴마크 뿌리, 전통을 보존할 것이냐 아니면 우리의 정체성에 변화를 야기하는 난민이나 이주민을 도울 것이냐를 놓고 하나를 골라야 하는 선택의 문제로 귀결될까? 대체 이런 거짓된 이분법을 내가 얼마나 많이 지지했던가 생각하니 신물이 났다. 덴마크인이냐 아니면 무슬림이냐, 둘 중 하나를 골라야 한다면 과연 나는 어떤 선택을 할 것인가? 여기 수카 안에서 몇 가지 퍼즐 조각이 맞춰졌다. 정체성을 논하다 보니 과거에 내가 우습게 여겼던 몇몇 토론이 새롭게 조명되면서 이해가 됐다. 사실, 어린이집 급식에 돼지고기 미트볼이 나온다면 문제가 된다. 코크달 지역 복지센터에 크리스마스트리가 등장한다면 이 또한 중요한 문제다. 예전에는 이런 미트볼이나 크리스마스트리 논쟁은 우습다고 생각했다. 공통된 언어가 없으면 사람들 사이에 가로놓인 도랑의 골은 더 깊어지기 마련이건만, 나는 자신의 정체성을 잃을까 두려워하는 사람들의 마음을 충분히 헤아리지 못했다. 나의 문화적 정체성을 위해서는 우리 아이들이 돼지고기 미트볼을 먹지 않는 것이 내게는 중요하다. 하지만 다른 사람들에게는 자녀가 할랄 미트볼을 먹지 않는 것 역시 똑같이 중요할 수 있다는 사실도 인정해야 한다. 정체성을 구축할 권리는 누구에게

나 동등하게 보장되어야 한다.

정체성은 참 희한한 동물이다. 우리는 하루하루 살아가는 동안에는 정체성에 대해 많이 생각하지 않는다. 그러나 정체성이 위협받거나 정체성을 잃을 위기에 놓이는 순간, 갑자기 정체성은 우리의 행복한 삶에 결정적으로 중요한 존재가 된다.

그다음으로 미카엘이 언급한 내용은 내가 사람들과 커피 타임을 나눌 때 종종 접하게 되는 것이기도 했다. 누가 됐건, 사람들은 상황이 이렇게 나빠진 것은 모두 남의 탓으로 돌렸다. 처음 시작한 것이 그들이니, 그들이 그만해야 한다고 생각했다. 이렇게 사악한 순환 논증이 과연 언젠가는 멈춰질 수 있을까? "그럼요." 미카엘이 말했다. "물론 가능합니다! 누구도 자신의 역사, 권리, 미래의 꿈을 포기할 필요가 없다는 것이 보장되면 됩니다."

우아, 참 대단해. 나는 속으로 생각했다. 나를 덴마크에서 추방시킬 꿈을 꾸는 사람을 과연 나는 얼굴을 맞대고 만날 수 있을까? 그의 꿈을 인정하고, 다리를 건너 중간쯤에서 그를 만날 수 있을까? 어떻게 이성적으로 그런 주장에 찬성할 수 있단 말인가? 이제 미카엘은 그의 종교적 배경에 기대 다른 성격의 주장을 했다. "하나님을 믿는 우리는 우리 두 사람이 이 자리에 함께하는 것이 우연이 아니라는 것도 믿습니다. 이것도 분명 하나님의 뜻입니다. 하나님께서 우리에게 조국을 주셨다고 우리가 믿는 만큼, 우리는 다른 민족이 이곳에 사는 것이 신의 착오 때문이 아니라는 믿음도 가져야 합니다. 이스라엘인들만큼 팔레스타인인들도 이곳이 그들의 거룩한 땅이라고 믿습니다. 그리고 그들이 믿는 종교에서도 여기서 그들과 함께 사는 사람들을 존중하라고 그들에게 가르칩니다." 미카엘이 설명했다. "그러니까 우리는 종교적 합의라는 틀 안에서 해법을 찾아야 합니다."

그는 공통의 언어—세속화를 요구하지 않으면서 종교적 정체성의 중요성을 인정하는 평화의 언어—를 찾겠다는 희망을 품고 독기가 가득 찬 지도자들을 한 사람씩 찾아가 만난 이야기를 들려주었다. 미카엘은 흔히 분쟁의 원인으로 지목되는 종교가 평화의 열쇠가 될 수 있다는 관점을 갖고 있다. 나는 덴마크에 있는 이맘들과 히스브 우타흐리르의 이맘 함자와 나눴던 대화를 떠올렸다. 그들이 민주주의에 반대한다는 내용 대신 폭력과 범죄, 그리고 그런 문제들을 낳는 근본 원인에 반대한다는 내용의 전단을 배포한다면 어떨까? 각자 한 가지 종교적 언어로 이야기하던 젊은이들이 그들을 공통된 방향으로 이끈 또 하나의 종교적 언어와 마주하게 된다면 어떤 변화가 생길까? 위험을 제기하는 것은 종교가 아니라 사람이다. 미카엘은 종교인인 동시에 평화인man of peace이다.

　　나는 미카엘이 좋다. 평화에 대한 그의 흔들림 없는 믿음 때문인지, 그의 부침 없는 유구한 경륜 때문인지, 그의 '올바른' 종교적 접근방식 때문인지, 이유는 모르겠지만 나는 그의 활동을 기꺼이 지지하고 싶다. 논쟁이 거칠어져도 그는 단 한 번도 나를 무시하지 않았다. 그는 자신을 반대하는 사람들에 대해서도 존중하는 자세로 이야기했다. 진실이 있으면 자신은 그 일면만을 이해하고 그를 반대하는 사람들은 다른 면들을 이해하는 것이라고 분명히 생각하고 있었다.

　　노미에 대해, 정치인들을 겨냥해서 그녀가 쏟아냈던 비판에 대해 다시 한번 생각해 본다. 왜 정치 지도자들은 미카엘 같지 못할까? 왜 미카엘과 같은 용기가 없을까? 보아하니 미카엘은 항상 용감했던 것 같다. 그 자신이 종교인이면서도 그는 늘 종교와 정치의 분리를 위해 싸웠다. 가령, 이스라엘 의회에 몸담고 있을 때 그는 소속 정당의 당론에 맞서서 민간 결혼에 찬성표를 던졌다.

　　"왜 그러셨죠?" 내가 물었다.

　　"저는 제가 원치 않는 사람들에게 종교를 강요할 입장이 아니라고 생각합니다. 종교는 자발적인 사안이라고 생각해요. 강제로 믿는 것이 아니죠." 그가 주장했다.

　　나는 종교와 신앙의 역할에 대한 미카엘의 주장에 동의할 수 있다. 나는 라마단 기간에 금식을 한다. 나는 알라를 믿고 사후의 삶을 믿는다. 나는 할랄 고기를 먹는다. 첫째 아들을 할례 받게 했고 막내아들도 할례 받게 할 예정이다. 나는 어떤 사람들처럼 진리를 찾기 위해 다양한 종교를 기웃거릴 필요가 없었다. 내게 필요한 답을 이슬람교에서 찾았기 때문이다. 나는 모태신앙을 유지했다. 10대 시절에는 코란에서 명백한 대답을 얻으려 했지만, 지금은 공동체 안에서 답을 찾는다. 이런 변화는 내가 정치 활동을 적극적으로 하면서 일어났다. 그와 동시에 나의 종교는 내게 더 개인적인 것이 됐다. 그래도 종교는 여전히 나를 인도한다.

나와 신앙이 어떤 관계냐고 묻는다면 나는 실용적인 관계라 대답하겠다. 신앙은 나를—제약하는 것이 아니라— 풍요롭게 하는 존재다. 나는 이슬람을 사랑의 투영으로 생각하도록 자랐고, 그래서 늘 이해와 합의를 추구하는 의미 있는 논쟁을 요구한다. 나는 알라가 우리를 용서한다고 믿는다. 그래서 우리도 서로 용서해야 하고 과감하게 다른 사람들의 선한 면을 믿어야 한다고 믿는다. 그리고 나는 신앙인이기에 신앙이 정말로 산을 옮길 수 있다는 것을 안다. 그러니 맞다. 종교는 문제의 일부이기도 하지만 해법의 일부도 될 수 있다.

미카엘을 알게 되면 신이 나지 않을 수 없다. 그의 수카에 앉아 있다 보면 무엇이든 다 가능하다고 느끼게 된다. 그는 자신의 아버지가 늘 하던 이야기를 내게 들려주었다. "터널 끝의 빛이 보이지 않는다면, 그것은 그 끝에 빛이 없기 때문이 아니라 터널이 굽어 있기 때문이다." 같은 인간으로서 우리는 아무리 의견이 다르더라도 올바른 곳에서 다 함께 방향을 트는 법을 배워 빛이 있는 곳에 함께 도달해야 한다.

"평화가 얼마나 가까이 있을까요?" 미카엘에게 물었다.

"바로 코앞에 있답니다." 그가 미소 지었다.

그날 미카엘과 헤어진 뒤, 나는 남편과 아이들과 함께 동예루살렘 구시가지를 방문했다. 가장 먼저 들른 곳은 그레데무Graedemu였는데 깨끗했다. 원래 이곳은 거대한 사원의 일부였다. 사원은 로마인들에 의해 파괴됐고, 오늘날 유대교에서는 통곡의 벽을 가장 성스러운 장소로 여긴다. 이곳은 사람들로 북적거렸다. 여기 오면 예루살렘이 그야말로 모든 3대 아브라함 종교의 성지라는 것을 실감할 수 있다. 통곡의 벽 앞에는 정통 유대교인들이 서서 기도하고 있고, 더 많은 사람들이 길을 가로지르는 여성들과 부딪히지 않으려 피하면서 성지를 향해 서둘러 가는 모습이 보인다. 무슬림들은 다른 방향으로 빠르게 이동하고 있는데, 여성들은 히잡을 두르고 있고 남성들은 자수가 놓인 작은 흰색 모자를 쓰고 있는 차림새다. 조금 더 멀리 떨어진 곳에는 십자가 목걸이를 한 신부가 걸어가는 모습이 보인다. 이곳 전체가 마치 개미 군락 같다는 생각이 들었다. 누구도 소리치거나 큰소리를 내지 않았지만, 한결같은 중얼거리는 소리가 모여 낱낱이 구별할 수 없는 하나의 힘찬 소리를 만들었다. 이렇게 모여 있는 모습을 보니 3대 종교가 만나는 모습이 눈에 선하게 그려졌다. 마치 무거운 이불처럼 진지함이 광장 위를 덮고 있었다. 강력한 힘이 작동하는 이곳에서 나는 온몸에 전율이 흐르는 것을 느꼈다. 이곳에서 신앙은 강력하면서도 두려운 존재다. 이런 생각을 하다 보니 처음으로 내 의식 속에서 무신론적 비평가의 목소리가 들리는 것 같았다. 정말로 종교는 민중의 아편일까? 여기 있는 사람들 가운데는 낙원에 가기 위해 자신의 목숨까지 포함해서 정말로 모든 것을 희생할 사람이 있을까?

이곳 분위기는 매우 우울했다. 거리 모퉁이마다 커다란 기관총을 든 병사들이 있어서 사람들 사이의 거리는 더 멀어 보였다. 통곡의 벽을 방문한 뒤, 나는 바위의 돔으로 가는 길을 알려 줄 수 있는지 먼저 몇몇 병사들에게 그리고 그다음에는 한 무리의 민간인 유대인들에게 물어보았다. 마찬가지로 구시가지에 있는 바위의 돔은 이슬람의 가장 오래된 건축물이자 가장 중요한 무슬림 성지 가운데 하나다. 무슬림들은 바로 이곳에서 예언자 무함마드가 천국으로 승천하여 알라를 만난 뒤, 다시 땅으로 내려와 이슬람을 전파했다고 믿는다. 그런데 그 누구도 내게 길을 가르쳐주려 하지 않았다.

처음에는 그들이 돔이 어디 있는지 모르거나 아니면 한 번도 들어 본 적이 없나 보다 했다. 하지만 그럴 수는 없었다. 유대인들과 무슬림들은 바로 그 돔을 두고 너무도 많이 싸웠기 때문에 정통 유대교인들은 그 이야기를 틀림없이 알고 있을 것이다. 그러므로 그들이 내게 길을 가르쳐주지 않은 이유는 무슬림에게는 가르쳐주지 않으려 해서다. 돔이 어디 있는지조차 알려 주기 싫을 정도로 증오에 가득 찼구나 하는 생각이 들었다. 그러다 내 안에서 어린 시절에 느꼈던 바로 그 분노가 치밀어 올랐다. 문득 이렇게 빨리 일반화와 편견으로 회귀하는 내 모습이 조금 섬뜩하게 느껴졌다. 그리고 내 안의 또 다른 목소리가 들려 왔다. 저 사람들은 정말로 그 장소를 모를 수도 있어. 아니면 기도하러 가느라 바빠서 그런 걸 수도 있어. 내 안에서 상반된 감정이 나를 둘로 나누는 것처럼 느껴졌다. 마치 한쪽에서 다리를 놓는 외즐렘이 다른 쪽에서 골을 파는 외즐렘을 물끄러미 보고 있는 느낌이었다.

바위의 돔은 통곡의 벽에서 그리 멀지 않은 곳에 있었다. 우리 가족이 돔에 도착하자 무슬림 경비원이 인사를 건네면서 내게 무슬림이냐고 물었다. 나는 그렇다고 했지만 그것만으로는 무슬림 정체성을 증명하기에 부족했다. 그래서 그 앞에서 코란 몇 구절을 낭독해야 했다. 내 차례가 끝나자 그는 남편을 훑어보며 물었다. "당신은요?"

"저는 알라를 따르는 사람입니다." 남편이 대답했다. 알레비파는 이슬람교에서 가장 실용주의적이고 문화적인 종파다. 알레비파는 특히 터키에서 오랫동안 박해를 받았고 세계다른 지역에서도 학대를 받았다. 수니파 무슬림들이 이들을비신자로 간주하기 때문이다.

남편의 말을 듣자 경비원의 눈이 동그래졌다. "알레비파요? 그들은 무슬림이 아니요."

다른 동료 경비원도 우리가 하는 말을 듣고 있다가 내게다가왔다. "무슬림은 비무슬림과 결혼하면 안 된다는 거 알잖소."

나는 격분했다. 대체 누가 이 경비원에게 내 결혼을 판단할 권리를, 무슬림이 할 일과 하면 안 되는 일을 판단할 권리를 주었단 말인가? "그건 당신이 상관할 일이 아니죠." 나는단호히 말했다.

그러나 결론은 달라지지 않았다. 내가 아이들과 돔에 들어가는 동안 남편은 밖에서 기다려야 했다. 대체 사람들이 왜이리 배타적일까? 아버지가 뒤에 남겨졌으니 아이들도 당연히 기분이 좋을 리 없었다.

"왜 그러는 거예요?" 아이들이 물었다. 수세기에 걸쳐 무슬림끼리 싸우게 만든 갈등을 아이들에게 설명하기는 힘들었다. 뒤돌아서 멀리 떨어져 있는 남편을 보면서 나는 종교

가 종교와 종교 사이를 갈라놓을 뿐만 아니라 같은 종교 안
에서도 서로를 갈라놓는다는 것을, 그래서 그 안에서도 갈등
이 존재할 수 있다는 것을 다시금 깨달았다. 이런 사실에 심
장이 정통으로 찔린 것처럼 가슴이 아팠다.

돔에 도달하기 전 나는 다시 한번 제지당했다. 이번에는
내 옷차림이 문제였다. 한 경비원이 메고 있던 기관총으로
내가 입은 원피스를 가리켰다. 나는 바지 위에 무릎까지 내
려오는 원피스를 입고 있었다. 그가 너무 짧다고 했다. 다시
처음의 경비원에게 돌아가 치마를 빌려서 바지와 원피스 위
에 입으라고 했다.

"저도 40년간 모스크에 다녀봐서 어떻게 옷을 입어야 하
는지 잘 알고 있다고요." 내가 화난 목소리로 말했다. "대체
뭐가 문제죠? 안에 남녀 분리되어 있지 않나요?" 그가 그렇
다고 하자, 나는 성난 목소리로 반박했다. "그럼 제 치마 길
이가 무릎까지 내려오건 발목까지 내려오건 아무 상관없잖
아요. 게다가 안에 바지까지 입고 있잖아요."

그래도 그는 치마 길이가 너무 짧다고 고집했다. 그러면서
기관총을 쥔 손에 힘을 주었다. 나는 이쯤에서 멈춰야 한다
고 느꼈다. 묵묵히 첫 번째 경비원에게 돌아가 치마를 얻어
서 원피스 위에 덧입었다.

천신만고 끝에 일단 바위의 돔 안에 들어가 앉아 있으니,

모든 근심 걱정이 머릿속에서 지워졌다. 나는 고요 속에서 아름다운 실내장식과 성가 소리, 낯선 사람들과의 유대감을 만끽했다. 아이들이 아버지를 만나러 달려 나간 뒤에도 나는 혼자 남아 오랫동안 모스크 안에 앉아 있었다. 가족들에게 돌아가 보니, 이스라엘 병사 몇몇과 즐겁게 이야기를 나누고 있었다. 남편은 병사들이 금방 스스럼없이 대화를 시작했고 아이들과 같이 기념사진도 찍었다고 했다. 이스라엘과 팔레스타인에서는 누가 적이고 누가 아군인지 가늠하기 힘들다는 생각이 들었다.

그날 밤, 나는 좀처럼 잠들지 못했다. 미카엘의 희망은 마치 아드레날린처럼 느껴졌다. 누구와도 대화할 수 있다는 자신감이 생겼다. 열린 마음으로 임하는 것이 가장 중요하다는 확신이 들었다. 그러나 다음 날, 팔레스타인 북동부의 예리코에서 바삼Bassam을 만나면서 나는 현실을 자각하게 되었다.

적에게 포위되다

팔레스타인은 서쪽의 가자 지구와 동쪽의 서안 지구, 이렇게 두 영토로 이루어져 있다. 두 지역은 이스라엘에 의해 나뉘어 있기도 하지만, 정치적으로도 갈라져 있다. 서안 지구는 파타당Fatah이 이끄는 반면, 가자 지구는 하마스가 통제하고 있다. 두 정당은 수차례에 걸쳐 팔레스타인 통일 정부를 수립하려 시도했으나, 양분된 세속주의 파타당과 이슬람주의 하마스를 하나로 연결하는 게 무척 어렵다는 것만 확인하고 말았다. 예루살렘은 서안 지구와 이스라엘의 국경에 위치한다. 독일의 수도 베를린이 베를린 장벽 붕괴 이전에 서독과 동독으로 나뉘어 있던 것을 떠올려 보면 된다. 그런데 예루살렘에는 분리에 관한 합의가 되어 있지 않다. 팔레스타인은 동예루살렘을, 이스라엘은 도시 전체를 자기 영토라고 주장한다. 이렇듯 국경 문제는 거룩한 땅에서 벌어지고 있는 분쟁의 근간에 깊이 박혀 있다. 바로 그 국경을 오늘 내가 건너려 하는 것이다.

나는 여러 사람으로부터 팔레스타인 땅으로 운전해 가지 말라는 경고를 받았다. 유대인들에 따르면, 내가 타고 가는 이스라엘 차는 팔레스타인인들로부터 돌팔매질을 당할 위험이 있다고 했다. 한편, 팔레스타인인들은 이동시간을 넉넉히 계산하고 가야 한다고 했다. 팔레스타인 지역을 드나드는 차량을 통제하는 검문소에서 이스라엘 병사들에게 검문당하느라 끊임없이 정차해야 하기 때문이란다. 아이들은 남편과 함께 예루살렘에 남기로 했다. 그들을 위험에 노출하거나 혹시라도 상처가 되는 일을 당하게 하고 싶지 않았다.

적막한 팔레스타인 풍경 속으로 달리자니 불안하기보다 극도로 자유로운 느낌이 들었다. 나 자신이 조금 대견스럽기도 했다. 그러는 와중에 우리 어머니는 내가 무사한지 몇 번이고 전화를 하였다. "아니, 거기가 어디라고 여자 혼자 가는 거니?" 어머니가 보는 세상과 내가 보는 세상은 다르다. 어머니는 초등학교 3학년 이후 학교를 다니지 않았고, 성장기 동안 만성적인 불안감 속에서 자랐다. 나는 어머니의 이런 면을 닮지 않았다. 대체 내가 무엇을 두려워해야 하지? 누군가 나를 죽이려 들까 걱정된다면—그럴 이유가 없어서 왜 그럴지 상상하는 것조차 힘들었지만— 코펜하겐에서 밤늦은 시간에 다니는 경우도 위험하기는 마찬가지다. 교통사고 역시 세계 어디서나 일어나는 일이다. 나는 운명을 믿는다. 즉, 일어날 일은 반드시 일어나고야 만다고 믿는다. 하지만 새로운 버전의 운명은 믿지 않는다. 앞으로 일어날 일이 저절로 전개되기만을 수동적으로 기다리는 그런 운명은 믿지 않는다는 말이다. 숙명이건 아니건, 우리는 누구나 스스로 생각하고 행동해야 할 책임이 있다.

우리 어머니의 생각과 달리, 나에게는 여성으로 산다는 게 자유가 없음을 의미하지 않는다. 나는 내가 직면하는 상황마다 나 스스로 결정을 내린다. 이 말은 절대 남편에게 의견을 묻지 않는다는 뜻이 아니다. 나는 항상 남편의 의견을 구한다. 하지만 남편도 내가 스스로 선택하는 것을 중요하게 생각한다. 때로는 걱정하는 빛이 역력하지만, 남편은 늘 내 선택을 지지한다. 그래서 내가 혼자서 팔레스타인으로 떠났을 때도 걱정이 많았지만 내 결정을 존중했다.

바삼은 분쟁에서 자녀를 잃고 지금은 평화를 위해 함께 활동하는 이스라엘과 팔레스타인 부모 단체의 회장이다. 덴마크에 있는 한 지인이 우리 사이를 연결해 줘서 나는 어려움 없이 일이 잘 진행될 것으로 자신했다. 만나러 가기 전에 바삼에게 이메일을 보내 모든 세부사항을 논의하고 동의했다. 우리는 예리코에서 가장 높은 빌딩인 인터콘티넨탈 호텔 앞에서 10시에 만나기로 했다. 예리코 근교에 있는 이 호텔은 예루살렘과 연결된 주도로와 접해 있었다. 바삼은 검은색 기아 자동차를 타고 오기로 되어 있었다. 전날 저녁에 우리는 전화 통화를 하면서 일정 확인도 했다. 그런데 예루살렘을 벗어나는 데 예상보다 시간이 오래 걸렸다. 그래서 8시 48분에 그에게 첫 번째 문자 메시지를 보내서 늦을 것 같다고 알렸다.

'얼마나 늦을 것 같습니까?' 그가 물었다.

'30분이요.' 나는 이렇게 문자 메시지를 보냈다.

하지만 도중에 성난 팔레스타인 사람들이나 이스라엘 병사들을 만나서 정차할 일이 없었던 덕분에 예상보다 일찍 도착할 수 있었다. '벌써 도착했네요.' 나는 바삼에게 문자 메시지를 보냈다.

그러자 '5분 뒤에 봅시다.'라는 답이 왔다.

주차하기 위해 호텔 진입로로 들어가는데 경비원이 내 차를 멈춰 세우고 무슨 용무인지 물었다. 나는 그에게 누구를 만나기로 했다며 바삼의 이름을 알려 주었다. 막 주차한 뒤 호텔 안으로 들어가려는데, 그 경비원이 내게 소리치며 만나기로 한 사람이 도착했다고 알렸다. 계획대로 바삼은 검은색 기아 자동차를 타고 왔다. 그는 통화하던 중이어서 내게 손짓으로 금방 들어가겠다고 신호를 보냈다. 나는 그에게 고개를 끄덕여 보이고 호텔 로비로 들어갔다.

바삼은 잠시 뒤 들어와서 손을 내밀고 악수를 청했다. 짐작건대 나이는 50대 초반으로 보였다. 머리는 벗겨졌고, 말끔하게 면도한 얼굴에, 밝은 벨벳 바지와 흰색 바탕에 파란색과 갈색 줄무늬가 있는 셔츠를 입고 있었다. 그는 잔에 직접 커피를 따르고 내게는 콜라를 주문해 주었다. 나는 휴대전화 전원을 끄고 녹음기를 켰다. 곧장 인터뷰를 시작해서 그와 그가 속한 단체 이야기를 듣고 싶었는데, 바삼은 내 이야기를 더 궁금해했다. 나는 신이 나서 그에게 내가 하는 가교 활동과 내가 평화 창설에 관심이 있다는 이야기를 들려주었다. 살짝 실망스럽게도 바삼은 나만큼 사교적이지는 않았

다. 그는 딸이 셋 있었는데, 한 명이 병으로 세상을 떠났다고
했다. 그는 안정으로 가는 유일한 길이 평화이기 때문에 평
화를 원한다고 했다. 그는 이 말을 몇 번이나 반복했다. 나는
우리 대화가 좀처럼 진전되지 않는다는 느낌을 받았다. 우리
는 총 45분간 대화를 나누었지만, 그에게서 들은 말이 너무
없어서 조금 짜증스러웠다. 그는 극구 자기가 계산하겠다고
했고, 우리는 그렇게 인사를 나누고 헤어졌다.

나는 차로 돌아가서 꺼져 있던 휴대전화 전원을 켰다. 그
동안 바삼에게서 문자 메시지 세 건이 도착해 있었다. 첫 번
째는 '어디세요?'였고, 두 번째는 '지금 도로에서 당신을 찾
고 있어요.'였다. 그런데 세 번째는 도무지 이해가 되지 않아
서 몇 번이나 다시 읽어야 했다. '정말 죄송해요. 9시 40분부
터 10시 56분까지 기다렸어요. 대화를 나누지 못하게 되어서
죄송해요. 제 누이가 아주 위중한 상태로 병원에 있는데, 가
족과 함께 급히 누이를 만나러 가야 해요. 죄송하지만 저는
지금 헤브론으로 빨리 가 봐야 해요.' 순간, 등골이 오싹했다.

나는 잠시 햇볕을 쬔 뒤, 문자 메시지를 보냈다. '무슨 말
씀이세요? 방금 바삼 씨와 예리코에 있는 호텔에서 45분간
같이 앉아 있었잖아요.'

금세 문자 메시지가 하나 도착했다. '메시지 전송 불가.'
메시지를 재전송했지만, 다시 전송에 실패했다. 그래서 그에

게 여러 번 전화를 걸었지만 계속해서 연결되지 않았다.

다시 새 메시지를 보내려 시도했다. '바삼 씨, 전 10시 10분에 호텔에 도착했어요. 그리고 검은색 기아 자동차를 타고 와서 자신이 바삼이라고 하는 남자와 만났어요. 45분 동안 대화도 했어요. 그 사람과 헤어지고 차로 돌아와서 휴대전화를 켠 다음에야 당신이 보낸 문자 메시지를 봤어요. 여러 번 전화를 드렸는데 전화가 안 되네요. 대체 그 사람은 누구죠?'

'메시지 전송 불가.'

이건 도무지 말이 안 되는 일이었다. 로비에서 만난 그 남자가 바삼이 아니면 대체 그는 누구란 말인가? 대체 왜 자기가 바삼이라고 한 걸까? 왜 우리가 이야기했던 그대로 정확하게 같은 검은색 차를 타고 온 걸까? 어째서 진짜 바삼과 연락이 안 되는 걸까? 나는 호텔로 돌아가서 방금 만났던 남자를 붙잡고 진짜 정체가 뭔지 알아내야겠다는 생각을 잠시 했다. 하지만 지금 상황이 뭔가 잘못 돌아가고 있다는 느낌이 들었다. 그래서 차를 타고 그곳을 뜨기로 했다. 편집증이 나를 공격하는 느낌이었다. 혹시 어떤 정보기관의 요원 아니었을까? 혹시 그가 나를 해칠 생각을 한 게 아닐까? 이스라엘 정보기관에서 보낸 걸까? 우리가 만나기로 한 걸 또 누가 알았을까?

그렇게 예루살렘으로 돌아가고 있는데 남편한테서 전화가 왔다. 가짜 바삼 이야기는 일부러 하지 않았다. 나는 충격에서 벗어나고자 휴대전화를 치우고 큰소리로 노래를 부르면서 정신을 분산시키려 애썼다. '서클스 오브 에너미스Circles of Enemies', '인 더 미들 오브 더 나이트In the Middle of the Night'부터 터키 가요를 연이어 불렀다. 그러면서 새삼 내가 음치라는 것을 깨달았다. 예전에 숙모가 내게 했던 말이 떠올랐다. "혼자 있을 때만 노래 부르거라. 가능하면 숲속에 들어가서 불러라!" 웃음을 참을 수 없었다. 지금 숲속에 있는 건 아니지만, 숲이나 사막이나 별반 다를 바 없었다.

금세 다시 내 휴대전화가 울렸다. 덴마크에 있는 파티 엘-아비드에게서 걸려 온 전화였다. 파티는 덴마크-팔레스타인 우호협회 회장이다. 이번에 팔레스타인에서 사람들을 만날 약속을 잡는 데 많은 도움을 준 친구다. 팔레스타인에서는 GPS가 작동하지 않아서 그가 내 가이드 역할을 해 주었다. 조금 전 일을 파티에게 이야기하니, 이스라엘 측이 신호를 차단했기 때문이라고 했다. 가는 길에 이스라엘 검문소를 조심하라는 경고도 잊지 않았다. 그에게 예리코로 오는 길은 괜찮았다고 했지만, 그는 불신으로 가득 찬 목소리로 말했다. "이스라엘인들이 하는 말을 전부 다 믿으면 안 돼."

내가 미카엘 멜키오르와는 아주 좋은 대화를 나누었다고

하자, "원래 이스라엘의 로비 능력은 막강하지."라는 대답
이 돌아왔다. 그의 불신은 어느 날 갑자기 생겨난 것이 아니
라 그가 한평생 경험하고 학대받은 것을 바탕으로 쌓인 것이
다. 그러니 그에게 반대편 입장을 납득시키려고 시도해 봤자
국제전화 요금만 낭비하는 꼴이 될 것 같았다. 하지만 인터
콘티넨탈 호텔에서의 경험은 내 경각심을 더욱 일깨워 주었
다. 사람들이 오래전부터 서로 싸우고 있는 나라에서는 누가
적이고 누가 아군인지 분간하기가 매우 어렵다. 나는 파티가
지시하는 대로 따르며 예루살렘으로 돌아갔다.

나의 다음 목적지는 베들레헴이었다. 예루살렘에서 남쪽
으로 몇 마일 떨어진 그곳으로 피라즈Firaz를 태우러 가기로 되
어 있었다. 파티가 피라즈의 어머니 나디아Nadia와 만날 수 있
게 자리를 마련해 주었기 때문이다. 나디아는 팔레스타인 여
성단체 지도자로, 예루살렘 북부에 있는 라말라에서 일했다.
그래서 그녀는 나중에 저녁때 만나기로 하고, 그전에 피라즈
와 함께 서안 지구 최남단의 헤브론을 방문하기로 했다.

예리코와 베들레헴은 모두 서안 지구에 있는 도시지만, 예
리코에서 베들레헴으로 쉽게 운전해 갈 수는 없었다. 서안
지구를 빠져나와 예루살렘을 통과해야 베들레헴으로 갈 수
있었다. GPS는 파티가 예측한 대로 움직였다. 이스라엘 지
역으로 들어가면 작동하고, 국경을 건너 서안 지구로 가면

다시 작동하지 않았다. 히브리어와 아랍어 간판을 보며 길을 찾는 게 어려웠다. 그래서 그 대신 거대하고 험악하고 높고 유독 추하게 생긴 장벽을 따라 운전해 갔다. 이스라엘과 서안 지구를 가르는 이 길고도 구불구불한 분리장벽은 벽을 사이에 둔 양측 국민 사이의 대화가 끝났음을 보여 주는 가시적인 증거다.

　내 유대인 친구들 가운데에도 이 분리장벽이 세워진 이유는 하마스의 테러가 급증하는 것을 차단하기 위해서라고 주장하는 이들이 많다. 그중 한 명은 내게 "그 앞에 서서 보면 잘 모르겠지만, 그래도 효과가 있어서 많은 생명을 구했지."라고 한다. 반면, 팔레스타인 친구들은 하마스의 폭력적인 공격 행위는 이스라엘 정부의 후원을 받은 테러 공격의 결과로 일어난 것이라고 주장한다. 쿠르드와 터키 사이의 분쟁을 잘 알고 있는 나로서는 이런 논쟁은 닭이 먼저냐 달걀이 먼저냐를 따지는 쪽으로 너무 쉽게 옮아간다는 것도 잘 알고 있다. 양측 분쟁 당사자들을 화해시킬 수 있는 해답을 찾는 일은 어렵다. 그 해답이 무엇이건, 장벽은 현실이다. 분리장벽은 베들레헴의 3면, 즉, 남쪽, 서쪽, 북쪽 면을 에워싸고 있다. 나는 북쪽으로 진입해서 베들레헴 검문소에 있는 이스라엘 병사들에게 재빨리 내 빨간색 여권을 보여 주었다. 파티로부터 이스라엘 병사들을 조심하라는 경고를 들었기 때문이다. "조금이라도 의심을 사면 총 맞을 수 있어."

피라즈를 보면서, 예리코에서의 경험이 다른 사람들에 대한 내 신뢰를 뿌리째 흔들어 놓았음을 느꼈다. 과연 그를 믿을 수 있을지도 모르겠고, 평소보다 더 많이 경계하게 됐다. 그는 나디아와 함께 사는 집 앞에서 나를 만났다. 집은 미완성 상태의 커다란 3층 건물이었다. 꼭대기 층에만 벽이 있고 나머지 부분은 모두 콘크리트가 그대로 드러나 있었다. 피라즈는 30대 청년으로, 직업은 뮤지션, 영어가 유창했고 아주 친절했다. 그가 차에 올라탈 때 나는 창밖으로 그의 집을 올려다보았다. 벽에 총알 자국이 여럿 보였다. "저기가 정말 당신 집이에요?" 내 질문에 피라즈가 고개를 끄덕였다. 나는 차를 출발시켜 헤브론을 향해 계속 남쪽으로 달렸다.

헤브론은 이스라엘-팔레스타인 분쟁에서 논쟁의 중심이 되는 또 하나의 도시다. 이곳에 있는 이브라힘 모스크는 무슬림과 유대인 모두에게 성지다. 1994년, 한 이스라엘 정착민이 모스크를 공격해서 기도하던 팔레스타인인 스물아홉 명을 살해한 사건이 벌어진 곳이기도 하다. 이 학살 사건으로 모스크는 두 쪽으로 갈라졌다. 현재, 헤브론은 유대인 정착민들에게 인기 있는 도시다. 이곳에 정착한 유대인 가운데 많은 이들이 미국에서 이주해 온 사람들이다.

"정착촌을 직접 눈으로 보셔야 합니다." 헤브론에 진입하자 피라즈가 말했다.

"그럼요. 보여 주세요." 내가 말했다. 헤브론으로 가는 길은 아름다웠다. 주도로를 따라 서 있는 군용차량만 무시한다면 말이다. 차량에는 전투에 지친 이스라엘 병사들이 기관총을 둘러멘 채 타고 있었다. "왜 이스라엘군이 여기 서안 지구에 있는 거죠?" 이렇게 질문을 던지는 순간, 그에게는 참 우문으로 들렸겠다는 생각이 들었다. 그래도 피라즈는 열심히 설명해 주었다. 서안 지구 일대를 거의 다 관통하는 이 주도로를 따라 규모가 큰 도시와 작은 마을이 모두 연결돼 있었다. 그런데 이 도로는 이스라엘 소유였다. 그래서 피라즈에 따르면 때때로 사전에 아무런 경고도 없이 병사들과 이스라엘인들이 이 도로를 폐쇄한다고 했다. "그럼 병원에 가야 할 일이 있거나 구급차가 지나가야 할 때는 어떻게 해요?" 내가 물었다.

"저희로선 어쩔 도리가 없답니다." 피라즈가 말했다.

그렇게 대화를 이어가면서 나는 경계심을 내려놓기 시작했다. 피라즈는 믿음이 가는 사람이었다. 우리는 여러 차례 웃음꽃을 피우며 목적지로 향했다. 그러나 헤브론 구시가지의 철조망 아래에 서는 순간, 웃음기는 모두 사라졌다. 팔레스타인인들은 건물 위층에 사는 이스라엘 정착민들이 아래로 던지는 벽돌에 맞지 않도록 보행로 위로 그물을 쳐 놓았다. 나는 내 눈을 믿을 수 없었다. 말도 안 돼! 자기한테 아무 짓도 하지 않은 사람들에게 대낮에 벽돌을 던질 정도로 어떻게 사람들이 그렇게 사악할 수 있는 걸까?

"우리한테 쓰레기도 던지는걸요." 가이드가 말했다. 그리고 주위를 둘러보니 벽돌 옆에 쓰레기 더미들이 여기저기 쌓여 있었다. 너무도 기괴하고 기이해서 도무지 상상이 되지 않았다.

나는 미카엘을 떠올렸다. 그의 말과는 달리, 헤브론에서 평화는 코앞에 없었다. 그리고 터널 끝에는 아무런 빛도 보이지 않았다. 갑자기 숨이 턱 막혔다. 이게 정말 실화란 말인가? 혹시 이스라엘에 반대하는 또 하나의 음모론 아닐까? 나는 눈에 보이는 것은 되도록 믿지 않으려 했다. 현실에 매달리는 것이 너무도 힘들어 현실을 부정하면서 그 순간을 넘기려 애썼다. 그때 내 휴대전화 문자 메시지 알림음이 울렸다. 파티가 보낸 문자 메시지였다. "명심해 헤브론에서는 울어도 돼. 이제 눈앞에 펼쳐질 장면을 보면 누구든 눈물 흘리지 않을 수 없으니까."

이미 울컥하며 목이 메어 왔다.

피라즈는 내게 정착촌 이곳저곳을 보여 주기 위해 가이드를 고용했다. 그의 이름은 가산Ghassan, 나이는 스무 살이었다. "이곳에는 이스라엘 정착민 500명이 살고 있습니다. 모두 미국에서 이주해 온 사람들이죠. 2,000명의 군사가 그들을 지켜 주고 있습니다. 군사들은 기관총을 들고 다니고 폭력적으로 행동합니다. 정착민들은 우리가 살던 집을 사들이거나 건물 위로 증축을 했습니다. 그리고는 아래에 사는 우리에게 돌과 쓰레기를 던집니다. 저기 보이시죠?" 그가 그물을 가리키며 말했다. 우리는 함께 구시가지로 들어갔다. 가이드의 말에 따르면, 한때 이곳 거리는 작은 상점들과 활기로 가득했다고 한다. 지금으로서는 상상하기 힘든 장면이다. 사실상 모든 상점이 문을 닫았고, 문을 연 몇몇 상점은 전혀 어울리지 않아 보였다. 거리는 텅 비어 있고, 으스스한 침묵이 도시 분위기를 더 우울하게 만들었다. 길을 가다 만난 몇 안 되는 아이들조차도 얌전했다. 그들은 뛰어다니거나 소리치면서 놀지 않았다. 희미하게 멀리서 음악 소리가 들려왔지만, 누구도 소리가 나는 쪽으로 움직이지 않았다.

"이 음악 소리는 어디서 나는 거죠?" 내가 물었다.

가이드가 오늘이 유대교 명절이라 저들이 구시가지를 막았다고 설명했다. 그러면서 닫혀 있는 입구를 가리켰다. 불행히도 이것은 정착촌 안에 사는 팔레스타인 이주민들도 정착촌 출입을 할 수 없다는 의미이기도 했다. 게다가 물도 공급받을 수 없다는 뜻이었다. "우리한테 언제 물을 공급할지는 이스라엘인들이 마음대로 정합니다." 가산은 마치 적어

둔 것을 읽듯 술술 말했다. 이 이야기를 설명한 것이 이번이 처음이 아닌 게 분명했다. 그는 새로 다린 흰색 셔츠를 입고 있었고, 머리 모양도 최신 유행 스타일을 하고 있었다. 덴마크에서 만날 법한 여느 청년과 다를 바 없는 모습이었지만, 한 번도 미소 짓지 않는다는 것이 달랐다. 그는 비보르에 있는 덴마크 대학교에서 교환학생으로 일 년간 공부한 뒤 귀국했다고 한다. 그의 표정은 진지하다기보다 차라리 슬퍼 보였다. 그가 이야기할 때면, 마치 감금된 상태에서 억지로 에너지를 쥐어 짜내는 것처럼 보였다. 이 가이드 일을 억지로 하고 있는 건가? 이 일이 그렇게 고통스러운 걸까? 내 머릿속은 의문으로 가득 찼다.

"왜죠?" 내가 물었다. "그렇게 끔찍한데 왜 헤브론에서 사는 거죠?"

그는 한 치의 망설임 없이 대답했다. "여기가 집이니까요. 여기서 태어났고 가족도 여기에 있습니다. 친구들도 여기 있고요. 여기가 제 고향입니다. 다른 곳으로 갈 수는 없어요." 목소리가 떨렸지만, 그는 개의치 않고 계속 이야기했다. "우린 아무것도 할 수 없어요. 유대인 정착민 한 명이 거리에 나오면 예닐곱 명의 병사가 같이 걸어갑니다. 이 정착민들은 예전에 도시에 살던 다른 유대인들과는 완전히 달라요. 이들은 제정신이 아닌 데다 자꾸 문제를 일으키죠. 예를 들면, 우리가 라마단 기간에 금식할 때 우리한테 술을 던져요. 우리가 술을 건드리지 않는다는 걸 잘 알고 그러는 거죠." 가산이 말했다.

그렇다면 왜 다 같이 대화를 하지 않는 걸까? 왜 가산은 저들에게 그런 행동이 정말 불쾌하다고 말하지 않는 걸까? 왜 다 같이 머리를 맞대고 앉아서 해결책을 찾지 않는 걸까? 이런 질문을 던지자 가산이 어리둥절한 표정을 지었다. 내가 뭐 잘못 말했나? 의아한 마음이 들었다.

가산의 눈에는 공포가 가득했다. "우린 그렇게 못합니다." 그가 심각한 목소리로 말했다. "우리가 너무 접근한다 싶으면 저들이 총을 쏘니까요. 우리가 범위를 벗어나면 저기 떼로 몰려 있는 군사들이 우리를 쏴 버리니까요."

아니, 정말 그래도 되는 거야? 그저 대화만 하겠다는 사람에게 총부리를 겨눈다고?

우리는 한 팔레스타인인 집 옥상에 올라갔다. 옆 건물은 외관만 봐도 다른 건물들보다 밝은 색의 새 벽돌로 되어 있어서 한눈에 이스라엘 정착민 소유라는 것을 알 수 있었다. "저쪽을 보세요." 가산이 말했다. 옥상에서 보니 정착민들의 집 옥상에 병사들이 보였다. 그들은 당장에라도 발포할 준비가 되어 있었다. 문득, 병사들이 한두 집 옥상에만 있는 것이 아니라는 것을 깨달았다. 아래를 내려다보니 길거리에도 몇

몇 정착민이 커다란 기관총을 들고 지나가는 것이 보였다. 여러 건물에는 이스라엘 국기가 걸려 있었다.

"그런데 우리는 팔레스타인 국기는 걸지 못합니다. 걸면 저들이 내려 버리죠." 가산은 우리가 서 있는 옥상 아래에 사는 가족 이야기를 들려주었다. 어느 날 저녁, 이 가족은 정착민들이 창문 안으로 던진 폭탄으로 두 아들을 모두 잃었다. 저들은 이 가족에게 집을 버리고 나가면 100만 달러를 주겠다고 했지만, 이 가족은 절대로 나가지 않을 생각이다. 자칫 도미노 효과를 불러오게 될까 걱정되기 때문이다. "우리가 떠나면 저들이 이기는 겁니다." 가산은 이 말을 반복하고 또 반복했다.

나는 제대로 숨쉬기가 힘들었다. 선글라스를 쓰고 있어서 다행이다 싶었다. 덕분에 가산에게 우는 모습을 들키지 않았다. 하늘에는 구름 한 점 없었고, 햇살은 사정없이 우리를 내리쬐고 있었다. 그런데도 모든 것이 어둡게만 보였다. 온몸의 기운이 다 빠져나간 것처럼 느껴졌다. 어떻게 일이 잘못돼도 이렇게 단단히 잘못될 수 있을까? 다시 대화를 시작하는 것이 왜 이리 어려울까? 왠지 모르지만, 내가 덴마크에서 대화 말고 다른 대안은 없다고 고집스레 주장했을 때 나더러 순진하다고 했던 사람들이 생각났다. 그들이야말로 여기 와서 두 눈으로 똑똑히 봐야 한다. 대화를 포기하고 혐오에만 사로잡히면 무슨 일이 벌어지는지를.

내게 팔레스타인 팔찌를 팔려고 애쓰던 아이들에게 작별 인사를 하자니 미안한 마음이 들었다. 모든 것이 비현실적이고 극단적으로 느껴졌다. 돌아오는 길에 보니, 여성들은 시장에서 장을 보고, 남성들은 길모퉁이에 모여 앉아 주사위 놀이를 하고, 아이들은 공을 차고 있는 모습이 보였다. 모든 것이 너무도 평범해 보였다. 하지만 분리장벽의 존재를 거의 잊어버릴 즈음이면 어김없이 장벽이 나타나 내 눈길을 사로잡으며 이 모든 상황의 심각성을 다시금 일깨워 주었다. 함께 대화할 수 없는 한, 장벽은 사라지지 않는다고 했던 미카엘의 말이 떠올랐다.

해가 지면서 모든 나무와 꽃, 건물이 색을 잃어 가자 으스스한 적막이 흘렀다. 마침내 어둠이 풍경 위로 내려앉았다. 우리가 지나는 주도로에는 길을 비추는 가로등이 없었다. 길을 따라 푸른 사이렌 불빛만이 어둠을 뚫고 반짝였다. 낮에 지났을 때보다 밤이 되니 병사들이 더 많이 보였다. 비록 피라즈를 잘 알지는 못하지만, 그가 같이 있어서 기뻤다. 그는 그가 품고 있는 미래의 꿈 이야기를 들려주었다. 뮤지션인 그는 자신의 밴드와 여자친구, 전망에 관해 이야기했다. 우리는 가족과 교육, 조국에 관한 대화를 나눴다. 그는 자신이 그리스도교인이라고 했고, 우리는 그리스도교와 이슬람교의 유사점에 관해서도 이야기를 나눴다. 덕분에 우리가 함께 차를 타고 온 시간은 서로의 삶으로 다가가는 여정이 되었다. 우리는 서로 뜻이 맞는 사안에 대해서는 대동단결했다. 그리고 평화를 원하지 않는 모든 자에게 악담을 퍼붓고, 하마스와 정착민들, 그리고 폭력을 일삼는 병사들에 대한 분노를 터뜨렸다.

베들레헴의 별

"시장하지 않으세요?" 피라즈가 물었다. 그러고 보니 아침 식사 후 아무것도 먹지 않았다. 피라즈가 그의 어머니 나디아에게 전화를 걸어 우리가 베들레헴으로 돌아가는 길임을 알렸다. "아까 만나기 전에 제가 저녁 식사를 준비해 두었죠." 그가 말했다.

"어머, 그랬어요?" 나는 깜짝 놀랐다.

"네, 우리 어머니가 일을 하시니까요." 그가 말했다. 나는 나를 초대해 준 이 두 사람과 이들 가족의 노동 분담에 대해 멋대로 추측했던 것을 재고했다.

베들레헴으로 가는 길은 차가 많이 막혔다. 나는 피라즈에게 그나 가산은 그들의 인권이 날마다 침해당하는데도 왜 폭력을 사용하지 않느냐고 물었다.

"우리가 돌을 던지면 저들은 기관총으로 응수하니까요. 저들이 훨씬 더 강하니까요." 그가 말했다. 그러면서 자신은 폭력이 해답이라고 믿지 않는다는 말도 했다. "하마스를 보세요. 폭력은 되레 일을 악화할 뿐이죠." 그가 고개를 가로저었다. 그는 가자 지구에서 하마스가 벌이는 활동에 실망했고, 서안 지구의 파타당에도 실망했다. 그리고 전 세계에도 실망했다. 하지만 여전히 평화를 믿고 있었다. "조만간 평화가 올 겁니다."

피라즈와 그의 아버지, 어머니, 이렇게 세 식구는 베들레헴 장벽 바로 옆에 있는 미완성 건물 한쪽에서 살고 있었다. 원래 호텔로 지어진 건물이었지만, 장벽 때문에 이 지역이 고위험 지역이 되면서 은행으로부터 건물을 마무리하는 데 필요한 자금을 대출받지 못해 미완성 상태로 남아 있었다. 이들 가족은 넓은 아파트로 개조한 꼭대기 층에서 살았다. 나머지 층에는 벽이나 문, 창문 없이 콘크리트가 그대로 노출돼 있었다. 나디아의 집 거실 안 공기는 답답했다. 그녀는 방금 이스라엘군이 최루탄을 던져서 창문을 열 수 없어 그렇다며 미안해했다. 그들의 집 인접한 곳에는 난민촌이 있었다. 날마다 팔레스타인 사람들과 이스라엘군이 대치하는 상황이 연출되는 곳이다.

검은 단발머리를 한 나디아는 검은색 바지에 초록색 줄무
늬 블라우스를 입고 있었다. 은 장신구를 하고 단정하게 꾸민
얼굴만 봐도 그녀가 당당한 여성임을 알 수 있었다. 나디아는
자신이 27년간 일해 온 한 여성단체의 대표다. 그녀는 팔레
스타인 내 가자 지구와 서안 지구 양쪽 정권에 모두 반대하며
평등을 위해 싸우고 있다. 나디아는 평등에 가장 큰 걸림돌이
되는 건 남성이라고 했다. 그런데 이 말을 듣자 멍해지는 느
낌이 들었다. 분명 한 사람이 하루에 받아들일 수 있는 비참
함의 총량은 정해져 있는 듯하다. 미카엘과 대화하면서 채워
졌던 에너지가 완전히 고갈되면서 나는 지쳐 버렸다.

그래도 나디아는 미소와 웃음을 잃지 않았고, 간간이 적
당한 타이밍에 남편을 놀리기도 하면서 대화를 이끌어 갔다.
그녀가 일하는 곳은 라말라에 있다고 했다. 그러면서 퇴근
길에 화학 치료를 받고 왔다는 말을 아무렇지도 않게 툭 던
졌다. 알고 보니 그녀는 유방암을 앓고 있었다. 병세가 어떤
지 더 자세히 묻고 싶었지만, 그녀가 중요한 문제로 생각하
지 않을 것이 분명했다. 그보다 그녀는 평화 창설 활동을 함
께하는 유대인과 팔레스타인인 이야기를 더 하고 싶어 할 것
같았다. 그녀는 화해의 대화에 열심히 일조하는 사람들을 매
일 접한다. 그래서 그런 사람들 이야기를 들려주고 싶어 했
다. 나디아는 여성들이 더 강하고 독립적인 사람이 되도록

가르치려 노력하고 있었다. "저는 평화를 믿습니다. 평화는 팔레스타인인과 이스라엘인 모두에게 이익이 될 겁니다. 여성, 남성, 어린아이, 군사 등 우리 모두 평화 창설의 수혜자가 될 겁니다." 나디아가 말했다. 그녀는 자신도 어머니이기에 분쟁으로 자녀를 잃고 싶지 않다고 했다. "유대인 어머니들이라고 다른 마음일까요?" 그녀가 반어적으로 물었다.

나는 헤브론에서 본 것을 전부 이야기했다. 그런데 놀랍게도 나디아는 낙관적인 모습을 잃지 않았다.

그리고는 "처음 보셨으니 충격 받으셨을 만해요."라고 아무렇지도 않은 듯 말했다.

내가 오늘 본 장면에 익숙해질 수 있다고 생각하니 소름이 돋았다. 마찬가지로 덴마크에서 벌어지는 일도 매일같이 마주하면서 익숙해진 결과일까? 그래서 서로에게 내뱉는 험한 말에도 무감각해진 걸까? 시간이 흐르면 나디아와 미카엘처럼 인내심만 생기는 것이 아니라, 다른 사람들의 혐오와 분개에도 무뎌지는 걸까? 시간은 우리가 용인해야 하는 경계선을 넘도록 우리 등을 떠미는 것이 아닐까?

나는 하루에도 몇 번씩 희망과 비관 사이를 오가는 시계추와 같았다. 노미를 만나고 기운이 빠지더니, 미카엘과 대화하면서 마치 아드레날린 주사라도 맞은 듯 다시 힘이 솟았다. 그러다가 바삼을 사칭한 자를 만난 뒤 자신감을 잃었다.

헤브론에서는 충격에 빠졌고, 이제 다시 낙관주의로 충만한 사람과 함께하고 있다. 사람은 다 그런가 보다. 우리는 자신이 경험하는 것에 기꺼이 영향을 받는다. 주변 사람의 감정을 느끼기도 하고 때로는 우리 감정이 우리를 배신하기도 한다. 아마도 그래서 내가 나락에 떨어졌다고 느낄 때 나를 다시 건져 올려줄 수 있는 사람들과 어울리는 것이 특히 중요한 것 같다.

이스라엘과 팔레스타인에서 열성 활동가들의 역할은 평화 활동에만 그치지 않는다. 주기적으로 희망과 절망을 오가는 사람들의 길을 밝혀 주는 등대가 되는 것도 그들의 역할이다. 그래, 불이 붙으려면 시간이 걸리기 마련이지, 라는 생각이 들었다. 수없이 감정의 롤러코스터에 휘둘린 뒤에야 비로소 자신의 신념에 확신을 가질 수 있는 법이다. 내가 혐오 메일을 받으면 어떻게 반응하는지를 생각해 보았다. 이제는 워낙 많이 읽어서 얼굴이 두꺼워졌는지 웬만하면 끄떡도 하지 않는다. 그러는 동안 나는 점차 알게 됐다. 누군가 내게 편견 어린 비방을 퍼부으면 대개 그 말은 나 개인을 향해 던진 말이 아니다. 그보다는 이주민이나 무슬림 일반을 향한 무기력감의 표현인 경우가 더 많다. 삶을 계속 살아가면서 정말로 이루고 싶은 것을 이루려면, 스스로 이빨 빠진 호랑이라 느끼는 사람들의 아우성을 개인에 대한 인신공격이라 여겨서는 안 된다. 그 대신 힘들더라도 그들과 대화를 계속해야 한다. 하지만 나디아의 부엌에 앉아 있던 나는 과연 그런 일이 이곳 헤브론에서 가능하리라고 상상할 수 없었다. 무엇보다도 이곳에는 대화할 기회 자체가 전혀 없었기 때문이다.

"누가 승자가 될까요?" 나디아는 질문하는 듯하더니 이내 자문자답했다. "승자는 없어요!" 나는 그녀 주변을 아무리 둘러보아도 희망의 신호 하나 보이지 않는데 어떻게 그렇게 긍정적이냐며 농담처럼 물었다. "안 그럴 이유가 뭐죠?" 그녀가 대답했다. 그러면서 무언가 바꾸고 싶다면 가장 먼저 해야 할 일은 자신과 의견이 다른 사람들을 만나는 것이라고 했다. "참여와 시민의 의무는 중요합니다. 사람들은 자신이 공동체의 일원이라고 느껴야 합니다. 먼저 그렇게 느껴야 그다음에 그렇게 믿을 수 있는 겁니다."

나디아는 장소를 불문하고 어디서든 대화할 수 있어야 한다고 생각했다. 그래서 자신은 길거리에서건, 병원에서건, 직장에서건, 어디서나 사람들과 대화한다고 했다. 정말 대단한 여성이었다. 육체적으로만 그런 것이 아니라 인성적인 측면에서도 대단했다. 아마 그녀는 이 주제로 수천 번은 이야기했을 것이다. 그런데도 그녀의 주장에서는 방송용 멘트 같은 형식적인 구석은 전혀 찾아볼 수 없었다. 그녀는 어디까지나 헌신적이고 열성적이었다. "대화하면 됩니다. 대화는 평화로 가는 유일한 길입니다." 나디아가 강조했다.

우리는 함께 저녁 식사를 하고 차를 마시고 케이크를 먹었다. 그런 다음, 나디아는 가져가서 먹으라고 비닐봉지에 과일까지 챙겨 주었다. 한 번도 본 적 없는 과일이었다. 뭐라 형용할 수 없을 정도로 향기가 달콤했다. 나디아의 부엌 밖에 있는 장벽처럼 처음 본 것이었지만, 장벽과는 정반대로 달콤했다. 나는 나디아와 포옹한 뒤 그녀의 낙관주의에 감염된 상태로 그곳을 나섰다. 이처럼 일말의 희망도 찾아볼 수 없는 상태에서도 여전히 그녀의 열정이 유지될 수 있다면, 나머지 우리에게는 분명히 희망이 있는 것이다.

집에서 나오자마자 나는 베들레헴 검문소를 통과하려는 차량 행렬 안에 갇혔다. 모든 차량에 대해 꼼꼼하게 검문이 이루어졌다. 트렁크도 열어 보고 차체도 수색하면서 샅샅이 뒤졌다. 그렇게 베들레헴을 빠져나와 예루살렘에 있는 호텔로 향하자니 완전히 녹초가 됐다. 시간도 늦었고, 해가 떨어진 지도 이미 오래됐다. 도로는 대부분 어둠과 장벽, 침묵으로 가득했지만, 예루살렘 중심부에 가까워지면서 모두 사라졌다. 자정이 가까운 시간이 되어서야 나는 호텔 객실로 돌아와 남편을 만날 수 있었다. 아이들은 이미 평화롭게 잠들어 있었다. 남편에게 그날 내가 경험한 것을 말로 표현하려 했으나 어려웠다. 너무도 많은 감정이 교차했기 때문이다.

그래도 예리코와 헤브론, 베들레헴에서 경험했던 놀랍고도 잔혹한 일들을 차분하게 이야기하려고 노력했다. 물론, 아이들을 깨우지 않으려 조용히 목소리를 낮춰 말했다.

그 후, 바삼에게 이메일을 보내 그날 일어난 일을 설명했다. '그 다른 바삼은 대체 누굽니까?' 내 질문에 그가 답을 보냈다. '저도 모릅니다.'

하지만 남편은 범인이 누구인지 확신했다. "팔레스타인해방기구PLO 아니면 이스라엘 정보기관 모사드Mossad, 둘 중 하나일 거야. 이 나라 정보기관들은 세계 최고에 속하니까." 그가 말했다.

"나 좀 용감한 거네." 내가 미소 지으며 말했다.

"그래, 조금 용감하네. 어쩌면 너무 바보 같은 걸 수도." 남편이 놀리며 말했다.

그날 밤, 나는 꿈속에서 헤브론의 말 없는 아이들과 하늘에서 떨어지는 벽돌, 점점 가까이 다가오는 장벽을 보았다. 그리고 여러 번 잠에서 깨어 잠든 아이들에게 가서 입을 맞추며 생각했다. 우리는 얼마나 다행인가.

아치노암의 노래

1995년 11월 4일, 텔아비브에서 열린 평화 콘서트에 가수 아치노암 니니 Achinoam Nini가 무대에 올랐다. 이 콘서트는 이츠하크 라빈 이스라엘 총리와 야세르 아라파트 팔레스타인 수반이 오슬로에서 평화 협정에 조인하는 것을 기념하기 위한 행사였다. 이 지역은 다시 낙관론과 희망으로 물들어 있었다. 스물여섯 살 가수 아치노암은 그 무대에 설 수 있다는 것이 자랑스러웠다. 텔아비브 전체가 그녀와 함께 노래했다. 훗날 역사에 기록될 중대한 역사적 사건에 함께한다는 느낌에 그녀의 가슴이 벅차올랐다. 라빈 총리와 아라파트 수반, 두 사람 모두 무대 위에서 그녀와 포옹을 나눴다. 그런데 무대에서 내려가는 길에 정통 유대교인 복장의 한 남성이 관중석 맨 앞줄에 앉아 있는 모습이 그녀의 눈에 들어왔다. 의아했다. 옷차림도 그렇고 특히나 긴 옆머리를 보니 유대교 안에서도 가장 독실한 공동체에 소속된 사람이었다. 무언가 잘못된 것 같았다. 그로부터 10분 후, 그가 라빈 총리를 향해 총을 난사하기 시작했다. 라빈 총리는 사망했고, 희망과 평화도 그와 함께 죽음을 맞이한 듯했다. 그날 이후, 그 남자의 얼굴은 아치노암의 기억 속에 아로새겨졌다.

오늘은 목요일. 나는 텔아비브의 한 카페에서 아치노암과 마주 앉아 있다. 미카엘이 자리를 마련해 준 덕분에, 이스라엘과 팔레스타인에서 평화를 위해 싸우는 가장 강한 문화 세력에 속하는 한 사람과 이야기 나눌 수 있게 된 것이다. 그녀는 여러 색이 섞여 있는 긴 원피스를 입고, 긴 갈색 곱슬머리를 등 뒤로 늘어뜨리고 있었다. 아치노암은 흠잡을 데 없이 영어를 잘했지만, 그녀의 말을 이해하기 쉬웠던 이유는 비단 그것 때문만이 아니었다. 무엇보다도, 분쟁과 평화 전망에 대해 강경한 태도로 이야기할 때 그녀는 마치 불을 뿜을 기세였다.

아치노암은 예멘에 뿌리를 둔 유대인이다. 그녀의 가족은 이스라엘에 먼저 정착한 뒤 나중에 미국으로 이주했다. 부모님은 아치노암이 유대인 뿌리와의 연계를 잃을 수도 있다는 생각에 그녀를 종교색이 아주 강한 학교에 보냈다. 그곳에 가면 딸이 하나님과 더 가까워질 거라는 희망도 품었다. "우리 부모님에게 종교는 안도감을 주는 원천이기도 했죠." 그녀가 말했다. 아치노암은 다른 여학생들과는 달라 보였다. 여학생 가운데 그녀만 피부색이 어두웠다. 그녀는 신앙심이 투철하지도 않았고, 부자도 아니었으며, 이스라엘에서 태어나지도 않았다. 하지만 학업 성적만큼은 누구도 그녀를 따라올 수 없었다. 그녀는 금세 학교에서 가장 성적이 우수한 학생이 됐고 영어와 수학, 종교학에서 전교 1등을 꿰찼다.

열여섯 살에 아치노암은 다른 학생들과 함께 이스라엘로 수학여행을 갔다. 학생들의 안전을 위해 이스라엘 병사들이 관광에 동행했는데, 그중 한 명과 아치노암 사이에 순식간에 강한 화학반응이 일어났다. 끌림은 사랑의 불꽃으로 번졌고, 둘이 함께 있던 어느 날 밤, 그녀는 그와 결혼하기로 마음먹었다. 그는 그녀보다 열 살 연상이었지만, 두 사람은 같은 감정을 느꼈고 서로 연락처를 교환했다. 그 후, 아치노암은 미국으로 돌아갔고 두 사람은 전화와 편지로 계속 연락을 이어 갔다. 대학에 진학할 나이가 돼 그녀는 이스라엘에 있는 대학교에 지원했다. 합격 소식을 듣고 그녀의 부모는 딸이 거룩한 땅으로 돌아갈 계획을 했다는 것이 자랑스럽기도 하고 기쁘기도 했다. 아치노암은 부모님께는 이스라엘로 진학하는 진짜 이유를 밝히지 않았다.

대학교를 졸업하자, 국방의 의무(이스라엘에서는 의무다)가 그녀를 기다렸다. 아치노암은 성적이 좋아서 원하는 부대에 골라 지원할 수 있었다. 그런데 그녀가 음악 부대를 지원하자 모두 그녀를 제정신이 아니라고 생각했다. 대체 왜 출세로 가는 탄탄대로가 되어 줄 장교직을 마다한 거지? 그러나 아치노암은 자신의 마음이 향하는 곳을 따르기로 했다. 그리고 열여섯 살에 만난 병사와 결혼하면서도 마찬가지로 마음이 가는 곳을 따랐다. 두 사람은 여전히 부부의 연을 이어가고 있다.

라빈 총리 암살 사건 후, 아치노암은 몇 주 동안 일도, 노래도 할 수 없었다. "제 목소리로 표현된 에너지는 모두 제가 가슴으로 느꼈던 것에서 나온 거예요." 그녀가 말했다. 그 사건 후, 그녀는 평화 활동에 투신하기로 마음먹었다. 현재 그녀는 평화를 위해 노래하면서 나머지 시간에는 여러 집단 사이에서 가교 역할을 하고 있다. 그중에서도 유러비전 송 콘테스트에서 팔레스타인 가수와 공연했던 것이 유명하다. 두 사람은 듀엣으로 '데어 머스트 비 어나더 웨이There Must Be Another Way'라는 곡을 불렀다.

아치노암은 자신이 활동하고 있는 단체들과 참여했던 많은 회의, 영화, 토론에 관한 이야기를 들려주었다. 하지만 너무 빠른 속도로 이야기하는 탓에 따라잡기가 쉽지 않았다. 그녀가 하는 말을 가만히 들어보면 목소리에 기쁨이 아니라 분노가 묻어 있었다. 노력에도 불구하고 결과가 없으니 좌절감에서 나온 분노일까, 아니면 희망하는 것보다 평화까지 가려면 아직 더 가야 한다는 것을 알기 때문일까? 어느 쪽이 맞는지 쉽게 알 수 없었다. 하지만 그 분노 위로 그녀가 빠르고 힘 있게 목소리를 높여 말했다. "절대 포기하지 않을 거예요!" 스스로 확신을 얻으려 애쓰는 건가?

"저도 혐오 이메일을 정말 많이 받아요." 그녀가 말했다.

대부분 평화 노력과 관련해서 이스라엘을 분리하는 것에 반대하는 정통 유대교인들이 보낸 메일이다. 그들은 아치노암이 팔레스타인인들에게 동조한다고 생각하고 그녀가 평화 창설 단체들을 위해 노래한다고 비판한다. 또는 그녀가 팔레스타인 내 불법 이스라엘 정착촌을 비판하는 것에 분개한다. "그래도 제게 혐오 메일을 보내고 저를 배신자라 부르는 사람들과 저는 늘 대화하려고 노력해요. 그리고 답장을 보낼 때 절대 그들이 제게 사용한 것과 같은 혐오의 언어를 사용하지 않아요. 어디까지나 정중하게 답장하면서 만나서 이야기하고 논쟁하자고 제안합니다. 그러면 많은 경우 그들은 혐오 메일을 보내는 걸 그만두죠." 경이로움이 가득한 목소리로 그녀가 말했다. 왜 그런 일이 일어나는 것으로 생각하느냐는 질문에 그녀는 이렇게 대답했다. "제가 답장을 하면 혼란스러워져서 무조건 반사에 의존할 수만은 없어서 그런 것 같아요."

일례로, 아치노암은 독일-프랑스계 방송 아르떼에서 다큐멘터리 제작을 위해 그녀를 촬영했을 때 벌어졌던 일을 들려주었다. TV 제작진과 함께 텔아비브 거리를 걷고 있는데, 몇몇 남성들이 그녀를 향해 소리치기 시작했다. "역적!" "왜 조국을 혐오하냐?" 아치노암은 그들을 피하지 않고 되레 정반대로 행동했다. 그들에게 다가가서 이야기를 나누려고 한 것이다. "그들은 화가 나 있었어요. 저는 단도직입적으로 왜 화가 났냐고 물었죠. 그리고 분쟁에 대한 제 생각을 이야기하기 시작했습니다. 몇 분이 지나자 그들이 두 손 들고 포기했습니다." 결국, 그날 아치노암은 그들과 사진까지 찍고 헤어졌다고 한다.

반면, 대화가 통하지 않았던 사례도 있었다. 분쟁 희생자 유가족들이 희생자들을 기리기 위해 준비한 행사였다고 한다. 이 행사는 이스라엘인과 팔레스타인인 모두를 위한 자리였다. "저는 기꺼이 가서 노래하기로 했어요. 양측이 슬픔을 공유할 수 있는 자리였기 때문이죠." 그러나 콘서트를 마친 후 아치노암은 SNS로 맹렬한 공격을 받았다. 테러리스트들을 위해 노래했으니 그녀의 이스라엘 시민권을 박탈해야 한다고 주장하는 사람들의 공격이었다.

"문제는 분쟁 희생자 절대다수가 팔레스타인인이라는 겁니다. 오랜 세월 이스라엘과 팔레스타인 사이의 싸움에 갇혀버린 팔레스타인 어린이들과 젊은이들, 여성들이 주로 희생됐죠. 하지만 이스라엘 정부는 팔레스타인 독립을 위해 일하는 사람은 누구든 테러리스트로 간주합니다. 오랫동안 점령된 상태로 살면 자유를 얻기 위해 투쟁하는 것은 사람들의 자연스러운 욕구라는 것을 이스라엘 정부가 이해하지 못하고 있는 겁니다. 물론, 진짜 테러리스트도 있기는 하지만, 병사들과 맞서 싸우는 사람 모두가 테러리스트는 아닙니다." 아치노암이 말했다.

"듣고 보니 억압적인 정권은 모두 같은 전략을 구사하는 것 같네요." 평등한 권리를 요구하는 쿠르드 민족을 테러리스트 취급하는 터키를 언급하며 내가 말했다. 아치노암이 고개를 끄덕였다. 그녀는 이들이 흑색선전-백색선전으로 한 인구 집단의 눈을 가려 다른 집단의 슬픔과 고통을 보지 못하게 막는 것이라고 했다. 다른 사람의 입장이 되어 이해하지 못하게 막아 버리면, 공감을 통해 사람들 사이를 연결하지 못하게 만들 수 있기 때문이다. 아치노암은 아무리 거대한 분열이라도 공감은 그사이를 이어 주는 다리가 될 수 있다고 강조했다. 그러면서 한 사례로 감금된 팔레스타인인들이 처음으로 홀로코스트 영화를 보고 유대인들의 상황에 눈물 흘렸던 이야기를 했다. "당연히 공감은 팔레스타인인들에게도 영향을 줍니다. 다른 사람의 슬픔을 볼 수 있으면 그를 한 사람의 인간으로 보기 시작하지 않을 수 없으니까요. 이렇게 되지 못하게 막는 것, 이것이 바로 팔레스타인인의 자유를 위해 활동하는 사람들을 테러리스트로 모는 선전을 함으로써 저들이 노리는 것입니다."

아치노암은 분쟁을 넘어서서 앞으로 나아가려면 세 가지가 요구된다고 했다. 인정, 사과, 나눔이다. "먼저 서로를 똑같은 사람으로 인정하는 것에서 출발해야 합니다. 꿈과 권리, 희망, 고통, 좌절, 의식, 그리고 모든 감정을 지닌 나와 같은 사람으로 말이죠. 서로의 역사, 종교 그리고 전반적인 입장을 인정해야 합니다. 그런 다음, 서로에게 사과해야 합니다. 어떤 장소에서 어떤 식으로 일어난 일이건, 우리는 공동으로 서로에게 커다란 고통을 안겼습니다. 이스라엘인, 팔레스타인인 할 것 없이 양측 모두 고통을 만든 공범입니다. 그래서 결국에는 이 거대한 슬픔의 짐을 우리가 함께 나누어야 합니다. 다 함께 존엄을 지키며 살 수 있도록 우리가 가진 땅과 자원을 공유해야 합니다. 이것이 제 철학입니다." 아치노암이 자신감 있는 목소리로 말했다.

"마음의 소리를 충실히 들려주고 계시는데요, 지금 현재 상황에 대해서는 마음속으로 어떻게 생각하시나요? 평화 창설이 얼마나 가까이 다가와 있다고 생각하나요?" 내가 물었다.

그녀는 잠시 시선을 돌린 뒤 생각을 정리했다. "우리에게는 새로운 정부가 필요합니다. 저는 우리 국민이 정권 교체할 준비가 되어 있다고 생각해요. 사람들은 우리에게 아무런 진전도 없고, 나머지 다른 나라들과의 관계도 무너지고 있으며, 많은 사람이 이 분쟁으로 고통받고 있다는 것을 잘 압니다. 이제 이스라엘은 더는 세계 여러 나라가 가장 좋아하는 나라가 아닙니다." 그러면서 그녀는 일례로 스칸디나비아 국가들이 이스라엘을 보는 시각이 완전히 달라졌으며, 이제는 상당히 이스라엘에 비판적으로 바뀌었다고 설명했다. "저 역시 이스라엘 정부에 비판적이지만, 저는 제 조국을 사랑합니다. 정부와 국민은 구별되어야 합니다." 이렇게 말하며 그녀가 한숨을 쉬었다. 그 순간, 그녀와 내가 무언가를 공유하고 있다는 생각이 들었다. 즉, 공통으로 우리는 자신의 책임이 아닌 일, 자신이 비판했던 일, 자신의 행동과는 정반대가 되는 일을 책임지는 경험을 하고 있었다. IS와 같은 이슬람 테러리스트나 이슬람 정권이 저지르는 행동을 다른 무슬림들과 내가 책임을 떠안는 것과 같은 식이다.

아치노암은 거의 숨도 쉬지 않고 말했다. 그녀의 에너지와 투지가 대단하게 느껴졌다. 그녀는 어려운 주제들을 모두 건드렸다. 분쟁에 있어서 자국 정부의 역할에 비판적이면서도, 양측 국민을 괴롭히는 고통을 볼 줄도 알았다. 내 안에서 희망이 부풀어 오르는 것을 느끼면서 나는 평화가 코앞에 와 있다는 상상을 했다. 그런데 바로 그때 우리 머리 바로 위로 전투기 한 대가 날아갔다. 워낙 낮은 고도로 날아서 엔진 굉음에 우리 대화가 파묻혀 버렸다. 나는 고개를 들어 그 괴물을 쳐다보았다. 반면, 아치노암은 전투기가 날아간 것을 거의 알아채지도 못한 듯 아무 방해도 받지 않고 이야기를 계속했다. 이런 굉음이 워낙 일상적인 일이라 무뎌져 버린 걸

까? 아니면 너무 대화에 집중하고 있어서 한낱 작은 소음쯤
으로만 들렸던 걸까?

아치노암은 지치는 기색도 없이 대화를 이어갔다. 그녀는
자신이 현실주의자인 동시에 이상주의자라고 했다. 그녀는
이스라엘과 팔레스타인, 양측이 서로 더 많이 연결되기를 바
랐다. 그렇지 않으면 화해는 불가능하고 평화는 오지 않을 것
이다. 나는 핵심에 초점을 맞추는 그녀의 집중력에 감탄했다.

"대체 어디서 에너지를 얻으세요?" 내가 물었다.

그녀가 미소를 지으며 자신의 어머니도 똑같은 질문을 한
다고 말했다. "저는 나 자신에게 책임감을 느껴요. 저는 말재
주와 목소리라는 재능을 받았답니다. 그러니까 이런 재능을
반드시 좋은 일에 써야 해요." 그녀가 흔들림 없는 눈빛으로
말했다.

"하지만 평화 활동을 방해하는 정치인, 조직, 운동 단체 이
야기를 하면서도 어떻게 그렇게 변함없이 낙관적이실 수 있
죠?" 내가 한 걸음 더 들어가서 질문했다.

아치노암의 답변은 너무도 인간적—그리고 자유롭기도
했다—이었다. "저는 항상 낙관론과 비관론 사이를 오락가락
해요. 하지만 비관론을 핑계 삼아 아무것도 하지 않는 경우
는 절대 없어요. 간혹 우울함이 저를 짓누른다고 느낄 때도
있지만, 긍정적인 일을 함으로써 거기서 빠져나온답니다. 계

속해서 해 나가는 것이 중요해요. 행동은 언제나 더 많은 행동으로 이끌어 주니까요."

　현재 그녀는 세계적인 음악가들이 많이 참여하는 이스라엘 역사상 최대 규모의 평화 콘서트를 계획하고 있다. 사실 이 콘서트를 준비하며 처음 그녀가 연락을 시작했을 때만 해도 이스라엘을 지지하지 않으려는 사람들이 많았다. "당신네 나라 문제를 먼저 해결하세요. 그러면 갈게요." 많은 이들이 이렇게 말했다. 하지만 그녀는 한 사람씩 붙잡고 설득했다. 그들을 초빙하는 이유는 사람들을 즐겁게 해 달라는 것이 아니라 사람들에게 영감을 주라는 뜻이라고 강변했다. "이곳 사람들 가운데 평화에 대한 신념이 있는 사람들조차도 현 상황에서는 거의 코마 상태에 있는 것 같아요." 아치노암이 말했다. "우리에게는 영감이 필요해요. 혼수상태에 있는 사람들을 깨워야만 우리가 다시 삶을 시작할 수 있습니다." 그녀는 설득 과정이 쉬운 것처럼 말하지 않았다. "아주 가파른 경사를 올라가는 것과 비슷해요. 제일 힘든 경우가 해외에 있는 아랍 친구들이랍니다. 그들의 눈에는 이스라엘에 오는 행위 자체가 현 상황을 지지한다는 신호로 보이니까요." 그녀가 고개를 저으며 말했다. 이 전제는 나도 익히 잘 안다. 나 역시 논쟁을 독려하는 활동을 펴면서 흔히 맞닥뜨리는 전제이기 때문이다.

우리는 평화 활동의 힘든 부분에 관해 이야기를 이어갔다. 가만 보니 이 주제가 아치노암의 기운을 빠지게 만든다는 느낌이 들었다. 힘없이 뒤로 기대 앉은 그녀의 표정이 슬픔으로 물들었다. "제일 힘든 건 혐오예요. 제게는 두 가지 선택지가 있어요. 하나는 이스라엘 시민권을 포기하고, 이스라엘과 유대인의 삶을 뒤로하고, 아이들과 함께 떠나 이 분쟁에서 멀리 떨어진 곳에 가서 사는 것이죠. 다른 하나는 이 나라를 더 나은 곳으로 만들기 위해 싸우는 것이랍니다."

모든 사람이 저런 선택의 기로에 선다고 상상해 보자. 이곳은 헌신과 행동주의, 공동체와 연대가 요구되는 곳이다.

"제가 행동하지 않으면 다른 사람들이 행동할 겁니다. 누구에게나 관철하고 싶은 어젠다가 있습니다. 저는 제 평화 어젠다를 위해 싸워야 해요. 그렇게 하지 않으면 다른 사람들에게 어젠다를 정할 기회가 넘어갈 테니까요." 그리고 이어서 말했다. "가장 큰 문제는 저들이 우리를 원하지 않는다, 저들이 우리를 죽일 것이다, 저들이 우리나라를 차지할 것이다 등의 말을 해서 스스로 희생자가 되는 겁니다. 이런 말을 하면 자기 강화가 이루어져서 학대를 정당화하게 만듭니다. 폭력은 더 많은 폭력을 낳는 방아쇠와 같아요." 그러면서 그녀는 과거 반이스라엘 저항운동—인티파다Intifada—에 가담했으나 이제는 폭력이 평화를 위한 수단이라고 생각하지 않는 몇몇 전직 팔레스타인 지도자들을 언급했다. 아치노암은 폭력을 일삼는 하마스에게도 이스라엘의 폭력적인 대응에 대해 최소한 일말의 책임이 있다고 했다.

"하지만 하마스 안에도 평화와 비폭력적인 해법을 원하는 사람들이 있습니다. 우리는 그들과 대화해야 합니다." 이렇게 말하면서 그녀는 인생에서 폭력적으로 살았던 시기가 있다고 해서 일생이 폭력으로 얼룩져야 한다는 법은 없다고 생각한다고 했다.

"또 다른 문제는 팔레스타인과 이스라엘 사람들이 평화는 우리가 공유하는 국경 밖에서 온다고 생각한다는 겁니다. 그러나 평화는 우리 자신의 노력이 요구되는 힘든 과업입니다. 외부 세계가 도움은 줄 수 있지만, 우리 문제를 대신 해결해 줄 수는 없습니다." 아치노암이 강조했다. "우리 지도자들은 다른 민족의 고통을 인정하기 시작해야 합니다. 그리고 반유대주의와 홀로코스트라는 낡은 카드를 휘두르며 팔레스타인인들의 비판을 무시하고 논의에서 제외하는 행동을 그만해야 합니다."

이 말을 듣자, 몇 년 전 덴마크에서 했던 토론을 떠올리지 않을 수 없었다. 운송회사 모비아 소속 버스에 초점이 집중된 토론이었다. 문제의 발단은 파티가 회장으로 있는 덴마크-팔레스타인 우호협회에서 모비아 사의 일부 버스에 게재한 배너광고였다. 덴마크 시민들에게 팔레스타인 정착촌에서 수입된 제품을 보이콧 하자고 촉구하는 내용을 담은 것이었다. 그러자 덴마크 시온주의 협회가 이 캠페인을 반유대주의라 부르며 공격했고, 결국 버스 회사에서는 광고를 내리기로 결정했다. 배너광고는 모두 버스에서 철거됐다. 당시 사회국민당의 미디어 대변인이었던 나는 벤트 멜키오르에게 전화를 걸어 이 사건을 어떻게 처리하면 좋을지 의견을 구했다. 그러자 벤트가 내게 반문했다. "만약 모비아가 라르스 뢰케 라스무센 덴마크 총리나 헬레 토르닝슈미트 전 총리의 발언을 검열한다면 자네는 그걸 이상하다고 생각하겠나?"

"그럼요." 내가 대답했다. "적법한 발언에 대한 검열은 있어서는 안 되죠."

"모비아가 잘못하고 있는 점이 바로 그거야." 벤트는 이렇게 결론을 지었다. "이 일은 반유대주의와 아무런 관련이 없어. 이건 표현의 자유에 관한 문제지."

그 말을 듣고 느꼈던 안도감은 결코 잊지 못할 것 같다. 반유대주의로 비난받는 기분은 내가 아는 최악의 기분 가운데 하나다. 흔히 그건 나와 같은 무슬림에게 가장 먼저 던지는 조롱의 말이기 때문이다.

그런데 아치노암의 이야기를 들으니 또 다른 주제와 관련해서 내가 보였던 행동을 되돌아보게 된다. 거의 한 해 걸러

매번 논란이 되는 할례 금지법안에 관한 토론 때의 일이다.

덴마크에는 약 28만 명의 무슬림과 6,000명의 유대인이 거주한다. 이들에게 남성 할례는 매우 중요한 종교적·문화적·역사적 의례다. 이 문제는 우리 가족과 나와도 관련되어 있기에 나도 논의하고 싶었던 주제다. 할례 금지를 지지하는 사람들은 물론이고 계속 허용되어야 한다고 생각하는 사람들도 할례를 악마시하거나 비난하는 경우가 많다. 나는 반대주의자들이 할례의 부정적 결과에 대해 개인적인 일화나 정확성이 떨어지는 연구를 인용하는 건 자주 봤지만, 의학적 증거를 제시하는 건 한 번도 목격하지 못했다. 할례가 가져오는 결과에 대해 대규모의 과학적 연구가 한 차례 진행된 적이 있다. 연구 결과, 전체 사례 가운데 단 0.2퍼센트에서만, 가령 1,000명 중 두 명에게서만 합병증이 발생하는 것으로 밝혀졌다. 합병증이 생기더라도 대개는 만성적으로 발전하지 않는다고 한다. 할례가 건강에 해로운 것으로 입증된 경우는 한 번도 없다. 이것이 전 세계 어느 나라에서도 할례를 금하고 있지 않은 주된 이유다. 이런 주장 외에 이보다 더 원칙에 입각한 주장은 여전히 논쟁거리로 남아 있다. 어린 소년에게 행하는 할례는 어린아이의 온전한 신체에 대한 학대이며, 아이의 동의 없이 몸에 지워지지 않는 흔적을 남긴다는 주장이다. 그렇다면 이런 주장에 대해 원래 부모는 자녀를 대신해서 오랫동안 중요한 의미가 남는 결정을 많이 한다며 반박할 수 있다. 우리는 자녀의 학교를 선택하고, 확고한 태도로 자녀를 키우고, 자녀에게 건강에 좋거나 나쁜 음식을 준다. 또한, 우리가 자녀를 양육하면서 심어 준 문화와 세계관은 평생 자녀에게 영향을 준다.

할례에 대해서는 현재 이런 식의 주장이 서로 대립하고 있다. 모름지기 민주 사회라면 이런 모습이어야 한다. 아치노암의 이야기를 들으면서 내 생각은 이렇게 옆길로 샜다. 구체적인 여러 주장이 아니라 그보다 심오한 문제에 생각이 닿은 것이다. 그동안 나는 할례에 대한 저항감이 주로 이슬람 혐오주의와 반유대주의의 발로라고 여겼다. 그런데 아치노암과 이야기를 나누다 보니, 나 스스로 반유대주의 카드를 사용해서 나와 다른 의견을 가진 사람들을 악마로 만든 적은 없었는지 회의적으로 되돌아보게 됐다. 사람들이 어린 소년의 할례에 반대한다고 해서 꼭 그들이 반유대주의자라서 그렇다는 법은 없다. 단순히 어린 소년의 몸에 칼을 대는 것이 잘못됐다고 생각하기 때문에 반대하는 것일 수도 있다. 내 마음이 이런 사실을 서서히 인정하는 쪽으로 움직이기 시작했다. 그러면서도 마음 한쪽에서는 인정하기 싫다며 저항하고 있었다. 하지만 나는 이를 인정하는 것이 중요하다고 느꼈다. 그리고 내 마음속에 인정할 수 있는 마음의 여유가 있다고 느꼈다.

아치노암이 이야기를 계속하는 가운데, 이런 생각들이 앞다투어 내 머릿속에 떠올랐다. 그녀는 나보다 나이가 일곱 살 위였고, 여신처럼 아름다운 데다, 면도날처럼 날카롭고, 듀라셀 건전지 광고 속 토끼처럼 에너지 넘쳤다.

불현듯, 헤브론 어린이들을 대신해서 내 마음이 낙관으로 가득 찼다. 그들에게는 미카엘과 아치노암을 비롯하여 그들의 더 나은 미래를 위해 열심히 싸우는 사람들이 있기 때문이다.

"저는 세 아이의 엄마예요." 아치노암이 말했다. "우리 아이들이 평화롭게 성장하는 모습을 보기 위해 저는 무슨 일이든 할 겁니다."

이스라엘에서의 남은 시간 동안 나는 평화 활동을 벌이는 다른 단체도 여럿 방문했다. 유대인과 팔레스타인 어린이이 함께 다니는 하이파Haifa의 핸드인핸드 스쿨도 그중 한 곳이다. 그 외에도 더 많은 유대인과 팔레스타인인을 만나서 대화를 나눴다. 그 가운데는 이 지역의 미래를 희망적으로 보는 사람도 있고 비관적으로 보는 사람도 있었다. 이들과 대화하며 나는 한 가지 사실을 배웠다. 우리는 미래를 비관적으로 전망하는 사람들에게 너무 꼭 매달릴 것이 아니라 희망을 품고 있는 사람들의 손을 꼭 잡아야 한다.

덴마크로 돌아가면서 나는 복잡한 감정에 휩싸였다. 분쟁 중인 양측에서 일하는 평화 활동가들을 만날 때는 기쁨을 느꼈다. 서안 지구 불법 정착촌과 유대인-팔레스타인인 사이에 대화가 결핍된 모습을 보면서는 좌절감을 느꼈다. 미카엘의 활동을 생각하면 희망으로 충만했지만, 헤브론 어린이들을 보면 금세 암울함에 빠졌다. 내 안에서는 낙관적인 태도를 잃지 말고 평화가 가능하다는 믿음을 가지라는 힘찬 목소리가 들렸다. 반면, 이와 동시에 한쪽에서는 비관적인 생각이 조용히 흐르고 있었다. 나를 소리 없이 잠식하는 분리장벽에 대한 기억이 이 비관적인 생각의 발원지였다. 내 마음속에서 낙관론과 비관론 사이에 내면의 전쟁이 점점 커지는 것을 알 수 있었다.

거룩한 땅과 덴마크는 대략 2,000마일가량 떨어져 있다. 그러나 돌아오는 비행기 안에서 내가 느끼기에 그 거리는 몇 광년이라도 되는 것처럼 까마득했다. 덴마크에 있으면 저 정도 규모의 분쟁 지역과는 멀리 떨어져 있는 것처럼 보인다. 하지만 과거 우리가 얼마나 빨리 2차 세계대전에 휘말리게 되었는지, 그리고 고삐 풀린 말처럼 돌진하는 혐오를 아무도 막아서지 못해서 어떤 결과까지 낳았는지 생각해 보았다. 유대인들은 실업, 범죄, 결핍된 복지의 희생양이 되었다. 모든 탓이 유대인에게 돌아갔다! 그 결과, 강제수용소와 공동체에서 1,200만 명이 희생됐으며, 그 가운데 600만 명은 유대인이었다. 결국, 2차 세계대전은 전 세계에서 5,000만 명 이상의 목숨을 앗아 갔다.

많은 이스라엘인이 이처럼 잔혹한 취급을 당했는데도, 이스라엘 정부가 다른 민족을 그토록 비인간적으로 탄압할 수 있다는 사실이 너무도 역설적이다. 전 세계 모든 인구 집단 가운데, 어떻게 유대인들이 팔레스타인에 있는 불법 정착촌을 정당화할 수 있단 말인가? 표면적으로 보면 쉽게 이해가 가지 않는다. 하지만 이런 역설적인 행동은 이스라엘 정부에만 국한된 것이 아니다. 마흐무드만 봐도 그렇다. 그는 소수민족이라는 이유만으로 10년간 옥살이를 했으면서도, 이제는 다른 무슬림들을 보고 '진짜' 무슬림이 아니라고 하면서 똑같이 그들을 혐오하고 있다. 나는 취약층 시민들을 대상으로 활동하면서 학대로 인해 완전히 피폐해진 사람들도 많이 만났다. 그중에는 결국 자신도 다른 사람들을 학대하게 되는 경우도 있었다. 너무도 많은 악행을 경험한 사람들은 좀처럼 상냥하고 연민 많은 사람이 되지 못한다. 그들은 무섭고 두려운 감정에 사로잡혀서 무엇보다 자신을 보호하려는 욕망이 강하기 때문이다. 대화를 포기하는 민족이나 단체, 국가는 틀림없이 무슨 일을 겪었기 때문에 그렇게 하는 것이다. 이들은 끔찍한 일을 겪은 탓에 민주주의를 실현하기 힘든 약점을 갖게 된다. 이들은 다른 사람들을 억압하고, 그들에게서 자유를 박탈하고, "우리는 우리 민족을 챙겨야 해."또는 "눈에는 눈."이라고 주장하면서 폭력을 정당화한다. 간디가 말했듯, 이런 접근방식이 지닌 문제점은 종국에는 우리 모두 맹목적으로 변한다는 것이다. 편집증이 세상을 지배하게 되는 것이다. 내가 예리코에서 가짜 바삼을 만나 대화까지 나눈 뒤에 그런 경험을 했듯 말이다.

이스라엘과 팔레스타인을 다녀오면서 깨닫게 된 또 한 가지는 민주주의에서 가장 유지하기 힘든 것이 바로 대화라는 사실이다. 대화에는 시간, 인내, 신뢰가 요구된다. 가장 쉬운 방법은 인기 없는 의견과 행동을 금지하는 것일 수 있지만, 이것은 그냥 게으른 방법일 뿐이다. 그렇다. 대화는 인내와 신뢰를 요구한다. 그러나 우리가 반대편을 죽이거나 심판하지 않고 그 대신 합의점을 찾기 위해 그들과 싸우는 것 역시 민주주의의 힘이다.

카스트럽 공항에 도착할 때가 되자, 나는 깊은 감사의 마음으로 충만해졌다. 표현의 자유와 민주주의가 보장된 나라의 시민인 것이 다행스럽고 자랑스러웠다. 유죄가 입증되기 전까지는 무죄로 추정되는 나라. 의회가 최고 권한을 지니는 나라. 국민이 정치인을 선출하고 해임하는 나라. 이스탄불을 지나며 다시 한번 위가 경련을 일으키는 경험을 한 뒤, 나는 헤브론에서 겪었던 일들을 떠올렸다. 그러면서 우리 덴마 크인들이 우리가 누리는 자유를 당연한 것으로 여기지 말아 야 한다고 다시금 생각했다. 또한 누군가 자신의 주장을 관철하기 위해 폭력을 사용할 때 불의에 반대하는 목소리를 내고 민주적 대화를 보호하기 위해 다 함께 노력하는 것이 중요하다는 것을 다시금 깨달았다. 공항에서 입국 심사를 하는 경찰관을 보자 그에게 입맞춤도 할 수 있겠다는 생각이 들었다. 왜냐면 나는 그가 부정부패한 경관이 아니고, 우리 사법부는 독립돼 있으며, 우리 언론은 자유롭다는 사실을 잘 알기 때문이다.

집에 도착한 뒤 나는 소매를 걷어붙이고 여러 인구 집단 사이에 다리를 놓는 활동을 계속할 계획을 세웠다. 그래야 우리가 평화를 낳을 수 있는 대화를 절대 포기하지 않을 수 있을 테니까.

9장

이게 다
의미가
있긴 할까?

"최악의 비극은 사악한 자들이 저지르는
  억압과 잔혹 행위가 아니라,
  선한 자들의 침묵이다."

— 마틴 루터 킹

2010년으로 거슬러 올라가면 그 당시 나는 내게 혐오 메일을 보낸 네오나치가 나에 대해 잘 알지도 못하면서 왜 그런 메일을 보냈는지 알고 싶었다. 그래서 그에게 경찰이 중재하는 화해 조정 만남을 제안했지만 거절당했다. 그래도 나는 뜻을 굽히지 않았고, 이걸 출발점 삼아 내게 혐오 메일을 보낸 사람들을 찾아 나서기 시작했다. 그 이후 나는 많은 사람을 만나 커피 한잔을 앞에 놓고 대화를 나눴다. 그런데 내가 해답을 구하면 구할수록 점점 많은 의문이 생겼다. 그중 가장 많이 마주한 질문 가운데 하나. '과연 이렇게 한다고 소용이 있을까?'

처음에는 무슬림을 혐오했던 사람들이 나를 만나고 나면

다시 '좋은' 사람이 되리라고 생각했다. 하지만 지금은 이런 식의 구원자 강박증에 빠진 임무는 실현 불가능하다는 것을 알게 됐다. 이제는 내가 옳다고 생각하는 걸 설득하기 위해 사람들을 만나지 않는다. 그보다는 그들이 하려는 말을 들으려고 만난다. 하지만 사람들의 말에 귀를 기울일수록 모든 것이 더 복잡해진다. 무력감, 좌절감, 사회문제, 혐오와 싸우는 방법에는 한 가지 해답이나 해법만 있는 것이 아니다.

나는 내 임무의 목적을 정하기 위해 오랜 시간을 고민했다. 내가 만나는 사람들의 생각을 바꿔서 나와 같은 생각을 하게 만드는 것이 내가 해야 할 일인가? 아니면 벽에 붙어 있는 파리처럼 그들이 하는 말과 행동을 관찰하기만 해야 할까? 혐오 발언에 의지하는 사람들을 신고해야 할까? 아니면 그들의 대의명분에 대한 헌신이 아무리 해롭더라도—그들이 폭력을 사용하거나 독려하지 않는 한— 나의 헌신만큼 합당하다고 인정해야 하나? 콜로니얼 양식의 정원이 딸린 집에 사는 킴이나 붉은 광장의 소년들, 북질란드에 사는 미를 비롯한 내가 만난 모든 사람은 각자 자신만의 진실을 품고 있었다.

그런데 숱한 만남 가운데 유독 내 도전 의식을 자극한 경우가 있었다. 9년간 사람들과 커피 타임을 해 오면서 내가 만난 사람에게서 들은 정보를 재차 확인해야겠다고 느꼈던 적은 단 한 번도 없었다. 하지만 딱 한 번, 마흐무드와 만나고 나서는 확인을 했다. 그의 이야기가 워낙 믿기지 않았고, 공산주의자에서 이슬람교도로 전향한 것도 워낙 극단적이었다. 그래서 그의 말대로 정말로 그런 일이 일어날 수 있는지 조사를 해 봐야 했다. 그의 이야기 뒤에 뭔가 숨은 사연이 있는 걸까? 아니면 그냥 그에게 정신질환이 있는 걸까? 그런데 이런 의문을 가지는 것만으로도 내 사고방식이 혐오스럽게 느껴졌다. 정말이지 신물이 났다! 극단주의를 질병으로 축소해 버리는 것은 편리하고 너무 단순한 사고방식이기 때문이다. 마흐무드가 결국 현재의 자리에 오게 된 것은 그 누구의 잘못도 아니다. 그리고 실제로 만약 마흐무드가 정신질환자로 확인된다면? 그러면 내 임무가 성공한 셈이 되는 건가? 극단주의자들은 그저 아픈 사람들이라는 것을 보여 주는 게 내 임무란 말인가?

　이렇듯 나 자신의 반대에도 불구하고, 나는 내 친구 세르하트Serhat에게 연락했다. 그는 마흐무드를 알고 있어서 기꺼이 자기가 아는 대로 그의 이야기를 들려주리라 생각했다. 세르하트가 마흐무드를 처음 만난 곳은 디야르바키르에 있는 고등학교였다. 마흐무드가 경찰 다섯 명과 군인 다섯 명을 살해한 사건에 가담했다는 혐의로 체포되기 전까지 두 사람은 같은 학교에 다녔다. 마흐무드는 군인을 살해한 혐의는 부인했지만, 경찰은 살해했다고 자백해서 사형선고를 받았다. 감옥에 있는 동안 그는 자신이 쿠르드인이고 공산주의자라는 주장을 굽히지 않았다. 어떤 고문에도 쿠르드인으로서의 정체성을 결코 포기하지 않았다. 감옥이 그를 굴복시키지는 못했지만, 고문은 그를 정신적으로 파괴했다. 석방된 후 그를 다시 만난 친구들의 눈에는 분명히 그렇게 보였다. 그래서 그에게 도망가라고 강력히 권했다. 그렇게 하지 않으면 다시 투옥될 위험이 매우 컸기 때문이다. 쿠르드 운동 단체에서 그의 도주를 도와서 그는 덴마크로 망명할 수 있었다. 덴마크에 와서 그는 극좌파의 일원이 되어 그들의 명분을 위한 활동을 계속 이어갔다. 그는 시위에 자주 참여했는데, 시위 끝에 싸움을 벌인 적도 여러 차례였다고 한다. 고문은 그에게 깊은 흔적을 남겼다. 한번은 정신병동에 입원하기도 했다. 그때부터 그는 쿠르드 공산주의자들과 갈등을 겪기 시작했고, 시간이 지나면서 쿠르드 저항운동 단체 PKK에 남아 있을 수 없게 됐다. 그는 자신의 트라우마를 치료하기 위해 도움을 받았지만, 이미 때는 너무 늦었다. 그러면서 그는 점차 종교에 빠지게 됐다.

현재 마흐무드는 살라피스트다. 세르하트가 알려 준 정보 가운데는 마흐무드에게서 이미 들은 내용이 많았다. 하지만 마흐무드가 경찰 다섯 명을 살해했다는 사실은 충격적

이었다. 이 사건은 그가 공산주의와 쿠르드 민족의 대의명
분을 위한 싸움에 얼마나 빠져 있었는지를 명확히 보여 준
다. 이와 함께 마흐무드가 공산주의와 민족주의에서 살라피
즘으로 전향한 것은 여전히 놀라운 부분이다. 마흐무드를 만
난 뒤부터, 나는 교육을 받아도 입장이 달라지지 않는 사람
이 있다는 주장을 들을 때면 종종 그를 떠올린다. 마흐무드
는 그의 입장을 바꾸었기 때문이다.

　사실 그는 한쪽 끝에서 다른 쪽 끝으로 양극단을 치달았
다. 그는 자신의 견해와 정치적 시각, 사상을 바꾼 많은 사람
중 한 명이다. 물론, 마흐무드를 보고 자신의 극단주의를 구
축하는 데 이용할 명분만 바꾸었을 뿐 그는 어디까지나 극단
주의자라 할 수도 있다. 하지만 이것도 맞는 말은 아니다. 나
는 사람을 한낱 극단주의자로 축소해서 분류할 수 없다는 것
을 보여 주는 예가 바로 마흐무드라고 생각한다. 그가 한 영
역에서 극단적인 태도를 보인다고 모든 부분에서 극단적이
라는 걸 의미하지는 않는다. 나는 지금도 가끔 그와 문자 메
시지를 주고받는다. 그럴 때마다 이전에는 미처 보지 못했던
그의 새롭고, 대개는 마음 아픈, 인간적인 면모를 발견한다.
그는 정치에 관심이 많고, P1 라디오를 즐겨 듣고, 페이스북
도 한다. 어쩌다 언론에서 내가 혐오 이메일을 받았다는 소
식을 접했을 때는 알라가 보호하길 바란다는 메시지를 내게

보내기도 했다. 나를 만난 후 마흐무드의 극단적인 태도가 순화되지는 않았다. 나도 그가 어느 날 자신의 대의명분을 좇아 너무 멀리까지 가 버리지 않을까 여전히 불안한 마음이 크다. 극단주의에 대한 두려움 또한 내 안에 존재한다.

내가 히스브 우타흐리르 모스크를 방문한 뒤, 그곳의 제2 이맘인 문드히르 압달라Mundhir Abdallah가 유대인들을 죽이라고 선동했다는 사실이 언론을 통해 알려졌다. 유대인 공동체가 그를 경찰에 신고했다고 한다. 나는 그가 합당한 벌을 받기를 바란다. 그러면서 한편으로는 그 혐오 발언이 붉은 광장 소년들을 영입하는 데 효력을 발휘하지나 않을지 걱정스럽다.

그들 가운데 가장 많이 생각하게 되는 아이는 하산이다. 티셔츠 안에 총을 숨기고 있던 바로 그 성난 청년 말이다. 과연 히스브 우타흐리르가 그를 포섭하게 될까? 아니면 학생 출신 나비드가 그를 민주주의의 길로 인도하는 데 성공할까? 그 소년들이 걱정된다. 많은 경우 그들의 부모가 그랬듯, 그들도 결국 복지수당을 받게 될까? 그렇게 몰려다니면서 과연 성공하게 될까? 공동체에서 아무도 우호적인 손길을 내밀지 않아서 실패한 삶을 살게 되지나 않을까? 아니면 개인의 책임을 다하지 않고 기회가 와도 붙잡지 않아서 실패하게 될까? 아니면 내 걱정은 보란 듯이 잠재우고 그들 자신과 사회, 양쪽 모두를 위해 그들의 삶을 창조하는 데 성공할까?

그날도 나는 자전거를 타고 붉은 광장을 지나며 마음속으로 하산을 생각했다. 전에도 여러 번 그랬듯, 나는 광장을 샅샅이 뒤지며 하산과 소년들을 찾았다. 하지만 그들은 없었다. 광장을 지나 미메르스가 로를 따라 더 가다가 브라게스가 로 쪽으로 우회전했다. 그때 갑자기 누군가 나를 부르는 소리가 들렸다. "외즐렘 씨!"

뒤돌아보니 한 젊은이가 작은 자동차 운전석에 앉아 있었다. 그의 눈에는 미소가 어려 있었다. 내가 다가가기도 전에 그가 차를 인도 쪽에 세웠다. 하산이었다. 붉은 광장에서 만난 지 일곱 달이 지났지만, 나는 방금도 그를 생각하고 있었다. 나도 미소로 화답하며 자전거에서 내려 서둘러 그가 있는 쪽으로 갔다. 하산이 차 문을 열고 나왔다. 그는 짙은 색 청바지에 회색 스웨터 차림이었다. 뇌레브로보다는 부자 동네 헬러럽에 사는 청년처럼 보였다. 우리는 마치 가족을 만난 것처럼 포옹을 나눴다.

그에게 어떻게 지내느냐고 물으려는 찰나, 그가 이야기를 시작했다. "교육을 다 마치고 이제 벽돌공이 됐어요. 회사와 고용계약을 맺고 팀과 함께 빌딩 철거 업무를 담당해요."

대체 내가 무슨 생각이었는지는 모르지만, 갑자기 그가 지난번 가지고 있던 총을 찾아야겠다는 생각이 들어 그의 몸을 수색하기 시작했다. 하산은 웃으면서 양팔을 들어 내가 쉽게

수색을 마칠 수 있게 했다. "그건 졸업했어요, 외즐렘 씨." 그
가 함박웃음을 지으며 말했다.

나는 그에게서 다짐을 받고 싶었다. 그래서 뇌레브로 억양
이 물씬 묻어나는 말투로 말했다. "어서 '왈라!'라고 해요."

그가 "왈라!"라고 답했다.

나는 그를 다시 끌어안고 칭찬해 주었다. 일하면서 취약한
소수계층 어린이들을 많이 접해 본 나는 그들 가운데 어머니
에 대한 사랑이 대단한 아이들이 많다는 사실을 잘 안다. 그
래서 문제가 많은 가정에서 어머니가 동기부여자 역할을 하
는 경우가 많다. 반면, 아버지는 폭력, 다툼, 불안과 관련된
경우가 더 많다.

"어머니가 무척 대견해하시겠어요." 내가 말했다.

하산은 확실히 칭찬받는 것이 어색한 듯했다. 얼굴이 빨개
지더니 눈도 제대로 맞추지 못했다. "쓰시던 책은 다 끝내셨
어요?" 그가 물었다.

"거의 다 썼어요." 이렇게 대답하면서 그에게 친구들과 내
사무실로 놀러 오라고 초대했다.

우리는 전화번호를 교환하고 한 번 더 포옹을 나눈 뒤 작
별을 고했다.

며칠 후, 하산이 언제 책이 나오느냐며 문자 메시지를 보
냈다. 즉각 걱정이 다시 발동했다. 그때 시각이 새벽 세 시였

기 때문이다. 왜 여태 안 자고 있지? 다시 암흑세계로 돌아간 건가? 자초지종을 듣고서야 정신이 들었다. 하산은 파티에 다녀오는 길이었다. '저도 이제 자려고요.' 그러면서 이렇게 덧붙였다. '근데요, 혹시 뭐 필요한 일 있으면 연락 주세요.'

　하산이 그토록 내 마음에 걸렸던 이유는 아마도 우리 둘 다 사회 하위계층 출신이라서 그런 것 같다. 나의 사회 복지 활동 경험에 비추어 볼 때, 하산은 두어 번은 다시 옛날 생활로 돌아가기가 쉽다. 그가 옛날로 돌아가느냐 돌아가지 않느냐는 대체로 그의 가족과 친구들, 직장 상황에 달려 있다. 건전한 공동체에서 그를 잘 구슬려서 꼭 붙잡아 놓고 신뢰 관계를 구축하려 노력하면 그는 민주적 공동체 편에 서게 될 것이다. 하지만 그가 너무 오랫동안 일도, 돈도, 긍정적인 롤모델도 없이 거리를 배회하게 되면 그가 갈망하는 정체성과 자신감을 다른 편에서 그에게 기꺼이 제공할 것이다. 카르스텐 옌센이 말했듯, "누구도 섬처럼 홀로 떨어져 살지 않는다. 따라서 사람들을 움직이는 원동력과 영감은 많은 곳에서 얻을 수 있다." 하산이나 붉은 광장의 소년들이 결국 어떻게 될지는 모르겠지만, 이들을 만나면서 나는 언제나 희망이 있다는 사실을 다시금 깨달았다.

　그 소년들은 뇌레브로에서 만나는 사람들에게서만 영감을 받지 않는다. 다른 사람들과 마찬가지로 그들도 우리가 속한 세상으로부터 영향을 받는다. 하산은 내가 그렇듯 중동에 뿌리를 두고 있다. 그래서 수천 마일 떨어진 곳에서 일어나는 일이 덴마크에서 다리를 놓을지 아니면 불사를지를 결정할 때 중요한 역할을 할 수 있다. 나의 경우, 쿠르드 뿌리를 가진 민주주의자인 덕분에 터키와 이어진 다리는 불태워졌다. 티키에서는 얼마 전 실시된 국민투표로 타입 에르도안 대통령에게 의회와 사법부, 경찰력을 장악하는 권한을 부여했다. 투표 결과, 얼마 안 되는 표 차이로 그에게 막강한 권력이 주어진 것이다. 50만 명이 넘는 쿠르드인들이 터키 국내에서 강제로 이주당했고, 25만 명에 육박하는 사람들이 체포됐다. 이뿐만 아니라 터키는 전 세계에서 가장 많은 언론인을 투옥하고 있는 국가 1위에 올랐다. 나는 민주주의자인 동시에 쿠르드 뿌리를 가진 사람으로서 터키에서 벌어진 명백한 인권 침해를 규탄했다. 이스라엘 여행을 다녀온 이후, 덴마크에 거주하는 에르도안 지지자들이 테러 혐의로 나를 터키 당국에 신고했다. 실제로 에르도안의 비서실에는 전화로 사람들을 신고할 수 있는 직통 전화가 있는 것으로 안다. 그래서 구금되거나 투옥될 위험이 있어서 당분간은 친척이나 친구를 만나러 터키로 갈 수도 없고, 지난번 거룩한 땅으로 갔을 때처럼 터키를 경유할 수도 없다. 가장 슬픈 일은 터키에서 실시된 투표로 인해 나와 이곳 덴마크에 사는 터키 뿌리를 가진 사람들 사이에 거리가 생겼다는 것이다. 내가 오랜 세월 공들여 관계를 구축했던 사람들이었지만, 이제는 서로 방문하거나 대화하지 않는다. 에르도안이 우리 사이를 갈라놓은 것이다. 이 사건은 인구 집단 사이에 대화를 유지하고 민주주의를 강화하는 데 정치 지도자들의 역할이 얼마나 중요한지 절대 과소평가해서는 안 된다는 것을 보여 주는 수많은 사례 가운데 하나에 불과하다.

벤트 멜키오르가 말했듯, 터널 끝에는 언제나 빛이 기다리고 있다. 빛이 잘 보이지 않을 때가 있는 이유는 터널이 항상 곧게 뻗어 있기만 하지는 않기 때문이다. 우리는 인간으로서 적절한 때에 서로를 향해 방향을 틀 줄도 알아야 한다. 그래야 양측이 서로 가까워짐으로써 혜택을 누릴 수 있다. 내가 거룩한 땅을 다녀온 이후로, 세상이라는 터널 속에는 빛을 차단하는 굽은 길이 더 많이 생겨나는 것 같다. 서로를 향해 기대는 사람들도 더 적어진 것 같다.

대통령 선거 이후 얼마 지나지 않은 어느 날, 나는 여느 때처럼 벤트 멜키오르와 함께 연어 요리를 앞에 두고 앉았다. 나는 미카엘을 비롯한 평화 활동가들의 노력이 물거품이 되었다는 생각에 절망에 휩싸여 있었다. 그런데 벤트가 이럴 때일수록 그 어느 때보다 미카엘의 활동이 필요하다는 사실을 다시 일깨워 주었다. 미카엘은 스페인에서 열린 '중동 평화를 위한 종교 지도자' 회의를 성공리에 개최하여, 하마스를 조직하는 데 일조했던 이슬람 이맘들과 이스라엘 정착촌의 랍비들, 거룩한 땅에 있는 그리스도교 교회 대표들을 한자리에 나란히 세웠다. 나는 미카엘의 중재로 종교 지도자들이 한자리에 모인 모습을 담은 사진을 전달 받았다. 미카엘에 따르면 그들 모두 회의에서 다음과 같은 내용의 성명서에 서명했다고 한다. "유일신을 믿는 우리 세 종교는 모두 인간의 생명은 신성하다고 여긴다…… 하나님의 이름으로 행한 것이라 주장하는 폭력은 그분의 이름을 더럽히는 것이자, 그분의 모상으로 창조된 사람들에 대한 범죄이며, 타락한 신앙이다." 이들은 이스라엘과 팔레스타인 정치인들에게 협상 테이블로 돌아오라고 촉구했다. 개별 공동체와 신도들 단위로 젊은 랍비와 이맘에게 새로운 화법과 젊은이들을 가르치는 새로운 방법을 교육하는 활동도 이루어졌다. 부디 종교적 평화에 대한 공동 비전이 많은 이들에게 영감을 주어 평화가 필연이 되기를 희망한다. 이 회의가 열리고 몇 개월 후, 미카엘은 종교를 초월한 평화 창설 활동의 공로를 인정받아 영국의 한 단체로부터 평화상을 받았다.

눈앞이 캄캄해지고 암울함에 휩싸일 때면, 나는 안간힘을 써서 터널 끝에 빛이 있다는 사실을 기억하려고 노력한다. 때때로 비관에서 벗어나기가 어려운 경우라도 말이다. 암울함을 예방할 수 있는 가장 좋은 방법은 등대처럼 불을 훤히 밝히고 열심히 활동하는 사람들, 다리를 놓아야 한다는 책임감, 평화로운 미래에 대한 희망과 용기를 공유할 수 있는 사람들과 어울려 지내는 것이다. 그러면 암흑이 깔려도 등대가 길을 밝혀 줄 것이다.

기왕에 등대 이야기가 나왔으니 한 가지 더 덧붙이겠다. 나는 아치노암이 덴마크에서 팔레스타인과 이스라엘 사람들을 위한 평화 콘서트를 개최할 수 있도록 여전히 노력하고 있다. 이런 콘서트를 누가 찾을지는 모르겠다. 이미 평화에 대한 확신을 가진 사람들만 올까? 아니면 회의적인 사람들도 나타날까? 그래도 작은 발걸음 하나하나가 모여 변화를 가져온다는 믿음을 가져야 한다.

히스브 우타흐리르에 소속된 아흐메드와 함자를 만나 대화했던 때를 되돌아보면, 사람들의 다양한 태도와 견해를 금지하고 싶은 유혹이 얼마나 손쉽고도 달콤한지 이해가 간다. 대화야말로 민주주의 체제 안에서 실천하기 가장 어려운 일 중 하나다. 왜냐면 대화는 시간과 신뢰, 인내를 요구하기 때문이다. 히스브 우타흐리르 모스크에서 나는 공정한 해법을 찾는 데 우리가 양측 모두 동등한 지분이 있다고 느끼지 못했다. 나와 다른 의견을 갖는 것이 그들의 민주적 권리임에도 불구하고 아흐메드와 함자가 민주주의를 비판하는 것을 받아들이기가 너무 힘들었다. 함자가 우레 같은 소리로 민주주의와 유대인을 규탄했을 때는 그에게 표현의 자유를 제한하고 싶은 마음마저 들었다. 그들의 태도와 주장이 너무 이치를 벗어났다는 생각은 그때나 지금이나 마찬가지다. 내가보기에 어떤 사람들은 터무니없는 생각을 너무 진지하게 여기는 것 같다.

나 역시 때로는 극단주의적 주장 앞에서 무력감에 사로잡혀 나 스스로 사고방식을 바꾸는 노력을 할 수 없다고 믿고싶어진다. 하지만 그럴 때마다 카르스텐 옌센이 늘 옆에서내게 상기시켜 주는 사실이 있다. 민주주의와 독재의 근본적차이는 민주주의 체제에서는 폭력을 선동하지 않는 한 자신의 주장을 공개적으로 표명할 권리가 모두에게—터무니없는 소리를 하는 사람, 극단주의자, 근본주의자 할 것 없이—보장된다는 것이다. 내가 극단주의적 주장을 제한하고 싶어하면, 그는 내게 민주주의는 검열과 금지로 보호될 수 없다고 말해 준다. 검열이나 금지는 민주주의를 강화하는 것이아니라 오히려 약화한다. 카르스텐처럼 민주주의 원칙에 따라 사는 것은 때때로 힘들다. 하지만 그의 말에 담긴 진리가내 마음에 와닿을 때가 있다. 급진적 우익 극단주의자들이나를 터무니없는 주장을 펴는 사람으로 보고 내 표현의 자유를 제한하고 싶어 할 때, 또는 에르도안 지지자들이 내가 쿠르드인이라는 이유로 내 권리를 제한하고 싶어 할 때가 그렇다. 이들은 쿠르드인이라는 사실만으로도 내게 테러리스트 딱지를 붙이기에 충분하다고 여긴다.

현재 유럽과 미국에서는 극단주의가 약진하고 있다. 중동은 전쟁 중이고, 종교적·정치적 폭력이 너무 많은 목숨을 앗아가고 있다. 유럽에 테러가 발생할 때마다 내 수신함은 혐오 메일로 가득 찬다. 내가 끔찍스럽다며 빨리 집으로 가라는 내용의 메시지를 읽는 동안 내 마음속에 혐오가 끓어오르는 것이 느껴질 때가 있다—이런 메시지를 보내는 사람들과 테러를 저지르는 사람들에 대한 혐오다—. 나는 테러리스트 국가 대사관 앞에 꽃을 남기지 않고 빨리 지나쳐 버리는 평범한 무슬림에게서 혐오를 감지한다. 그리고 거리에서 미소 지으며 내게 다가와 "당신은 여기서 반갑지 않은 존재야."라고 속삭이는 나이 많은 여성에게서도 혐오가 느껴진다.

며칠간 시간을 내서 '빨리 고향으로 가.'라는 메시지들에 답장하면서 나는 우리 민주주의가 얼마나 극단주의자들의 압박을 받고 있는지 체감했다. 정치 지도자들은 '우리는 우리의 자유를 보호해야 합니다.'라는 강박적인 구호만 반복한다. 때때로 그들 스스로 자기가 하는 말을 믿지 않는 모습도 보인다. 자유를 약하게 만드는 건 테러리스트만이 아니다. 정치인도 법안 하나 올리는 것으로 자유를 약화한다. 가령,

내가 히스브 우타흐리르 사람들을 만난 후, 의회에서는 절대
다수 찬성으로 이맘과 목사, 랍비에게 표현의 자유를 제한하
는 법안을 의결했다. 최근에 대화를 나눈 〈유틀란트 포스트
Jutland Post〉의 한 에디터에 따르면, 무함마드 사건 때 신문사에
서 옹호했던 표현의 자유 가운데 많은 부분을 그 사건 이후
정치인들이 슬그머니 없애 버렸다고 한다. 나는 그의 말을
인정하지 않을 수 없었다. 의회의 다수가 바로 극단주의자들
이 원하는 대로 민주주의를 약화시키고 있기 때문이다. 대개
반민주주의적 행동을 옹호할 때는 조금도 경계를 늦추지 않
고 민주주의를 보호해야 한다는 주장을 내세운다. 하지만 붉
은 광장의 소년들, 히스브 우타흐리르의 근본주의자들, 극단
주의자 마흐무드는 이런 행태 때문에 우리를 위선자라고 한
다. 그리고 나도 그들의 생각에 동의한다. 나는 민주적 권리
를 우리와 의견이 같은 사람에게만 보장하는 방법으로는 극
단적이고 근본주의적인 입장에 맞서 싸울 수 없다고 생각한
다. 그 대신 공개적으로 큰 소리로 극단주의적 관점을 반박
해서 젊은이들이 더 합리적인 주장을 듣지 않을 수 없게 만
들어야 한다.

　우리는 모두 미디어를 이용해서 우리 주변에 무슨 일이 일
어나는지를 파악한다. 지미, 킴, 앙겔로 같은 데인족 사람들
은 소수 민족 사람들을 많이 접촉하지 않는다. 그래서 그들

에게는 미디어에서 접한 기사가 이주민에 대한 정보를 제공하는 주요 정보원이 된다. 바로 이런 이유로 나 역시 미디어가 소수 민족 관련 보도를 할 때 미묘한 어감 차이를 고려하지 않고 보도하는 것은 그들에게 위임된 책임을 다하지 못하는 것이라고 생각한다. 소수 민족에 뿌리를 둔 덴마크인 가운데 고학력 집단에 속하는 사람들도 많지만, 통합과 이민 문제가 논란이 될 때 언론인들이 이들의 목소리에 관심을 가지는 경우는 극히 드물다. 미디어에서는 이들을 다루기는 하지만, 이들과 대화를 나누는 일은 좀처럼 없다. 무슬림과 같은 소수 민족 사람들은 '히잡을 뒤집어쓴 작은 체구의 여성'과 같은 식으로 정형화된 언어로 흔히 묘사된다.

모든 미디어가 항상 이런 잘못을 저지르는 것은 아니지만, 대체로 이들은 '제4의 국가권력'으로서 책임의식을 자각하고 있지 않다. 이들이 방송을 통해 주류 사회로 퍼뜨리는 오명과 일반화는 그 어떤 것보다 사람들 사이의 골을 깊게 만든다. 이러한 미디어에 대해 사람들은 천차만별의 반응을 보인다. 어떤 사람들은 더는 덴마크에서 시달리기 싫어 자신을 더 환대하는 곳을 찾아 떠난다. 어떤 사람들은 그냥 이곳에 머물지만, 결코 공동체에 초대받지 못하는 삶을 산다. 나는 미디어가 전반적으로 이렇게 초점을 맞추면 가짜뉴스의 생산과 확산에 기여하는 셈이 된다고 생각한다. 가짜뉴스의 유일한 목적은 인구 집단 사이의 골을 더 깊이 파는 것이다. 가짜뉴스 때문에 우리는 소셜미디어에서뿐만 아니라 사회관계 안에서도 서로를 악마로 만든다. 그러다 보면 궁극적으로 민주적 대화까지 무력화시키지 않을까 염려된다.

　미디어보다 훨씬 큰 책임을 짊어지고 있는 것이 바로 정치인이다. 나는 정치인들이 범하는 일반화로 인해 많은 유권자가 소외당한다고 생각한다. 그러면 사회의 결속력과 민주적 가치에 대한 우리의 인식이 위협받는 결과만 낳는다.

　내가 킴을 방문한 뒤 얼마 지나지 않아 그가 이메일을 보내 내게 숙제를 냈다. 만약 내가 5~7명의 자녀가 모두 덴마크 사회에 훌륭히 통합된 무슬림 가정을 소개해 줄 수 있다면, 그가 5,000달러를 자선단체에 기부하겠다고 했다. "내가 사랑하는 덴마크의 일원이 되기 위해 모든 가족이 자기가 할 수 있는 일을 하는 그런 가정을 내게 소개해 주세요." 그에게 답장은 썼지만, 내가 만약 그런 가정을 찾아내면 그는 이번에는 가급적 10명의 자녀를 둔 가정을 또 찾아달라고 할 것이 틀림없다. 과연 그가 확신을 얻는 데 필요한 사례를 찾는 것인지, 아니면 무슬림 가정에 대한 자신의 의혹을 확인하기 위해 그런 사례가 없기를 바라는 것인지 진심으로 의심스러웠다. 나는 그런 가족을 기꺼이 찾고 싶었지만, 한편으로는 그래 봐야 무의미한 일이 되리라는 것도 잘 알았다. 이런 내

추측은 옳았다. 자신이 틀렸다는 것을 입증해 달라며 보낸 바로 그 이메일에서 킴은 무슬림들이 "폭력적이고 통합 불가능하다."라고도 썼다. 이렇듯 그와의 사이를 가로막고 있는 골은 너무도 깊었다.

　우리는 문자 메시지도 보내고, 이메일도 보내고, 만나기도 했다. 그러나 서로 의견이 일치되는 경우는 그리 많지 않았다. 하지만 킴은 늘 온화한 말투를 유지했고, '빨리 고향으로 가'라는 메시지를 보낼 때도 친절한 태도를 잃지 않았다. 한번은 그가 나를 만나러 코펜하겐에 왔던 적이 있다. 우리는 한 시간 정도 대화를 나누었는데, 대화하는 내내 킴은 "당신한테 유감이 있는 건 아니지만, 그래도 당신이 우리나라에 있으면 안 된다고 생각합니다."라고 반복해서 말했다. 결국, 나는 이런 그의 관점을 더는 받아 줄 수가 없었다. 더 이상은 킴과의 사이에 다리를 놓고 싶지 않았다. 나와 달리 그는 나를 향해 조금도 다리를 놓지 않고 있었기 때문이다.

　"당신 참 혐오스러워요." 내가 그에게 말했다. "당신은 온통 혐오로 가득 차고, 국수주의적이고, 지극히 차별적인 사람이에요." 그가 자신을 변호할 틈도 주지 않고 쏘아붙였다. 내가 그의 말을 들을 때 어떤 느낌이었는지 그도 정확히 알아야 한다. 그래서 내가 마음 아팠던 만큼 그도 마음 아파하기를 바랐다. 그에게 정말이지 많은 시간과 세월을 쏟아부었지만, 내가 아무리 그의 말에 귀를 기울이고 그를 이해하고 받아들이려 노력해도 그는 한 치의 양보도 한 적이 없다. 그는 늘 의심하고 판단하고 계속 일반화했다. 덴마크와 덴마크인들을 대신해서 발언권도 행사했다. 그날 우리는 서로 화난 상태로 헤어졌고, 나는 다시는 그와 연락하지 않겠다고 다짐했다. 그날 밤, 잠들지 못해 뒤척이고 있는데, 한밤중에 휴대전화 메시지 알림음이 울렸다. 킴이 보낸 문자 메시지였다. '외즐렘 씨, 오늘 나는 살면서 처음으로 내가 미움 받는 존재, 원치 않는 존재라 느끼며 잠자리에 듭니다. 이유는 모르겠어요. 아마 내가 어리석은가 봐요. 어쩌면 우리가 만나는 목적을 내가 잘 이해하지 못하나 봐요. 하지만 친애하는 외즐렘 씨, 당신에 대한 혐오는 1도 없습니다. 잘 자요.'

때때로 더는 못하겠다 싶은 마음이 들었지만, 킴과의 대화가 정말 끝난 건 아니었다. 그는 화물 운송회사에 취업 면접을 보러 가면서 문자 메시지를 보냈고, 그러면 나는 전화를 걸어 그를 응원했다. 그의 취직 소식에는 서로 미소를 교환했다. 봄이 되자 킴은 그의 집 정원에 핀 꽃 사진을 찍어 보냈고, 너무 많은 사람이 내 욕을 하는 걸 보았을 때는 내게 해돋이 사진을 보냈다. 나는 터키 군부 쿠데타 기도가 있었던 2016년 여름 앙카라에 있었는데, 그는 이때 내게 가장 먼저 애정 어린 안부 이메일을 보낸 사람들 중 한 명이기도 하다.

하지만 이와는 대조적으로 그는 많은 이메일과 동영상, 뉴스 기사를 보내 무슬림과 테러리스트 때문에 생긴 덴마크 내 갈등을 부각했고, 덕분에 이런 밝은 면모는 빛이 바랬다. 우리는 그가 자신의 주장에 대한 신빙성을 높이기 위해 동원하는 뉴스의 신뢰성을 두고 의견 차이가 심했다. 우리가 유일하게 의견의 일치를 보았던 사안은 우리가 절대 의견의 일치를 볼 수 없다는 것이었다. 킴의 연락은 결코 위협적이지 않은 데다, 그는 험한 말도 쓰지 않는다. 하지만 때로는 그의 말에 귀를 기울이는 것만으로도 내 마음이 아프다.

　뉘보르에 사는 앙겔로도 킴이 보는 뉴스 가운데 일부를 똑같이 접한다. 하지만 그는 킴과는 달리 그런 뉴스를 보면 너무 격분한 나머지 내게 격앙된 문자 메시지를 보낸다. 나는 처음에는 그와의 대화를 계속 이어가려고 했다. 하지만 폭력이 해결책이라는 위협적인 주장을 펴는 사람과 대화하기는 힘들다. 게다가 내 눈에는 그가 대화를 중단하기로 마음먹은 것처럼 보였다. 그래도 그는 때때로 안부 메시지를 보내며 여전히 나를 놀라게 한다. 내가 페이스북에 우리 어머니의 암 투병 소식을 올렸을 때, 가장 먼저 쾌유를 비는 따뜻한 메시지를 보낸 것도 바로 그다.

　가끔 나는 간단한 사고 실험을 하곤 한다. 만약 내가 10년 전에 앙겔로를 만났다면 어떻게 되었을까? 10년 전의 그는 어땠을까? 그에게 연락해서 만나는 것이 가능했을까? 그러다 불현듯 10년 전의 내 모습이 떠올랐다. 유감스럽게도 그 당시의 나야말로 사람들 사이의 골을 가장 깊게 파던 사람이었다. 순전히 야콥 홀트 덕분에 나는 내 내면에 숨어 있던 인종차별주의자를 꺼내 볼 수 있었다. 그리고 나를 온당하게 대하지 않았던 사람들을 내가 악마로 만들고 있다는 사실도 깨달을 수 있었다. 악마화는 일방통행하지 않고 늘 양방향으로 일어난다. 우파만이 무슬림을 잠재적 테러리스트라 부르며 멀쩡한 사람을 악마로 만드는 것이 아니다. 우파에게 투표하는 사람들을 멍청한 촌놈이라 부르는 좌파도 마찬가지다. 이 부분에서도 문화와 민족의 경계를 초월한 보편적인 패턴을 하나 발견할 수 있다. 상대방에 대한 편견과 일반화가 인간성의 불평등을 초래한다는 공통점 말이다.

지금부터 하는 말은 편견에 아무 문제가 없다는 주장을 하려는 것이 아니니 오해 없기 바란다. 첫째, 사람은 본디 모르는 것에 불안을 느끼는 경향이 있다. 둘째, 아는 것이 거의 없는데 결정을 내려야 할 때 편견은 실용적일 수 있다. 문제는 편견이 현실을 토대로 한 것인지 검증하지 않을 때 생긴다. 편견과 일반화는 우리가 더는 호기심에 이끌리지 않을 때 그 틈을 비집고 들어와 지배력을 넓힌다. 그러다 편견이 지휘권을 잡아 버리면 공통된 언어를 찾기 어려워 소통이 힘들어진다.

지금까지 우리는 서로 다른 의견을 가진 사람들을 연결하는 것이 불가능하리라 여겨졌을지 모른다. 그러나 호기심을 갖고 서로가 하는 말을 경청하고 공통의 언어를 발견하기 위해 부단히 노력한다면 사람들 사이에 다리를 놓을 수 있다. 오덴세에서 지미와 그의 아내 로네를 만났을 때 나는 이것이 가능하다는 것을 깨달았다. 그 후 지미는 내게 MRI 결과를 이메일로 보냈다. 검사 결과 디스크 하나가 주저앉은 것이 발견돼 척추 전문병원에 가서 수술해야 하는지 알아볼 예정이라고 했다. 그는 수술을 받아야 할지 모른다는 생각에 불안해했고, 이 문제로 우리는 여러 차례 이메일을 주고받았다. 며칠 후 그에게서 안 좋은 소식이 도착했다. 그가 대동맥류를 앓고 있어서 수술할 수 있을지 확실치 않다고 했다. 그는 슬픔과 두려움에 잠겨 있었다. 이메일에는 '어린 아기처럼 펑펑 울고 있다.'라고 적혀 있었다. 의사가 그의 고통을 덜어 줄 수 없다는 말에 나도 슬펐다. 모르핀을 맞지만 크게 도움이 되지 않는 듯했다.

그는 계속 소식을 보내오고 있다. 너무 위험할 수 있어서 수술은 받지 않았다고 한다. 그는 재활치료를 받을 수 있는 요양원을 찾아야 하는데, 이런 혼란과 스트레스 와중에 의료비 걱정도 해야 한다. 약값만도 수천 크로네가 들었는데, 그가 받는 연금은 고작 1만 크로네(한화 약 180만 원)가 전부다.

그는 의료 혜택을 받을 수 없는 사람들에게 관심도 없어 보이는 정치인들에게 크게 실망하고 좌절했다. 그들은 평생을 먹고사느라 고군분투했지만, 자신이 낸 세금이 막상 필요할 때 자신에게 돌아와 도움이 될지 안심하지 못하고 있다. 그런데 자신의 절망적인 상황을 이야기하던 와중에도 그는 내 안부를 묻는다. "건강 꼭 잘 챙기세요."

지미가 좌절감을 느끼는 주된 이유는 필요할 때 아무 도움이 되지 않는 복지제도 때문이다. 노쇠한 그의 몸은 이제 그를 지탱하기가 힘에 부친다. 그는 자신이 투표로 지지했던 정당과 정치인들, 제도로부터 버림받았다고 느낀다. 때때로 그 분노를 무슬림과 이주민에게 돌리기도 했다.

하지만 지미는 인종차별주의자가 아니다. 무엇보다 그는 현재 상황에 깊이 좌절하고 있다. 그다음으로 다수의 상황을 더 힘들게 만드는 사람들—특히 이주민—에게 분노를 느낀다. 개인적으로 나는 소수계층 사람들이 예의 없게 처신하는 구체적인 사례가 있음을 인정한다. 동시에 '새로운 덴마크인들'과 이주민들이 기존의 덴마크인들 때문에 겪은 부정적인 경험을 이야기할 때도 귀를 기울인다. 버젓이 존재하는 문제에 눈을 감아 버리면 한 걸음도 앞으로 나아갈 수 없는 법이다.

불평등이 심화하고 복지제도가 계속 악화하면, 지미와 붉은 광장 소년들 같은 사람들 사이의 거리는 계속해서 더 멀어질 것이다. 이들은 각자 상대 진영이 자신보다 더 큰 수혜자라고 생각한다. 그 결과, 사회 밑바닥으로 떨어지지 않으려 안간힘을 쓰는 집단들끼리 잘못된 편견을 바탕으로 부당한 싸움을 벌이게 된다—그러는 동안 사회 고위층은 고소득과 감세, 그리고 전반적인 잉여 자원의 혜택을 톡톡히 보게 된다—.

킴, 지미, 앙겔로 뿐만 아니라 붉은 광장 소년들은 모두 합리적으로 위를 향해 비판을 가할 수도 있지만, 대개는 그와 반대로 아래로 화살을 돌린다. 그 이유는 이들 집단의 지도자들이 파괴적인 방향으로 분노를 유도하는 데 능하기 때문이다. 가령 '난민들에게는 복지 혜택이 돌아가지 않는다고 하더라' 같은 카더라 통신이 그렇다. 이런 식의 사고방식은 팍팍한 삶에 고군분투하고 있는 인구 집단들 사이에 혐오를 조성한다. 실상은 이들 모두 그들의 형편을 낮게 만들 힘이 있는 사람들의 무관심 때문에 똑같이 어려운 처지에 놓여 있는 것인데도 말이다. "아니, 그게 사실이에요?" 일각에서 이렇게들 질문한다. "난민에게 쓸 복지 재원이 없다는 게 맞아요?" 맞는 말이다. 다만, 진실의 일면일 뿐이다. 이 문제를 더 넓은 시각으로 바라보면 복지 이외의 분야에서 잘라내지 않고 있는 기름 덩어리가 많다는 것을 알 수 있다. 예를 들면, 덴마

크 최고 부유층에 대한 세금 감면, 300억 크로네 규모의 전투
기 도입, 가장 부유한 회사들에 지급되는 재정 지원, 부자들
이 자기 몫의 세금을 내지 않으려 이용하는 조세 피난처를 근
절하려는 노력 부족, 자산 소유자에 주어지는 과도한 혜택 등
이 모든 것들이 복지 예산이 그렇게 쪼들리는 이유다. 언제고
선택할 기회는 있다! 그러니 제대로 된 선택을 하면 된다. 나
는 불평등의 심화가 진심으로 우려된다.

사회 내 불평등이 심화할수록 구성원 사이의 골은 깊어지
기 때문이다.

하루는 지미에게서 이메일이 도착했다. 의회에서 이주민
자녀들, 가령 나와 같은 사람들을 진짜 덴마크인으로 간주하
지 않겠다는 의안을 상정한 직후였다.

로네나 저는 지금도 그렇고 앞으로도 언제까지나 당신이 우리
나라에서 가장 아름다운 덴마크인 가운데 한 명이라고 생각합
니다. 많은 덴마크인이 당신에게서 많은 것을 배웠습니다. 정말
입니다. 그래서 의회에서 뭘 채택하건 그들에게 동조할 사람은
이제 많지 않습니다. 그들이 제 신뢰를 회복하려면 아주 열심히
노력해야 할 겁니다.

아마도 의회에서는 지미와 나 사이에 공유된 국민 감정을

강화하려는 의도로 이런 의안을 상정하지는 않았을 것이다. 그럼에도 이 사건은 우리 둘을 비롯한 수많은 사람에게 영감을 주어 다 같이 더 가까워지게 했다. 다양한 피부색의 덴마크인들이 너 나 할 것 없이 소셜미디어에 사진을 올렸다. 어디서든 그들의 사진을 볼 수 있었다. 이런 모습을 보니 임무가 성공했다는 생각이 들었다. 마침내 우리가 끈끈한 공동체가 되다니! 그런데 감격도 잠시. 금세 의문이 고개를 들었다. 내 임무가 사람들을 덴마크 국기 아래 모으는 것이던가? 아니면 무지개 깃발 아래 모으는 것이던가? 우리는 동질성을 추구해야 할까? 아니면 우리의 다양성으로 더 강해져야 할까? 아니면 내가 그저 잘못된 모순을 도출해 내고 있는 걸까?

이너미션의 헨리크와 내가 무지개 깃발 아래 하나로 뭉칠 가능성은 전혀 없다. 그래도 나는 그와 앞으로 오랫동안 연락하고 지낼 것이라 확신한다. 그와 나는 종교에 대한 그의 근본주의적인 접근방식과 동성애에 대한 견해가 다르다. 그렇지만 그런 문제를 떠나서 그는 그냥 헨리크이기도 하다. 훌륭한 인성과 방대한 지식을 지닌 한 사람인 것이다. 그와의 토론은 재미있다. 그는 절대 인신공격을 하지 않고, 분위기가 과열된다 싶으면 웃는다. 그러면 우리 둘 다 숨고르기할 시간이란 것을 알고 다시 냉정을 되찾는다. 얼마 전 나는 헨리크와 그의 아내, 그의 장인과 오찬을 함께했다. 식사 전에 헨리크는 모두 함께 기도하자고 하면서 기도를 시작했는데, 놀랍게도 기도 중에 나도 언급했다. 나는 너무도 감동해서 쏟아지려는 눈물을 간신히 참았다. 신앙과 정치적 견해에 근본적인 차이가 있음에도 결국 서로를 기도 중에 기억할 수 있게 만드는 힘은 과연 무엇일까? 기도를 마치면서 헨리크는 '아멘', 그리고 나는 무슬림 식으로 '아민'이라고 했다. 이슬람교에서는 기도를 마친 후 얼굴과 심장 부위를 손으로 감싼다. 기도로 했던 좋은 말들이 우리 머리와 가슴에 직접 전달되기를 바라는 마음에서 그렇게 한다. 그래서 나는 헨리크에게도 그렇게 해 주었다. 우리는 아름다운 믿음이라고 입을 모았다.

그러나 신앙은 이처럼 아름다울 수도 있지만, 사람을 죽이고 배척하고 학대하는 엄청난 파괴력을 지닌 무기도 될 수 있다. 나의 신앙은 내게 많은 의미를 지닌다. 하지만 예루살렘 통곡의 벽 앞에 서서 수많은 유대인과 무슬림, 그리스도교인이 서로를 보면서도 마치 사람이 아닌 양 못 본 척 떼 지어 지나가는 모습을 보면서, 평생 처음으로 카를 마르크스가 종교를 민중의 아편이라고 칭한 이유를 이해할 수 있었다.

최근 몇 년간, 나는 종교가 사회에 미치는 영향에 대해 고민하는 시간을 더 자주 가졌다. 함자나 마흐무드, 헨리크, 요한처럼 믿음이 강한 사람들과 종교를 논하다 보면 내 마음이 둘로 갈라지는 느낌이 자주 든다. 내 마음 한편에서는 그들처럼 내 신앙에 대한 신심이 깊지만, 다른 한편에서는 그들도 싫고 신앙에 대한 그들의 생각도 싫다. 나는 신앙이 배타적이어서는 안 되고 포용력 있어야 한다고 생각한다. 나는 내 신앙을 오롯이 혼자 조용히 누릴 수 있을 때 가장 마음이 편안하다. 신앙은 나의 일부다. 나는 믿지 말라는 말을 들을수록 신심이 돈독해지는 사람들의 심정도 잘 이해한다. 나도 10대 시절에는 상당히 극단적이었다. 나는 경험을 통해 종교가 문제의 한 부분도 될 수 있지만, 최소한 그만큼 해법의 일부가 될 수도 있다는 것을 배웠다.

신앙인이건 아니건, 우리는 모두 각자 중요하게 여기는 것이 있다. 각자 분투하며 지켜내려는 무언가가 있다. 그렇기에 요한은 16년간 동성애자들을 치료하는 데 삶을 바쳤다. 나디아는 수십 년간 베들레헴의 이스라엘 병사들, 파타당과 하마스의 억압적인 팔레스타인 남성들에 맞서 싸웠다. 노미는 인권을 위한 끝없는 투쟁 중이다. 킴은 언젠가는 덴마크에서 이주민을 몰아내는 데 성공하리라 확신하고 있다.

나 역시 내가 중요하다고 느끼는 것, 자명하다는 말로만 표현할 수 없는 것을 위해 싸우고 있다. 나에게 민주주의, 열린 대화, 자유는 투쟁하고 보호할 가치가 있는 것들이다. 내

한 몸과 내 가족, 친구만을 위해서가 아니다. 나와 정반대로 생각하는 사람들, 특히 내 적들을 위해서 싸우는 것이기도 하다.

나는 우리 민주주의 공동체에 더 많은 사람을 초대하고 싶다. 이런 바람은 오로지 토론과 비판적 대화, 공정하고 합리적인 대화를 고집함으로써 실현될 수 있다. 바로 이것이 내게 주어진 임무다!

내가 정치에 입문한 것은 비스퍼비예 병원에서 간호사로 일할 때였다. 의료계에 종사하면서 나는 정신 장애 소아 청소년의 치료 환경을 개선하고 싶은 바람을 품게 되었다. 바로 이 아이들이 내가 정치 활동을 시작한 이유였다. 덴마크 간호위원회 활동을 시작으로 협회에서 일한 뒤, 정당 정치에 뛰어들고, 의회에서 약 8년간 국회의원으로 일했다. 그러는 동안나는 크리스티안보르 궁에 있는 의회가 사람들 사이에 놓인 다리를 얼마나 많이 불사르고 있는지, 많은 정치인이 파 놓은 사람들 사이의 골이 얼마나 깊어지고 있는지 직접 목격하며 크게 실망했다. 나는 의회가 인구 집단을 서로 이간질하는 짓을 멈추기를, 일부 언론이 좀 더 균형 잡힌 시각으로 보도에 임하기를 매일 소망한다. 18년간 사회국민당에서 정당 정치에 몸담으면서 깨달은 사실이 하나 있다. 심지어 좌파에도 인구 집단 사이의 혐오를 다시 부추기는 방법으로 우파 민족주

의자와 포퓰리스트를 자극하고 싶어 하는 강한 힘이 작용한
다는 것이다. 그렇게 해서 더 많은 무슬림 유권자의 표를 얻
어 권력에 가까워지겠다는 전략이다. 내가 사회국민당을 탈
당한 이유가 바로 이것이다. 나는 인구 집단 사이를 잇는 다
리를 더 튼튼하게 만들지는 못할망정 그 사이에 있는 골을 더
깊게 파는 어젠다는 도저히 지지할 수 없었다.

　나의 정치 인생 가운데 너무도 오랜 세월 동안 나는 힘이
내가 미치지 못하는 먼 곳에 있다고 생각했다. 간호사로서,
노조원으로서, 당원으로서, 국회의원으로서 일하는 동안, 나
는 다른 집단이 더 많은 결정을 내린다고 생각했다. 그러나
더는 그렇게 생각하지 않는다. 이제는 우리 각자가 현재의
위치에서 의사결정을 할 힘이 있다고 믿는다. 그렇기에 우리
는 각자 무언가를 해야 할 책임이 있다. 이제 나는 초심으로
돌아와 내 첫 터전이었던 풀뿌리 활동에 매진하고 있다. 이
제 나는 민중에게도 힘이 있다고 믿기에 민중을 신뢰한다.
주요 운동—여성운동, 협동조합운동, 환경운동, 평화운동,
노동운동, 학생운동 등—은 모두 보통 사람들 안에서 출발했
다. 이들 보통 사람들의 대의명분에 대한 헌신이 바로 그 운
동을 이끄는 원동력이었다. 이들 운동은 모두 밑바닥에서부
터 시작해서 성장했고, 모두가 지속적인 변화를 낳았으며,
하나같이 우리 사회의 결속력을 강화했다. 민중이 일어나 그

들이 선출한 대표를 의회로 보내 탄탄하고 인문주의적이며 지속 가능한 해결책을 찾게 했다. 규모가 큰 운동의 경우 강한 지도자들과 손잡을 때도 많다. 대표적인 사례가 미국의 공민권 운동과 마틴 루터 킹 목사다. 덴마크에서는 국민고등학교 운동과 그룬트비 목사, 또는 노동운동과 안케르 외르겐센 전 총리를 생각하면 된다.

나의 어렸을 적 꿈은 세상을 구원하는 것이었다. 우리 부모님의 꿈은 터키 시골에 양 40마리와 집 한 채를 마련하는 것이었다. 지금 부모님은 그 꿈을 실현할 수 있게 됐지만, 내 꿈에 대해 낙관적으로 이야기하기는 이제 어렵다. 왜냐하면 어린아이의 꿈은 순수하기에 자유롭지만, 어른 몽상가는 조롱거리가 될 위험을 감수해야 하기 때문이다. 내 꿈은 변했지만 한 가지만은 그대로다. 나중에 나이 들어 교외에 있는 콜로니 가든(도시 외곽에 군집을 이루어 텃밭과 정원을 가꾸며 살도록 시민들에게 임대한 녹지―옮긴이)의 정원 딸린 집에 살면서 흔들의자에 앉아 손주들에게 둘러싸였을 때, 세상을 더 살기 좋은 곳으로 만들기 위해 내가 할 수 있는 모든 것을 다 했노라고 말하고 싶다. 남에게 뭔가 증명해 보이고 싶어서도 아니다. 무슨 메달을 받고 싶어서도 아니다. 인생의 황혼기에 정신이 또렷할 때 진심으로 세상을 바꾸기 위해 내 개인의 책임을 다했노라고 말할 수 있으면 좋겠다.

　　나는 몇 가지 중대한 측면에서 이미 틀을 깨뜨렸다. 나는 서민층 출신이고, 내가 이해하지 못한 인구 집단들을 혐오했으며, 때때로 매우 극단적으로 종교적 해석을 하기도 했다. 그러나 터키인, 인종차별주의자, 유대인, 덴마크인과 우정을 쌓은 덕분에 일반화와 편견에 빠지지 않을 수 있었다. 그러는 동안 열성적인 활동가들의 도움을 받았다. 그들은 각자 무거운 개인의 책임을 어깨에 짊어진 채 내게 손을 내밀어 나를 민주주의 공동체로 초대했다. 그들은 시간을 아끼지 않고 나와 논쟁하고 대화했다. 나를 한 사람의 민주주의자이자 가교 역할을 하는 사람으로 키운 장본인이 바로 그들이다. 이런 열성적인 활동가들과 등대 역할을 해 준 사람들, 그리고 복지사회의 안전망이 없었다면, 나는 지금의 내 위치까지 결코 도달하지 못했을 것이다. 그 누구도 나를 포기하지 않았다! 바로 이것이 과거의 나와 같은 상황에 놓인 사람들을 내가 포기하지 않으려는 이유다.

　　우리는 사람들을 벼랑 끝에서 물러나게 할 수 있다. 한 사람을 구할 때마다 세상의 일원을 구하는 것이기도 하다.

　　당신과 나―그리고 우리―에게는―다 함께― 그럴 힘이 있다!

혐오와의 대화를 위한 십계명

1. 친절하게 말하라

의견 차이가 심할수록 친절한 말투를 유지하고 단도직입적으로 이야기하는 것이 중요하다. 그러면 대화 참여자 모두 상황 파악이 명확해진다.

2. 상대를 칭찬하라

대화는 양방향으로 이루어지는 것이다. 대화 상대가 대화에 참여할 용기를 내 준 것에 칭찬의 말을 아끼지 마라. 긍정적 표현이 많이 오갈수록 신뢰가 더 많이 쌓인다.

3. 감정을 인정하라

당신과 대화 상대, 양측 모두 좌절감, 무력감을 느끼거나 정체성, 가치, 원칙을 잃게 될까 두려울 수 있다. 상대방의 주장에 찬성하지 않더라도 그의 감정은 인정하라.

4. 공통된 출발점을 찾아라

우리에게는 서로를 나누는 것보다 하나로 묶어 주는 것이 더 많다. 먼저, 의견이 같은 것부터 찾아라. 그러고 나면 의견이 일치하지 않는 부분으로 대화를 넓히기 쉽다.

5. 사람을 보라

의견이 다르면 거리를 두는 것이 이치에 맞다. 다만, 그런 태도와 거리를 두어야지 절대 사람을 멀리해서는 안 된다. 사람과 그 사람의 견해는 완전히 차원이 다르다. 사람은 단순히 그의 견해로만 설명되지 않는 그 이상의 존재다.

6. 경청하고 공통된 언어를 찾아라

상대방이 자신이 가치 있게 생각하는 것을 이야기할 때 사용하는 표현과 사례에 귀를 기울여라. 이해한 것을 재활용하고 당신이 공감할 수 있는 내용으로 화답하려 애써라.

7. 함께 음식을 먹어라

음식이 있는 곳에 평화가 있다. 상대의 집을 방문할 때는 정중히 들어가고 다 같이 먹을 수 있는 음식을 잊지 말고 준비하라.

8. 함께 웃어라

유머는 사람들을 이어 주는 가장 빠르고, 가장 직접적이고, 가장 효과적인 방법 중 하나다. 함께 웃을 수 있으면 함께 울 수도 있다.

9. 희망을 간직하라

서로 신뢰를 쌓으려면 시간과 인내가 필요하다. 이해에 이르는 여정이 어두워 보일 수도 있지만, 그것은 단지 터널이 똑바로 뚫려 있지 않기 때문이다. 터널 끝에는 언제나 빛이 기다리고 있다.

10. 우정을 쌓아라

가교를 잇는 데 성공하면 우정도 얻게 된다. 우정은 편견이라는 병에 대한 저항력을 키워 준다. 또한, 다른 사람들이 역동적이고 복합적인 존재라는 사실을 기억하게 도와준다.

훌륭한 가교 역할을 위해 우리 모두 파이팅!

감사의 말

사람들 중에는 많은 사람이 말을 섞기 꺼려 하거나 그의 주장을 일부러 모른 체하고 싶어지는 사람들이 있습니다. 이런 사람들은 대개 그들의 태도나 사고방식이 여러 면에서 수용하기 어려울 뿐만 아니라 어떤 경우에는 누군가에게 상처를 주기 때문입니다. 이 책은 바로 그런 사람들을 만나 볼 기회를 독자 여러분께 선사합니다.

먼저, 이 책이 세상에 나오는 데 도움을 준 사람들에게 감사의 말을 전하고 싶습니다. 그들의 솔직함, 용기, 대화에의 의지가 없었다면, 이 책은 세상의 빛을 보지 못했을 것입니다. 그들의 세계에 초대해 주고 그들의 관점을 탐구할 기회를 준 데 감사합니다. 또한, 미카엘 멜키오르, 파티 엘-아베

드, 마이아 펠드만, 마리 홀렌Marie Holen, 린다 헤르츠버그에게
도 고마움을 표합니다. 이들의 도움 덕분에 이스라엘과 팔레
스타인에서 만나 대화를 나눈 사람들과 연락이 닿을 수 있었
습니다.

다음으로, 저의 길을 밝혀 주는 3대 '등대'라 할 수 있는 사
진작가 야콥 홀트, 수석 랍비 벤트 멜키오르, 작가 카르스텐
옌센에게 깊이 감사드립니다.

야콥의 집 부엌에 앉아 저를 위협하던 네오나치 이야기를
하며 눈물짓던 제게 야콥이 혐오 메일을 보낸 사람들을 찾
아서 만나 보라고 조언했던 그날은 결코 잊지 못합니다. 야
콥은 늘 좋은 친구였으며 언제나 전화 한 통화만 하면 달려
와 주었습니다. 그의 도움과 지원 덕분에 저도 언젠가는 그
처럼 열린 마음을 가진 사람이 되리라는 희망을 품을 수 있
답니다.

벤트는 덴마크 내 유대인 공동체 안에서 저를 따뜻하게 환
영해 주신 분입니다. 그는 제가 속마음을 털어놓는 친구이
자, 저의 불안감과 약점을 공유하는 '양할아버지'이기도 합
니다. 비관에 빠진 나머지 대화가 변화를 가져온다는 믿음에
강한 회의를 느낄 때면, 제가 가야 할 길을 밝혀 주면서 제게
흐름을 거슬러 헤엄쳐 나갈 용기를 주는 분입니다. 너무도
친절하게도 벤트는 이 책에 나오는 이스라엘과 팔레스타인

관련 부분을 검토해 주었습니다. 덕분에 이 책에서는 분쟁이 아니라 대화에 초점이 맞춰질 수 있었습니다.

2009년, 덴마크 남부 롤란드 섬의 마리보를 여행할 때 열차에서 만난 카르스텐이 훗날 저의 절친한 친구이자 민주주의 동지가 될 줄은 꿈에도 상상하지 못했답니다. 그가 있어서 저는 표현의 자유를 위해, 특히 의견 차이가 큰 사람들을 위한 표현의 자유를 위해 싸우는 법을 배울 수 있었습니다. 민주주의에 대한 저의 이해력이 시험대에 오를 때마다, 카르스텐은 제가 균형감을 갖고 대화에 임하도록 도와주는 생명줄과 같은 존재입니다. 그가 비판적인 눈으로 이 책을 읽고, 너그럽고 애정 어린 마음으로 교육적인 차원에서 그의 지식을 공유해 준 것을 큰 영광으로 생각하며 감사합니다.

훌륭한 재능을 발휘하여 이 책의 덴마크 판을 담당해 준 편집인 안느 바인쿠프Anne Weinkouff에게도 고마움을 전합니다. 책 전체를 비판적으로 충실히 살펴볼 수 있게 도와준 그녀의 의견과 조언, 인도 덕분에 이 책이 완성될 수 있었습니다.

뛰어난 재능을 지닌 또 다른 편집인 시몬 룬트-옌센Simon Lund-Jensen에게도 특별한 감사를 드립니다. 그는 이 책을 만드는 동안 지칠 줄 모르는 스파링 파트너 역할을 해 주었습니다. 제가 작업한 결과물을 쉼 없이 꾸준히 편집해 주었을 뿐만 아니라, 때때로 작가로서 저의 능력에 회의를 느낄 때마다 많은 응원을 해 주었습니다.

저의 에이전트 제이슨 바르톨로메Jason Bartholomew와 망고 출판사 편집팀의 숀 홀트Shawn Hoult와 MJ 피에브르MJ Fievre에게도 감사의 마음을 전합니다.

덴마크판의 멋진 표지 사진을 완성해 준 사진작가 로빈 스콜보르Robin Skjoldborg와 메이크업 아티스트 카리나 렘이어Carina Rehmeier에게도 감사합니다.

사랑하는 저의 남편, 데브림. 당신의 지지와 신뢰가 없었다면 나는 감히 가교 활동에 뛰어들 생각도 하지 못했을 겁니다. 자신을 혐오하는 사람들을 찾아 나서는 나를 보며 많이 걱정했을 줄 압니다. 그런 내게 당신은 늘 힘과 용기를 주는 단단한 바위 같은 사람입니다. 이 책을 읽고, 비판적인 대화를 나누고, 내가 하는 '커피 타임#dialoguecoffee' 활동에 늘 관심을 가지고 함께해 주어 고마워요.

사랑하는 푸르칸. 너는 모두가 바라는, 세상에서 가장 모험심 있고 가장 쿨한 아들이란다. 엄마가 책을 쓰는 동안 이 책에 기여해 준 사람들에게 열렬한 관심을 보여 주어 고맙다. 네가 던진 질문과 세상을 거꾸로 보는 눈 덕분에 엄마는 사안을 양면에서 바라보는 법을 배웠단다.

우리 예쁜 야스민과 유수프. 엄마는 너희가 자라 이 책을 이해할 수 있는 날이 오기를 기다리고 있어. 이 책을 쓰는 동안 엄마는 너희를 생각했거든. 부디 이 책이 너희가 자라고 있는 나라 덴마크를 더 살기 좋은 곳으로 만드는 데 일조하기를 바랄게.

혐오와 대화를 시작합니다

1판 1쇄 인쇄	2022년 2월 8일
1판 1쇄 발행	2022년 2월 15일
지은이	외즐렘 제키지
옮긴이	김수진
발행인	황민호
본부장	박정훈
책임편집	한지은
기획편집	김순란 강경양 김사라
마케팅	조안나 이유진 이나경
국제판권	이주은 한진아
제작	심상운
발행처	대원씨아이㈜
주소	서울특별시 용산구 한강대로15길 9-12
전화	(02)2071-2095
팩스	(02)749-2105
등록	제3-563호
등록일자	1992년 5월 11일
ISBN	979-11-362-9970-3 03300